D1690765

BIO
RHYTHMIK

In dankbarer Freundschaft
widme ich Dir, lieber Peter,
mein erstes Werk.

Dein
[signature]

MAX URAY

BIO
RHYTHMIK

DIE NEUE DIMENSION

BAND I: Vom Wandel
und von der Bewegung der Seelenkräfte.
Äußere Grundlagen und innere
Zusammenhänge

Verlag Orac

WIEN · FRANKFURT · BERN

ISBN 3-7015-0212-9
Copyright © 1990 by Orac Buch- und Zeitschriftenverlag GesmbH
Umschlag und Layout: Fritz Gnan
Herstellung: Alfred Hoffmann
Lektorat: Friedrich Götzenauer
Satz: Gebrüder Beinstein KG, Wien
Druck und Bindung: Wiener Verlag, Himberg bei Wien

Inhaltsverzeichnis   Seite

Vorwort   9

Die Entwicklung der Biorhythmenlehre   12
    Erklärung einiger Fachausdrücke   15

Das Rhythmenspektrum   17
    I-GING und genetischer Code DNS – Energie und Materie –
    Gibt es den „Tod" ? – Ignoranten und Nachplapperer

Die wahre Natur des Menschen   26
    Die einzelnen Modelle verschiedener esoterischer Disziplinen –
    Das Evangelium der Heiligen Wissenschaft

Die Chakras   37

Die 5 Hüllen   43

Die Tattwas und weitere Prinzipien   45
    Einige Entsprechungen

Die 7 Urprinzipien   49
    Die 7 Strahlen – Der siebenarmige Leuchter

Einiges über Astrologie   51
    Die Planeten als Kräfte – Die Symbole – Die Aspekte – Götter der Antike

Der Tierkreis   53
    Die Pyramide als Symbol – Der Tierkreis – Die 12 Sternzeichen als
    Entwicklungsstufen – Die 12 Prinzipien des Paracelsus – Tierkreistypen

Die Häuser   59

Die Zeitalter   60

Typologie   62
    Gesichtsform, Kopfform, Kinnverlauf

Das I-GING   63
    Die 2 Prinzipien – Die 4 Kräfte – Die 8 Archetypen –
    Der Frühe und Späte Himmel – Die 8 Triagramme – Die Jahreszeiten –
    Die 4 Existenzfunktionen – Die 6 Ebenen im Hexagramm –
    Schau Yungs kreisförmige Anordnung – Zeit und Raum

Zusammenfassung   74

Die Psychodynamische Rhythmenlehre   75
    Rhythmisches Geschehen im Menschen – im Sonnensystem – im Kosmos

Die biorhythmischen Elemente   79
    Die „Substanzrhythmen" – Hormone als Ursache? –
    Definitionen und Wirkungsbereiche – Entstehung der Dreiheit aus der
    Einheit – „Chromosomenbeweis"? – Verbindung zum Mondzyklus –
    „Zahlenbeweise" – Sinn der Biorhythmik – Zuordnung zu Prinzipien

Aussagen der Psychologie   99
    Die verschiedenen Betrachtungsweisen

Die energetische Seite der Biorhythmen	101
Keine Identität mit den klassischen Elementen – Dissynchronität von planetaren und Biorhythmen – Beeinflussungen und energetische Wechselwirkungen	
Bewußtseinsbetrachtungen	108
Aufmerksamkeit und Interesse – Schiene des karmischen Wirkens und Polarität – Sinn und Aufgabe der PDR – Empfindungen, Erkenntnis, Denken	
Beziehungen der 3 Bewußtseinselemente zueinander	112
Einteilung des Bewußtseins, Entwicklung	115
„Sekundärrhythmen"?	118
Einige kritische Worte – Ausnahmen von der Regel?	
Das Rhythmusmodell	**121**
Schwingungsarten	
Das Kreismodell, der Einheitskreis	123
Die Winkelfunktionen – Prinzipienbeschreibung – Umpolungen – Ladungsaufbau	
Das Kreismodell wird zur Sinuskurve	130
Die verschiedenen Polaritäten – Die Organisationsfelder	
Das Spiralenmodell	135
Das sphärische Modell	138
Weitere 3dimensionale Schwingungsmodelle	
Das Atemmodell	142
Die biorhythmischen Phasen – Das elektromagnetische Modell	
Das 4er/8er/12er Modell	146
Jahreszeitenwechsel – Polarität – Kreisbewegung – Das psychodynamische Modell – Die Lebensenergie – Die verschiedenen Phasen – Die Symbole – Suggestionen?	
Die räumliche Lokalisierung der Elemente	163
Die senkrechte Dimension – Ein feinsinnlicher Rhythmus? – Wirkungsvarianz	
Die zusammengesetzten Rhythmen	**170**
Die 3 Funktionen – Belastungsarten – Übersicht über die verwendeten Symbole und Ausdrücke – Einflußbereiche der Funktionen	
Die Funktionsaspekte	176
Über- und Unterfunktion – Mathematische Berechnung – Die Funktion als Gesetz eines Prozesses – Wandlung und Änderung	
Technische Beschreibung der Funktionen	183
Die Tagesbelastungen	186
5-Stern, 10-Stern – Spiegelungssymmetrien – Funktionsqualitäten und -kriterien	
Belastungen in der Sinuskurvendarstellung	194
Pollagen	

Belastungen, Störungen, Krankheiten	198
Vererbung? – Medikamentengebrauch – exogene Verstärkungen	
Das Leitelement (der Schiedsrichter)	200
Sonderstellung des Atmens	
Die Zyklusdauer der Funktionen	202
Doppelfelder	
Inkarnation – Prägung – Geburt	205
Die Matrize als Bild des Füllungsgrades an Tugenden – Diesseits und Jenseits – Kausalität, Affinität, Polarität, Finalität – Zeugung – Die kollektive Reduktion	
Der Inkarnierungsstempel	212
Familiensubstanz, Aspektstammbaum	
Geschlechtstendenzen	215
Schwingungsbeginn bei Geburt?	216
Schwangerschaft – Geburt	
Start der Schwingungen am Frühlingspunkt?	221
Normung – Frühgeburt – Aussagevergleich Astrologie/PDR – Karma	
Wunschkinder sind planbar	226
Die Geburtsprägung	226
Die 3 Typen	228
Doppelgänger? – Steißlage	
Prädestination?	234
Der Prägungsfilter	236
Legasthenie	
Rhythmensprung?	237
PDR und Radiästhesie	238
PDR und andere Disziplinen	239
Die Gesamtfunktion	241
Die Koordinaten	244
Maxima/Minima – Ablauf, Verteilung, Winkel – Die Schleifen	
Die Hohlspindel	252
Entsprechung mit Chakras	
Die Lebensabschnitte	256
Biorhythmischer Atem – Dynamik der Kräfteentwicklung	
Die Qualität der Zeit $\varphi°$	261
Das dynamische Entwicklungstempo $\Delta\varphi°$	
Parallelen zum I-GING	264
Möglichkeiten zum Aufbau eines Hexagramms	
Kongruenzen	278
Wettergeschehen – Quark-Modell	

Das Leitelement	282
Spiritueller Kalender – Symmetrien – $\widehat{MWI}$ als das Gesetz	
Die Wirksamkeit von $\widehat{MWI}$ als Beurteilungskriterium	286
Leistungsfähigkeit und Flexibilität	
Maxima/Minima-Verteilung	290
Gliederung der PDR	295
Die qualitative Komponente von $\widehat{MWI}$ $\varphi°$	297
Der Wirkfeldkreis	
Synchronität	301
Harmonisierung	304
Wie und wo zeigt sich Harmonie?	
Biorhythmische Typologie	311
Die 7 Kategorien der Harmonie – harmonische Aspekte	314
Harmonische Mehrklänge	315
Die PDR als Eintrittsdisziplin zu spiritueller Entwicklung	318
Rhythmenverwandtschaft – Partnerschaftsharmonie	323
Sympathie/Antipathie – Verstärkung/Ergänzung	
Partnerschaftsfunktionen	328
Führerschaft – Tabellen – Gesetze	
Biorhythmus und Zahlen	332
Bedeutung der einzelnen Zahlen – Die theosophischen Rechnungsarten	
Die zusammengesetzten Zahlen der ersten Erweiterung und ihre Bedeutungen	336
Die Zahlen im biorhythmischen Geschehen	339
Die Methode der Relation	
Der Zusammenhang zwischen makro- und mikrokosmischen Zahlen	346
Astronomische Zyklen – Der biorhythmische Dreiklang	
Die biorhythmischen Proportionsgesetze	349
Biorhythmus und Planetenkräfte	
Zusammenfassung	352
Die Tabula Smaragdina – Aufbau der PDR	
Der Raster der Vergleichsmöglichkeiten	357
Schlußbetrachtung	361
Verzeichnis der Abbildungen	362
Verzeichnis der Tabellen	366
Quellennachweis	368
Empfohlene Fachliteratur	368

Vorwort

Als ich vor Jahren das erstemal mit der sogenannten Biorhythmik in Berührung kam, ahnte ich noch nicht, welche weitreichenden Konsequenzen die Vertiefung in diese faszinierende „grenzwissenschaftliche" Disziplin für mich bringen würde. Es fing an mit einem Buch von Hugo Max Gross, das mein damals materialistisches Weltbild etwas ins Wanken brachte. Neben meiner Full-time-Tätigkeit als Manager widmete ich mehr und mehr meiner kargen Freizeit der praktischen Auseinandersetzung und Anwendung der verschiedenen Facetten der Biorhythmik. Die Erkenntnisse der Rhythmenverwandtschaft flossen immer mehr in die Auswahl meiner Mitarbeiter ein, die sorgfältige Terminplanung nach biorhythmischen Gesichtspunkten brachte beachtliche wirtschaftliche und berufliche, aber auch menschliche Erfolge. Je mehr aber meine Erfahrung und mein Wissen über die Lebensschwingungen wuchs, um so mehr Ungereimtheiten und Unklarheiten tauchten zunehmend auf. Als sehr kritischer Geist nahm ich diese Herausforderung an, vertiefte mich in die Literatur über Biorhythmik und Esoterik, um die Wahrheit zu ergründen. Zum Glück war ich finanziell weitgehend ungebunden, hängte meinen Traumjob an den Nagel und widmete mich der Erforschung der Wurzeln der biorhythmischen Zusammenhänge.

Eine Unzahl verschiedener Theorien, Hypothesen, aber auch unsinniger Behauptungen kreisen um diese noch junge Displizin. Wissenschafter der verschiedenen Fachrichtungen kritisieren, verteidigen oder bekämpfen in zahlreichen Schriften die Biorhythmik. Daneben tummeln sich Scharlatane, selbsternannte „Biorhythmiker" und Experten in weißen oder schwarzen Kitteln auf dem Jahrmarkt der Besserwisserei und erleichtern so manchen gutgläubigen Zeitgenosssen um einen Teil seines Geldes. Analysen, Gutachten, Geräte bis hin zu Computern werden angeboten, Vorträge und Kurse abgehalten, Schulungen vorgenommen. Der Kreis der Befaßten reicht vom wütenden Ignoranten bis zum ebenso wütenden Verfechter.

Dieser Streit – wie übrigens bei den meisten erst langsam wieder ins Bewußtsein der Menschen getretenen neuen alten Erkenntnissen – zeigte mir aber auch, daß es auf der einen Seite viele Hinweise, Erfahrenswerte, Untersuchungen und Ergebnisse von Testreihen gibt, die die biorhythmischen Lehren bekräftigen, daß aber auf der anderen Seite die letzten exakten Beweise, die der geschulte Wissenschafter eben benötigt, bevor er etwas akzeptiert, fehlen. Es zeigt sich hier das uralte Ringen der individuellen Erfahrung mit dem uns innewohnenden Bestreben, alles einzuteilen und zu ordnen durch Erforschung der Details. Es ist der Unterschied in der Fragestellung, der die Wissenschaft von der Esoterik trennt. Forscht man auf der einen Seite nach dem Wer, Was, Wann, Wie, Wielange, Wo und Wodurch, fragt man auf der anderen Seite nach dem Woher, Wohin, und Wozu. Es ist das polare Verhältnis des waagrechten, wissenschaftlichen, linksbetonten analytischen Denkens zum senkrechten, analogen, esoterischen, rechtsbetonten und ganzheitlichen Denken, das, wo es nicht gemeinsam angewendet werden kann, zu totalem Unverständnis des andersartigen Denkens führt. Lebensphänomene werden empirisch erfaßt, erfahren, erkannt, erlebt und können nun nach kausalen Gesichtspunkten hin untersucht werden, aber auch nach analogen hinsichtlich in ihnen wirkender Prinzipien, genauso aber nach finalen, indem man fragt, wohin sie münden, aber schließlich auch nach synchronen, indem man stets gleichzeitig auftretende Ereignisse in die Untersuchungen mit einbezieht.

Noch so genaue Apparaturen, Computer oder Mikroskope allein können die Wurzeln des Lebens nicht fassen. Man wird in Laboratorien, mit Versuchen an Tieren oder Sterbenden dem Geheimnis der Seele nicht begegnen. Ein berühmter Chirurg gab seinem wissenschaftlichen Denken durch den bemerkenswerten Satz Ausdruck, daß er zwar Tausende von Menschen operiert und in sie hineingeschaut hätte, aber eine Seele nirgends gefunden hätte. Es gibt sie heute noch, die Ignoranten, die mit Hilfe ihrer 3 Seelenelemente, nämlich dem Denken, Fühlen und Wollen, die Existenz ihrer Seele leugnen. Sie sehen den Wald vor lauter Bäumen nicht; sie begrenzen durch ihre materialistische Einstellung ihr eigenes Denk-, Fühl- und Willenspotential zu einem kümmerlichen Rest. Doch immer größer wird die Zahl derer, die den Durchbruch aus der Beschäftigung mit dem immer weiter Teilbaren zum übergeordneten Ganzen finden. Der Durchbruch ist der Augenblick, der uns erkennen läßt, daß wir bis dahin eigentlich nichts wußten.

Es waren die Chinesen mit ihrer alten Yang-Yin-Lehre, mit dem 5.000 Jahre alten I-GING, es waren die alten Inder, die Eingeweihten Ägyptens, Persiens, es waren und sind die Wissenden, die zu jeder Zeit auf der Erde wirkten, um die Wahrheit zu verkünden, die um die innersten Zusammenhänge und Geheimnisse der Seele und des Lebens wußten. Was liegt also näher, als die biorhythmischen Lehren einerseits im Lichte esoterischer Lehren als auch exoterischer, vor allem aber mathematischer Gesetzmäßigkeiten zu betrachten? Nach dem Ausspruch des Hermes Trismegistos auf der legendären Tabula smaragdina: „Wie oben, so unten und wie unten, so oben" müssen doch Gemeinsamkeiten bestehen zwischen okkultem Wissen und biorhythmischen Lehrsätzen. Die äußere Sicht und die innere Schau stellen 2 Pole der Wirklichkeitserkenntnis dar. Wenn man nur einen Pol zuläßt, bleibt das Ganze unerkannt. Die wissenschaftliche Forschung hat uns in der Vergangenheit eine Vielzahl von einander widersprechenden Theorien über Gott, Mensch und die Welt gebracht, ohne auch nur im geringsten den Geheimnissen auch wirklich auf die Spur gekommen zu sein, weil die esoterische Erkenntnis nicht zugelassen wurde.

Und stets stand am Anfang aller genialen Erfindungen oder Erkenntnissse die Inspiration. Die Phantasie steht vor dem Forschen, die Forschung wiederum bekräftigt oder verwirft erst das inspirativ Geschaute. So sind die „Phantasten" und die Intellektuellen gleichermaßen für den Wissensfortschritt nötig. Stets aber ging die größte Wirkung von den Erleuchteten aus, die doppelachsig, also sowohl waagrecht als auch senkrecht, denken konnten.

Dieses Buch befaßt sich kritisch mit den bis dato vorliegenden Aussagen über Biorhythmik. Die An- bzw. Eingliederung in esoterisches Wissen ermöglicht die Trennung von Spreu und Weizen; gleichzeitig ergibt sich eine Synthese, aus der die *Psychodynamische Rhythmenlehre* (PDR) hervorwächst.

Es wurde der Versuch unternommen, die horizontale Sicht der Wissenschaft esoterisch-vertikal zu vertiefen und gleichzeitig die esoterischen Grundsätze in der

Ebene der Biorhythmik horizontal auszudehnen, wodurch ein Körper entsteht, der beiden Denkrichtungen Raum bietet. Dabei werden immer wieder die Betrachtungsrichtung und die jeweilige Betrachtungsebene gewechselt. Die Umstellung von einer kausalen zu einer analogen Sichtweise und umgekehrt mag für viele ungewohnt sein, verhilft aber letztendlich zu einer sphärischen Durchdringung dieses unsere Seele beschreibenden Gebietes. Der Zweck dieser Übung liegt nicht darin, die Esoteriker zur Wissenschaft zu bekehren – das wäre ein höchst törichtes Unterfangen, weil alle Wissenschaften im esoterischen Weltbild ohnehin umfaßt sind –, sondern im Gegenteil darin, dem Waagrechtdenker die dritte Dimension zu erschließen.

Es soll nicht die Aufgabe dieses Buches sein, alle Verbindungen zwischen beiden Betrachtungsrichtungen in bezug auf die Biorhythmik in allen Einzelheiten vor dem Leser auszubreiten, sondern ihn im Gegenteil zu kritischer und selbständiger Arbeit anzuregen. Es geht hier auch nicht darum, irgendwelche eingetretene Ereignisse im nachhinein biorhythmisch nachzuvollziehen und zu beweisen, daß jemand sterben mußte, weil seine Rhythmen schlecht standen. Es gibt eine große Gruppe von Menschen, die die wechselnden Bewußtseinslagen und Kräftepotentiale selbst nicht nur wahrnehmen, sondern auch voll Interesse beobachten. Es gibt viele Menschen, die den Drang nach Wissen und Wahrheit in sich verspüren. Es gibt die Kritischen, die Antwort auf viele Ungereimtheiten haben wollen. Es gibt die Abwartenden, die auf einen Anstoß warten – für alle diese Menschen ist dieses Buch geschrieben.

Im Oktober 1988

Die Entwicklung
der Biorhythmenlehre

Schon immer wußten es die Menschen, ahnen es instinktiv die Tiere und zeigen es uns die Pflanzen und alle Abläufe in der Natur, daß nicht zu jeder Zeit Kräfte gleichermaßen wirken. Waren es in der Frühzeit der Menschheit die Geister, die dem Menschen einmal gewogen waren oder auch nicht und war es ein andermal die Natur, die großzügig oder unerbittlich war, stets galt es, die Vorzeichen zu beachten und Vorkehrungen zu treffen. Der frühe Mensch wußte wenig von der Freiheit des Geistes, er fühlte sich diesseitigen und jenseitigen Mächten ausgeliefert. In der Beobachtung gewisser Regelmäßigkeiten kam er allmählich einigen Naturgesetzen auf die Spur, parallel dazu änderte sich sein Welt- und Gottesbild. Die willkürliche Grausamkeit geheimer Mächte wich einer allumfassenden übergeordneten Intelligenz, die alle Fäden in der Hand hält und der sich der kämpfende Mensch auf Gedeih und Verderb ausgeliefert fühlte. Die großen Religionskünder schließlich erkannten in sich selbst diese letzte übergeordnete Instanz und mahnten uns allezeit, es ihnen gleichzutun. Durch einen griechischen Philosophen werden wir direkt aufgefordert: „Mensch, erkenne dich selbst!"

Vor etwa 5.000 Jahren entwickelte sich in China die uralte Lehre von *Yang* (dem aktiven, zeugenden, männlichen, lichten, warmen und trockenen Prinzip) und *Yin* (dem passiven, empfangenden, weiblichen, dunklen, kalten und feuchten Prinzip) weiter zu einem System von einander bedingenden, polaren Kräftepaaren, die untereinander in ständigem Austausch und Wechsel standen und deren Ablauf letztlich vorausbestimmbar wurde. Das I-GING, das Buch des Stetigen und der Wandlungen, bis zur Übersetzung durch R. Wilhelm nur wenigen westlichen Eingeweihten zugänglich, gewinnt in letzter Zeit zunehmend an Bedeutung nicht nur wegen seiner verblüffenden Voraussagemöglichkeiten (dies ist lediglich ein äußerliches Anwendungsgebiet) und tiefen Weisheit, sondern vor allem wegen seiner Parallelität zu Erkenntnissen der Atomteilchenforschung und in Hinblick auf den genetischen Code. Es erklärt in symbolisch verschlüsselter Sprache mit seinen 8 Prinzipien und mit 64 Archetypen auch das periodische System der chemischen Elemente und der verschiedenen Aminosäuren, die am Bau der Doppelhelix beteiligt sind. Wesentliches Element dieser uralten Lehre ist die Erkenntnis zweier sich polar entgegengesetzter, aber einander bedingender Prinzipien, die durch den Willen des Schöpfers aus der ursprünglichen Einheit herausgetreten sind und permanent aufeinander zustreben, wodurch eine zyklische Bewegung entsteht, das Urbild des Lebens. Aus diesen 2 Prinzipien bilden sich sämtliche Bilder (Archetypen), diese wiederum manifestieren sich auf jeder beliebigen Ebene in verschiedenen Formen.

In allen philosophischen und religiösen Systemen vergangener Hochkulturen spielt das Rad als Symbol des Wandels alles Lebendigen eine bedeutende Rolle. Dieses wurde meist mit einer senkrechten und waagrechten Achse abgebildet. Auch das Symbol des Kreuzes ist, wie später ausgeführt werden soll, eng mit dem zyklischen Geschehen verknüpft.

In Ägypten wurde den Menschen vor mehr als 3.000 Jahren in uns überlieferten Kalendern geraten, wie sie sich an einzelnen Tagen des Jahres verhalten sollen.

König Salomon sagte im *Buch Salomon 3, 1-8* manches über die Qualität der Zeit aus; etwa um 500 v. Chr. sprach Heraklit in seiner Lehre vom Wandel allen Seins sein uns überliefertes Wort: *„panta rhei"* (alles fließt); Hippokrates machte seine Schüler auf rhythmische Vorgänge aufmerksam, er beachtete sogenannte „gute und schlechte Tage" bei seinen Patienten. Im 2. Jh. n. Chr. gab der griechisch-römische Arzt Galen sein Wissen um periodische Verläufe und kritische Phasen von Krankheiten weiter.

Obwohl das Zeitalter des Widders und des Fisches das uralte innere Wissen um die rhythmischen Schwankungen der Kräfte wegen der zunehmenden Hinwendung zum Materiellen immer mehr zuschüttete, wurde es von Eingeweihten durch die Wirren des Mittelalters als geheimes, esoterisches, okkultes Gut weitergetragen, es war also nie wirklich vergessen. So war es nur eine Frage der Zeit, daß der Mensch im heraufdämmernden Wassermann-Zeitalter, dem Zeitalter der geistigen Wissenschaften, sich dieses Wissen aus innerer Sehnsucht nach Licht und Wahrheit wieder errang. Waren es vor allem die Träger des unmittelbaren inneren Wissens, so auch die Mittler, vorwiegend Dichter, Maler, Musiker, also künstlerisch schaffende, feinfühlige und inspirierte Menschen, die ihrem Erspüren um das Schwanken ihrer Kräfte, Stimmungen und mentalen Fähigkeiten Ausdruck verliehen.

Mit der Astrologie rettete sich auch aus früher Zeit eine esoterische Disziplin bis in unsere Tage, die das sich rhythmisch verändernde Wirken bestimmter Prinzipien in den verschiedenen Wirklichkeitsebenen beschreibt. In gleichem Maße aber, wie das für den Esoteriker eigene senkrechte Denken abnahm, wurde der waagrechte Pol des horizontalen wissenschaftlichen Denkens immer stärker. Man erforschte einzelne Schichten der Wirklichkeit, ohne ihre Zusammenhänge zu berücksichtigen (die Folgen können wir heute an den Störungen des Gleichgewichtes in der Natur beobachten). So wurden alle zusammenhängenden Bestandteile von wissenschaftlich denkenden Menschen ihrer analogen Ordnung entrissen und nebeneinander gereiht. Man untersuchte die neu geordneten Bestandteile nun auf ihren kausalen Zusammenhang. Und schon stand man mit der Esoterik auf Kriegsfuß, da sich ihre Sichtweise mit der der Wissenschaft nur in einem einzigen Punkt kreuzte: einer bestimmten Erscheinung. Doch mit der ersten Aussage über diese Erscheinung trennten sich schon wieder ihre Ansichten. Ein ähnliches Schicksal ereilte auch das Wissen um die Schwankungen unserer Kräfte.

Ab dem Anfang des 20. Jh.s ging es Schlag auf Schlag: Der in Berlin wirkende Sanitätsrat und Biologe *Dr. Wilhelm Fließ* veröffentlichte nacheinander mehrere, zum Teil recht umfangreiche Werke über seine Forschungsergebnisse. Er beobachtete das Wirken eines 23tägigen und eines 28tägigen Langzeitrhythmus, vermutete in ihnen das männliche *(M)* und weibliche *(W)* Prinzip im Menschen und bezeichnete sie als „Substanzrhythmen". Seine Freundschaft mit Sigmund Freud verhalf seinen Forschungen allmählich zum Durchbruch. Etwa zur gleichen Zeit veröffentlichte der Wiener Professor für Psychologie Dr. Hermann Swoboda seine Arbeit über die Perioden des menschlichen Organismus in ihrer psychologischen und biologischen Bedeutung. Allerdings führte die Entdeckung von nur 2 Rhythmen zu einer nicht ganz richtigen Ansicht über ihre Natur, und bis heute hält man hartnäckig an der damals geäußerten Polarität von *M* und *W* fest. Spätestens nach der 1928 veröffentlichten Entdeckung eines mentalen 33tägigen und eines 38tägigen, sogenannten „feinsinnlichen" Rhythmus nach Beobachtungen des in Innsbruck tätigen Dr. Ing. Friedrich Teltscher hätte man aufwachen müssen.

Zusammenhänge mit Unfällen, die Rhythmenverwandtschaft und umfangreiche statistische Arbeiten trug der Schweizer Dipl.-Ing. Hans Schwing 1939 bei. Hans Früh, ebenfalls ein Schweizer, leistete einen Beitrag, indem er die von seinen Vorgängern entdeckten sogenannten „Sekundärrhythmen" in die Berechnungen einflocht. Hans Genuit, ein bekannter Astrologe, beobachtete einen „Erfolgsrhythmus", der die Resultante der 3 Grundrhythmen, nämlich des „männlichen", „weiblichen" und „intellektuellen" Rhythmus, darstellt.

Wiederum einem Schweizer, nämlich A. J. Dietziker, blieb es vorbehalten, die Beeinflussung zweier oder mehrerer Rhythmen gegenseitig festzustellen, wobei jeweils Kopf-, Herz- oder Kreislaufbelastungen beobachtet wurden. Auch konnte er die Typenzugehörigkeit, die Zugehörigkeit zu den Erbkreisen und die Prägung des Menschen, z. B. bei sogenannten „Linksern", Legasthenikern oder Linkshändern, weitgehend erforschen. Den wissenschaftlichen Nachweis über das Vorkommen der Zahlen 23, 28 und 33 in der Natur machten sich Hans R. Früh, der Astronom Heinrich Kündig und der Mathematiker Hans Küenzi zur Aufgabe.

Parallel zur mehr empirischen, aber dennoch nach wie vor mit der Körperlichkeit verbundenen Forschung der Biorhythmiker entwickelte sich ein streng wissenschaftlich-biologischer Forschungszweig, die *Chronobiologie*. Die Chronobiologen untersuchen die Einwirkungen der exogenen Rhythmen (Drehung der Erde um sich selbst und um die Sonne, Mondumlauf usw.) auf den Menschen. Sie beobachten die periodischen Schwankungen der Ausschüttungen der verschiedensten Hormone, die energetische Situation der lebenden Zellen, die Herz-, Kreislauf-, Schlaf-, Fruchtbarkeits-, Geburts-, Sterblichkeits-, Blutbildungs-, Verdauungs-, Stoffwechsel- und sonstigen Rhythmen. Allmählich bildeten sich eigene Disziplinen heraus, so

    die Chronopharmakologie,
    die Chronopharmakokinetik,
    die Chronopsychologie.

Beide Forschungsrichtungen, vor allem aber die Chronobiologie, befassen sich zum größten Teil mit analytischen Fragen, mit der statistischen Erfassung, Beobachtung und Beschreibung rhythmischer Erscheinungen des Menschen als „Körper". Je nach Genauigkeit und Tiefe der jeweiligen Analysen der Teilaspekte wurden mehr oder minder passende Hypothesen erarbeitet und veröffentlicht. Ob und wieweit sie passen, soll im Folgenden in einigen Bereichen aufgezeigt werden.

Erklärung einiger Fachausdrücke

Rhythmus: Unter diesem Begriff drückten die alten Griechen eine gleichmäßig in Perioden schwingende Bewegung aus. Wir erkennen im Rhythmus eine geregelt fließende, harmonische Bewegung. Rhythmus zeigt sich in allem Lebendigen wie auch in der sogenannten „unbelebten" Natur, im Makrokosmos wie auch im Mikrokosmos. Rhythmus entsteht durch die Anziehungskraft zweier entgegengesetzter Pole, in ihm löst sich Spannung mit Entspannung ab. Im rhythmischen Geschehen sind räumliche und zeitliche Abweichungen möglich, man kann von einer Wiederkehr von Ähnlichem in ähnlichen Abständen reden. Da alles Lebendige im rhythmischen Geschehen eine Entwicklung erfährt, kann es bei Wiederkehr einer bestimmten Situation nur eine Ähnlichkeit registrieren, da Entwicklungen zwangsläufig Änderungen mit sich bringen.

Rhythmenarten: *Exogene Rhythmen* sind periodisch schwingende Bewegungen außerhalb unseres Körpers (Gezeiten, Jahreszeiten, Gestirne usw.).
Endogene Rhythmen sind subjektbezogen und zeigen sich in der Wiederkehr von Schlaf und Wachen, Zellauf- und -abbau, Nahrungsaufnahme und Ausscheidung, in der Hormonausschüttung, der Blutzusammensetzung, somit also in allen physiologischen Prozessen. Die biorhythmischen Schwingungen zeigen sich als endogene Rhythmen, lassen aber auch gleichzeitig eine prinzipielle, daher auch analoge Beobachtung zu exogenen Rhythmen zu. Unser Denken, Fühlen und Wollen läuft rhythmisch ab, ebenso wie unsere Bewußtseinsentwicklung, unsere Entwicklung vom Triebmenschen über viele Inkarnationen hin zum Gottmenschen. Hier handelt es sich bereits um *spirituelle Rhythmen*.

Biorhythmen im weitesten Sinne sind also alle in Perioden schwingenden Bewegungen, nicht nur des von uns klassifizierten Lebendigen, sondern sie sind Ausdruck und Wesen des Lebens selbst (*bios* = Leben).
Im engeren Sinne wird darunter das „Auf und Ab unserer Lebenskraft" verstanden, obwohl diese Definition nicht den Kern der Sache trifft, wie wir noch feststellen werden. Den Chronobiologen fehlt der schlüssige Beweis der Synchronität von exogenen Rhythmen mit den Langzeit-Biorhythmen. (Wir wollen

künftig den Ausdruck „Biorhythmus" für das Schwingen der 3 Elementarrhythmen weiter verwenden, obwohl hier der Ausdruck „Biotakt" angebracht wäre.)

Biorhythmus kann verschieden betrachtet werden: Als Dreh- und Angelpunkt, wo sich Innen- und Außenwelt im Bewußtsein treffen; als Schiene karmischen Wirkens; als Gesetz der Bewußtwerdung. Er zeigt das Leben des Menschen im Kreislauf zwischen der senkrechten Polarität von Fülle und Leere und der waagrechten Polarität von Beginn und Wende; er zeigt uns die Qualitäten von Zeit und Raum auf. Schließlich ist der Biorhythmus das Gesetz unserer Lebensmelodie: Die Harmonie als göttliches Prinzip bedient sich der Rhythmen, um die Melodie, die der Mensch im Alltag spielt, einzurahmen.

Takt: Zum Unterschied vom Rhythmus verstehen wir unter Takt: Gleiches kehrt in gleichbleibenden Abständen wieder. Takt verläuft präzise nach starren, mathematischen Gesetzen.

Zyklus: Eine Schwingungseinheit. Summe der Phasen eines Kreisumlaufs.

Phase: Abgegrenzter Teil einer Schwingung. Man unterscheidet:
Aufbauphase (Ladungsphase),
Aktivphase,
Abbauphase (Entladungsphase),
Passivphase.

Periode: In sich geschlossener Lebensabschnitt von bestimmter Dauer.

Epoche: Beschreibt die Wirkung der Zyklen auf den Menschen. Eine Epoche hat immer einen bestimmten Inhalt; so gibt es u. a. kulturelle, erdgeschichtliche, philosophische Epochen.

Die 2 Elemente des Rhythmus:
räumlich: *Amplitude.* Ausdruck der Kraft des Impulses.
zeitlich: *Frequenz.* Ausdruck des Vereinigungsstrebens.
Aus den 2 Elementen ergibt sich die *Form* als äußeres Erscheinungsbild, wie auch die In*form*ation als Ausdruck innerer Gesetzmäßigkeiten.

Interferenz: Beeinflussung mehrerer Rhythmen gegeneinander, so daß eine neue zusammengesetzte Schwingung entsteht.

Modulation: Änderung einer Schwingung hinsichtlich Amlitude oder Frequenz durch Einwirkung von außen.

Kongruenz: Deckungsgleichheit.

Affinität: Beziehung der Gleichartigkeit.

Das Rhythmenspektrum

Zwischen den beiden Polen des unendlich Großen und unendlich Kleinen pulsiert die Schöpfung in unzähligen Rhythmen. Im Menschen schwingen die Rhythmen des *Mikrokosmos* als Abbild, als Resonanz des *Makrokosmos*, auch wenn wir uns dessen meist nicht oder nur vage bewußt sind. Die Mischung von Prinzipien bestimmt uns, verschiedene Kräfte beeinflussen uns, und genau betrachtet bestehen wir ausschließlich aus gebündelter, koordinierter, verdichteter und pulsierender Energie.

Daß unser Wille, unsere Gedanken, aber auch unsere Emotionen und Gefühle ein Energiepotential darstellen, welches wir immer wieder schöpferisch aufbauend oder niederreißend gebrauchen, wissen wir schon lange. Wie aber steht es mit unserem Körper? Er besteht aus den verschiedensten Organen, Geweben, Gerüsten und Systemen, die nach einem genialen Plan entworfen sind und normalerweise ohne unser bewußtes Zutun optimal funktionieren. Größere und kleinere Reparaturen werden genau nach Plan vollzogen, und solange wir die Lebensgesetze nicht verletzen, bleiben wir gesund und können uralt werden. Wir wissen auch, daß schädliche Umwelteinflüsse, aber auch Verletzungen diese geniale Ordnung empfindlich stören können. Tatsächlich ist es so, daß bestimmte Prinzipien, die in uns in bestimmter und individueller Organisation präsent sind, zu ganz gewissen Zeiten in uns „anklopfen" und uns problemhaft entgegentreten, wobei unsere Einstellung dazu entscheidet, ob sie Leidcharakter annehmen oder nicht. Allmählich nur bricht auch das Bewußtsein durch, daß destruktive Gedanken und Gefühle wie auch Emotionen uns schwer schädigen können, ja daß sie sogar einen frühzeitigen Tod bewirken können. Hier wirken also Energien auf unseren genialen Lebensplan ein, verändern das Programm und führen zu Fehlschaltungen. Wie können wir uns das vorstellen? Nun, die Bausteine der Organe, die vielen Zellen, sind dem Organprogramm untergeordnet, arbeiten aber jede für sich nach einem Spezialprogramm. So ist das Programm der Magenschleimhautzellen ein anderes als das der Zellen der Magenmuskulatur. Träger dieser Informationsgruppen sind die Gene, die *DNS* (Desoxyribonukleinsäure) mit ihrer wendeltreppenförmigen Form, der *Doppelhelix*, die wiederum aus einem Plus- und einem Minusfaden besteht. Der Doppelfaden selbst besteht aus je einer Kette von Phosphorsäureresten und Desoxyribose in regelmäßiger bausteinartiger Verbindung. Beide Fäden sind in regelmäßigen Abständen wie durch Sprossen einer Strickleiter verbunden, wobei jede Sprosse aus einem Basenpaar besteht. Es gibt 4 Basen, wobei sich stets je 2 komplementär ergänzen. Je 3 dieser 4 Basen ermöglichen nun 64 Kombinationsmöglichkeiten. Es war die herausragende Entdeckung Martin Schönbergers, daß er eine verblüffende Ähnlichkeit der Systematiken von genetischem Code und dem I-GING herausfand, das ja das Wirken und Wandeln der Kräfte in allem Lebendigen und in der „toten" Natur beschreibt. Hier zeigt sich also ein Zusammenhang, nach dem die Wissenschaft suchte. Beide Systeme beschreiben die Vielfalt der Welt von 2 verschiedenen Seiten, aber in einer einheitlichen „Weltformel". Man kann davon ausgehen, daß das Programm, nach dem unsere Lebensvielfalt ausgerichtet ist, energetischer Natur ist, diese wiederum auf die Spannung zwischen Yang und Yin bzw. auf das Zusammenspiel von aus diesen strukturierten Prinzipien zurückzuführen ist.

Wie steht es aber mit den Bausteinen der Moleküle, die unsere Zellen bilden? Man weiß heute, daß die Atome in Wirklichkeit selbst nur aus elektrischen Ladungen bestehen. Beim Elektron (Masse Null, negative Ladung) war das schon geraume Zeit bekannt. Die weitere Erforschung der Atomkerne führte zur SU_3-Theorie (Gell-Mann) und zum Quarkmodell: Bisher unteilbare kleinste Teilchen mit der Masse Null bestehen aus noch kleineren Elementarteilchen mit $0, \pm 1/3$ oder $\pm 2/3$ Ladung des Elektrons.

Zum weiteren läßt sich auch das periodische System der chemischen Elemente mit Hilfe des I-GING verdeutlichen, so daß sich immer mehr Indizien eines materiellenergetischen Zusammenhanges ergeben.

Also auch von der anorganischen Seite her gesehen besteht unsere Schöpfung aus Energie, einem Ladungspaar, das durch den Schöpferwillen sich in Form von 2 Polen gegenübersteht, zur Wiedervereinigung strebt und so eine kreisende Bewegung bzw. Beziehung eingeht, wodurch eine Form entsteht. Die Religionen bezeichnen diese Kräfte als Schöpfungskraft (Primärkraft) und Heimholungskraft (Christuskraft, Kraft der Liebe). Da beide Kräfte gleich stark sind, werden sie durch immerwährendes Schwingen im Gleichgewicht gehalten.

Wenn wir *Geist* als die Summe aller Möglichkeiten definieren, ergibt sich aus dieser Summe die unendliche Vielfalt der Rhythmen. Gleichzeitig schwingen alle diese unzähligen Rhythmen nach *einem* Gesetz. Das Wirken dieses Gesetzes kann mathematisch, philosophisch, religiös oder in irgendeiner „Sprache" eines esoterischen Systems ausgedrückt werden, stets aber verbindet es alle Formen von Rhythmen. Diese Verbindung tritt uns in Analogien oder Synchronitäten entgegen, in Beziehung von: „ähnlich, wie ..." oder „immer wenn, dann ...". Ausschließlich dieser analogen, senkrechten Betrachtungsweise ist es vorbehalten, zu den Wurzeln, Archetypen, Urprinzipien vorzustoßen, und ausschließlich in Verbindung mit dem waagrechten Denken ist die gesamtgeistige Dimension als Summe aller Möglichkeiten gegeben.

Je näher 2 Pole zueinander stehen, je weniger weit sie also aus der Einheit herausgetreten sind, oder – bildlich gesprochen – je näher sie dem Schöpfungsursprung stehen, um so schneller schwingt der Rhythmus im Mikrokosmos und im

Makrokosmos. Wir wissen von der unvorstellbar schnellen Vibration des Lichtes, von den rasanten Rhythmen der Elektronen im ständigen Kreisen um den Atomkern, von den Schallschwingungen bis zum Atem und Puls des Menschen. Wir wissen von Erdbebenwellen, von Ebbe und Flut, wir leben im täglichen Rhythmus von Tag und Nacht, Wachen und Schlafen, Bewegung und Ruhe, Nahrungsaufnahme und Ausscheidung. Wir beobachten den Wechsel der Mondphasen, der Jahreszeiten, der Sonnenfleckenaktivität. Die Astronomen registrieren den Umlauf der Planeten um die Sonne, beobachten deren Einwirkungen auf das Magnetfeld der Erde und das parallele Geschehen auf den einzelnen Ebenen. Schließlich berichten uns Forscher und Weise vom Weltenjahr, das durch die Präzession der Erdachse entsteht und im Verlaufe seiner Dauer von 25.868 Erdenjahren verschiedene Hochkulturen entsprechend der geänderten Einflüsse entstehen und vergehen läßt. Der größte uns vorstellbare Rhythmus schließlich umfaßt das Werden und Vergehen der Galaxien und der Schöpfung (der *„Atem Brahmas"*).

Indem wir nun erkennen oder auch nur erahnen, daß wir selbst und unser gesamtes Universum ausschließlich aufgrund zweier polarer Prinzipien aus bewegter und daher lebender Energie bestehen, die in ihrem rhythmischen Schwingen geordnet, geregelt, harmonisch und geplant die Welt der Erscheinungen aufbaut, müssen wir zwangsläufig 2 existenzielle Fragen stellen:

1. Warum erleben wir unser Leben im Materiellen und erkennen die Wahrheit nicht?
2. Hat der Tod für uns dann überhaupt noch einen Stellenwert, bzw. gibt es ihn überhaupt so, wie wir uns ihn vorstellen?

Die Beantwortung beider Fragen füllt ganze Bibliotheken in allen Ländern. Beschränken wir uns daher auf einige wesentliche Aspekte:

Die Antwort auf die erste Frage ist relativ einfach: Unsere Erkenntnis und unser „Diesseits"-Bewußtsein bedienen sich unserer Sinne, unserer Gefühle und unserer Vorstellungen. Wie in einem perfekt organisierten Büro funktioniert Input und Output, die Registratur, verschiedene Computerprogramme laufen und informieren uns ständig. Die Sache hat nur einen Haken: Die Programme für In- und Output sind angewiesen auf die technologischen Möglichkeiten der Computer und basieren auf deren „Sprache". Es ist die grobstoffliche Beschaffenheit der Zellen als Informationsträger bzw. -mittler, die nicht in sich selbst und ihr Programm hineinsehen bzw. -wirken können und daher nur Dinge wahrnehmen können, die gröber als sie selbst sind. In anderen Worten: Selbst noch so gute und perfekte Mikroskope können die kleinsten Bestandteile der Atome niemals ausmachen. Dies bleibt ausschließlich wesentlich feineren Instrumenten überlassen, die der Mensch selbst in sich trägt: der Vorstellungskraft, der höheren Intelligenz und Vernunft, der Logik, der Inspiration, der Eingebung, der geistigen Schau. Es ist unsere Aufgabe und Bestimmung, diese Instrumente auszugraben, weiterzuentwickeln und zu beherrschen. Bis zu diesem Reifegrad leben wir hier in der falschen Vorstellung von einer materiellen Welt.

Die Beantwortung der zweiten Frage können wir auch getrost unserer Logik überlassen: Wir wissen, daß alles, aber auch wirklich alles ständig schwingt und daher lebt, sobald es sich manifestiert hat. Die Kraft, die diese verschiedenen Rhythmen hervorrief, hört nie auf zu wirken, denn würde sie aufhören zu bestehen, würden augenblicklich alle ausgebildeten Pole in einer Einheit verschmelzen und sich auflösen, das Universum würde aufhören zu existieren und ins Nichts verschwinden. Wir können aber andererseits beobachten, daß verschiedene Rhythmen aufeinander verstärkend oder hemmend einwirken (z. B. die Sonne und der Mond in Konjunktionslage bei einer Springflut), daß dadurch neue Schwingungen sich aufbauen, daß Änderungen in der Amplitude und auch Frequenz möglich sind. Wir wissen heute auch, daß Energien in einem begrenzten Feld schwanken können, sie verlagern sich dann woandershin und wechseln gar ihre Dimension. Die Sprünge von Elektronen innerhalb der Atomschalen versinnbildlichen ja diese Energieumwandlungen. Die Wissenschaft kennt heute 4 Arten von Kräften, die ständig untereinander in Beziehung stehen und die Welt zusammenhalten: die elektromagnetische, die strahlende, die schwach wechselwirkende und die stark wechselwirkende Kraft. Sie entsprechen aufs genaueste den 4 Kräften, die uns im I-GING beschrieben werden. Im Kräftewandel ändert sich lediglich eine Form bei geänderter Prinzipienlage. Ändert eine Kraft ihre Dimension, wechselt auch die Form ihre Dimension.

Nach den alten esoterischen Lehren besteht der Mensch selbst aus 7 Prinzipien, die mit den 7 Strahlen, den 7 Energiezentren (Chakras) und den 7 Sphären korrespondieren. Diese 7 Prinzipien können auf 5, 4, 3 oder 2 Prinzipien reduziert oder aber auf 10, 12, 24 oder 64 erweitert werden und dienen den verschiedensten esoterischen Disziplinen als Grundlage. Die Feinheit der jeweiligen Sphäre steht in unmittelbarem Zusammenhang mit der Dimension der jeweiligen Energie. Es ist die Dimension der polaren Anziehungskraft, die die Durchdringungsfähigkeit bzw. Dichte eines energetischen Feldes bestimmt.

Nur der vollkommene Mensch verfügt bewußt über alle Energiebereiche unterhalb der ersten, feinsten und stärksten Dimension, die ja der göttlichen Allmacht entspricht. Für die Qualität des Lebens spielt es eine entscheidende Rolle, ob sich das Bewußtsein des Menschen in der gröbsten oder einer höheren Sphäre oder auch, wie z. B. in Träumen, in der Astralebene oder Mentalebene aufhält. Das Leben in seiner Mannigfaltigkeit beobachtet sich durch alle Lebewesen und den Menschen mit Hilfe des Bewußtseins selbst je nach dem Entwicklungsgrad des Beobachters innerhalb einer kleineren oder größeren Bandbreite. Manchmal steigt das Bewußtsein in höhere Sphären auf, ein Phänomen, das wir aus den Schilderungen von Medien oder Propheten kennen, aber auch manchmal in besonderen Träumen erfahren können. Auch in der Meditation, wenn wir unsere Aufmerksamkeit von der Außenwelt (der Horizontalen) abziehen und uns unserem Lebensprinzip (in der Vertikalen) zuwenden, durchschreiten wir bewußt die Sphären der Emotionen, Gedanken und auftauchende Bilder, um schließlich in der Energie selbst zu ruhen. Und nichts anderes geschieht beim irdischen „Tode": Die uns innewohnende Energie verläßt die starre Umklammerung eines abgenutzten irdischen Körpers, um in einer lichteren, lebendigeren und beweglicheren Sphäre transformiert und bewußt zu verweilen.

Unsere Seele, oder was immer wir auch unter diesem Begriffe verstehen, wird von allen Vollendeten als energiegeladene Organisitation beschrieben, schwingt also innerhalb der Summe aller Möglichkeiten von Rhythmen zu immer größer werdenden Anteilen am Ganzen, um schließlich voll bewußt und vollkommen zu werden, also die Fülle, die Summe aller Möglichkeiten, die reine Geistigkeit zu erreichen. Und unter allen ewig schwingenden Rhythmen soll es ausgerechnet einen geben, der abrupt beginnt und ebenso abrupt endet, nämlich die Spanne eines kurzen irdischen Lebens? Es entspricht doch unser Erdenleben der aktiven, der Tagseite, unser „jenseitiges" Leben der passiven, der Nachtseite eines Zyklus. Es ist doch absurd, sich vorzustellen, daß wohl die Natur in den Sonnensystemen wie in den Atomen lange Rhythmenreihen hält, daß aber die bewußte Seele in ihrer Beweglichkeit, Freiheit und Nähe zum Urgrund allen Seins, das sie zu ergründen imstande ist, eines plötzlichen Impulses bedarf, um in ihrer Vielfalt an Möglichkeiten zu schwingen und nach einer kurzen Spanne ebenso plötzlich wieder gestoppt wird, um ins Nichts zu verschwinden. Dabei bleibt die Frage offen, wozu und von wem sie gestoppt wird, während alle anderen Rhythmen munter weiterschwingen! Gegen diese verrückte Annahme sprechen doch die vielfachen Bestrebungen der Menschen nach einer Entwicklung zur Vollkommenheit, Schönheit, Kraft, Wahrheit, Liebe, Harmonie, Frieden, Weisheit, kurz zur Entwicklung von Tugenden, die uns innerlich erheben und befreien. Wozu dient dann all dies Streben, wenn es ohnehin mit dem Tode vernichtet würde? Ganz abgesehen davon haben wir eine Vielzahl von Belegen mit Kontakten aus dem „Jenseits", die Tondbandstimmenforschung, die Kontakte mit „Verstorbenen" über den Fernsehbildschirm, über Medien und Sensitive. Wir kennen die Berichte von „Beinahe-Verstorbenen" und Zurückgeholten, die medial übermittelten Botschaften oder Kunstwerke, die Kontaktnahme mit nahen verstorbenen Angehörigen im Traum mit präzisen Anleitungen zum Handeln. Sie halten sich in Sphären auf, in die wir, die wir unsere Aufmerksamkeit auf die Faszination der irdischen Welt richten, mit unserem beschränkten „Diesseits"-Bewußtsein nicht eindringen können und die wir pauschal als Sphäre des Unbewußten bezeichnen. Von dort her wirken sie weiter in uns, und ihr Tod war nichts anderes als energetische Transformation.

Um einen Vergleich aus dem EDV-Bereich heranzuziehen, können wir sagen: Das Programm bleibt bestehen, unabhängig davon, ob es gerade ausgedruckt wird bzw. arbeitet oder nicht, ob es in einem Gerät eingespeichert ist oder nicht. Wenn man die Diskette aus dem Computer herausnimmt, wird er arbeitsunfähig und wertlos. Die Diskette bleibt davon unberührt, auch wenn sie ihre Verbindung mit dem Gerät beendet hat. Stets bleibt ihre Organisation erhalten und kann von neuem ihre Tätigkeit aufnehmen. Nichts anderes geschieht beim Tod: Der Operator löst die Organisation aus der Hülle, die somit ihre Struktur aufgibt und zerfällt. Die Organisation bleibt erhalten, weil die Prinzipien, die das Programm erlassen haben, weiter bestehen und sich nicht darum kümmern, ob das Programm arbeitet oder ruht.

Nach dem Gesetz der *Zentrifugalkraft*, der Abstoßung, und der *Zentripetalkraft*, der Anziehung, ist das dauerhafte Verweilen in einer Phase, sei es die aktive oder passive, nicht möglich, solange die Schöpfung nicht zu ihrem Ursprung, der ewigen

Harmonie, zurückgekehrt ist. Bewußtwerdung erfolgt durch wechselseitiges Erleben einander entgegengesetzter Zustände, wie warm und kalt, hell und dunkel, gut und böse, Beschränkung und Freiheit, diesseitiges und jenseitiges Leben. Das nur einen Teil aller Möglichkeiten erfassende Bewußtsein muß also auf seinem Weg zur Erfüllung in die Ganzheit wieder und wieder in die Körperlichkeit eintauchen, um über die Befreiung aus der Beengtheit der materiellen Sicht durch Erkennen und Loslassen schließlich den einzigen Grund zur Wiederkehr zu überwinden: die Getrenntheit des Teiles vom Ganzen durch Vereinigung mit dem Ganzen.

Als Menschen mit Teilbewußtsein bleibt uns die Erinnerung mittels unseres Gedächtnisses an die andere Phase bzw. an andere Zyklen versagt, da unsere Gehirnzellen im Laufe der Entwicklung zum funktionierenden Hirn mit dem alten Programm inklusive allem in den Vorleben Erworbenen (dem bisherigen Teilspektrum) wohl den Möglichkeitsrahmen erhalten, in welchem Anlagen und Aufgaben uns vorerst unbewußt verankert sind, aber nicht anders als „diesseitig" arbeiten können. Das heißt: Das jenseitige Programm wird passiviert, das diesseitige aktiviert. Tatsächlich ist es so, daß unser „Jenseits"-Bewußtsein mit dem Eintritt in unser Raum-Zeit-Gefüge bei Geburt als latente Basis bestehenbleibt und von uns als Unterbewußtsein oft nur mehr im Schlaf Bedeutung zugebilligt erhält, während wir fasziniert die Einengungen des Tagesbewußtseins „genießen".

Wir leben unser wiederholtes Leben entsprechend unserer Vollkommenheit oder Unvollkommenheit mehr oder weniger frei, mehr oder weniger energieerfüllt, mehr oder weniger bewußt, so wie der alte aufgelöste Speicher das bisherige Programm konserviert hatte. Hier liegt, wie wir mittlerweile wissen, der Schlüssel zu unserem Schicksal (Karma), unserer Gesundheit, unseren Tugenden oder auch Untugenden wie auch unseren Fähigkeiten, die wir, wie unsere körperliche Erscheinung auch, aus dem alten Programm aufbauen und ins neue Dasein mitbringen. Ein sich zersetzender, zerfallender Speicher kann den darin gesammelten Inhalt nicht länger halten, und in einen neu gebauten Speicher muß der neue Inhalt nach einem kollektiven und individuellen Programm erst hineingelangen. Für den neuen Speicher ist auch der alte Inhalt etwas Neues. Dennoch gibt es zunehmend mehr Menschen, die verblüffende Aussagen über vergangene Leben machen können. Vor allem aber sind es die Kinder mit noch ungefülltem Gehirnspeicher, die, da ihr Bewußtsein noch wesentlich höhere Anteile des Unbewußten aufweist und ihr Tagbewußtsein im Irdischen noch nicht so fest verankert ist, des öfteren intuitive Angaben über frühere Existenzen machen, wobei ihre Sprache sich innerer Symbole bedient.

Wenn wir das Wesen der Rhythmen als Ausdruck des Lebens wirklich verstehen wollen, müssen wir die Gesetzmäßigkeiten, nach denen sie schwingen und durch die sie entstehen und bestehen, auch uneingeschränkt anerkennen. Wir können nicht auf der einen Seite verständnisvoll nicken, wenn wir geistige Prinzipien anerkennen, und auf der anderen Seite der Ignoranz Tür und Tor öffnen. Wenn wir die ganze Bandbreite der Rhythmen aus einer Quelle kommend und einem Gesetz unterstehend anerkennen, können wir Ausnahmen nicht akzeptieren. Das ansonsten Vollkommene wäre gerade nur für uns Menschen unvollkommen, weil wir in unserem beschränkten Bewußtsein die Vollkommenheit nicht fassen können. Da aber Rhythmen so lange schwingen, solange es eine Schöpfung durch 2 Pole gibt und solange es daher Polarität gibt, gibt es auch das Leben, solange es Schöpfung gibt. Wir sind Geschaffene, daher lebend, auf welcher Ebene auch immer wir uns aufhalten. In diesem Sinne sind alle Aussagen von Biorhythmikern oder sonstigen „Experten", die von körperlichen Rhythmen sprechen oder die die Rhythmen auf Hormonausschüttungen zurückführen wollen, Ausdruck tiefster Unwissenheit.

Spätestens an dieser Stelle des vorliegenden Werkes werden sich die „Geister" meiner verehrten Leserschaft teilen. Und um diese Teilung vorab zu beschleunigen, wende ich mich zuerst der Gruppe zu, die mit sich ringt, weiterzulesen.

Es lassen sich stets 2 Gruppen von Menschen beobachten, die das Empordringen der Wahrheit verhindern und so dem Prinzip der Dunkelheit dienen. Dabei ist es unerheblich, ob sie es bewußt oder unbewußt tun, da weder die Böswilligkeit noch die Dummheit Verständnis erwarten kann:

1. Die Ignoranten. Sie wollen die Wahrheit nicht erfassen oder akzeptieren. Der Grund ist meist sehr einfach: Sie können nur horizontal denken, und – vor allem – eine bestimmte Aussage stammt nicht von ihnen, ein anderer wurde zum Sprachrohr der Wahrheit gewählt. Es ist das alte Feld des Neides, der Mißgunst und der Eigendünkel. Sie bedienen sich der unsachlichen Kritik und verspritzen ihr Gift gegen den Verkünder, der ja selbst nur Werkzeug der Wahrheit ist. In der Sache selbst haben sie nichts auszusagen, weil ihnen das Bewußtsein um die Zusammenhänge fehlt. Denn im Bewußtsein der Gesetze könnten sie die Wahrheit niemals kritisieren. Wenn man sie aber nach den zugrundeliegenden Gesetzen frägt, verstummen sie. Wenn Unflexible, die das Alte festhalten wollen, wütend gegen neue Erkenntnisse vorgehen wollen, dann vergessen sie, daß das, was sie jetzt gegen das Neue verteidigen, selbst einmal den Angriffen nichtwissender Ignoranten ausgesetzt war und sich dann doch gegen noch Älteres, Verkrustetes und Verstaubtes durchsetzen mußte. Wenn Ignoranten etwas verurteilen, das ihrer Meinung nach nicht existiert (weil es noch niemand „wissenschaftlich-objektiv" nachgewiesen hat und sie selbst es subjektiv noch nicht wahrnehmen konnten, da ihre höhere Intelligenz durch Emotionen, materielle Wünsche und wissenschaftliche Dogmen blockiert ist), so fangen sie sich in ihrer eigenen Falle: Ver- oder beurteilen kann man doch nur etwas, was man ganz genau kennt, sonst ist das Urteil nichts wert. Man kann aber nur etwas ganz genau kennen, was auch existiert. Etwas, das es nach Meinung der Ignoranten nicht gibt, können sie daher nicht be- oder verurteilen; wenn sie es aber dennoch tun, muß es existieren.

Die vollkommene Wissenschaft bedarf der Ergänzung durch die Esoterik. Kein Wissenschafter kann heute die 7 Strahlen oder die 5 Tattwas (Elementschwingungen) erforschen. Trotzdem wirken sie permanent und grundlegend für die Existenz dieser Welt, die die Wissenschaft ergründen möchte. Dies bleibt noch der okkulten Wissenschaft vorbehalten. Alle Sucher und Forscher sollten, wenn sie die vollkommene Wissenschaft anstreben, zuerst jede Facette ihres Selbst erforschen, in sich gehen und sich für die senkrechte Wirklichkeit aufschließen. Im Durchbruch höheren Bewußtseins erübrigt sich unsachliche Kritik von selbst. Kritisiert wird von denen, deren Horizont zu klein ist, die sich in die Sache mangels Bewußtseins nicht vertiefen können und die nur sich selbst in den Vordergrund schieben möchten. Ihnen geht es nicht um die sachliche Auseinandersetzung, sondern nur darum, den „Wissensgegner durch Vorsprung" zu Fall zu bringen, seine Schwachstelle aufzudecken. Sachliche, richtige Fakten oder analoge Zusammenhänge werden einfach übergangen, ignoriert. Hauptsache, man hat wieder einen unliebsamen Konkurrenten, der sich vielleicht gar nicht so sehr auf die Bühne drängt wie die Kritiker selbst, besiegt.

Die Methoden der Ignoranten haben sich nur verfeinert, das Prinzip ist immer noch das alte. Die Propheten im eigenen Lande, Jesus, Galileo Galilei, auch Fließ und Sauerbruch mußten das bitter verspüren. Dabei hätten es gerade die Ignoranten so leicht, die Wahrheit zu erfassen, wenn sie den Wall ihres aufgeblähten Egos niederreißen und den Schritt hin zum Anderen, Neuen wagten. Denn sie arbeiten ja meist am selben Thema und müssen sich die vielen Grundlagen nicht erst mühsam erarbeiten.

Esoterisches Wissen entsteht durch Verarbeitung von Erlebtem und dessen Einordnung unter wirkende Prinzipien und unter einen Sinn, *exoterisches* hingegen durch Forschen in einem gewissen horizontalen nicht subjektiven Sektor aus einem bestimmten Zweck heraus. Sinn und Zweck sind also die Unterscheidungskriterien. Beide Arten von Wissen münden in höheres Bewußtsein (wenn auch unterschiedlich schnell), jedes von einer anderen Seite her. Also müssen exoterische Wissenschaft und esoterisches Wissen sich letzlich im vollen Bewußtsein die Hände reichen. Und so ist es auch: Die Erkenntnisse über den genetischen Code, die chemischen Elemente und ihre Periodik und die Elementarteilchen münden im I-GING, die höhere Mathematik hat ihre Entsprechung in der Kabbala, die Psychotherapeuten arbeiten zunehmend mit der *Reinkarnationstherapie*, die Psychologen könnten ihr Wissen im *Tarot* und in der Astrologie finden, die Atomwissenschaft begegnet ihrem Wissen (nicht nur) in den alten indischen Schriften, die Medizin entdeckt das uralte System des *Ayurveda* und der *Akupunktur*, die Pharmazie bedient sich bei homöopathischen Präparaten bestimmter Prinzipien und der Informationsvergeistigung mittels Hochpotenzen und weiß auch zunehmend mehr über die Zusammenhänge von Gestirnsstellung und Heilpflanzenwirkung. Man könnte eine lange Reihe von Wissenschaftern aufführen, die in beiden Bereichen der Forschung tätig waren und sind. So schließt sich der Ring – wie innen, so außen – in der Synthese beider Sichtweisen.

Wenn Sie nicht zu der Sorte von Menschen gehören, die von vornherein alles, was nicht von ihnen stammt, verurteilen, nicht zu den ewiggestrigen, unflexiblen, die nur ihre eigene Meinung und die von sogenannten „Experten" akzeptieren, nicht zu den nurwissenschaftsgläubigen, dann vertiefen Sie sich einmal in die uralten, beständigen esoterischen Lehren! Nicht nur, daß die Weisen aller Zeiten Kenntnisse über die kosmischen Zusammenhänge hatten, auch die modernen Wissenschaften münden letztendlich in die esoterische Lehre, da sie alle Natur- und Geisteswissenschaften als Universalwissenschaft umfaßt. Esoterik ist nicht nur mehr kausal erforschbar, sondern in Prinzipienketten erkennbar. Aber alle Waagrechtdenker wissen intuitiv um ihren Wahrheitsgehalt. Da sie aber ihre eigene Denkweise nicht in Frage stellen können oder wollen, werden sie zu Gegnern des für sie Nichtintegrierbaren und schaffen sich damit ihre Probleme selbst. Sie machen den gleichen Fehler, wie er vor 2.000 Jahren auch passierte, daß sie sich in die Gruppe derjenigen einreihen, welche die wirklich Wissenden entlarven wollen; in die Gruppe derer, die Nichtwissen durch aufgeblähtes Gebaren zudecken wollen, in die Gruppe der Scharlatane. Sie entlarven sich dabei selbst und werden von beidseitig denkenden Menschen gleich erkannt.

2. Die Nachplapperer. Ihnen fehlt es an Kritikfähigkeit und scharfem Verstand. Sie können die Wahrheit nicht erfassen. Ihr Bewußtsein ist im Entwicklungsstadium der linearen Ansichten steckengeblieben, Überblick oder gar Durchblick bleibt ihnen verwehrt. Es sind die Übereifrigen, die ungeprüft alles annehmen. Der Wunsch ist der Vater ihrer Gedanken. Alles wollen sie in ein starres Schema pressen und für sich konservieren, weil sie selbst nur Schemen ihres geistigen Potentials sind. Sie bekommen die Wahrheit nicht zu Gesicht, sie entgleitet ihnen immer wieder, weil sie sie nicht erkennen. Und so kaschieren sie Nichtwissen mit Getue und eifrigem Missionieren. Sie gleiten schließlich in die Scharlatanerie ab. Häufig tummeln sie sich in grenzwissenschaftlichen Disziplinen, in der Zeitschriften-Astrologie, so mancher selbsternannter „Psychologie", aber auch im Bereich der Biorhythmik. Es sind die dummen, manchmal aber auch die verkleideten Wölfe unter den schwarzen Schafen am Rande ergiebiger pseudowissenschaftlicher Weidegründe, weitab von jenen königlichen Disziplinen, die von wenigen erfüllt und erkannt, von vielen ignoriert und von manchen schamlos benutzt werden.

So wird der, der die Wahrheit erkennt und verkündet, von beiden Seiten wütend angegriffen, weil Mobilität, Flexibilität, aber auch Verzicht und Loslassen gefordert wird, dies aber der Trägheit starren Denkens widerspricht. Erst wer im Geistigen die Summe *aller* Möglichkeiten erkennt, vermag sich zu befreien.

So wende ich mich schließlich an Sie, die Sie zwischen dem Wall von Ignoranz und dem Graben der Scharlatanerie nach der Wahrheit streben. Ihre sachliche Kritikfähigkeit wird helfen, Falsches aufzuklären, Spreu vom Weizen zu scheiden, mangelhaft Bearbeitetes genauer darzulegen. Und vergessen wir nicht: Um zur Wahrheit zu gelangen, bedürfen wir des Falschen, das wir erkennen und wegräumen müssen. Die Wahrheit ist immer präsent, doch die Anhänger des Falschen und das Falsche selbst führen uns erst zu ihr.

Die wahre Natur des Menschen

Im folgenden Teil sollen einige Modelle unterschiedlicher esoterischer Disziplinen aufgezeigt werden, die für das tiefere Verständnis um das Wirken der Biorhythmen nötig sind. Empfohlen sei in jedem Fall das Studium weiterer Literatur (siehe Anhang).

Die herkömmliche Dreiteilung:
Geist oder Spiritus, Göttliche Monade, Gottesfunke, Zentrales Selbst, Innerstes Ich, Animus, Pneuma, Atma, Brahma.
Seele oder Ego, Entelechie, Anima, Psyche, gegliedert in die
  Geistseele oder geistiges Ego, göttliches Ego, höheres Selbst, großes Ich, höheres Ich, Über-Ich, Christuskraft in uns, Sonnenengel, Schutzgeist, Schutzengel, Individualität, höhere Seele, Jivatma, Purusha, Sohn Gottes, Buddhimanas, Ruh, Nous u. a.
  Leibseele oder zeitliches Ego, subjektives Ego, niederes Selbst, kleines Ich, niederes Ich, Ich, Persönlichkeit, niedere Seele, Kamarupa, Ahriman, Satan u. a.
Leib oder physischer Körper, Soma

Die Philosophie der Bhagavad Gita (Subba Rao) unterscheidet zwischen dem
Sthula sharira (der materielle Mensch)
Sukshma sharira (Astralmensch)
Karana sharira (geistiger Mensch)
Logos (göttlicher Mensch)

Nach der Pentalogie kennt man den
Vital-Leib
Astral-Leib
Intellekt-Leib
Intelligenz-Leib
Kontakt-Leib

Die Theosophie kennt nach „Uralter Weisheit" einen 7fältigen Menschen:

Atma (reiner Geist) ⎫
Buddhi (Geistseele, höhere Vernunft) ⎬ die unsterbliche Dreiheit (Triade), das Höhere Selbst.
höheres Manas (Kausalkörper, Intelligenz) ⎭

niederes Manas (Mentalkörper) — bedingt sterblich ⎫
Astral-(Emotional-)Körper ⎫ ⎬ die sterbliche Vierheit
Äther-(Lebens-)Leib mit dem ⎬ sterblich ⎭
dichten, physischen Körper ⎭

Max Heindel führt (nach einer Idee von *Rudolf Steiner*) in seinem Werk „Die Weltanschauung der Rosenkreuzer" folgende Gliederung, wie sie *Tab. 1* auf Seite 28 veranschaulicht, an (nach H. Miers, Lexikon des Geheimwissens).

Die neuere Theosophie vereinheitlichte die Einteilung der 7 Prinzipien, wie sie auf Seite 29 (*Tab. 2*) aufscheint (nach H. Miers, Lexikon des Geheimwissens).

Die 7 Prinzipien des Menschen entsprechen sinngemäß den 7 Welten, in denen sie wirken (nach H. Miers, Lexikon des Geheimwissens):

Die 7 Prinzipien der Welt nach Alice A. Bailey:
1. Die physische Ebene oder kosmisch dichte Ebene, unterteilt in 7 Unterebenen: dicht, flüssig, gasförmig, 4. ätherische, 3. ätherische, 2. ätherische, 1. ätherische.
2. Emotionalebene, Astralebene oder kosmisch-flüssige Ebene.
3. Mentalebene, manasische oder kosmisch-gasförmige Ebene.
4. Intuitionelle, buddhische oder 4. kosmisch-ätherische Ebene.
5. Geistige, atmische oder 3. kosmisch-ätherische Ebene.
6. Monadische Ebene, Anupadaka oder 2. kosmisch-ätherische Ebene.
7. Göttliche Ebene, Adi, Ebene des Logos oder 1. kosmisch-ätherische Ebene.

Max Heindel bezeichnet die 7 Prinzipien der Welt als
1. Die physische oder Körperwelt.
2. Die Begierdenwelt.
3. Die Gedankenwelt.
4. Die Welt des Lebensgeistes.
5. Die Welt des göttlichen Geistes.
6. Die Welt der Urgeister.
7. Die Welt Gottes.

Neben diesen Einteilungen gibt es auch noch in einigen Bezeichnungen oder Details etwas abweichende, für eine Lokalisierung der Biorhythmen mögen die aufgeführten aber genügen.

(weiter auf Seite 29)

DIE 7-GLIEDERUNG DES MENSCHEN (ROSENKREUZER)

Die Welt Gottes		Die 7 Welten, bestehend aus 7 Regionen		Die 7 Stufen des Menschen	
Die Welt der Urgeister		Diese Welt besteht aus 7 Regionen und ist der Aufenthalt der Urgeister, nachdem sie in Gott abgeteilt worden sind, ehe sie ihre Pilgerfahrt durch die Materie antreten.		Vehikel des Menschen	
Die Welt des göttlichen Geistes		Besteht aus 7 Regionen und ist der Ursprung des höchsten geistigen Einflusses auf den Menschen.		Göttlicher Geist	
Die Welt des Lebensgeistes		Besteht aus 7 Regionen und ist der Aufenthalt des 2. Teiles vom dreifachen Geiste des Menschen.		Lebensgeist	Das Ego
Gedankenwelt	**Region der abstrakten Gedanken**	Die 7. Region enthält die Keimidee der Formen von Mineralien, Pflanzen, Tieren und Menschen. Die 6. Region enthält die Keimidee des Lebens in Pflanzen, Tieren und Menschen. Die 5. Region enthält die Keimidee der Begierden und Erregungen von Tieren und Menschen.		Menschengeist	
	Region der konkreten Gedanken	Die 4. Region enthält die Krafturbilder (Archetypen) und den menschlichen Intellekt. Sie ist der Brennpunkt, durch den der Geist sich in der Materie spiegelt. Die 3. Region enthält die Urtypen der Begierden und Erregungen. Die 2. Region enthält die Urtypen der universiellen Lebenskraft. Die 1. Region enthält die Urtypen der Formen.		Intellekt	Zwischenglied
Begierdenwelt		7. Region: Seelenkraft 6. Region: Seelenlicht } Anziehung 5. Region: Seelenleben 4. Region: Gefühl } Interesse / Gleichgültigkeit 3. Region: Wünsche 2. Region: Eindrucksfähigkeit } Abstoßung 1. Region: Leidenschaft, niedere Begierden		Empfindungsleib	Die Persönlichkeit
Physische Welt	**Äther-Region**	7. Region: Rückstrahlender Äther, Gedächtnis der Natur (Akasha-Chronik) 6. Region: Lichtäther, Mittler der Sinneseindrücke 5. Region: Lebensäther, Mittler der Fortpflanzung 4. Region: Chemischer Äther, Mittler der Ernährung und Ausscheidung		Lebensleib	
	Chemische Region	3. Region: Gase 2. Region: Flüssigkeiten 1. Region: feste Körper		Physischer Körper	

Tab. 1

DIE 7 PRINZIPIEN (THEOSOPHIE)

	Sanskrit	Esoterisch	Erklärung
Die niedere Vierheit (Quaternität)	Sthula sharira oder Rupa	Physischer Körper	Träger aller anderen Prinzipien während des irdischen Lebens.
	Prana	Leben oder vitales Prinzip (Ätherleib)	Ist für die sterbliche Vierheit (Quaternität) und die Funktion des niederen Manas notwendig. Umfaßt alle Bereiche, die durch das physische Gehirn bedingt sind.
	Linga sharira	Astralkörper	Der Doppelgänger oder Phantomkörper.
	Kama-Rupa	Sitz der tierischen Wünsche und Leidenschaften	Ist der Mittelpunkt des tierischen Menschen, in dem die Grenzlinie liegt zwischen dem sterblichen Menschen und der unsterblichen Wesenheit.
Die Höhere Dreiheit (Triade)	Manas – als zweifaches Prinzip in seinen Funktionen	Gemüt, Intellekt, höhere Erkenntnis und deren Licht und Ausstrahlung, die Monade (Atma-Buddhi-Manas) mit dem sterblichen Menschen während seiner Lebenszeit	Der zukünftige Zustand und die karmische Bestimmung des Menschen hängen davon ab, ob sein Manas sich mehr abwärts zu Kama-Rupa, dem Sitz der tierischen Leidenschaften, oder aufwärts zu Buddhi neigt, dem geistigen „Ego". Im letzteren Falle wird das höhere Bewußtsein des spirituellen Strebens, des Gemütes (Manas) zu Buddhi hingezogen, das es absorbiert, um daraus das der devachanischen Glückseligkeit bestimmte Ego zu formen.
	Buddhi	Die Geist-Seele	Träger des reinen universalen Geistes
	Atma	Geist	Eins mit dem Absoluten und dessen Ausstrahlung

Tab. 2

Eine andere Darstellungsform nach Jnanavatar Swami Sri Yukteswar Giri sollte nicht unerwähnt bleiben, da sie einen tieferen Blick in den Schöpfungszusammenhang und die Problematik der Täuschung (Maya) gewährt. Er sagt in seinem *Evangelium der heiligen Wissenschaft*[1] wörtlich: „Der ewige Gottvater, Swami Parambrahma, ist das einzig wirkliche Wesen (*SAT* = Sein) und ist alles in allem, d. h. alles im Universum.

Der Mensch glaubt seit jeher intuitiv an die Existenz eines höchsten Wesens, das alles, was mit unseren Sinnen als Bestandteile dieser sichtbaren Welt erfaßt werden kann, einschließt, welches nichts anderes als seine Ausdrucksformen sind. Da sich der Mensch mit seinem grobstofflichen Körper identifiziert, den ihm seine Sinne vorgaukeln, kann er mit seinen unvollkommenen Organen nur diese Ausdrucksformen, nicht aber das Wesen erkennen, zu dem sie gehören. Der ewige Gottvater, die einzige Wirklichkeit des Universums, ist daher für den Menschen dieser materiellen Welt nicht erfaßbar, es sei denn, daß er selbst göttlich geworden ist und sich über diese Schöpfung der Dunkelheit erheben kann.

---

[1] *Yukteswar, Die heilige Wissenschaft. © Deutsche Rechte bei Otto-Wilhelm-Barth-Verlag (im Scherz Verlag, Bern und München).*

Die allmächtige Kraft *(Shakti)* oder in anderen Worten: die ewige Freude *(Ananda)*, die diese Welt ins Leben ruft, und das allwissende Gefühl *(Chit)*, das diese Welt bewußt macht, stellen die natürlichen Eigenschaften Gottes dar.

Der Mensch als Ebenbild Gottes kann dadurch, daß er seine Aufmerksamkeit nach innen richtet, diese Kraft und dieses Gefühl (die einzig wahren Eigenschaften seines Selbst) im Innersten erfassen; und zwar die allmächtige Kraft als seinen Willen mit der Freude und das allwissende Gefühl als sein Bewußtsein, das sich an der Betrachtung bzw. Erkenntnis erfreut."

SAT-CHIT-ANANDA UND DAS UR-ATOM

Sat — Göttliches Sein, ewige Wahrheit

Shakti, allmächtige Kraft, Schöpfungswille

Allwissendes Gefühl, Weisheit, Allbewußtsein — Chit

Ananda — Ewige Freude

Heiliger Geist, individuelles Selbst

Maya — Dunkelheit, Thron des Geistes

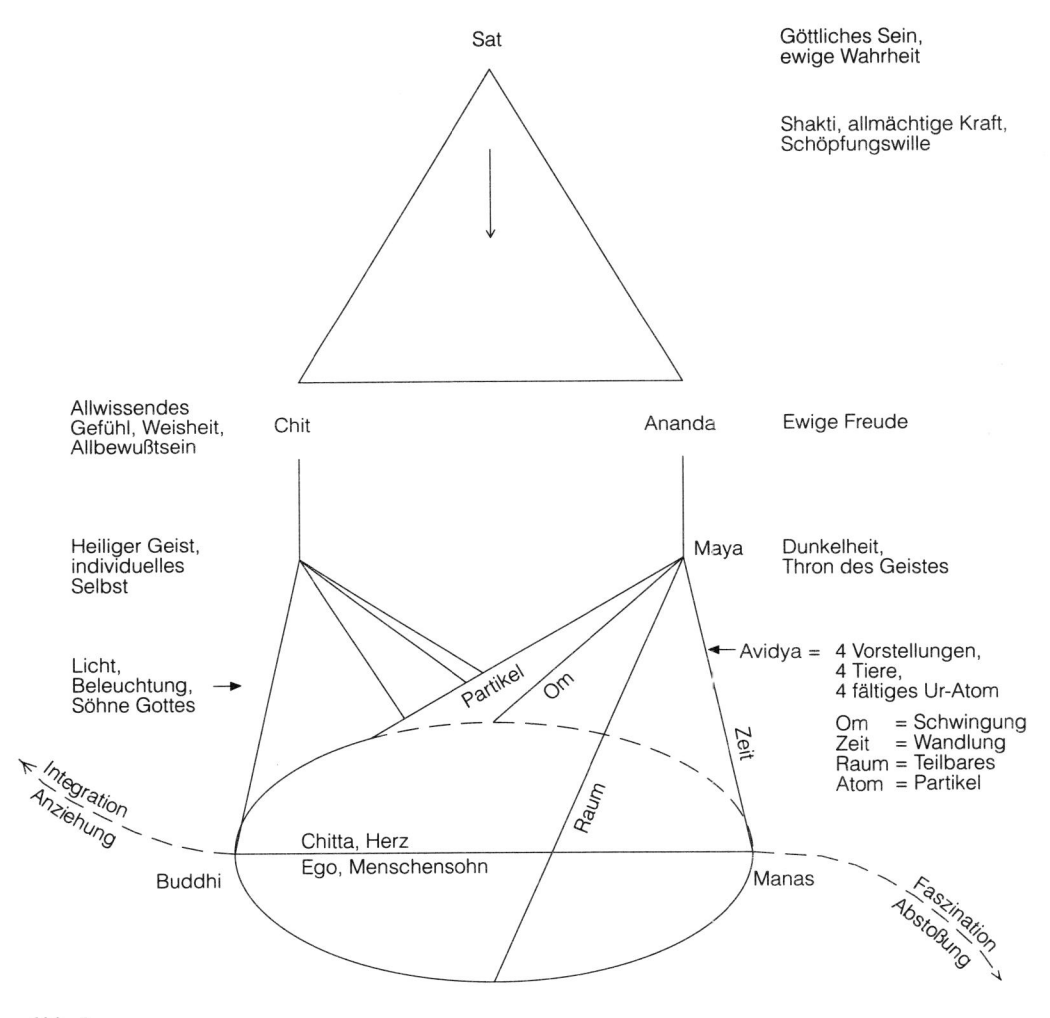

Licht, Beleuchtung, Söhne Gottes

Partikel   Om   Zeit

Avidya = 4 Vorstellungen, 4 Tiere, 4 fältiges Ur-Atom

Om = Schwingung
Zeit = Wandlung
Raum = Teilbares
Atom = Partikel

Integration, Anziehung

Raum

Buddhi   Chitta, Herz   Ego, Menschensohn   Manas

Faszination, Abstoßung

Abb. 1

„Die allmächtige Kraft der Abstoßung, die durch die Anziehung (Liebe) ergänzt wird, offenbart sich als Schwingung, als ein besonderer Laut, als das *Wort*, Amen, OM, Shabd. Diese Schwingung hat verschiedene Bestandteile: die Vorstellung von etwas Wandelbarem, nämlich der Zeit im ewig Unwandelbaren, und die Vorstellung von etwas Teilbarem, nämlich dem Raum im ewig Unteilbaren. Hieraus entspringt die Vorstellung von Partikeln, zahllosen Atomen. Diese vier (Schwingung, Zeit, Raum, Atom) sind daher ein und dasselbe und substantiell nichts anderes als bloße Vorstellungen. Diese Offenbarung des Wortes wurde Fleisch (d. h. Materie) und erschuf so diese sichtbare Welt. Da das Wort (OM, Amen) die Ausdrucksform des Ewigen, Seines eigenen Selbst ist, so ist es auch nicht von Ihm zu trennen und ist nichts anderes als Gott selbst - genauso wie die Strahlen der Sonne nicht von der Sonne zu trennen und nichts anderes als die Sonne selbst sind." (Hierin liegt der Sinn des Ersten Gebotes: Du sollst nicht andere Götter neben Mir haben! Anm. d. Verf.)

„Diese Atome, die innerlich und äußerlich die oben erwähnten 4 Vorstellungen verkörpern, bilden den Thron des Geistes oder Schöpfers (*Mater*ie als Gott-Mutter-Prinzip; Anm. d. Verf.), der das Universum dadurch erschafft, daß Er sie erleuchtet. In Ihrer Gesamtheit werden sie Maya (Dunkelheit, Täuschung) genannt, weil sie ein Erfassen des geistigen Lichtes verhindern, und jedes einzelne von ihnen wird Avidya (Unwissenheit) genannt, weil es den Menschen sogar über sein eigenes Selbst in Unwissenheit läßt. Aus diesem Grunde werden die oben genannten 4 Vorstellungen, die all diese Verwirrung stiften, in der Bibel als die *‚Vier Tiere'* bezeichnet. Solange der Mensch sich mit seinem grobstofflichen Körper identifiziert, befindet er sich auf einer viel niedrigeren Stufe als das 4fältige *Ur-Atom* und kann dieses daher nicht begreifen. Wenn er sich jedoch auf dessen Ebene erhebt, versteht er nicht nur dieses Atom innerlich und äußerlich, sondern auch die ganze Schöpfung im manifestierten und unmanifestierten Zustand (d. h. ‚unten und oben'; Anm. d. Verf.).

Die Offenbarung des allwissenden Gefühls als Anziehung ist das allgegenwärtige Leben (der göttliche Geist, Heiliger Geist), das die Dunkelheit (Maya) erleuchtet, um jeden Teil von ihr zur Gottheit zurückzuziehen. Doch die Dunkelheit und ihre einzelnen Teile (Avidya = Unwissenheit) können, da sie selbst Abstoßung sind, also in die Gegenrichtung wirken, das geistige Licht nicht empfangen oder erfassen, sondern nur widerspiegeln (siehe den Anhang des Johannesevangeliums). Dieser Heilige Geist, die Offenbarung der allwissenden Natur des ewigen Gottvaters, ist nichts anderes als Gott selbst. Darum werden diese Widerspiegelungen der geistigen Strahlen *‚Söhne Gottes'* genannt."

POLARISIERUNG   Abb. 2

Polarisierung			
	+ Anziehung	Ruhiger Geisteszustand Chitta, Herz	Sphäre der geistigen Strahlung
	− Abstoßung	Ego Vorstellung der Trennung	Sphäre des Atoms Spiegelung des Geistes

„Das Atom, das unter dem Einfluß der universalen Liebe (Chit = Heiliger Geist) steht, wird – gleich Eisenstäubchen in einem magnetischen Kraftfeld – vergeistigt und von Bewußtsein oder Gefühlskraft erfüllt, die *Chitta* (Herz) genannt wird. In ihm entsteht die Vorstellung von einem getrennten Dasein des Selbst, das *Ego* (Menschensohn) genannt wird. Durch diese Magnetisierung bilden sich 2 Pole: der eine zieht es zur wahren Wesenheit (SAT) hin, und der andere stößt es von ihr ab. Ersterer wird *Buddhi* (Intelligenz) genannt und ist fähig, die Wahrheit zu erfassen, letzterer, ein Teil der Abstoßung oder allmächtigen Kraft, die – wie oben erwähnt – vergeistigt worden ist, erzeugt die Ideenwelt der Freuden (Wünsche, Begierden) und wird *Manas* (Sinnesbewußtsein) genannt.

Chitta, das vergeistigte Atom, ist die manifestierte Abstoßung und erzeugt aus seinen 5 verschiedenen Teilen 5 Arten von *elektrischen Auren*: eine aus der Mitte, zwei aus den beiden äußeren Enden und zwei aus den Zwischenräumen zwischen der Mitte und den beiden äußeren Enden. Da diese 5 Arten von Elektrizität unter dem Einfluß der universalen Liebe (des Hl. Geistes) stehen und zum wahren Wesen (Sat) hingezogen werden, erzeugen sie ein magnetisches Feld, das *Intelligenzkörper* (Sattwa Buddhi) genannt wird. Und da diese 5 Elektrizitäten die Ursache aller anderen erschaffenen Dinge sind, werden sie die 5 ursprünglichen Ursachen (*Tattwas*, Elemente) genannt und als *Kausalkörper* des Sohnes Gottes (Purusha) betrachtet."

DIE 5 TATTWAS – DIE 5 ELEMENTE

Abb. 3

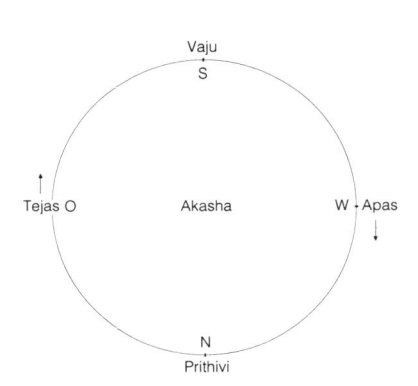

Akasha – Äther (Quintessenz)
Vayu – Luft
Tejas – Feuer
Apas – Wasser
Prithivi – Erde

„Diese Elektrizitäten, die sich aus dem polarisierten Herz (Gemüt) entwickelt haben, befinden sich daher ebenfalls in einem polarisierten Zustand und besitzen seine 3 Eigenschaften oder *Gunas*":

3 Eigenschaften oder Gunas	**3 Menschentypen** (als Analogie)
Sattwa – aufbauendes Prinzip (positiv)	der wissende, im Willen Gottes verankerte, vollbewußte, freie Mensch
Rajas – erhaltendes Prinzip (neutral)	der suchende, lernende, kämpfende, verantwortungsbewußte Mensch
Tamas – auflösendes Prinzip (negativ)	der erdverhaftete, an Genuß und Besitz gebundene, unfreie Mensch

„Die positiven Eigenschaften dieser 5 Elektrizitäten sind die 5 Sinnes-(Geruchs-, Geschmacks-, Seh-, Tast- und Hör-)Organe (Zentren). Und da sie durch den Einfluß von Manas, dem Sinnesbewußtsein, welches der gegenüberliegende Pol des vergeistigten Atoms ist, angezogen werden, bilden sie einen Körper aus ihm. Ihre neutralisierenden Eigenschaften sind die *Organe des Handelns* (Ausscheidung, Zeugung, Sprache, Fortbewegung und Fingerfertigkeit). Da diese Organe (Zentren, Chakren) die Offenbarungen der neutralisierenden Energie des vergeistigten Atoms (Chitta, Herz) sind, bilden sie einen energetischen Körper, welcher *Energiekörper* oder *Prana* (Lebenskraft) genannt wird. Und ihre negativen Eigenschaften sind die 5 *Sinnesgegenstände* (was uns durch den Geruchs-, Geschmacks-, Gesichts-, Tast- und Gehörsinn in Form von Schwingungen gemeldet wird), die durch die neutralisierende Kraft der Organe des Handelns mit den Sinnesorganen verbunden werden und so die Wünsche des Herzens befriedigen. Diese 15 Eigenschaften mit den 2 Polen des vergeistigten Atoms (Sinnesbewußtsein und Intelligenz) bilden den *feinstofflichen* Körper des Gottessohnes (Purusha)."

DIE KÖRPERORGANISATION DES MENSCHEN Abb. 4

Buddhi — Chitta — Manas — Sphäre der magnetischen Aura

Kausalkörper — die 5 Elektrizitäten (Tattwas)

Sattwa + — Rajas(±) — − Tamas — Sphäre der elektrischen Eigenschaften (Gunas)

Energiekörper

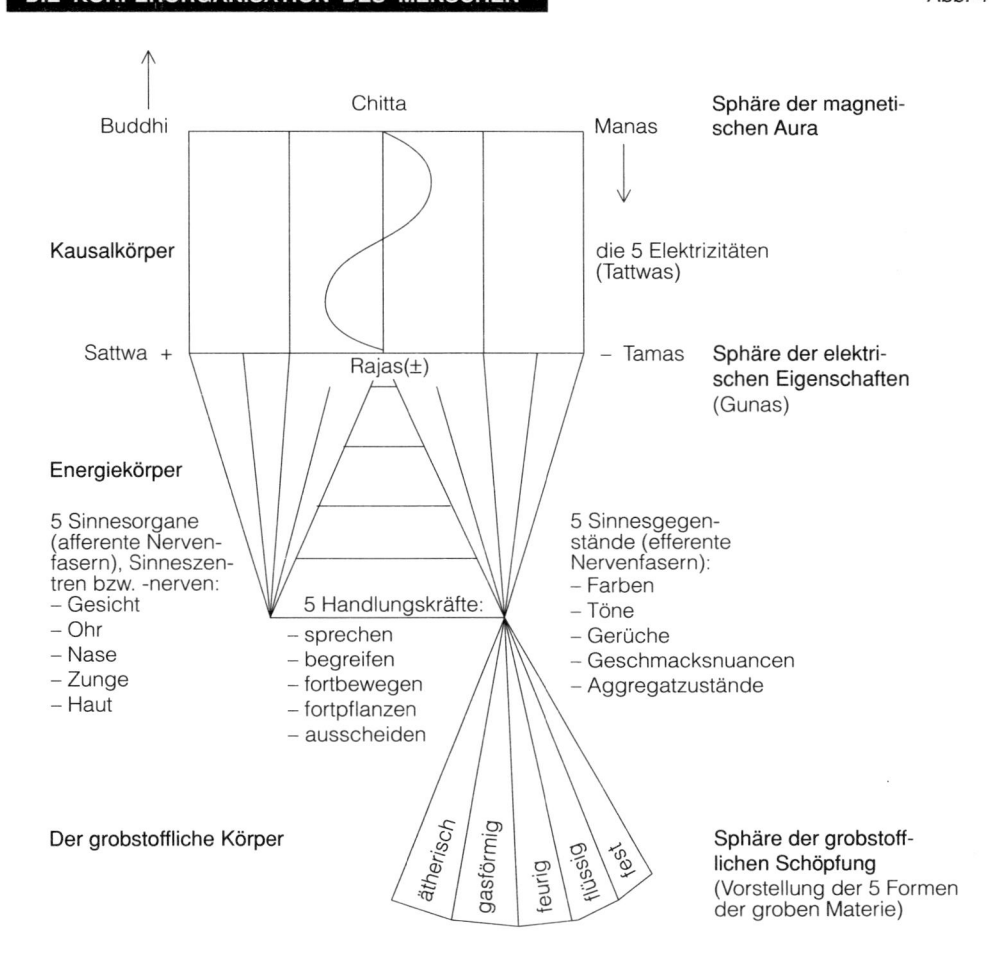

5 Sinnesorgane (afferente Nervenfasern), Sinneszentren bzw. -nerven:
– Gesicht
– Ohr
– Nase
– Zunge
– Haut

5 Handlungskräfte:
– sprechen
– begreifen
– fortbewegen
– fortpflanzen
– ausscheiden

5 Sinnesgegenstände (efferente Nervenfasern):
– Farben
– Töne
– Gerüche
– Geschmacksnuancen
– Aggregatzustände

Der grobstoffliche Körper

ätherisch, gasförmig, feurig, flüssig, fest

Sphäre der grobstofflichen Schöpfung (Vorstellung der 5 Formen der groben Materie)

Der grobstoffliche Körper		Die 24 Ur-
Der feinstoffliche Körper	– 5 Sinnesorgane	kräfte
	5 Handlungskräfte	(Älteste)
	5 Sinnesgegenstände	der
	Sinnesbewußtsein	Schöpfung,
	Unterscheidungs-(Licht-)	die Evolu-
	Bewußtsein	tion der
Das Ego		Unwissen-
Das Gemüt (die Gefühlskraft)		heit

„Wenn die vorher erwähnten 5 Gegenstände, die negativen Eigenschaften der 5 Elektrizitäten sich miteinander verbinden, erzeugen sie die Vorstellung der groben Materie, die wir in 5 verschiedenen Formen wahrnehmen, nämlich als feste Stoffe, Flüssigkeiten, Feuer, gasförmige Stoffe und Äther. Diese bilden die äußere Hülle, die Sthula sharira oder *grobstofflicher Körper* des Gottessohnes genannt wird. Diese 5 grobstofflichen Formen und die vorerwähnten 15 Eigenschaften plus Manas (Sinnesbewußtsein), Buddhi (Intelligenz), Chitta (Herz) und Ahamkara (Ich, Ego) bilden die in der Bibel erwähnten 24 Urkräfte (siehe *Offenbarung 4, 4*). Diese 24 Grundgedanken, die die Erschaffung der Dunkelheit (Maya) vollenden, sind nichts anderes als die Evolution der Unwissenheit (Avidya). Und da diese Unwissenheit nur aus Vorstellungen besteht, hat die Schöpfung kein wirkliches Dasein, sondern ist nur ein Gedankenspiel des höchsten Wesens."

Spätestens jetzt müßten wir eigentlich unsere Reflexionen über biorhythmisches Geschehen beenden. Doch im Sinne des Swami sollten wir uns auf die Ebene des Ur-Atoms erheben, um im Lichte von Chit, der Weisheit, dessen ewiges Schwingen zu betrachten. Zuvor aber fehlen uns noch viele Voraussetzungen für tieferes Verstehen, daher lassen wir den indischen Heiligen fortfahren:
  „Das oben beschriebene Universum, das seinen Ursprung in dem Einen höchsten Wesen hat und bis hinunter in die grobstoffliche Schöpfung reicht, zerfällt in 7 verschiedene Sphären:

a) Die oberste ist die Sphäre Gottes, des einzig wahren Wesens (Sat). Kein Name kann sie beschreiben, noch kann sie mit irgend etwas in der Schöpfung der Dunkelheit oder des Lichts bezeichnet werden. Daher wird diese Sphäre Anama, die Namenlose, genannt.
b) Die Folgende ist die Sphäre des Heiligen Geistes, der ewigen Geduld, denn sie bleibt ewig von allen begrenzten Vorstellungen unberührt. Da sie selbst für die Söhne Gottes nicht erreichbar ist, wird sie Agama, die Unzugängliche, genannt.
c) Die nächste ist die Sphäre der geistigen Strahlung oder der Söhne Gottes, in der die Vorstellung von einem getrennten Dasein des Selbst entsteht. Da diese Sphäre sich jenseits des Fassungsvermögens irgendeines Wesens in der Schöpfung der Dunkelheit (Maya) befindet, wird sie Alakshya, die Unbegreifliche, genannt.
d) Dann kommt die Sphäre des Atoms, der Beginn der Erschaffung der Dunkelheit

(Maya), die den Geist widerspiegelt. Diese ist das Bindeglied – der einzige Weg, der von der geistigen zur materiellen Schöpfung führt, und wird Dashamadwara, Tür, genannt.

e) Rund um dieses Atom befindet sich die Sphäre der magnetischen Aura (aus der die Elektrizitäten entspringen). Da diese Sphäre durch die Abwesenheit der ganzen Schöpfung – sogar der Organe und ihrer Gegenstände (der feinstofflichen Dinge) – gekennzeichnet ist, wird sie Mahashunya, die große Leere, genannt.

f) Die nächste ist die Sphäre der elektrischen Eigenschaften. Da in dieser Sphäre der Schöpfung keine grobstofflichen Dinge existieren und nur die feinen Stoffe wahrnehmbar sind, wird sie Shunya, die gewöhnliche Leere, genannt.

g) Die letzte und niedrigste Sphäre ist die Sphäre der grobstofflichen Schöpfung, die allen jederzeit sichtbar ist.

Da Gott den Menschen Ihm zum Bilde geschaffen hat, gleicht der Körper des Menschen dem Urbild des Universums. Der grobstoffliche Körper des Menschen hat ebenfalls 7 lebenswichtige Stellen, die Patalas (*Chakras* oder *Chakren*) genannt werden. Wenn sich der Mensch seinem wahren Selbst zuwendet und sich vervollkommnet, indem er dem richtigen Weg folgt, dann kann er an diesen Stellen, die in der Bibel ‚Sieben Gemeinden' genannt werden, das geistige Licht wahrnehmen. Die dort erscheinenden sternförmigen Lichter werden in der Bibel als 7 Engel bezeichnet (siehe *Offenbarung 1, 12, 13, 16, 20*). Die 7 Sphären und 7 Patalas bilden zusammen die 14 verschiedenen Entwicklungsstadien der Schöpfung."

DIE 3 AUSGIESSUNGEN (SCHÖPFUNGSGESCHEHEN)　　　　　　　　Abb. 5

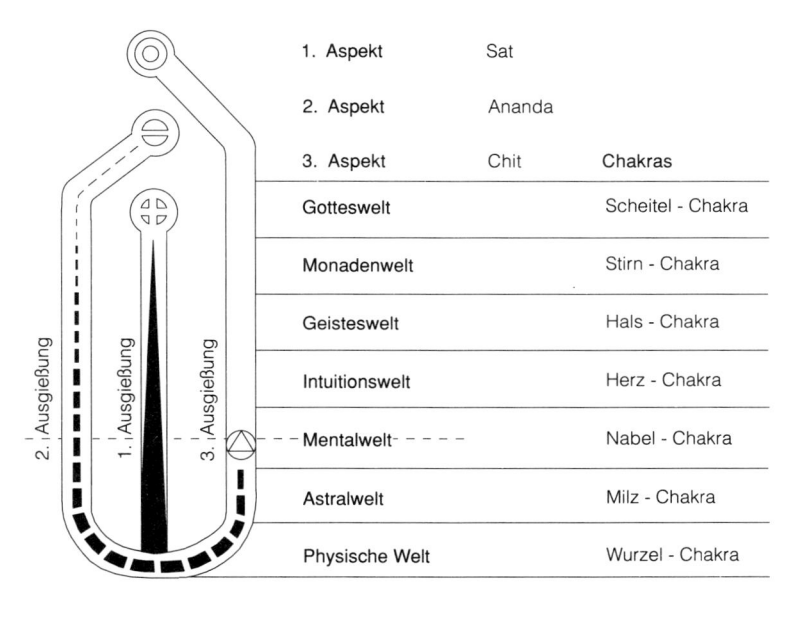

		Chakras
1. Aspekt	Sat	
2. Aspekt	Ananda	
3. Aspekt	Chit	
Gotteswelt		Scheitel - Chakra
Monadenwelt		Stirn - Chakra
Geisteswelt		Hals - Chakra
Intuitionswelt		Herz - Chakra
Mentalwelt		Nabel - Chakra
Astralwelt		Milz - Chakra
Physische Welt		Wurzel - Chakra

2. Ausgießung　1. Ausgießung　3. Ausgießung

Zentrifugalkraft	Heimholungskraft
negative Kraft	Zentripetalkraft
Schwerkraft	Kundalini

DIE 7 CHAKRAS UND IHRE ENTSPRECHUNGEN

Tab. 3

Nr. Planet	Bezeichnung	Anzahl der Blätter	Hauptfarbe (esot.)	Ind. Mandalas	Yantras / Bior. Elem.	Sinne	Körper	Entsprechende Nervengeflechte bzw. Drüsen	Physiologische Entsprechungen Organe	Physiologische Entsprechungen System	Beziehung zu den Strahlen	Funktionsäußerung	Biorhythm. Bereich
7 ♄	Scheitel-Chakra	960	violett		M'		Buddhi	Epiphyse	Großhirn	Willkürliches Nervensystem	I Wille Macht Kraft	Selbstbewußtheit	M̂I Kopffunktion (M̂WI)
6 ♃	Stirn-Chakra	2 x 48	dunkelblau	Geist	· / r	Gleichgewicht	Manas	Hypophyse	Sinnesorgane	Unwillkürliches Nervensystem	V Konkr. Wissen, Denktätigkt.	Geistesleben	M̂I Kopffunktion (M̂WI)
5 ♂	Hals-Chakra	16	lichtblau	Äther	○ / ∣	Gehör	Höh. Mental	Schilddrüse Plexus cervicus	Kleinhirn, obere Gliedmaßen	Atmungssystem	III Aktive Intelligenz Anpassung	Schöpferisches Wirken	Ŵ I Rhythm. Funkt. (M̂WI)
4 ☉	Herz-Chakra	12	goldgelb	Luft	✡ / W	Tastsinn	Nied. Mental	Plexus cardiacus	Blutgefäße	Gefäßsystem, Kreislaufsystem	II Liebe Weisheit Bewußtsein	Zellenleben	Ŵ I Rhythm. Funkt. (M̂WI)
3 ☿	Milz-Chakra	6	grün	Wasser	△ / W	Geschmack	Nied. Astral	Solarplexus	Verdauung, Assimilation	Positives Ernährungssystem, Verdauungsdrüsen	VI Devotion Hingabe	Empfindungsleben	M̂W Stoffwechselfunktion (M̂WI)
2 ♀	Nabel-Chakra	10	rot	Feuer	▽ / M	Gesicht	Höh. Astral	Sexualdrüsen	Ausscheidungsorgane	Negatives Ernährungssystem, Darm	VII Zeremonielle Magie, Beschwörung	Selbstverewigung	M̂W Stoffwechselfunktion (M̂WI)
1 ☽	Wurzel-Chakra	4	orangerot	Erde	□ / M̂WI	Geruch	Physis	Nebennieren	Fortpflanzungsorgane, untere Gliedmaßen	Fortpflanzung, Sublimierung in geist. Potenzen	IV Harmonie Schwingung	Selbstbehauptung	M̂W Stoffwechselfunktion (M̂WI)

Die Chakras

Die folgenden Ausführungen wurden Rudolf Mlakers Werk: Geistiges Pendeln (Schikowski – Berlin) entnommen (Seiten 28 bis 41):

„CHAKRA (sprich Tschakra) oder CHAKRAM ist ein Sanskritwort und kann mit ‚Rad' oder ‚sich drehende Scheibe' übersetzt werden. Daneben ist auch die Bezeichnung ‚Lotus, Lotusse' gebräuchlich.

Es besteht im Äther-(Lebens-)Leib des Menschen, der bekanntlich etwas über den physischen Leib hinausragt, *sieben Zentren* (Chakras oder Lotusse). Sie sind gewissermaßen geistige Organe, die normalen menschlichen Augen unsichtbar bleiben. Diese Zentren saugen aus dem All Sonnen- und Planetenkräfte ein, sogenannte ‚Primärströme' und führen sie einerseits als ‚Lebenskraft' (Prana) dem physischen Körper des Menschen zu, andererseits werden durch sie seelisch-geistige Funktionen und Erkenntniskräfte im Menschen entwickelt. Zu diesen *kosmischen* Kräften treten aber außerdem noch von unten her *Erdkräfte,* die auch durch die Chakras fließen und den Willen des Menschen, seine Aktivität und sein Triebleben beherrschen. Die Erdkraft (Sitz in der Wurzel des Rückgrates, indisch Kundalini, deutsch Schlangenkraft genannt) bewirkt mit dem Strom ihrer obersten Schichten in jedem menschlichen Körper die periodische, 7jährige Umstellung, die Zeugung und Fortpflanzung. Zwei in Richtung und Herkunft entgegengesetzte Strömungen feiern also in den Chakras Vermählung und lösen eigentlich das ‚Geheimnis des menschlichen Lebens'."

CHAKRA-DARSTELLUNG *Abb. 6*

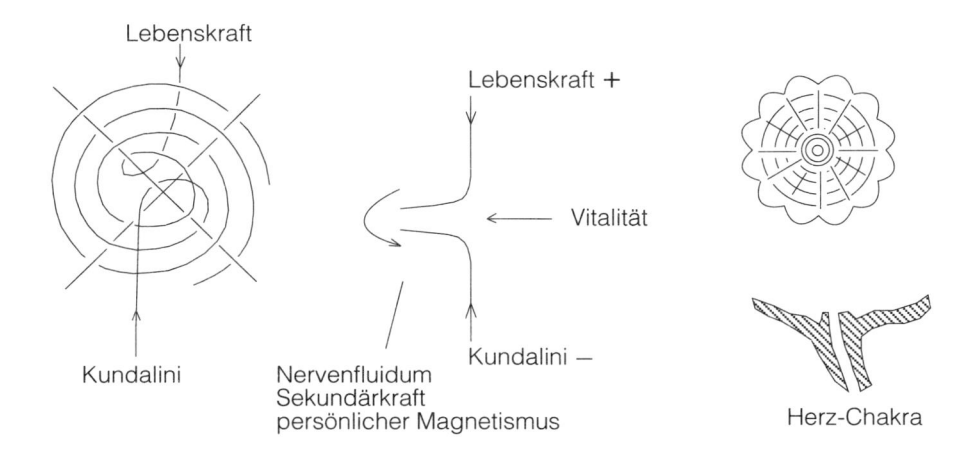

„Die vollerweckte Kundalini (Kernschichten) ermöglicht durch ihr Aufsteigen bis in die obersten Chakras bei wenigen ‚Auserwählten' das ‚Eingehen in Gott', das höchsterreichbare Ziel auf Erden. Diese Vorgänge stellen uraltes Wissen dar. Eine Gruppe europäischer, geistig hochstehender, geschulter Hellseher überprüfte vor Jahren in langdauernder, mühsamer Forschungsarbeit diese Angaben und brachte sie unserem Verständnis näher. Dieses Verdienst kann wahrlich nicht hoch genug bewertet werden.

Diesen sieben Chakras an der Oberfläche – von Nebenchakras geringerer Bedeutung kann abgesehen werden – entsprechen aber auch gleiche Chakras in den übrigen Körpern des Menschen, also im Astral- und Mentalkörper. Die ätherischen Kraftwirbel-Zentren erscheinen als napfartige Vertiefungen im Ätherleib." […]

„Mit dem Rückenmark sind die Chakras in genau bestimmten Abständen durch lange Blütenstiele feinstofflicher Art verbunden.

Es bestehen Zusammenhänge zwischen den Chakras und den Drüsen mit innerer Sekretion.

Die Chakras verbinden die einzelnen feinstofflichen Körper des Menschen untereinander, übertragen Schwingungen des einen auf die anderen, bis sie im physischen Körper unser Gehirn erreichen und zu unserem Bewußtsein gelangen.

Die *Tätigkeit der Chakras* ist wie folgt beobachtet worden:[1)]
Unaufhörlich strömt durch den ‚Mund' der Chakras die Primärkraft ein. Diese Urkraft ist siebenfältiger Natur und wird nach ihrem Eintritt entlang der Radspeichen (unter- und oberhalb derselben) in sekundäre, ausstrahlende Kräfte zerlegt. Diese werden den übrigen Chakras, dem Äther- und Astral- und Mentalkörper zugeleitet. Die Chakras stehen aber auch untereinander durch Kräfteströme in Verbindung." […]

„Die Licht- und Kräfteströme (Nâdîs-Sanskrit), die von der Kundalini entlang der Wirbelsäule in Kanälen aufwärts steigen, sind:

      Pingala (rot), der heiße Sonnenstrom;
      Ida (gelb), der kalte Mondstrom, und
      Sushumna (tiefblau) in der Mitte der Wirbelsäule.

Die *niederen* Chakras (1, 2 und 3) – unter dem Zwerchfell – sind hauptsächlich dazu bestimmt, die beiden ihr auf der physischen Ebene zugeführten Kräfte (Kundalini und Vitalitätskraft der Sonne) dem Körper zuzuleiten.

Die Chakras 4 und 5 sind mit Kräften verbunden, die den Menschen durch seine Persönlichkeit erreichen. Also: das niedere Astrale durch das Herzchakra und das niedere Mentale durch das Halschakra. Die beiden letzterwähnten Chakras bilden eine Gruppe für sich und stehen mit dem Schleimkörper bzw. der Zirbeldrüse (Kopf) in Verbindung. Sie treten erst dann in Tätigkeit, wenn eine bestimmte Stufe geistiger Entwicklung erreicht ist.

Die *höheren* Chakras (6 und 7) entwickeln sich voll, wenn sich der Mensch bewußt und durch und durch dem höheren Leben zuwendet. Die Entwicklung des Scheitelchakras übertrifft alle anderen an Pracht, Größe und Strahlungskraft, so besonders bei ‚Vollkommenen'. Da ist dieses Chakra nicht mehr napfförmig vertieft, sondern wölbt sich aus dem Ätherkörper nach außen und bildet (Hellsehern sichtbar) eine halbkugel- oder kugelförmige Erhebung über dem Scheitel des Heiligen. (Heiligenschein in römisch-katholischer Darstellung, Buddhastatuen mit der Korona.)"

[1)] *Siehe auch bei C.W. Leadbeater: Die Chakras, Bauer-Verlag (Anm. d. Verf.).*

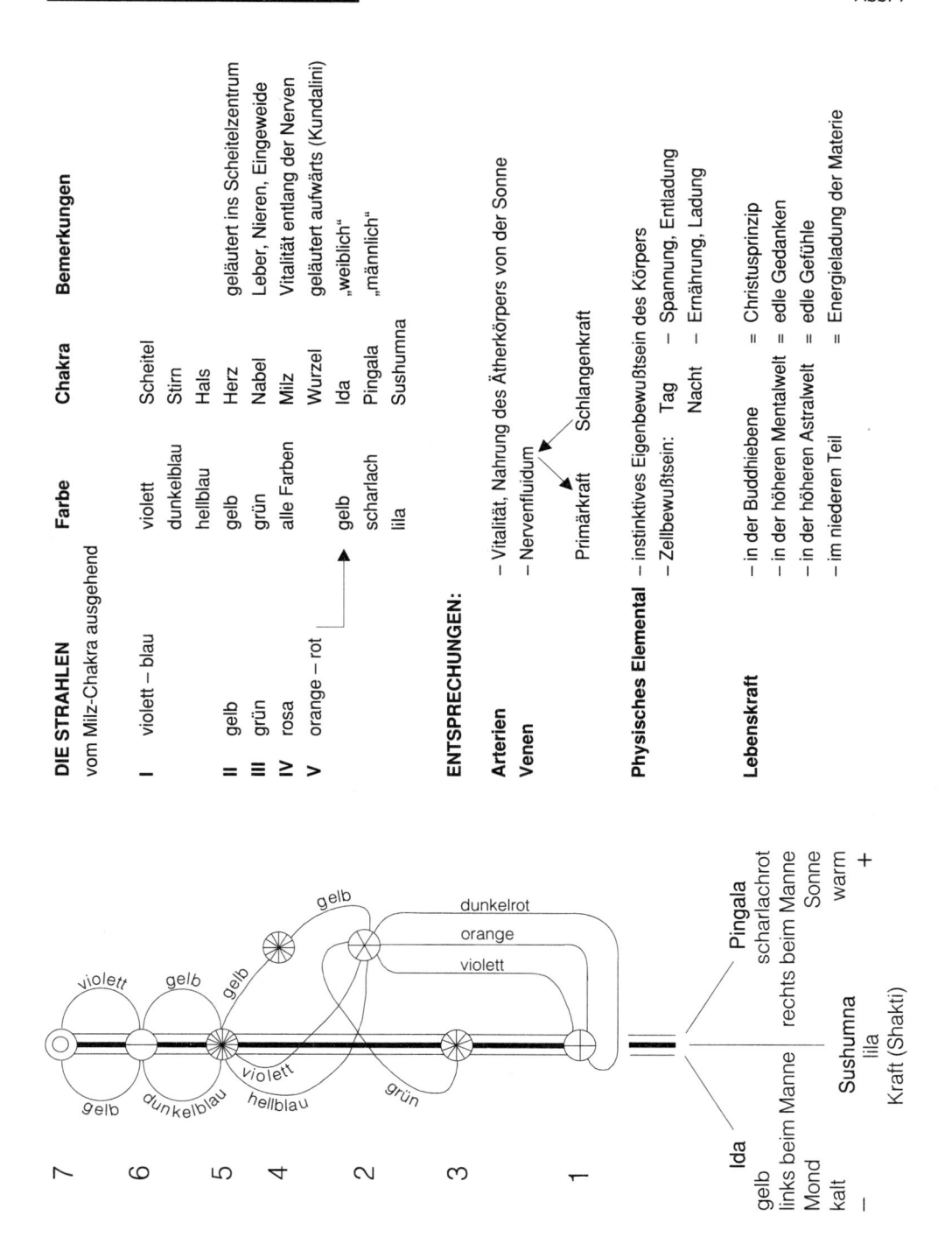

DIE CHAKRA-ORGANISATION

Abb. 7

DIE STRAHLEN
vom Milz-Chakra ausgehend

	Farbe	Chakra	Bemerkungen
I	violett – blau	Scheitel	geläutert ins Scheitelzentrum
	dunkelblau	Stirn	
	hellblau	Hals	
II	gelb	Herz	Leber, Nieren, Eingeweide
III	grün	Nabel	Vitalität entlang der Nerven
IV	rosa	Milz	
V	orange – rot	Wurzel	geläutert aufwärts (Kundalini)
	gelb	Ida	„weiblich"
	scharlach	Pingala	„männlich"
	lila	Sushumna	

ENTSPRECHUNGEN:

Arterien – Vitalität, Nahrung des Ätherkörpers von der Sonne
Venen – Nervenfluidum

Primärkraft ↔ Schlangenkraft

Physisches Elemental – instinktives Eigenbewußtsein des Körpers
– Zellbewußtsein: Tag – Spannung, Entladung
                   Nacht – Ernährung, Ladung

Lebenskraft
– in der Buddhiebene = Christusprinzip
– in der höheren Mentalwelt = edle Gedanken
– in der höheren Astralwelt = edle Gefühle
– im niederen Teil = Energieladung der Materie

7 – violett, gelb
6 – gelb, dunkelblau
5 – gelb, gelb, hellblau, violett
4 – grün
2 – dunkelrot, orange, violett
3
1

Ida — gelb — links beim Manne — Mond — kalt — −
Pingala — scharlachrot — rechts beim Manne — Sonne — warm — +
Sushumna — lila — Kraft (Shakti)

„Durch diese vermittelnde Funktion des Ätherkörpers und seiner Chakras werden beispielsweise Denktätigkeiten des Mentalkörpers dem physischen Gehirn übermittelt, worauf erst Gefühlsschwingungen des Astralkörpers wahrgenommen und festgehalten werden können. Ohne Chakras ist kein physisches, geistiges und seelisches Leben, ohne Chakras ist jede physische Vernunftsbetätigung und Gefühlsäußerung unmöglich. Mit diesem Seelenorganismus entwickelt und vervollkommnet sich somit der Mensch als geistiges Wesen." [...]

Die Chakras vermitteln die Verbindung zwischen unserem Höheren Selbst und dem sterblichen Niederen Selbst. (Anm. d. Verf.)

„Bei primitiven, geistig unentwickelten Menschen (Menschentier) zeigen sich im Durchmesser 5 cm große, dumpf glühende, unbewegliche Scheiben. Hier übermitteln Chakras lediglich Instinkte und niedere Erkenntnisfunktionen. Sie dienen also mehr oder weniger dem rein Animalischen. Beim höher entwickelten Menschen hingegen oder auch bei guten, biederen Leuten, wo sich (ihnen ganz unbewußt) die Chakras entwickeln können, erstrahlen sie hell, und erreichen bis zu 20 bis 30 cm Durchmesser. Je nach der geistigen Entwicklungsstufe des Betreffenden drehen sie sich unaufhörlich und leuchten letzten Endes in wunderbar aufblitzenden, perlmutterartig schimmernden, schillernden, ungemein rasch rotierenden, farbigen Strudeln oder Wirbeln. Man könnte sie mit leuchtenden, feinstofflichen Ventilationspropellern vergleichen.

Die Chakras unterscheiden sich untereinander; sie sind verschieden in Größe, Form und Farbe. Im allgemeinen weisen sie blumenartige Bildung auf, mit äußeren Blütenblättern und einer Nabe (offener Mund) in der Mitte. Diese Blütenblätter wachsen nicht mit der zunehmenden Moralität des Menschen. Das geistige Wachstum äußert sich in größerer, intensiverer Leuchtkraft und Schönheit der Farben. Man kann deutlich ‚Radspeichen' erkennen. Jedes der 7 Chakras hat eine andere Anzahl dieser Speichen oder ‚Blätter' und eine andere vorherrschende Färbung. Jedes der Chakras steht" [...] „unter vornehmlichem Einfluß der Strahlenkräfte eines Planeten – trotz der bestehenden Verbindungen der Chakras untereinander –, und dieser hat ganz bestimmte Wirkungen.

Kurze Beschreibung der einzelnen Chakras

Das *Wurzel- oder Grundchakra* liegt an der Basis des Rückgrates. Die Primärkraft strahlt in vier Speichen (4 Blätter) aus, wobei die vier Quadranten abwechselnd rot und orange gefärbt und an den Speichen durch Vertiefungen voneinander getrennt werden. Bei allen Chakras hat man den Eindruck – hellseherisch – eines ungemein zarten, leuchtenden Korbgeflechtes. Bei genügender Entwicklung zeigt sich ein Orangerot vorherrschend.

Das *Milzchakra*. Es dient der Sonderung, Unterteilung der Vitalität, die wir von der Sonne empfangen. Es ist 6blätterig oder 6speichig, wobei die sechs Schwingungsfelder alle verschieden gefärbt sind, aber in jedem Feld eine der Farben Rot, Orange, Gelb, Grün, Blau, Violett besonders vorherrscht. Diese Farben stimmen mit den einzelnen Formen der Vitalität überein. Das Chakra ist besonders strahlend, leuchtend, sonnenhaft.

Das *Nabelchakra*, oberhalb des Sonnengeflechtes, ist 10blätterig. Es steht in Beziehung mit den Gefühlen und Gemütserregungen verschiedenster Art. Vorherrschende Farbe: Verschmelzung verschiedener Töne von Rot; doch weist es daneben eine starke, grüne Färbung auf. In den einzelnen Feldern erscheint abwechselnd Grün und Rot.

Das *Herzchakra* erstrahlt in leuchtendem Goldgelb; es ist 12blätterig.

Das *Hals-* oder *Kehlkopfchakra* hat 16 Speichen und zeigt viel Lichtblau. Der allgemeine Eindruck ist: matt silberig schimmernd, wie Mondlicht auf sich kräuselndem Wasserspiegel. Blau und Grün herrschen abwechselnd in den Feldern vor.

Das *Stirn-* oder *Frontalchakra* sieht wohl zweiteilig aus, weil die eine Hälfte rosenrot mit starkem gelben Einschlag und die andere Hälfte Lila-Blau erscheint. Tatsächlich besteht aber das Chakra aus 96 Blättern (jede Hälfte 48). Dieser große Sprung von 16 auf 96 in der Blätterzahl zeigt schon, daß es ein ganz anders geartetes Zentrum bildet als das vorherige. Dieses Chakra war auch schwer zu erforschen. Vielleicht ist eine Erklärung darin zu suchen, daß die bisherigen fünf Zentren mehr der Persönlichkeit und die letzten zwei sehr hohen Prinzipien im Menschen dienen. Auch in der Vielfalt und Mannigfaltigkeit der Einzelheiten kommt dies zum Ausdruck. Farbe: Verschieden Farbtöne von dunklem Blau.

Das *Scheitel-* oder *Koronalchakra* liegt oben am Haupt, dort, wo römisch-katholische Priester ihre Tonsur ausrasieren. Wenn es in voller Tätigkeit ist, übertrifft es an Glanz und Herrlichkeit alle anderen. Es erstrahlt in unbeschreiblich schönen Farbenwirkungen und vibriert mit ganz unvorstellbarer Geschwindigkeit. Alle Arten der Spektralfarben weist es auf, doch ist Violett vorherrschend. Es ist 1000blätterig (genau 960 Blätter). Eigenartig ist hier ein zentraler Nebenwirbel von weißem, golddurchsetztem Licht im Kern des Chakras, der eine sekundäre Tätigkeit mit eigenen Schwingungsfeldern zeigt. Dieses Zentrum wird gewöhnlich als letztes erweckt." [...]

„Die *Bedeutung der Chakras* für uns Menschen ist mehrfacher Art: sie vermitteln die Beziehung zum Kosmos, zu den Planeten- und Erdkräften und sie erhalten den physischen Körper am Leben.

Bekanntlich besitzen wir zwei grundverschiedene Arten von Nervensystemen: das willkürliche (Gehirn durch Rückenmark zu Muskeln) und das unwillkürliche (ohne Zentralorgan, im ganzen physischen Körper verteilt). Mit ersterem können wir direkt und bewußt arbeiten, letzteres können wir aber nicht beherrschen oder handhaben. Aber es reagiert auf gewisse seelische Vorgänge (durch Blässe bei Schreck, Röte bei Scham und Wasserzusammenlaufen bei Anblick leckerer Speisen usw.). Hervorgehoben soll werden, daß hinter allen Stellen, wo sich Chakras finden, Knoten und Geflechte dieses sympathischen Nervensystems liegen. Es besteht also im Menschen tatsächlich eine Art feinstofflicher Leib mit Wirbelbildungen, aber ohne ausgesprochenen Organen." [...]

„Die sympathischen Nervenkomplexe sind nur da, weil Chakras da sind, die durch sie eigens geschaffen wurden. Die Chakras speisen also die sympathischen Ganglien.

Ferner überführen die Chakras das seelische Erleben, das normalerweise fast ganz im Unbewußten, im Astralen verläuft ($^9/_{10}$!), ins physische Dasein ($^1/_{10}$!), ins Wachbewußtsein." [...]

DIE BEWUSSTSEINSSCHICHTEN (nach R. Mlaker)

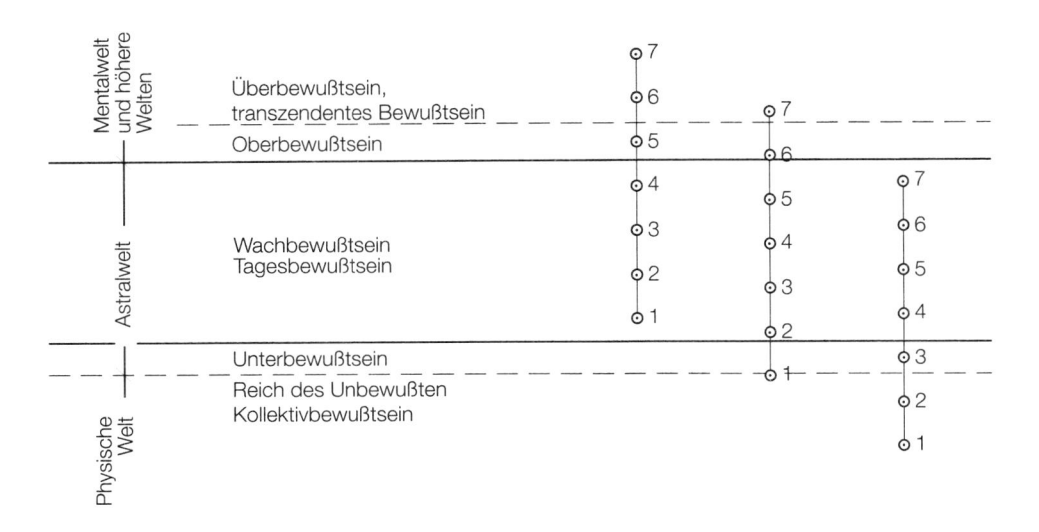

Abb. 8

Die Darstellung *(Abb. 8)* ist nur schematisch (d. Verf.).

„Bewußtseinszustände lassen sich graphisch nicht darstellen, da sie *ineinander* verwoben sind und nicht begrenzt werden können.

Die ganze bedeutende, ja ungeheure Wichtigkeit der ätherischen Zentren, der Chakras, für alles Leben muß immer wieder mit Ehrfurcht zur Kenntnis genommen werden. Leider wurde die wahre Bedeutung der Chakras von der Wissenschaft bisher noch nicht erfaßt. Die *‚Persönlichkeit'* bildet eine meist nur lose Verbindung zwischen dem Höheren und Niederen Selbst des Menschen. Gewisse Kräfte ziehen immer wieder ‚nach unten'. An die Persönlichkeit ist das *Bewußtsein* gebunden, herkömmlicherweise bezeichnet als das ‚Selbstbewußtsein'. Dieses persönliche Bewußtsein ist mit dem Selbst (Ego) vereint. Man kann den irdischen *Leib* des Menschen, das Sinnlich-Erscheinliche, mit dem *Tages-* oder *Wachbewußtsein* verbinden, die *Seele* mit dem *Unterbewußtsein* (seelisch-geistige Kräfte) und den *Geist* mit dem *Oberbewußtsein* und dem *Überbewußtsein* (rein geistige Kräfte). Tiefere Bewußtseinsschichten des Unterbewußtseins gehören zum ‚Reich des Unbewußten'. Das Gesamtbewußtsein arbeitet auf der mentalen Ebene und stets nur für das Gute, nach dem es strebt; es ist für die Höherentwicklung der Seele sehr nützlich. Bei gewöhnlichen Menschen besteht keine besondere Auffassung von der Bedeutung der Persönlichkeit und vom Sinn und Zweck ihres irdischen Daseins. Erst bei geistig Fortgeschrittenen lebt die Seele (Ego) ‚bewußt'. Auch diese Zustände kann uns der Pendel registrieren. Das ‚ständige Wachbewußtsein' kann bei geistig sehr hochstehenden Menschen stufenweise erreicht werden. ‚Vollkommene' Menschen besitzen es; da gibt es keinen Tag, keine Nacht und auch keinen Tod. Nun wird man bei eigenem Nachdenken bemerken, wie oberflächlich wir im täglichen Sprachgebrauch, gerade in dieser Hinsicht,

Begriffe anwenden. Welch ein Unterschied zwischen Selbstbewußtsein und ‚wahrem' Selbst-Bewußtsein! Wie anders versteht man nun die Begriffe: Selbstsucht (Egoismus), Selbstachtung, Selbstlosigkeit, Selbstkritik, Selbständigkeit usw. Andererseits: wie reich und wunderbar abgestimmt ist unser Wortschatz! Einzelne Bewußtseinszustände kann jeder Mensch mehr oder weniger selbst erleben.

Schließlich haben die *menschlichen Chakras noch eine sehr wichtige Bedeutung*: Sie bilden einen zweiten, einen ‚inneren', ‚höheren' Menschen aus. Das ist für unsere Betrachtung sehr maßgebend und eigentlich für alle Menschen von unermeßlich hoher Bedeutung. Die Entwicklung der Chakras hebt den Menschen über das Tiermenschliche hinaus, verleiht ihm höhere Erkenntnisse, öffnet ihm geistige Augen und Ohren und gibt ihm schließlich das Bewußtsein seiner Unsterblichkeit. Der Mensch erhält zugleich mit seiner Höherentwicklung eine unerschöpfliche Lebensquelle, wodurch auch sein physischer Körper besser beherrscht werden kann."

Soweit also die Ausführungen Mlakers. Sicherlich würde die moderne Bewußtseinsforschung manches anders formulieren, doch vergessen wir nicht, daß die Wissenschaft die Chakras bisher kaum zur Kenntnis genommen hat und praktisch nichts über sie weiß. Für das Verständnis biorhythmischen Wirkens sind diese Betrachtungen aber sehr klar und prägnant.

Die 5 Hüllen

Doch kehren wir zurück zu unserem indischen Swami (Heiligen) und seiner „Heiligen Wissenschaft". Dort lesen wir in den Kapiteln 14 bis 16 seines „Evangeliums":
„Dieser Gottessohn wird von 5 *Hüllen*, den sogenannten Koshas, verdeckt.
1. Die erste dieser fünf ist das Herz (Chitta), das aus den 4 Vorstellungen bestehende Atom, das fühlt und genießt und somit der Sitz der Glückseligkeit ist (Seligkeitskörper).
2. Die zweite ist die magnetische Aura der Elektrizitäten, deren Manifestationen des Buddhi, der Intelligenz, die die Wahrheit erfassen kann. Daher ist sie der Sitz des Wissens (Jnana) und wird Intelligenzhülle genannt.
3. Die dritte ist der Körper des Manas oder Sinnesbewußtseins, das sich aus den Sinnesorganen zusammensetzt und Begierdenhülle genannt wird.
4. Die vierte ist der Energiekörper (Lebenskraft oder Prana), der sich aus den Organen des Handelns zusammensetzt und Ätherleib genannt wird.
5. Die fünfte und letzte dieser Hüllen ist die grobe Materie, die äußere Hülle des Atoms, die zu Nahrung wird, um die sichtbare Welt zu erhalten, und daher Nahrungshülle genannt wird.

Wenn der Vorgang der Abstoßung, der Manifestation der allmächtigen Kraft, beendet ist, beginnt (als Reaktion) der Vorgang der Anziehung (die Offenbarung der allmächtigen Liebe im innersten Herzen). Da sich die Atome unter dem Einfluß dieser allwissenden Liebe (Anziehungskraft) gegenseitig anziehen, kommen sie sich immer näher und nehmen ätherische, gasförmige, feurige, flüssige und feste Formen an. Auf diese Weise wird diese sichtbare Welt mit Sonnen, Planeten und Monden ausgestattet, die wir als das unbeseelte Reich der Schöpfung bezeichnen. Wenn sich die Tätigkeit der göttlichen Liebe weiter entfaltet, hört die Entwicklung der Unwissenheit (den Partikeln der Dunkelheit oder Maya, der manifestierten allmächtigen Kraft) an ihrem ‚gottfernsten' Punkt auf. Da die äußere Hülle der groben Materie alsdann zurückgezogen wird, beginnt die Tätigkeit des Energiekörpers. In diesem organischen Zustand, in dem sich die Atome enger aneinanderschließen (organische Molekularketten; Anm. d. Verf.), bilden sie das Pflanzenreich der Schöpfung. Wenn die ätherische Hülle zurückgezogen wird, erscheint die Triebhülle. Dann nehmen die Atome das Wesen der äußeren Welt wahr, und indem sie andersartige Atome anziehen, formen sie Körper zum Zwecke des Genießens. Und so entsteht das Tierreich der Schöpfung. Wenn die Triebhülle zurückgezogen wird, tritt der aus Elektrizitäten gebildete Intelligenzkörper in Erscheinung. Da das Atom dann die Macht besitzt, zwischen Recht und Unrecht zu unterscheiden, entsteht der Mensch, das Vernunftwesen der Schöpfung. Wenn der Mensch in seinem Herzen dem göttlichen Geist, der allwissenden Liebe Raum gewährt und diese Intelligenzhülle zurückziehen kann, offenbart sich die innerste Hülle, Chitta, das aus 4 Vorstellungen bestehende Herz. Dann wird der Mensch Dewata (Engel der Schöpfung) genannt. Wenn auch das Herz, die innerste Hülle, zurückgezogen wird, gibt es nichts mehr, was den Menschen an diese Schöpfung der Dunkelheit (Maya) binden kann. Dann ist er ein freier Sohn Gottes und geht in die Schöpfung des Lichts ein.

Wenn der Mensch seine Vorstellungen von der groben Materie, die er im Wachzustand wahrnimmt, mit seinen Wahrnehmungen während des Traumzustandes vergleicht, führt ihn die Ähnlichkeit zwischen beiden zu der Schlußfolgerung, daß diese äußere Welt ebenfalls nicht das ist, was sie zu sein scheint. Nach weiteren Erklärungen suchend, stellt er fest, daß alle Wahrnehmungen im Wachzustand in Wirklichkeit nichts anderes als bloße Vorstellungen sind, die durch die Vereinigung der 5 Sinnesobjekte (den negativen Eigenschaften der 5 inneren Elektrizitäten) mit den 5 Sinnesorganen (den positiven Eigenschaften derselben) verursacht werden, und zwar durch die Vermittlung der 5 Organe des Handelns (den neutralisierenden Eigenschaften der Elektrizitäten). Diese Vereinigung wird durch die Tätigkeit des Sinnesbewußtseins bewirkt und von der Intelligenz erfaßt. Daraus wird klar ersichtlich, daß alle Vorstellungen, die der Mensch im Wachzustand bildet, nur abgeleiteter Natur, d. h. das Ergebnis bloßer Schlußfolgerungen sind."

Soweit also Jnanavatar Swami Sri Yukteswar Giri.

Wir wollen diesen letzten Absatz noch etwas erläutern:
Unser Weltbild ist individuell. Jeder Mensch hat seine ureigene, seinen Vorstellungen und Einstellungen entsprechend reduzierte Teilsicht von der Wirklichkeit. Das

Affinitätsgesetz legt zugrunde, daß der Mensch nur dasjenige erfahren kann, das in ihm analog angelegt ist, und nur dasjenige weiter erfassen kann, wohin sein Horizont gerade reicht. Alles aber, was er erfahren und sich vorstellen kann, hat für ihn Realität. Es muß eine Resonanz zwischen Äußerem und ihm selbst vorhanden sein, zum Schwingen gebracht worden sein, sonst hätte er unmöglich etwas erfahren oder sich vorstellen können. Wenn andere nicht dasselbe erleben, heißt das noch lange nicht, daß es nicht als Teil einer Gesamtwirklichkeit existent sein kann. Allein die Tatsache, daß Vorstellungen ein Bild formen können, belegt ja, daß es eine Welt geben muß, deren Material so beschaffen ist, daß die eingesetzten Vorstellungsenergien durch die sie konstituierenden Gesetze eine erlebbare Wirklichkeit ausformten. Dabei spielt es überhaupt keine Rolle, ob andere die gleichen Formen erschaffen oder sehen konnten oder nicht. Es existiert eine eigene Welt für Coli-Bakterien, in der sie sich vermehren und in der sie ihren Zweck für das Ganze erfüllen, ganz egal, ob wir diese Welt kennen oder nicht. Wenn wir sie nicht kennen, liegt das an unserer Beschränktheit und berechtigt uns nicht, sie als nicht existent zu betrachten. Und schon allein die Tatsache, daß wir sie denken und auch negieren können, unterstreicht, daß sie existieren muß. Wenn wir aber einen so hohen Horizont haben, daß wir die Welt der Coli-Bakterien mit unserer vergleichen können, wird uns klar, daß beide nur Abbilder einer Wirklichkeit sind, daß beide – von den Coli-Bakterien und von uns – ganz individuell erlebt werden und trotzdem einem Gesetz unterstehen, das sie Form annehmen läßt. Die einzelnen Welten sind *relativ* und als Schöpfung *existent*, während die Wirklichkeit *absolutes Sein* ist und alles Existierende – ausgeformt oder nur keimhaft angelegt – umfaßt. Alle sogenannten „objektiven" wissenschaftlichen Erkenntnisse beruhen daher ausschließlich auf nur mehrheitlich individuellen subjektiven Bildern relativer Existenzebenen. Darum sind aber auch viele Ausführungen dieses Buches nur Bilder einer Wirklichkeit, die einer Resonanz desjenigen Teils der Leser bedürfen, die in dieser Welt der Bilder zu Hause sind.

Die Tattwas und weitere Prinzipien
(Elemente, Elektrizitäten)

Die indischen Philosophien kennen 5 Prinzipien: *Prithivi*-Tattwa, *Apas*-Tattwa, *Tejas*-Tattwa, *Vayu*-Tattwa und das *Akasha*-Tattwa. Die Theosophie benennt dieselben als elementare Schwingungszustände. Die moderne Bewußtseinsforschung bescherte uns bei der Untersuchung der „irrationalen" Seite des menschlichen Geistes die Lehre von den Archetypen, von seelischen Urstrukturen, deren Symbole sich in allen Kulturkreisen wiederfinden. Diese Symbole stehen für Kräfte meist psychischer Natur, die aus unserem Unbewußten (immerhin 9o% unseres Gesamtbewußtseins) ständig wirken. Die Sprache des Unbewußten besteht aus Symbolen, Analogien und beschreibt unsere irrationale Seite. Neben den 5 Tattwas kennt man noch 2 weitere, *Adi* und *Anupadaka* (sie entsprechen den 2 höchsten Ckakras), die aber nur bei bestimmten Umständen in Kraft treten. Jedes der 5 Tattwas schwingt genau 24 Minuten und wird danach vom nächsten abgelöst. In 2 Stunden sind somit alle Schwingungen dieser „Weltschöpfungsuhr" durchlaufen.

DIE ELEMENTE UND EINIGE ENTSPRECHUNGEN

Theosophie	Griechen	Symbol	Biorhythmus
Prithivi	Erde	□	Winter
Apas	Wasser	☽	Herbst
Tejas	Feuer	▽	Frühling
Vayu	Luft	○	Sommer
Akasha		•	Zentrum

UNTERSCHIEDLICHE PRINZIPIEN EINIGER DISZIPLINEN

Gunas	Ayurveda	Alchemie	Astrologie
Tamas	Struktur Stabilität	Sal	fix
Rajas	Energie	Sulphur	kardinal
Sattwa	Bewegung	Mercurius	beweglich

Tab. 4

EINIGE ANALOGIEN ZU DEN 5 TATTWAS

Tattwa	Prithivi	Apas	Tejas	Vayu	Akasha
Element	Erde	Wasser	Feuer	Luft	Äther
Symbol	Quadrat	Mondsichel	Dreieck	Kreis	Ei, Punkt
Farbe	gelb	silber	rot	hellblau	violett
Komplementärfarbe	violett	grau	grün	orange	Bernstein
psychologisch	Struktur Konkretes Faßbares Realität Materie Disziplin Konzentration	Fließendes Weiches Nachgiebiges Intuition Gefühl Rhythmik Sensibilität	Trieb Wille Durchsetzung Energie Kraft Aggression Gewalt	Verbindung Kommunikation Erkennen Intellekt Verstand Unterscheidung Sprache	Weisheit Erfahrung das Geistige Transpersonal höh. Vernunft Ideale Archetypen
Temperament Lebensabschnitt	phlegmatisch Kindheit	melancholisch Jugend	cholerisch Erwachsen	sanguinisch Reife	euphorisch Alter
organisch/pathologisch/somatisch	Knochen Haut Gelenke Verdauung Sehnen Kondition, Widerstandskraft	Kreislauf Hormonhaushalt Körpersäfte Gefäßsystem Nieren, Milz zyklische Somatik	Sexualorgane Blutbeschaffenheit Vitalität, Muskulatur Herz, Lymphsystem Leber, Augen Motorik	Atemorgane Poren Sprechwerkzeuge Kopfbereich Hirn, Ohr Genetik	Ethik, Sinngebung

Tab. 5

Einige weitere Entsprechungen

Subjekt	Objekt	Beobachtung
Legislative	Gesetze	Exekutive
Kraft	Richtung	Veränderung
Energie	Raum	Zeit
Temperatur	Struktur	Bewegung
Harmonie	Takt	Melodie
Potenz	Form	Information
Nachfrage	Angebot	Preis
Erfahrung	Erscheinung	Erkenntnis
Synthese	Tendenz	Analyse
Ethik	Logik	Ästhetik

Analogien

Gottes Dreieinigkeit	Sat	Ananda	Chit
Gottes Eigenschaften	Allmacht	Schönheit	Weisheit
Dimension	Energie	Raum	Zeit
Dreiheit	Schöpfer	Schöpfung	Bewußtsein
	Subjekt	Objekt	Beobachtung
Biorhythmus	Amplitude	Prinzipien	Frequenz

DER SEPHIROT-BAUM (Entsprechung mit den Trigrammen des I-GING)

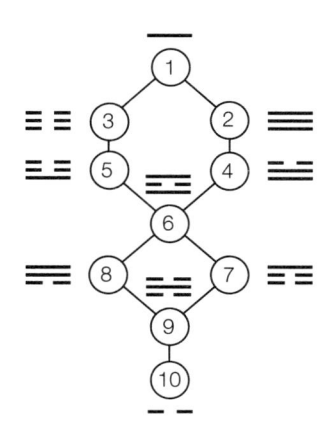

Abb. 9

DIE 10 SEPHIROT DER KABBALA UND IHRE ENTSPRECHUNGEN

Tab. 6

Bereich	Zuordnung		Bedeutung	Hebräisch	Indisch	Die Musen der Griechen		Astrol. Sphäre
Gott				Ain-Soph	Nirwana	Parnaß		
Der göttliche Plan	Vernunftreich	1	Krone	Kether	Brahma	Apollo	– Ruhm	Erste Bewegung
		2	Weisheit (theor. Vernunft)	Chochma	Vishnu	Klio	– Geschichte	Tierkreissphäre
		3	Intelligenz, Verständnis (praktische Vernunft)	Bina	Shiva	Urania	– Astronomie, Metaphysik	Saturnsphäre
Ausführung des Universums	Gefühlsreich	4	Liebe, Gnade	Gedula	Maya	Thalia	– Komödie	Jupitersphäre
		5	Gerechtigkeit, Stärke	Gebura	Oum	Melpomene	– Tragödie	Marssphäre
		6	Schönheit, Barmherzigkeit	Tiferet	Haranger-Berah	Polymnia	– Beredsamkeit	Sonnensphäre
	Naturreich	7	Festigkeit, Sieg	Nezach	Porsh	Kalliope	– Heldenlied	Venussphäre
		8	Pracht, Ruhm	Chod	Pradiapat	Erato	– leichte Poesie	Merkursphäre
		9	Fundament, Basis	Jesod	Prakrat	Euterpe	– Musik	Mondsphäre
	Zusammenfassung	10	Reich	Malkut	Pran	Terpsichore	– Tanz	Erdsphäre

1. Triade: metaphysische Attribute Gottes
2. Triade: moralische Attribute Gottes
3. Triade: künstlerische Attribute Gottes
10. Sephirot: Gegengewicht (Spiegelbild) zu Ain-Soph

Die 10 Sephirot (Ur-Ideen, Logoi) sind die Emanationen der Gottheit und bilden in ihrer Gesamtheit symbolisch den himmlischen Menschen, Adam Kadmon. Die Eigenschaften der 10 Sephirot sind gleichzeitig die Eigenschaften der Gottheit, weil sie ja aus ihr emanieren.

Die 7 Urprinzipien[1)]

Entsprechend den 7 Prinzipien des Menschen,
        den 7 Prinzipien der Welt,
        den 7 (Haupt-)Planeten,
        den 7 (Haupt-)Chakras gibt es 7 schöpferische Urenergien, Urkraftströme, die in der Primärkraft enthalten sind. Es sind denkbar feinste, in ihrer Wirkung mannigfaltigst abgestimmte, dauernd schwingende *Bildekräfte*. Sie stellen zugleich die Gesamtheit des manifestierten Kosmos dar und manifestieren sich durch die 7 Hauptplaneten, deren Wirkkraft sie darstellen. Jedes menschliche Wesen ist mit einem (oder mehreren) der 7 Strahlen verknüpft. Der Daseinszweck der 7 Urprinzipien mit ihren mannigfaltigen Ausdrucksformen liegt in den Gesetzen der Evolution, wodurch der Mensch sich entwickelt, sein Selbst zum Ausdruck bringt und verwirklicht und am Ende seiner Entwicklung zum Individuum zur „Einweihung" gelangt. Die Kraftströme beeinflussen die Menschheitsgeschichte, die Erscheinungsarten in den Naturreichen und den Bewußtseinsgrad im Menschen. Meistens sind 5 der Urprinzipien in jedem Zeitalter in voller Tätigkeit und die restlichen zwei in schwächerer. Jedes Urprinzip hat seine besondere Farbe, Ton, Schwingung, spezielle Wirkungsaufgaben im Weltplan und formt, uns besonders interessierend, die 3 Persönlichkeitskörper des Menschen, also sein Denken, Fühlen und seine Formgestalt. Im Rahmen der 7 Urprinzipien muß man sich auch das Wirken der untergeordneten Tattwas und Gunas (Eigenschaften der Tattwas) vorstellen.

Planeten, Fixsterne und Sternbilder sind Manifestationen eines dieser Urprinzipien. So gesehen ist die Astrologie wohlfundiert und Übermittler ältester Weisheit und realen Wissens. Die Körperkonstitution aller Lebewesen, die Körpertypen (athletisch, pyknisch, asthenisch, leptosom), die Qualität unseres Astral- und Mentalkörpers, unsere Schwächen, Stärken, Fähigkeiten, Neigungen und Berufe, alle Menschentypen, Künstler, Staatsmänner, Sozialpädagogen, alle Erscheinungen des äußeren und inneren Menschen werden – durch je eines der Chakras wirkend – von den 7 Urprinzipien hervorgerufen.

Die esoterische Psychologie erklärt uns:
1. Es gibt Strahlentypen von Menschen.
2. Jeder Mensch schwingt auf seinem geistigen Grundstrahl (einem der 7 Urprinzipien), dem Strahl der Monade (höhere Triade), auf dem Egostrahl (Herz) und auf seinem Persönlichkeitsstrahl (niedere Triade, niederes Selbst).
3. Weiters auf einem Strahl, der den Mental-, den Astral- und physischen Körper beeinflußt.
4. Die Strahlenzugehörigkeit kann wechseln, hängt auch vom inneren Streben und von der erreichten inneren Entwicklungsstufe ab.
5. Der Monadenstrahl (höheres Selbst), immer ein Hauptstrahl, bleibt für Äonen der gleiche.

[1)] *Nach R. Mlaker: „Geistiges Pendeln".*

Der Egostrahl (Seelenstrahl) wechselt von Runde zu Runde (Durchlauf des platonischen Weltenjahres).

Der Persönlichkeitsstrahl ändert sich von Inkarnation zu Inkarnation.

6. Menschen mit gleichem oder ähnlichem Ego- und Persönlichkeitsstrahl verstehen sich bestens, pflegen innige Freundschaft und verfügen über ein unerschütterliches Vertrauen zueinander (Duale).

7. Gleiche Persönlichkeits-, aber verschiedene Seelenstrahlen ergeben meist kurze, plötzliche Freundschaft oder Verwandtschaft.

8. Gleicher Monadenstrahl bewirkt wirkliche Sympathie.

9. Ein und derselbe Strahl kann aber auch mehrere Beeinflussungen bewirken (günstige/ungünstige Aspekte).

DIE 7 STRAHLEN (URPRINZIPIEN)

			Planet	
I	Manu	– Strahl des Willens oder der Macht (Kraft)	☉	Strahlen der Aspekte, Grundstrahlen
* II	Bodhisattwa	– Strahl der Liebe und Weisheit	♃	
* III	Machacochan	– Strahl der aktiven Intelligenz, Angleichung, Tätigkeit	♄	
* IV		– Strahl der Harmonie, Schönheit, Kunst, Einheit	☿	Strahlen der Attribute, Nebenstrahlen
* V		– Strahl des konkreten Wissens, der Wissenschaft	♀	
VI		– Strahl des abstrakten Idealismus und der Hingabe	♂	
* VII		– Strahl der zeremoniellen Magie, Gesetz, Ordnung	☾	

* Strahlen zur Zeit in voller Manifestation

Strahl III umfaßt in Synthese auch die Strahlen IV – VII und ist der Persönlichkeitsstrahl des planetarischen Logos.

Strahl II ist der Strahl unseres Sonnensystems.

Alle Strahlen stehen in wechselseitiger Beziehung.

Tab. 7

ENTSPRECHUNGEN: 7 STRAHLEN – CHAKRAS

Chakra	Physiologisch-biorhythmische Funktionsbereiche	Strahl	Psychisch-biorhythmische Bereiche
7 Scheitel	} MI	I Kraft	
6 Stirn		V Denktätigkeit	
5 Hals	} WI	III Anpassung	
4 Herz		II Bewußtsein	
3 Milz	} MW	VI Hingabe	
2 Nabel		VII Beschwörung	
1 Wurzel		IV Harmonie	

Abb. 10

DER 7ARMIGE LEUCHTER

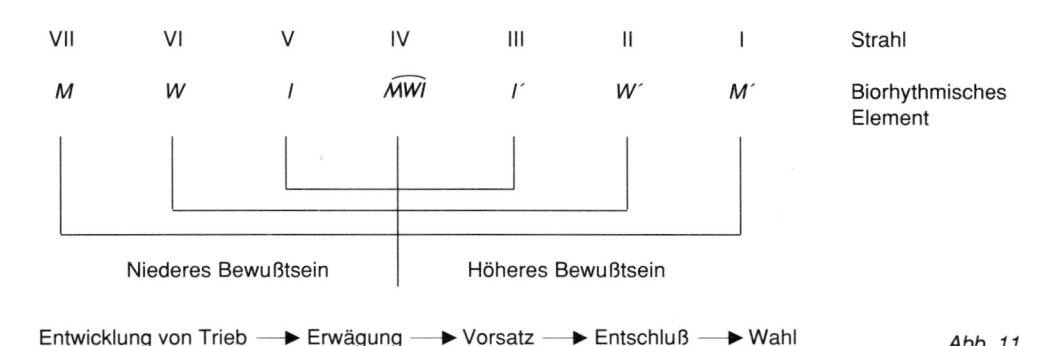

VII	VI	V	IV	III	II	I	Strahl
M	W	I	M̂WI	I´	W´	M´	Biorhythmisches Element

Niederes Bewußtsein | Höheres Bewußtsein

Entwicklung von Trieb ➝ Erwägung ➝ Vorsatz ➝ Entschluß ➝ Wahl

Abb. 11

Die 7 Chakras zeigen im 7armigen Leuchter die geordnete Entwicklung des Menschen in bezug auf die biorhythmischen Elemente.

Einiges über Astrologie

Dieses Thema ist so umfangreich, daß es unmöglich ist, im Rahmen dieser Arbeit näher darauf einzugehen. Jedoch ist das Angebot an Literatur reich und leicht zu besorgen. Wir wollen uns nur auf das Prinzipielle beschränken (und das nur stichwortartig), soweit es für das Verständnis biorhythmischer Zusammenhänge notwendig ist.

DIE PLANETEN ALS KRÄFTE (ARCHETYPEN)

	Symbol	Planet	Bedeutung
↑ Evolution	⊕	**Erde**	– physischer Leib, materielles Leben
	☾	**Mond**	– Vorstellungen, Intellekt, persönliches Gemüt
	☿	**Merkur**	– Soziales, Anpassung, Sprache
	♀	**Venus**	– Religion, Ethik, Kunst
	☉	**Sonne**	– Menschlichkeit, Spiritualität
	♂	**Mars**	– Überwindung, Kraft, Tugenden
↓ Involution	♃	**Jupiter**	– Weisheit
	♄	**Saturn**	– Beharrlichkeit, Festhalten
	⛢	**Uranus**	– Veränderung, Neuwerden
	♆	**Neptun**	– soziales Bewußtsein
	♇	**Pluto**	– Zeitgeist
	⚶	**Vulkan**	– göttlicher Wille

Tab. 8

Die Symbole, aus denen sich die Planetenzeichen zusammensetzen:
- · Prinzip
- ○ ewiger Zyklus
- + Form, Materie
- ☽ Intellekt

Die Aspekte

Unter Aspekten versteht man in der Astrologie den Winkel, in welchem 2 Planeten (Prinzipien) von der Erde (Zentrum) aus gesehen zueinander stehen. Zwischen Sonne und Mond bezeichnet man eine Konjektion als Neumond, eine Opposition als Vollmond und den Halbmond als Quadratur. Die Wirksamkeit von rhythmischen Aspekten erklärt sich aus den Interferenzen der Einzelschwingungen. Nachstehend sind nur die stärksten Aspekte aufgeführt:

DIE WICHTIGSTEN ASPEKTE

Stärke	Symbol	Grad	Bezeichnung	Bewertung	Biorhythmische Funktion – r	
1	☌	0°	Konjunktion	Verstärkung, Verdoppelung		2,000
3	✶	60°	Sextil	günstig	$\sqrt{3}$	1,732
2	□	90°	Quadratur	ungünstig (max. Drehmoment)	$\sqrt{2}$	1,414
2	△	120°	Trigon	günstig		1,000
1	☍	180°	Opposition	ungünstig		0,000

Stärkeskala:
1 = sehr stark
2 = stark
3 = weniger stark

Tab. 9

Die Planeten wirken sich – je nach dem Urprinzip, das sie verkörpern, und je nach den Aspekten, die sie untereinander einnehmen – harmonisch oder auch disharmonisch, verstärkend oder schwächend in den verschiedenen Erfahrungsbereichen *(Häusern)* aus. In der Antike entsprachen *die Götter* den Planeten und somit astrologischen Kräfte-*Archetypen*:

Ares	– Mars	das aggressive Urprinzip
Aphrodite	– Venus	das ausgleichende Urprinzip
Hermes	– Merkur	das vermittelnde Urprinzip
der Mond	–	das widerspiegelnde Urprinzip
die Sonne	–	das lebenspendende Urprinzip
Hades	– Pluto	das zersetzende Urprinzip
Zeus	– Jupiter	das entwickelnde Urprinzip
Chronos	– Saturn	das einschränkende, begrenzende Urprinzip
Uranos	– Uranus	das exzentrische Urprinzip
Poseidon	– Neptun	das auflösende Urprinzip

DIE PYRAMIDE   als Symbol des Tierkreises,

aufgebaut aus der **Dreiheit** (Seitenflächen)

Vater	– Macht	– Sat
Mutter	– Weisheit	– Ananda
Kind	– Liebe	– Chit

und der **Vierheit** (Grundfläche) durch

Luft
Feuer
Wasser
Erde

wodurch sich 12 Kombinationen ergeben.

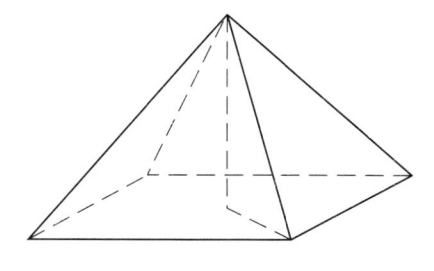

Abb. 12

Die Biorhythmik bedient sich auch dreier Elemente, die im Einheitskreis als Abbild der 4 Vorstellungen (Ur-Atom) schwingen.

DER TIERKREIS   (aufgebaut auf der Vierheit durch die Dreiheit)

	Feuer		Erde		Luft		Wasser	
♈	Impuls, Entstehung	♉	Beherrschung, Konzentration	♎	Harmonisierung	♋	Sammlung	**kardinal**
♌	Strahlung	♉	Ausbreitung, Kraft	♒	Ausgießen, Weitergabe	♏	Erkenntnis, Durchdringung	**fix**
♐	Erfahrung	♍	Entspannung	♊	Aneignung, Verbindung	♓	Auflösung	**beweglich**
	M̂W		M		M̂I		ŴI	biorhythmischer Bereich

kardinal	= beginnend
fix	= am Höhepunkt der Kraft und Ausdehnung, potent
labil, beweglich	= mündend, abgeklärt

Tab. 10

Es besteht auch eine entfernte Analogie zu den 3 Gunas der indischen Philosophien:

kardinal	– Tamas Guna
fix	– Rajas Guna
beweglich	– Sattwa Guna

DIE 12 STERNZEICHEN ALS ENTWICKLUNGSSTUFEN

Symbol		Element	Qualität	Entwicklungsstufe	Kennwort	
						4 Körperzeichen
♈	Widder	Feuer	kardinal	Kraft des Frühlings, Erscheinen in der Welt	ich bin	
♉	Stier	Erde	fix	Empfangsbereitschaft, Wurzeln in der Welt	ich habe	
♊	Zwillinge	Luft	beweglich	Wißbegierde, Sammeln von Erfahrungen	ich denke	
♋	Krebs	Wasser	kardinal	Selbstanalyse, Kernbildung	ich fühle	
						4 Zeichen des Ringens und der Krisis
♌	Löwe	Feuer	fix	Kraft des Sommers, Entfaltung der Fähigkeiten	ich will	
♍	Jungfrau	Erde	beweglich	Schwangerschaft, Entwicklung der universalen Liebe	ich prüfe	
♎	Waage	Luft	kardinal	gesetzesschaffendes Wissen, Gleichgewicht	ich schwanke	
♏	Skorpion	Wasser	fix	Umwandlung der Triebe, Auferstehung des Geistes	ich begehre	
						4 Zeichen der Erfüllung
♐	Schütze	Feuer	beweglich	Kraft des Alters, Weitergabe des Wissens	ich sehe	
♑	Steinbock	Erde	kardinal	Gebären, Entstehen des göttlichen Selbst	ich gebrauche	
♒	Wassermann	Luft	fix	befreiter Geist, Dematerialisierung	ich weiß	
♓	Fische	Wasser	beweglich	Auflösung der Persönlichkeit, Allbewußtsein	ich glaube	

Tab. 11

DIE 12 PRINZIPIEN DES PARACELSUS

Prinzip	Entstehung, Impuls	Ausbreitung, Kraft	Verbindung, Aneignung	Verinnerlichung, Sammlung	Entäußerung, Strahlung	Stille, Reinheit
	1. Origo	2. Potentia	3. Attractio	4. Concentratio	5. Centrifuga	6. Resignatio
A Sommerrhythmus	Lebenstrieb, Primitivität, physisches Erwachen	Liebesfülle, materielle Ausbreitung	Lernen, prakt. Verbindung, konkretes Wissen	Empfängnis, Fruchtwachstum, Nahrungssammlung, Gebetsverinnerlichung	Gebärung, Lebensausstrahlung	Schwäche, Entspannung, Genesung
	♈ (♂) 1.H.	♉ (♀) 2.H.	♊ (☿) 3.H.	♋ (☽) 4.H.	♌ (☉) 5.H.	♍ (☿) 6.H.
	7. Origo altera	8. Potentia altera	9. Attractio altera	10. Concentratio altera	11. Centrifuga altera	12. Resignatio altera
B Winterrhythmus	Geistiges Erwachen, harmonische Reife	Erkenntniskraft, geistige Durchdringung	Erfahrung, geistige Verbindung, abstraktes Wissen	Konzentration der geistigen und materiellen Kräfte, Beherrschung, Meditation	Geisterzerstreuung, All-Erkennung	All-Einheit, All-Aufgehung
	♎ (♀) 7.H.	♏ (♂) 8.H.	♐ (♃) 9.H.	♑ (♄) 10.H.	♒ (☉) 11.H.	♓ (♆) 12.H.
Operationen	Sein	Haben	Informieren	Wahren	Ausdrücken	Umwandeln

Tab. 12

Kurzbeschreibung der durch den Tierkreis bestimmten Typen
in bezug auf die wesentlichsten Ebenen (nach Nicolaus Klein und Rüdiger Dahlke).

♈ – Widder
Konstitution: heiß und trocken. Unempfindlicher, eher derber, muskulöser, mittelgroßer Körper mit viel Vitalität und Eigenwärme; athletische Konstitution; Bewegungsnaturell.
Handeln: selbständig, unabhängig, impulsiv, direkt, entschlossen, unbeherrscht, hektisch.
Fühlen: triebhaft, leidenschaftlich, ursprünglich, ehrlich, zügellos, tollkühn.
Denken: scharfsinnig, bahnbrechend, enthusiastisch, schöpferisch, eigensinnig, überkritisch, rivalisierend, parteiisch.
Lernaufgabe: Lerne Geduld und bewußtes Handeln. Kein Zorn!

♉ – Stier
Konstitution: trocken und kalt (mit leicht feuchter Beimischung). Schwer beweglicher, kompakter Körper, rumpfbetont mit verhältnismäßig kurzen Gliedmaßen, standfest; pyknischer Typus; Ernährungsnaturell.
Handeln: geduldig, zuverlässig, träge, hartnäckig, ökonomisch, solide, faul.
Fühlen: instinktiv, anhänglich, treu, naturverbunden, zärtlich, besitzergreifend, eifersüchtig, genußsüchtig.
Denken: instinktiv-sachlich, praktisch, beharrlich, gründlich, solide, stur, dogmatisch, eigensinnig, materialistisch.
Lernaufgabe: Lerne Beweglichkeit und wo dein Platz ist. Keine Gier!

♊ – Zwillinge
Konstitution: warm und feucht. Beweglicher, elastischer, eher feingliedriger Körper, mittelgroß bis groß; eher Längen- als Breitenwachstum; relativ zum Rumpf lange Gliedmaßen; schnelle Erholungstendenz; leptosomer Typus; Bewegungsnaturell mit Denk-Empfindungsnaturell gemischt.
Handeln: fleißig, gewandt, geschickt, rastlos, nervös, betrügerisch, vermittelnd.
Fühlen: verstandeskontrolliert, rational, berechnend, opportunistisch, vielseitig.
Denken: beweglich, relativierend, lebhaft, schnell, oberflächlich, neugierig, interessiert, sophistisch, flüchtig, zerfahren, listig, klug, vielseitig, logisch.
Lernaufgabe: Lerne Beeindruckbarkeit und Synthese. Keine Oberflächlichkeit!

♋ – Krebs
Konstitution: kalt und feucht. Eher weicher, von der Tendenz schwammiger Körper; wenig muskulös, Speichertendenz, stark umweltabhängig, eher kleinwüchsig; zur Rundlichkeit tendierend mit verhältnismäßig kurzen Gliedmaßen; Ernährungsnaturell.
Handeln: gefühlsbetont, hilfsbereit, aufopferungsvoll, reaktiv, barmherzig, unzuverlässig.
Fühlen: sehnsüchtig, anlehnungsbedürftig, zärtlich, feinfühlig, romantisch,

	empfindlich, schmollend, sentimental, launenhaft.
Denken:	romantisch, phantasievoll, aufnahmefähig, initiativ, stimmungsabhängig, verträumt, assoziativ.
Lernaufgabe:	Lerne Selbständigkeit und Auftreten! Kein Selbstmitleid!

♌ – Löwe

Konstitution:	heiß und trocken. Große Vitalität; eher muskulöser, meist mittelgroßer Körper; Mischtyp zwischen athletisch und pyknisch (fixes Feuer ruht auch gerne faul); harmonisches Naturell.
Handeln:	selbständig, entschlossen, risikofreudig, improvisierend, tyrannisch, selbstsüchtig, willkürlich.
Fühlen:	herzlich, offen, sich verschenkend, ehrlich, stolz, vergnügungssüchtig.
Denken:	kraftvoll, organisatorisch, ganzheitlich, vielseitig, schöpferisch, arrogant, überheblich, gefühlsbetont.
Lernaufgabe:	Lerne differenzieren und echte Autorität. Kein Stolz!

♍ – Jungfrau

Konstitution:	kalt und trocken. Eher feingliedriger, nervöser Körper mit verhältnismäßig langen, dünnen Gliedmaßen; relativ beweglich; eher unfruchtbar; mit deutlich mehr Längen- als Breitenwachstum; leptosom-asthenischer Mischtypus; Denk-Empfindungsnaturell.
Handeln:	fleißig, technisch begabt, ökonomisch, zweckgebunden, sorgfältig, pädagogisch, kleinlich, pedantisch, risikoarm, ängstlich, schulmeisterlich.
Fühlen:	keusch, enthaltsam, nüchtern, tugendhaft, zuverlässig, kühl, berechnend, spröde.
Denken:	logisch, vernünftig, rationell, linear, objektiv, begründbar, methodisch, systematisch, analysierend, mißtrauisch, materialistisch, pedantisch, listig.
Lernaufgabe:	Lerne Vertrauen. Keine Skepsis!

♎ – Waage

Konstitution:	warm und feucht. Oft schöner, ausgewogener Körperbau, feingliedrig, elastisch; Mischtypus mit vorwiegend leptosomen, aber auch pyknischen und athletischen Anteilen; harmonisches Naturell.
Handeln:	höflich, taktvoll, charmant, entscheidungsschwach, diplomatisch, inaktiv.
Fühlen:	feinfühlig, ästhetisch, keusch, verliebt, zärtlich, leichtfertig, verführerisch, flirtend, unentschieden, vage, lauwarm.
Denken:	poetisch, schöngeistig, ausgewogen, abwägend, oberflächlich, dekadent, parfümiert, liberal.
Lernaufgabe:	Lerne dich zu entscheiden. Keine Unehrlichkeit!

♏ – Skorpion

Konstitution:	kalt und feucht (mit teils hitziger Beimischung), sehr belastbarer und regenerationsfähiger Körperbau; große Zähigkeit; Rumpf in Relation

	zu den Gliedmaßen eher überproportioniert („Sitzriese"); manchmal etwas schwammig; pyknisch-athletischer Mischtypus; Ernährungsnaturell.
Handeln:	energisch, ohne Rücksicht auf Verluste, „Kamikaze", „Samurai", brutal, sadomasochistisch.
Fühlen:	triebhaft, leidenschaftlich, eifersüchtig, rachsüchtig, faunisch, vergewaltigend.
Denken:	scharfsinnig, bohrend, forschend, leitbildhaft fixiert, modellhaft, okkult, zersetzend, grüblerisch, heimtückisch, verschlagen.
Lernaufgabe:	Lerne Abschied zu nehmen. Keine Rache!

♐ – Schütze

Konstitution:	warm und trocken (mit leicht feuchter Beimischung). Hohe Vitalität und Elastizität; manchmal athletisch vorherrschend, dann meist groß (Zehnkämpfertyp); manchmal eher pyknisch, mittelgroß; „Turmschädel".
Handeln:	weise, gütig, gerecht, überblickend, sinnvoll, großtuerisch, bestechlich, überheblich.
Fühlen:	warmherzig, tolerant, humorvoll, großzügig, pathetisch, ölig, schmalzig.
Denken:	idealistisch, philosophisch, gläubig, weitblickend, syntheseschaffend, ethisch, begeisterungsfähig, optimistisch, großspurig, arrogant, moralisierend, prahlend.
Lernaufgabe:	Lerne dich zu stellen (auch dort, wo es unangenehm wird). Keine Arroganz!

♑ – Steinbock

Konstitution:	kalt und trocken. In der Jugend oft schwächlicher, später mit zunehmendem Alter sehr widerstandsfähiger, eher knochig-sehniger Körper; großer Mangel an Eigenwärme, eher unelastisch; asthenischer Typ, manchmal Mischtyp mit athletischen Zügen (Langstreckenläufer); entweder klein und krummwüchsig oder hoch und kantig.
Handeln:	arbeitsam, strebsam, ehrgeizig, konsequent, ausdauernd, kaltblütig, despotisch.
Fühlen:	asketisch, treu, zuverlässig, rein, kühl, sachlich, abweisend, hart, depressiv.
Denken:	klar, besonnen, ernst, konzentriert, geordnet, tiefgründig, starrsinnig, unbeweglich, dogmatisch, begrenzt, materialistisch, altmodisch, zwanghaft.
Lernaufgabe:	Lerne (auch andere) zu verstehen. Keine Verallgemeinerung: „Man .....!"

♒ – Wassermann

Konstitution:	warm und feucht (mit kalter Beimischung). Asthenischer, schmalwüchsiger Typ; manchmal auch bizarre Körperformen; nervöser

	Körperbau; oft stark ausgeprägte Waden-(Sprung-) und Unterarm- muskulatur bei sonst wenig ausgeprägter Muskelbildung. Bewegungs-Denknaturell.
Handeln:	spontan, ruckweise, plötzlich, eigenwillig, waghalsig, aufrührerisch, antiautoritär.
Fühlen:	frei, unkonventionell, sprunghaft, kühl, geschlechtsneutral, bipolar.
Denken:	geistreich, witzig, pointiert, intuitiv, assoziativ, erfinderisch, genial, originell, exzentrisch, eigenbrötlerisch, krampfhaft, rebellisch, überspannt.
Lernaufgabe:	Lerne(dabei) zu bleiben. Keine Unruhe!

♓ – Fische

Konstitution:	kalt und feucht. Meist vitalitätsarmer, ja sogar schwächlicher Körper von lymphatisch-asthenischer Färbung; labile Konstitution mit geringer Regenerationskraft; manchmal relativ schmerzempfindlich (Autonarkotisierung); harmonisches Naturell.
Handeln:	hilfsbereit, aufopfernd (Samariter), uneigennützig, feinfühlig, mitleidend, unpraktisch, willensschwach, betrügerisch, haltlos, unzuverlässig, intrigant.
Fühlen:	romantisch, sehnsüchtig, schmachtend, seelenvoll, alle liebend, wehleidig, elegisch.
Denken:	phantasievoll, mystisch, inspiriert, transzendental, poetisch, lyrisch, verworren, standpunktlos, chaotisch, uferlos, täuschend, nebelhaft, ängstlich.
Lernaufgabe:	Lerne einsam zu sein. Keine Illusion!

DIE HÄUSER   Abb. 13

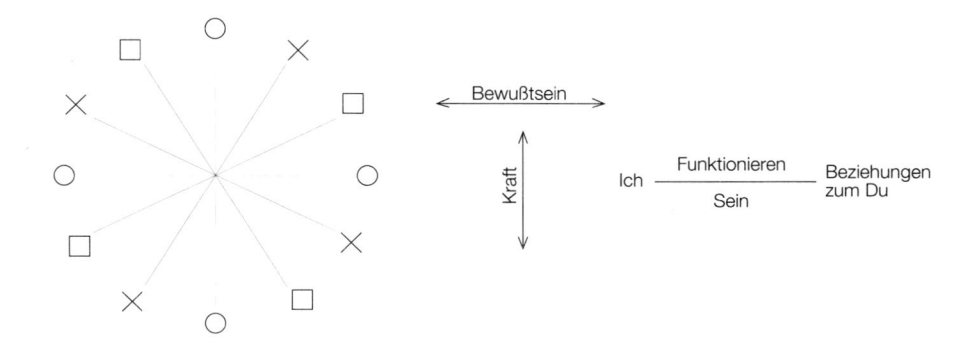

○ – die 4 Eckhäuser – zu sein
✕ – Mittelhäuser – zu verwenden
□ – kadente Häuser – zu verstehen
　　　　　　　　　　　umzuwandeln

6 Operationen: sein
haben
informieren
wahren
ausdrücken
umwandeln

Im Tierkreis zeigt sich die Qualität der Zeit, die Planeten repräsentieren die verschiedenen Prinzipien. Die 12 Häuser entsprechen den 12 Erfahrungsmöglichkeiten (Potenziale im Raum).

Während eines 28-Jahre-Zyklus richtet der Mensch seine Aufmerksamkeit nacheinander auf jedes der 12 Felder der Erfahrung (Häuser). Schritt für Schritt nimmt er soviel wie möglich Kenntnis von den Möglichkeiten der Erfahrung, die jedem Hausbereich innewohnt. Dann wird der Prozeß auf einer höheren Ebene im Zeitraum von 28 bis 56 Jahren wiederholt und, zumindest potentiell, ein weiteres Mal auf einer noch mehr integrierenden und spirituelleren Ebene im Alter von 56 bis 84 Jahren.

Umdrehung des Uranus = 84 Jahre (Kraft der Selbstumwandlung).

Die Zeitalter

Zuletzt werfen wir noch einen Blick auf die Betrachtungsweise der Esoteriker in bezug auf *die Zeitalter*, in denen die verschiedenen Kulturepochen eingebettet sind. Bemerkenswert dabei ist, daß das *Platonische Jahr,* das der Drehung der Erdachse in ihrer schiefen Lage um eine gedachte Achse, die normal zum Himmelsäquator liegt, mit 25.868 Jahren nicht mit dem Zeitalterzyklus von 24.000 Jahren übereinstimmt. Als Basis dieses Entwicklungszyklus wird die Drehung der Sonne um ein spirituelles Zentrum der Milchstraße angesehen (Drehung der Sonne um Brahma). Das Wassermann-Zeitalter, als Weltenmonat 2.000 Jahre dauernd, beginnt zu dem Zeitpunkt, wenn die Herbst-Tag- und Nachtgleiche den Löwen erreicht. Dieser Zeitpunkt wird von den Exoterikern und Esoterikern verschieden angesetzt, da auch unterschiedliche Zeiträume hinsichtlich der Weltjahreszyklen angegeben werden. Wesentlich ist hier aber nicht der Zeitraumunterschied, sondern die Beschreibungsanalogie. Die Weisen unterscheiden zwischen 4 Zeitaltern, die jedes entweder im absteigenden oder aufsteigenden Weltenjahr verschieden lange dauern. Zwischen den Zeitaltern liegen Zeiten des Vorlaufs (des Neuen) bzw. Nachlaufs (des Alten), die jeweils $1/12$ der Dauer des entsprechenden Zeitalters lang sind. Die 2 Phasen des Jahres entsprechen einander polar (siehe *Abb. 14*).

DREHUNG DER SONNE UM BRAHMA
Zeitalter/Herbstpunkt

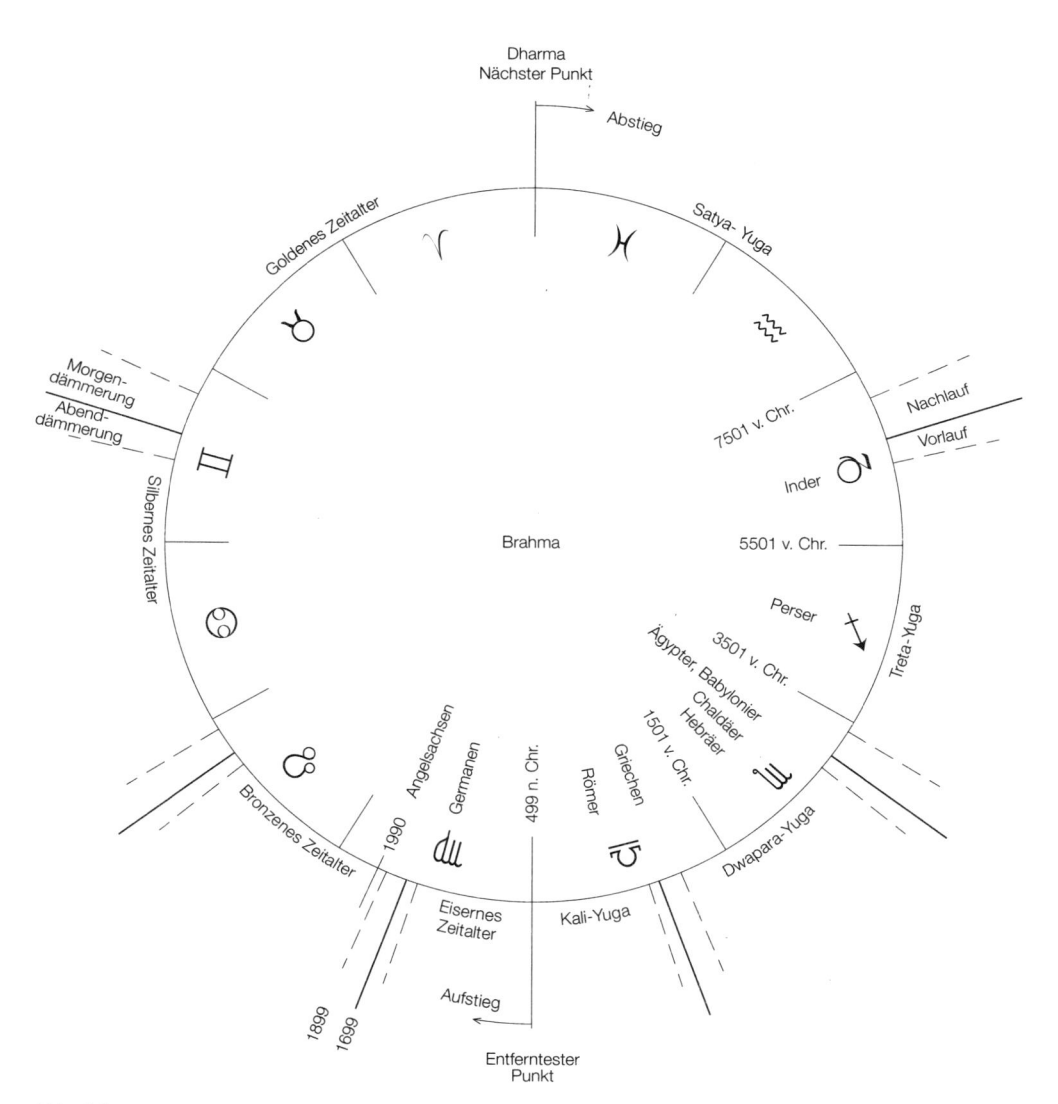

Abb. 14

Typologie als Beobachtungsebene prinzipeller Ausformung

Gesichtszone:	Untergesicht	– Kinn Unterlippe Oberlippe Oberkiefer	Vollbringen, Können, körper- liche Durchführung	M
	Mittelgesicht	– Nasenspitze Nase, Wangen Augen, Ohren	Fühlen, seeli- sche Kraft	W
	Stirn	– Brauenzone Mittelstirn Scheitelregion	Wissen, Erkennen, geistiges Voll- bringen	I

GESICHTSFORM (von vorne)

Ernährungsnaturell
Chemisches Prinzip $\widehat{MW}$
Od

Bewegungsnaturell
Physikalisches Prinzip $\widehat{WI}$
Magnetismus

Empfindungsnaturell
Psychisches Prinzip   W
Helioda

Denknaturell $\widehat{MI}$

Harmonisches Naturell $\widehat{MWI}$

Abb. 15

KOPFFORM (von der Seite) Abb. 16 a

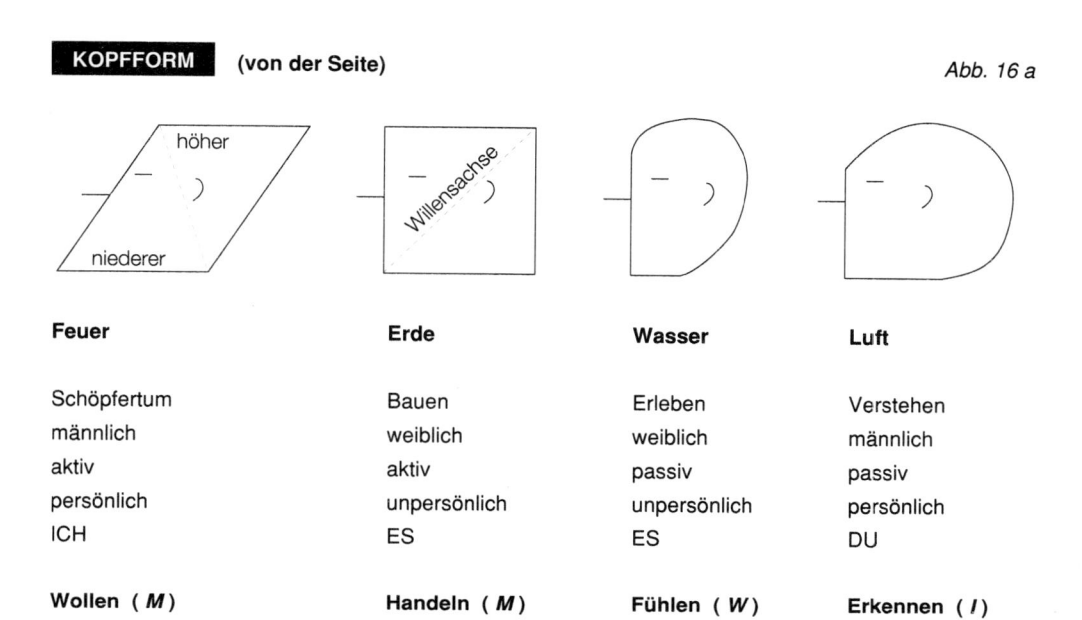

Feuer	Erde	Wasser	Luft
Schöpfertum	Bauen	Erleben	Verstehen
männlich	weiblich	weiblich	männlich
aktiv	aktiv	passiv	passiv
persönlich	unpersönlich	unpersönlich	persönlich
ICH	ES	ES	DU
Wollen (M)	**Handeln (M)**	**Fühlen (W)**	**Erkennen (I)**

Das Wirken der Urprinzipien zeigt sich in ähnlichen Formen überall in der Natur, sei es in Kristallen oder in Pflanzen, sei es in Landschaften oder in Tierformen.

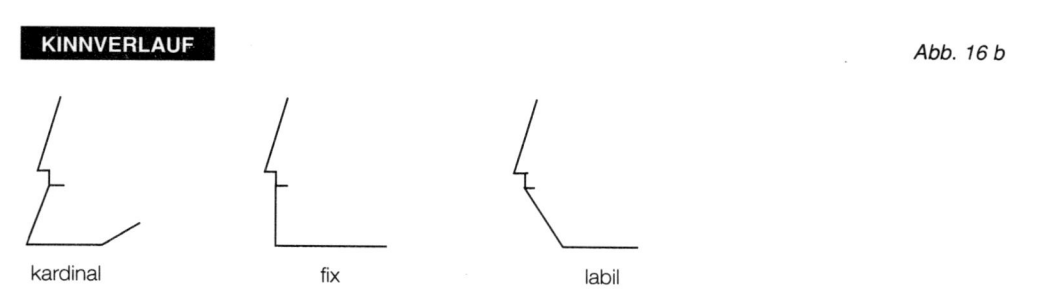

KINNVERLAUF Abb. 16 b

kardinal fix labil

Das I–GING

Das *TAO*, der Urgrund, der Unbenennbare, der SINN, bringt sich in 2 Urpolen zum Ausdruck. Seine Äußerung, sein In-Erscheinung-Treten ist stets polar und wird durch eine nach außen gerichtete Kraft bewirkt, der eine gleich große, vereinigende Kraft entgegensteht. Die Weltpole werden YANG und YIN genannt, bedingen, ergänzen einander und vermählen sich, treten im Zustand der Ruhe und der Bewegung auf, so wie etwa Elektrizität (Plus- und Minuspol) statisch oder fließend erscheinen kann. Die Welt der Erscheinungen besteht aber nicht aus einem vagen Gemisch polarer Quanten (Ursubstanz), sondern aus nach mathematischen Gesetzen gegliederten Quanten (Ladungen), die der schöpfungsträchtigen „Null", dem Tao, entspringen.

Der „positive" Pol wird mit einem ungebrochenen geraden Strich bezeichnet, so daß die vorher bestehende Leere eine Ordnung räumlicher Natur erhält, nämlich oben und unten, vorne und hinten, links und rechts.

Die 2 Prinzipien: Die Eins, Yang: positiv, männlich, Himmel, aktiv, aufstrebend, Sonne, Süden, leuchtend, fest, das Schöpferische.
─────
Die Zwei, Yin: negativ, weiblich, Erde, passiv, sinkend, Dunkelheit, Norden, Weiches, das Empfangende.
─ ─

Im I-GING steht der Süden oben, der Norden unten, da der im Norden stehende Berg von der Sonne beschienen wird, während sich der im Süden stehende Berg im Fluß spiegelt. Auch Ost und West sind vertauscht (der Westwind weht nach Osten). Die Pole sind nicht unveränderlich (dualistisch) gedacht, sondern als steter Wandel und Übergang dieser Kräfte, wobei die Entwicklung als kreisförmiges Weiterschreiten (Jahreszeiten), der Wandel als Umschlag von einem Pol in den entgegenliegenden (Ruhe – Spannung usw.) erfolgt. Die sich wandelnde Polarität ist im „T'ai-Chi" beschrieben, indem die 2 komplementär ineinandergeschmiegten Pole den (veränderlichen) Keim des jeweiligen Gegenpols enthalten.

DAS „T'AI-CHI"

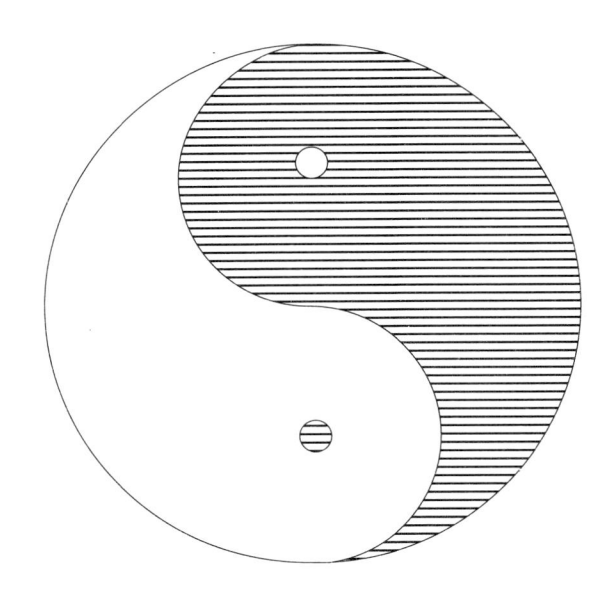

Abb. 17

In der Bewegung der beiden Pole erscheint eine weitere Aufgliederung, die durch je 2 Zeichen symbolisiert wird:

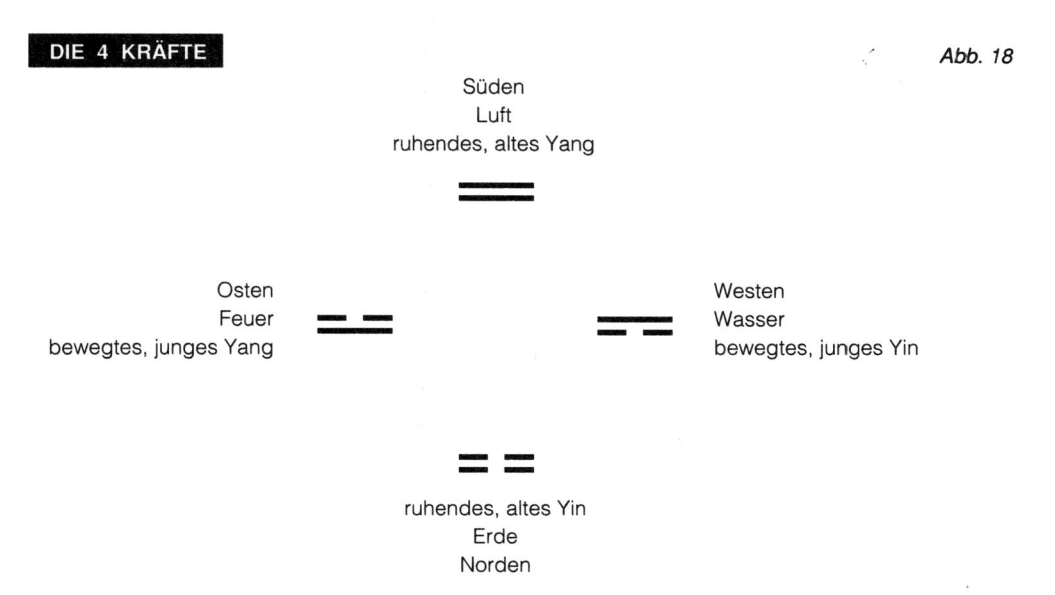

DIE 4 KRÄFTE

Abb. 18

Süden
Luft
ruhendes, altes Yang

⚌

Osten
Feuer
bewegtes, junges Yang

⚎   ⚍

Westen
Wasser
bewegtes, junges Yin

⚏

ruhendes, altes Yin
Erde
Norden

Die nächste Gliederung ergibt in Form von 3 Strichelementen 8 Zeichen, die als Urkräfte, *Archetypen,* aufgefaßt werden und in 2 Ordnungen zueinander positioniert sind:

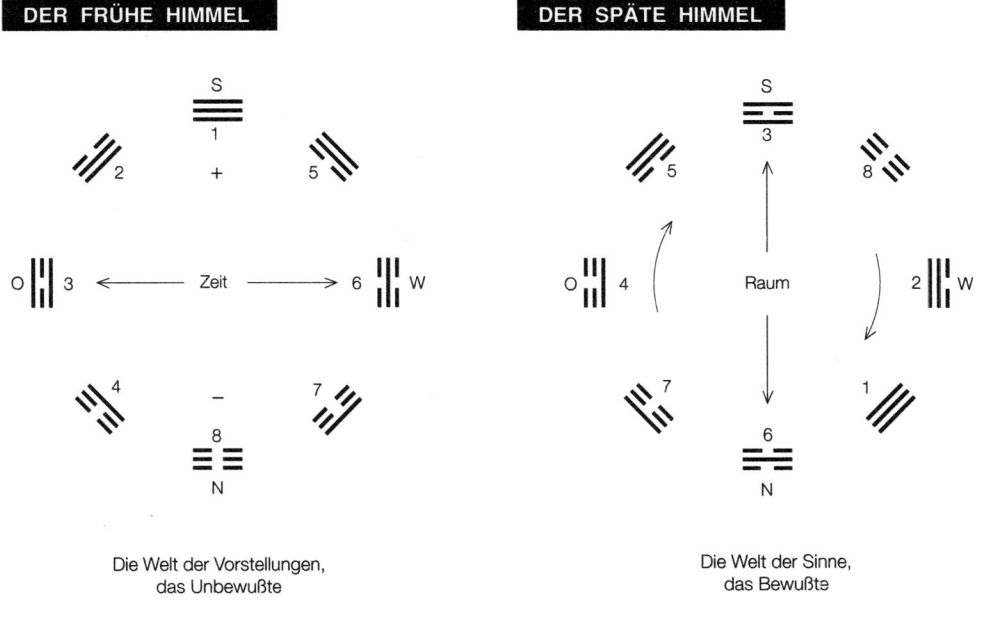

DER FRÜHE HIMMEL   **DER SPÄTE HIMMEL**

Die Welt der Vorstellungen,   Die Welt der Sinne,
das Unbewußte   das Bewußte

Abb. 19 a   *Abb. 19 b*

„Wenn der Mensch ruht (Ost–West), d. h. sich in einem Zustand der Entspannung befindet, in dem er meditiert, betet, möglicherweise schläft oder nicht bei Tages-Bewußtsein ist, lebt er in der Welt des *Frühen Himmels,* der Welt der Gedanken, wo die im Norden und Süden befindlichen positiven und negativen Kräfte ungehemmt durch ihn hindurchfließen können und ihn in einen Zustand des Einsseins mit dem T'ai Chi versetzen. (Daher die Ost-West-Ausrichtung von Kirchen oder Moscheen, d. V.)

Ist der Mensch dagegen aufrecht, wach, mit materiellen Bedürfnissen, dem Überlebenskampf usw. beschäftigt, dann hält er sich im Reich des *Späten Himmels* auf, wo die positiven und negativen Kräfte mit ihm nicht mehr in derselben Verbindung stehen, und es ist deswegen schwieriger, mit dem Geist in Berührung zu kommen. Trotzdem ist er nicht völlig vom Himmel abgetrennt." (D. H. Hook, I-Ging für Fortgeschrittene, S. 41).

„So befinden sich Himmel und Erde, Raum und Zeit, Yang und Yin in unaufhörlicher Bewegung, Einfluß auf den Menschen ausübend und das Lebensrad formend, das scheinbar keinen Anfangspunkt, keine Unterbrechung und kein Ende hat", schreibt Marguerite de Surany in ihrem Werk: I-GING und Kabbala (Bauer-Verlag) auf Seite 16. Demselben Werk wurde auch die Beschreibung der nachstehenden 8 Triagramme entnommen (S. 17 bis 20):

Die 8 Prinzipien (Trigramme, auch Triagramme genannt):

1. Qian
≡≡≡

Himmel,
Himmels-
äther,
stark

„Die drei Striche (Man liest ein Triagramm und Hexagramm von unten nach oben.) Substanz, Offenbarung und Essenz[1] sind Yang. Qian ist der ursprüngliche Antrieb. *Seine Aufgabe ist es, das Leben zu geben.*

Es ist im Süden angesiedelt und stellt das Alte Yang des Sommerbeginns dar. Wie das Feuer, sein Element, lodert es auf und schwingt sich empor.

Man vergleicht es mit dem Familienvater, der regiert. Man sagt, durch seine Vermittlung ‚kämpfe das Höchste Wesen'.

Seine Natur ist die Aktivität, die glänzende und klare Intelligenz, die Ausdehnung. Als Sinnbild zeigt man das Pferd (schnell, alt, mager, weiß), Symbol des kontrollierten Instinktes beziehungsweise der Heftigkeit der Begierden. Es ist auch *Asva*, die nervöse Energie, der Lebensatem, der die Intelligenz an die Materie bindet.

Es entspricht dem Himmel und dem Kopf."

---

[1] *unterster, mittlerer und oberster Platz (Anm. d. Verf.)*

2. Dui

☱

See,
Himmels-
materie,
fröhlich

„Substanz und Offenbarung sind Yang, die Essenz ist Yin: *Dui gibt dem Leben, das Qian geschaffen hat, eine Form.*

Es ist im Südosten[1] angesiedelt und stellt das Alte Yang des Sommers dar. Sein Element ist die Essenz des Feuers.

Man vergleicht es mit einem jungen, noch kleinen Mädchen: Die unkörperliche Form ist an diesem Anfang des Rades ausgesprochen zart; das Yin ist im Oberteil des Triagramms, ‚es zieht sich zurück'. Die Überlieferung sagt, daß durch seine Vermittlung ‚das Höchste Wesen spricht'.

Seine Natur ist die Heiterkeit, die Zufriedenheit, die lähmt, aber auch die Härte, die Kunst der Magie und Wahrsagung. Als Beispiel zitiert man den starken, harten, entschiedenen und fruchtbaren Widder, der den chinesischen Unsterblichen als Reittier diente.

Es entspricht dem See, dem Mund und der Zunge."

3. Li

☲

Feuer,
Kraft,
leuchtend

„Die Substanz ist Yang, die Offenbarung Yin und die Essenz Yang. *Seine Aufgabe ist die Gewaltanwendung, der Bewegung vom Anfangsgrund gegeben.*

Es ist im Osten angesiedelt und stellt das Junge Yin des Frühlingsanfangs dar.

Wie das Holz, sein Element, biegt es sich und richtet sich wieder auf.

In einer Familie vergleicht man es mit der mittleren Tochter: Das ist der Platz, den es im Rad durch einen Yin-Strich und zwei Yang-Striche einnimmt. Die Überlieferung sagt, daß durch seine Vermittlung ‚das Höchste Wesen sieht'.

Seine Natur ist die Klarheit, die Kraft und die Schönheit, das Licht, die Annäherung beziehungsweise die Trennung. Als Sinnbild gibt man ihm den Fasan für seine Harmonie und die Schildkröte für seine hohe Lebensdauer.

Es entspricht dem Blitz und dem Auge."

4. Zhen (Dschen)

☳

Vulkan,
Donner,
Energie
der Erde,
bewegend

„Die Substanz ist Yang, Offenbarung und Essenz sind Yin. *Seine Aufgabe ist es, die Energie der Erde offenbar zu machen.*

Es ist im Nordosten angesiedelt und stellt das Junge Yin des Frühlings dar.

Sein Element ist die Essenz des Holzes.

Man vergleicht es mit dem erstgeborenen Sohn; allein das Yang unten ‚steigt auf' und wird die Yin-Striche verjagen. Die Überlieferung sagt, daß durch seine Vermittlung ‚das Höchste Wesen aus der Bewegung entsteht'.

Seine Natur ist die der schnellen Bewegung, die die Wesen und Dinge von der Stelle rückt.. Als Beispiel gibt man ihm den Drachen, der eine Lebenskraft mit vielfacher Gestaltwandlung ist, denn er ist irdisch, himmlisch und wäßrig.

Es entspricht dem Vulkan und den Füßen."

---

[1] *des frühen Himmels (Anm. d. Verf.)*

5. Sun

☴

Wind, das
Sanfte,
Himmels-
energie,
eindringend

„Die Substanz ist Yin, Offenbarung und Essenz Yang. *Seine Aufgabe ist es, die Energie des Himmels zu bilden.*

Es ist im Südwesten angesiedelt und stellt das Junge Yang des Herbstes dar. Man vergleicht es mit der erstgeborenen Tochter; allein das Yin unten ‚steigt auf‘ und wird die Yang-Striche verjagen. Die Überlieferung sagt, daß durch seine Vermittlung ‚das Höchste Wesen sich selbst gleichkommt‘.

Seine Natur ist die Schnelligkeit, die hinwegreißt, die Durchdringung durch eine langsame und kontinuierliche Arbeit. Als Sinnbild gibt man ihm den Hahn für seine Energie, seinen Mut und seine Offenbarungen bei der Geburt des Lichts, und den Tiger, der in der chinesischen Alchemie Widerpart des Drachens ist.

Es entspricht dem Wind, dem Schenkel und dem Geruchssinn."

6. Kan

☵

Wasser,
das Ab-
gründige,
Form,
gefährlich

„Die Substanz ist Yin, die Offenbarung Yang und die Essenz Yin. *Seine Aufgabe ist die Erschaffung der Form,* deren Symbol das Wasser ist, die undifferenzierte Masse.

Es ist im Westen angesiedelt und stellt das Junge Yang des Herbstes dar.

Sein Element ist die Essenz des Metalls.

Man vergleicht es mit dem mittleren Sohn, alleiniges Yang zwischen zwei Yin. Die Überlieferung sagt, daß durch seine Vermittlung ‚das Höchste Wesen sich anstrengt‘.

Seine Natur drückt Gefahr, den Fall, das Geheime, die Hartherzigkeit aus. Als Sinnbild gibt man ihm das Schwein, Symbol der Begierden, der Unzucht, der dunklen Tendenzen.

Es entspricht dem Wasser und dem Ohr."

7. Gen

☶

Berg, das
Stillehalten,
Materie
der Erde,
ruhend

„Die Substanz und die Offenbarung sind Yin, die Essenz ist Yang. *Seine Aufgabe ist es, der Erde die Materie darzubringen.*

Es ist im Nordwesten angesiedelt und stellt das Alte Yin des Winters dar.

Wie sein Element, das Wasser, gibt es Feuchtigkeit ab und steigt abwärts.

Man vergleicht es mit dem jüngsten Sohn; allein das Yang ‚zieht sich zurück‘. Die Überlieferung sagt, daß durch seine Vermittlung ‚das Höchste Wesen die Sprache vollendet‘.

Seine Natur ist die des Stillstands, des Hindernisses, der Dauer. Als Sinnbild gibt man ihm den Hund, der für Laotse das Symbol der vergänglichen Seite der Dinge ist.

Es entspricht dem Berg, der Hand und dem Finger."

8. Kun ☷		„Substanz, Offenbarung und Essenz sind Yin. *Seine Aufgabe ist es, die Yang-Kräfte zu empfangen, damit der Himmelsäther seinem Erdenäther das Leben geben kann.*
Erde, das Empfangende, Äther der Erde, hingebend		Er ist im Norden angesiedelt und stellt das Alte Yin des Winters dar. Sein Element ist die Essenz des Wassers. Man vergleicht es mit der Mutter, die umarmt und zähmt. Die Überlieferung sagt, daß durch seine Vermittlung ‚das Höchste Wesen handelt'.

Seine Natur ist es, sich in die Dinge zu fügen und nichts aus sich selbst heraus zu tun. Als Sinnbild gibt man ihm den Ochsen für seine Gutherzigkeit, seine Ruhe, seine friedfertige Kraft und seine Arbeitsfähigkeit.

Es entspricht der Erde und dem Bauch."

Diese 8 Bilder sind wechselnde Übergangszustände, dauernde Verwandlungen. Sie entsprechen nicht den Dingen in ihrem Sein, sondern der Bewegung der Dinge in ihrem Wandel. So sind die 8 Zeichen nicht Abbildungen der Dinge, sondern Abbildungen der Bewegungstendenzen. Sie entsprechen somit nicht 8 Archetypen der Planetenkräfte, der Götter des Olymp oder der Römer, sondern nur Funktionen der 2 Archetypen Yang und Yin. Wohl aber stehen sie in engster Verbindung zum biorhythmischen Geschehen im Einheitskreis.

☳	1. Sohn	Anfang der Bewegung	– kardinal
☵	2. Sohn	Gefahr in der Bewegung	– beweglich
☶	3. Sohn	Ruhe, Vollendung der Bewegung	– fix
☴	1. Tochter	sanftes Eindringen	– kardinal
☲	2. Tochter	Klarheit und Anpassung	– beweglich
☱	3. Tochter	heitere Ruhe	– fix

Die *Söhne* bilden das bewegende Element in seinen verschiedenen Stadien. In den *Töchtern* haben wir das Element der Hingebung in seinen verschiedenen Stadien.

Die 8 Prinzipien treten paarweise in Erscheinung.

Im Rad der 8 Triagramme des „Frühen Himmels" zeigen die unteren „Substanz"-Striche, daß die 4 ersten Yang (Qian gibt den ursprünglichen Elan) und die 4 letzten Yin sind (Kun nimmt den Elan auf und bewahrt ihn, um Qian hervorzubringen). Die oberen „Essenz"-Striche entsprechen abwechselnd Yang und Yin.

Die folgende Anordnung entspricht den *Jahreszeiten*:

☰	1. und	☱	2. formen den Sommer
☲	3. und	☳	4. formen den Frühling
☴	5. und	☵	6. formen den Herbst
☶	7. und	☷	8. formen den Winter

Als Paare mit polarer Spannung ergeben sich 4 *Existenzfunktionen*:

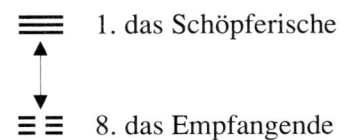

☰ 1. das Schöpferische

☷ 8. das Empfangende

Achse des *In-Erscheinung-Tretens* alles Existierenden (Mineralreich, Doppelhelix der DNS), Sinn und Form, Anziehung (Liebe) und Abstoßung.

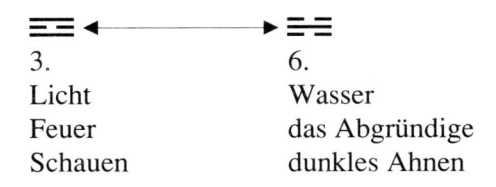

☲ ⟵⟶ ☵
3.   6.
Licht   Wasser
Feuer   das Abgründige
Schauen   dunkles Ahnen

Achse des *Gewahrwerdens* von Licht und Schatten (Pflanzenreich). Intuitives, irrationales Erfahren.

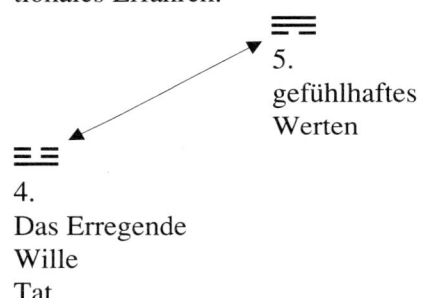

☴ 5.
gefühlhaftes
Werten

☳ 4.
Das Erregende
Wille
Tat

Achse des *Bewirkens*, der *Betätigung* (Tierreich). Motorisches, aggressives Verhalten, passives Fühlen und Werten im seelischen Bereich.

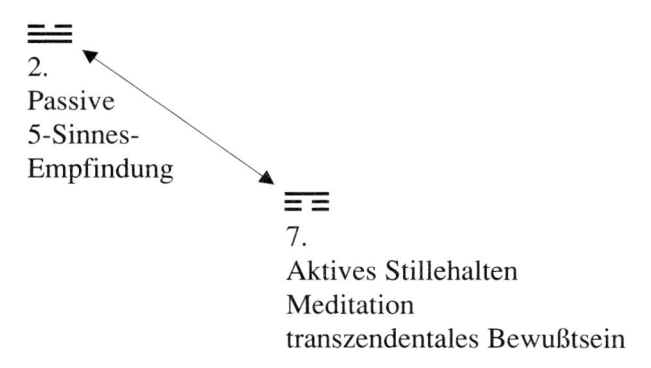

☶ 2.
Passive
5-Sinnes-
Empfindung

☱ 7.
Aktives Stillehalten
Meditation
transzendentales Bewußtsein

Achse des *Bewußtwerdens* (Menschenreich).

Durch Hinzufügen eines 4. Striches, eines 5. und schließlich eines 6. bzw. durch Kombination zweier Triagramme entstehen 64 Kombinationen, Archetypen, *Hexagramme*.

Alle 6 Striche sind wandelbar, so daß sich aus den 64 Möglichkeiten schließlich 4.096 Möglichkeiten der Entwicklung und Prognose ergeben. Für unsere Betrachtungen spielen die Hexagramme vorerst nur eine untergeordnete Rolle.

Zu beachten wäre, daß die Hexagramme in *binären Zahlen* ausgedrückt werden können
(— — = 0, ——— = 1), wodurch eine weitere Einsicht um innere Zusammenhänge möglich wird. (Unsere Computersprache ist darauf aufgebaut.)

Hexagramm Nr. 47
Kun
Die Bedrängnis

= 011010 = 26 im dekadischen System

Die Bedeutung der einzelnen „Ebenen" im Hexagramm

	TAO	(keine Linie)	Gotteswelt	
Inneres Triagramm	6	(unterste, erste Linie)	Die Vergegenwärtigung und Verwirklichung des einen SEINS des Lebens	
			Monadenwelt	
	5	(zweite Linie)	Das Aufsteigen aus dem erdverhafteten zu einem höheren Bewußtsein	
			Geisteswelt	
	4	(dritte Linie)	Spirituelles Erwachen	
			Intuitionswelt	
Äußeres Triagramm	3	(vierte Linie)	Bereich des Verstandes	
			Mentalwelt	
	2	(fünfte Linie)	Emotional-(Gefühls-)Bereich	
			Astralwelt	
	1	(oberste Linie)	Der Alltag	
			physische Welt	

Wir können hier ohne weiteres die Parallelen zu den Chakras bzw. Prinzipien anderer Disziplinen erkennen.

In Schau Yungs kreisförmiger Anordnung der Hexagramme sind diese so angeordnet, daß jedes Hexagramm aufgrund der Verteilung seiner Yin- und Yang-Linien die völlige Wandlung des gegenüberliegenden Hexagramms ist:

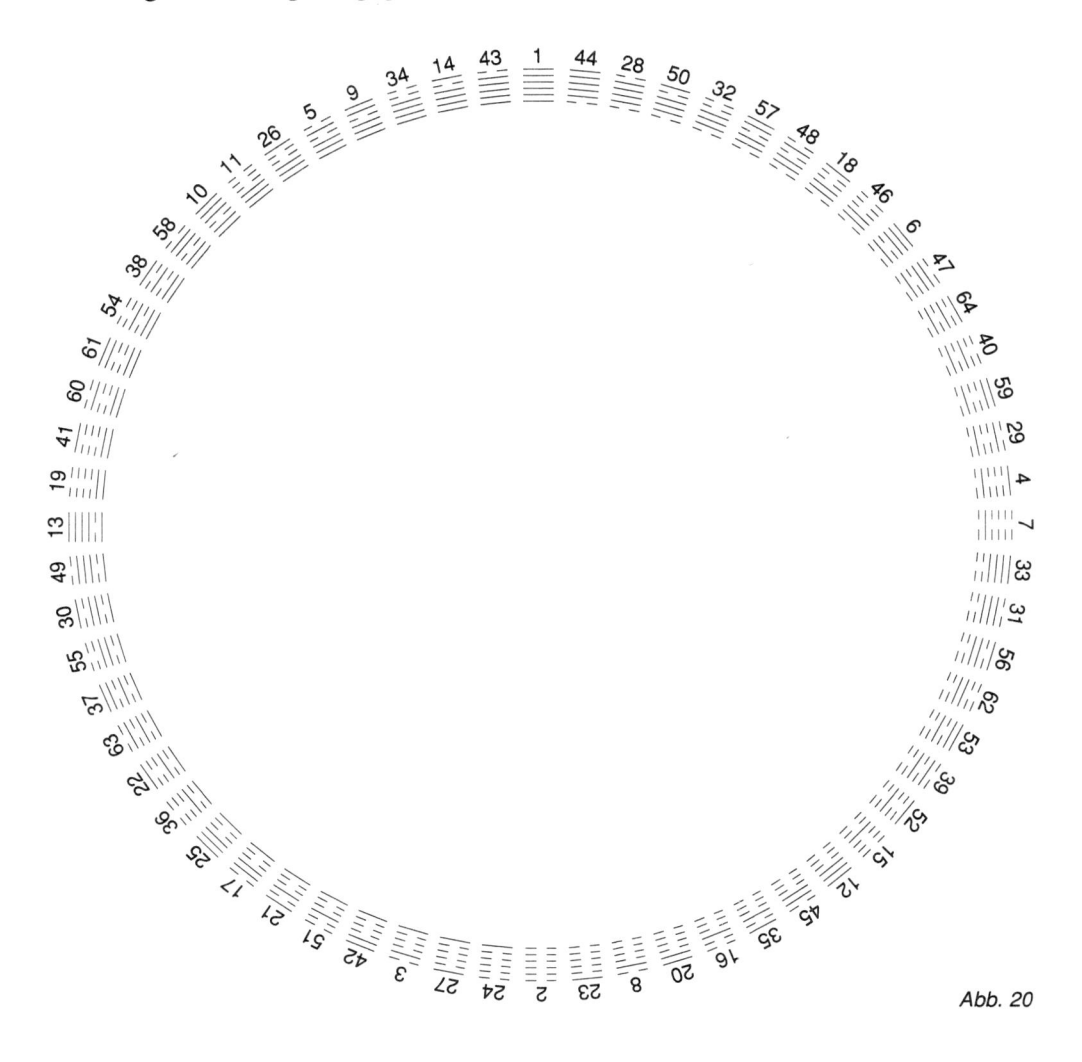

Abb. 20

Die Wechselwirkung zwischen den Gegensatzpaaren

Yin Yang	} Himmel	dunkel licht
Abstoßung Anziehung	} Mensch	dunkel licht
weich hart	} Erde	dunkel licht

Eine Zuordnung zu Zeit und Raum

Zeit: Yang, Himmel, das Denken, das Geistige, die unsichtbaren Dinge, die einzelnen Triagrammlinien, die Triagramme in der Anordnung des Frühen Himmels (Wandel der Jahreszeiten), Bewußtsein.

Raum: Yin, Erde, Materie, das sich manifestiert habende Leben, die Hexagramme in ihrer jeweiligen Gesamtheit, die Triagramme in der Anordnung des Späten Himmels, Schöpfung.

Die Triagramme in ihrer Anordnung des Frühen und Späten Himmels entsprechen selbstverständlich der innerweltlichen und äußeren (links- und rechtsläufigen) dynamischen Systematik des Tierkreises, wie wir sie später auch am Rhythmusmodell sehen werden. Die kreisförmige Anordnung sowie die polaren Situationen verbinden die 8 Triagramme mit dem Einheitskreis der PDR. Dazu besteht noch eine enge Beziehung der Plätze der Strichelemente der Bilder und Hexagramme mit den biorhythmischen Elementen, so daß analoge Aussagemöglichkeiten zwischen I-GING und PDR bestehen.

Anzahl der Striche	**Möglichkeiten**	**Bezeichnung**
0	–	TAO
1	2	Polarität
2	4	Elemente, Himmelsrichtungen
3	8	Urprinzipien, Kräfte
4	16	Mentale Elemente
5	32	Gefühlszustände
6	64	Erscheinungen in der Welt
x 64 Wandlungszustände	4.096	Entwicklungstendenzen

Zusammenfassung

Aus den bisherigen Ausführungen können wir ein kurzes Resümee ziehen: Geist ist das Eine Leben, das in sich alle Prinzipien, Archetypen, die Summe aller Möglichkeiten birgt. Als energetische Offenbarung des Einen bedient es sich der Koordinaten von Raum und Zeit als Wirkfeld der Seele. Die Seele (Bewußtsein) ist die Organisation mehrerer Prinzipien, deren bestimmte Zusammensetzung Individualität und deren Zusammenwirken Funktionalität ergibt. Sie erwirkt allem Körperlichen die ihm eigene Form. Der Körper kann nur in seiner Form bestehen, weil seine individuelle Seele die Moleküle, aus denen er sich aufbaut, zusammenhält. Die Moleküle wiederum sind Ausdruck der Funktion der sie aufbauenden Prinzipien (chemische Elemente). Die Atome selbst sind Offenbarungen des Lebens, der Energie, in Raum und Zeit, Yang und Yin.

Somit hat jede Erscheinung, jeder Stein, jede Pflanze eine ihre materiellen Bestandteile zusammenhaltende nichtmaterielle energetische Organisation, eine Seele, in der sich bestimmte Prinzipien ausdrücken und auswirken, und Geist, Leben, das aus der Fülle der Möglichkeiten die notwendige individuelle Prinzipienauswahl trifft.

Die Seele als Organisation ist in sich strukturiert. Verschiedene „Abteilungen" sind für die unterschiedlichen Funktionen zuständig und steuern unser Gefühls- und Verstandesleben, unsere Emotionen, Motive usw.

Die PDR beschreibt daher die Organisation und Funktion bestimmter Lebensprinzipien der Seele, also des Bewußtseins, und deren Ausformung im physiologischen Bereich.

Die Psychodynamische Rhythmenlehre

Darunter versteht man die Lehre von den einem rhythmischen Schwingen unterworfenen Seelenkräften.

Rhythmisches Geschehen im Menschen

Die Wissenschaft teilt uns mit, daß verschiedene exogene Rhythmen auf uns Einfluß ausüben. Dabei muß sie jedoch die Antwort schuldig bleiben, welcher Mechanismus die inneren und äußeren Erscheinungen miteinander nachweisbar verzahnt. De facto bestehen diese „Einflüsse" bei genauerer Betrachtung ausschließlich aus gleichzeitig auf verschiedenen Ebenen beobachtbaren ähnlichen und vergleichbaren Abläufen. Ein Prinzip wirkt gleichzeitig auf allen Ebenen, ohne daß diese Ebenen kausal zusammenhängen. Um diese Kluft zu überbrücken, machten sich sowohl im wissenschaftlichen als auch im grenzwissenschaftlichen Lager Forscher auf, um diese Prinzipieneinflüsse zu kausalen Zusammenhängen umzudeuten. Statt zu sagen, daß Prinzipien gleich wie auf exogene Rhythmen auf endogene Schwingungen wirken, behaupten sie, daß die Drehung der Erde oder der Planeten selbst die Ursache der Biorhythmen sei oder zumindest von ausschlaggebender Bedeutung. In diesem Licht sind auch alle Fragen nach Beweisen und die Beweise des kausalen Zusammenhanges selbst in bezug auf Biorhythmus und Gestirnsrhythmus zu sehen. Es gibt wohl Synchronität, wie wir auch später noch sehen werden, doch die gibt es auch hinsichtlich Gestirnsrhythmen und des Verhaltens von Pflanzen und Tieren. Kein Mensch aber würde auf die Idee kommen, einen kausalen Zusammenhang zwischen blühenden Mandelbäumen und einer friedlich-freundlichen Stimmungslage von Herrn X zu sehen. Tatsächlich ist es aber so, daß die Seele von Herrn X die gleichen Strukturänderungsauslöser erhält wie die Seele der Mandelbäume, beide gleichzeitig dieselben wie die Seele der Erde, diese wiederum dieselben wie die Seele unseres Sonnensystems usw. Der Informationsfluß, der durch Prinzipienwirkungen Strukturänderungen bewirkt, macht sich in allen seelischen Organisationen gleichzeitig als Interferenz bzw. Modulation bemerkbar, vorausgesetzt, es bestehen Schwingungen analoger Natur. Diese Zusammenhänge senkrechter Art aber ignoriert die Wissenschaft und somit die Grundlagen der Astrologie und der Biorhythmenlehre. Zudem besteht noch das Problem, daß die biorhythmischen Prinzipien sich nicht mit astrologischen Prinzipien decken, so daß die Suche nach kosmischen Zusammenhängen von Haus aus schwieriger wird und andere Wege als die Astrologie beschreiten muß. Viel näher stehen ihnen die Prinzipien, wie sie in östlichen, aber auch theosophischen Systemen dargestellt werden.

Wenn wir in den folgenden Darstellungen das Wort „Einfluß" oder „Wirkung" trotzdem verwenden, dann in dem oben genannten Sinne.

Wenn wir eine Gliederung der makrokosmisch beobachtbaren rhythmischen Einflüsse als Einfließen übergeordneter Prinzipien auf den Menschen und die Umwelt vornehmen, können wir unterschiedliche Kategorien beschreiben:

I. Rhythmen unseres Sonnensystems

Wir erleben täglich und jährlich viele dieser synchronen Einflüsse auf unser Leben als exogene und auch endogene Rhythmen. Die stärksten Auswirkungen zeigen sich hier in der Drehung der Erde um ihre Achse und der Drehung der Erde um die Sonne; weniger offen werden wir mit den Wirkungen der Planetenrhythmen in ihrer Bahn um die Sonne und dem Rhythmus der Erdachse im platonischen bzw. Weltenjahr konfrontiert. Zu den starken Einflüssen zählt selbstverständlich auch der Mondrhythmus.

1. Drehung der Erde um sich selbst

Tag und Nacht wirken sich aus
- im Schlafrhythmus
- im Ernährungs- und Ausscheidungsrhythmus
- im Arbeits- und Berufsrhythmus
- im Wachstumsrhythmus (Haare, Bart, Pflanzen)
- im Regenerationsrhythmus (Zell-Ladung und -Entladung)
- im Vitalisierungsrhythmus des Sauerstoffs (Ionisierung)
- in Schwankungen im Magnetfeld der Erde
- in der Sauerstoffproduktion der Pflanzen
- im Blutdruckrhythmus
- im Drüsensekretionsrhythmus
- im Hormonausschüttungsrhythmus
- im Bewußtseinsrhythmus (tagbewußt/unbewußt)
- in Temperaturschwankungen
- in Lichtschwankungen
usw.

2. Drehung des Mondes um die Erde

zeigt sich
- in Ebbe und Flut
- im Pflanzenartenwachstum

- im Einfluß auf das Magnetfeld der Erde
- in Trieb- und Stimmungslagen
- im vegetativen Nervensystem
- in Einflüssen auf das Wetter

usw.

3. Drehung der Planeten um die Sonne (Erdnähe, -ferne)
zeigt sich als
- Einfluß auf das Magnetfeld der Erde
- Einfluß auf das Wachstum aller Lebewesen (Planetenkräfte wirken durch die Chakras) und deren Gesundheit
- Einfluß auf die Weiterentwicklung der Lebewesen
- Schwankungen in der Persönlichkeit von Mensch und Tier
- massenhaftes Auftreten gewisser Schädlinge

usw.

4. Drehung der Erde um die Sonne
zeigt sich als
- Schwankungen der Länge von Tag und Nacht durch die Neigung der Erdachse
- Jahreszeiten
- Änderung der Gezeitenintensität
- Termperaturschwankungen
- Energieschwankungen
- Vitalitätsrhythmen
- Lichtstärkeschwankungen (Strahlungsintensität)
- Schwankungen im Aufbau der Ionosphäre
- Fruchtbarkeitszyklen
- Aktivitätsschwankungen (Winterschlaf, Nestbau)

usw.

5. Drehung der Sonne um sich selbst (27-Tage-Rhythmus)
Diese Rotation ist ein Rest der ursprünglichen Drehung des Sonnensystems als Spiralnebel. In ihr liegt der Grund für die Drehung aller Planeten in einer Ebene und Richtung um die Sonne. Die etwa 27 Tage sind fast identisch mit der Umdrehung des Mondes (siderisch) und decken sich auch weitgehend mit bestimmten Biorhythmen. Durch diese Rotation enstehen gewaltige Massenverschiebungen, auf die die Protuberanzen zurückzuführen sind.

6. Sonnenfleckenrhythmus (etwa 11-Jahre-Rhythmus)
Man beobachtete, daß die Sonne „atmet", also eine pulsierende, ihr Volumen verändernde Tätigkeit ausführt. In der Aktivphase kommt es verstärkt zu Protuberanzen (gewaltige Gasexplosionen). Es wurden Zusammenhänge der Sonnenfleckenaktivität mit Dürre- und Trockenperioden, massenhaftem Auftreten von Schädlingen, vermindertem Wachstum von Pflanzen (sichtbar an den Jahresringen der Bäume) und welt- bzw. wirtschaftspolitischen Zyklen beobachtet.

7. Rotation der Erdachse (in Form eines Kegelmantels, 25.868 Jahre)
Dieser Rhythmus wurde wegen seiner langen Dauer wenig erforscht. In ihm entwickeln sich die Kulturen und Religionen.

II. Kosmische rhythmische Einflüsse

Die Wissenschaft weiß heute, vor allem durch die neueren Erkenntnisse der modernen Teilchenforschung, daß jeder Teil des Kosmos, und sei er auch noch so klein, mit allen übrigen Teilen in Wechselwirkung steht, in einer wesentlichen und bestimmten Beziehung, die nicht ohne Auswirkungen auf alles andere geändert werden kann. Somit ist klar, daß die Riesenenergien ferner Galaxien das Gesamtsystem des Kosmos durchwirken und selbstverständlich auch auf uns einströmen, ob wir das nun spüren oder nicht. Allein die Tatsache, daß wir Licht- und „Radio"-Strahlen entferntester Sternsysteme empfangen können, und dies mit grobstofflichen Apparaturen, beweist, daß unsere feinstofflichen Energiezentren, die uns ständig mit Strahlenenergie versorgen und die nicht der festen Struktur molekularer und atomarer Dichte unterworfen sind, viel empfindlicher auf die Energien reagieren, als wir mit unserem materiellen Bewußtsein erfassen können. Menschen mit höherer Sensibilität wissen sich ständig von kosmischen Energien durchflossen. Die Astronomen berichten uns von rotierenden Spiralnebeln, die sich zusammenziehen zu kleinen „weißen Zwergen" von Sonnen, die schließlich wieder zur „Supernova" expandieren, um schließlich in sich zusammenzustürzen und in eine andere Dimension einzumünden. Wir beobachten also das in unvorstellbar großen Zeiträumen ablaufende Geschehen weit ab von uns, indem es auf uns „einfließt". Wir sind überzeugt, daß sich das Weltall ausdehnt, erfühlen aber auch, daß es sich in nichtmateriellen, geistigen Dimensionen wiederum zum Zentrum hinbewegt.

Es gibt 4 Bereiche, in denen wir Rhythmen sowohl exogen als auch endogen hinsichtlich ihrer Wirkungen erforschen können:
1. der Bereich der Erde (mit ihrem Mond)
2. der Bereich der Sonne (mit ihrem Planetensystem)
3. der Bereich der Galaxis (mit ihren Sonnensystemen)
4. der Kosmos (mit seinen unzähligen Galaxien).

Je schneller und erdnäher, um so bewußter sind die Rhythmen und um so mehr Menschen nehmen sie wahr. Je langsamer und intergalaktischer, um so mehr bedarf es einer höheren Sensibilität, um sie zu spüren, und eines höheren Bewußtseins, um sie zu erkennen. Die exogenen Rhythmen, mit denen sich die Chronobiologie als „Ursache" für Biorhythmen auseinandersetzt, beschränken sich auf die Drehung der Erde um sich selbst und um die Sonne sowie in beschränktem Maße auch auf die Drehung des Mondes um die Erde. Planetenumläufe überlassen sie weitgehend den Astronomen. Galaktische und intergalaktische Rhythmen werden wohl von der Astronomie beobachtet, hinsichtlich ihrer Bedeutung, Sinnhaftigkeit und Auswirkung jedoch von den Eingeweihten beschrieben. Die *esoterische Astrologie* selbst beschäftigt sich ja keineswegs mit dem kausal-logischen Zusammenhang von Gestirnstellungen und

Einflüssen auf den Menschen, sondern mit der *Synchronität* von irdischem Geschehen und gleichzeitigem Wirken der durch die Sterne und Planeten *repräsentierten* Prinzipien.

Die PDR widmet sich der *energetischen Komponente* der *Seelenelemente*, deren Steuerung sowie psychologischen und physiologischen Auswirkungen. Wenn also das Wort von Pythagoras besagt, daß alles im Kosmos Bewegung und Zahl (also Leben und Gesetz, Rhythmus und Prinzip) ist, so beschäftigt sich die *Kabbalistik* vornehmlich mit der Zahl, die PDR hauptsächlich mit der Bewegung. Auf beiden beruhen letztlich wieder die Astrologie sowie die anderen esoterischen Eckpfeiler. Alle Rhythmen entspringen einer Quelle, unterliegen der Einwirkung bestimmter Prinzipien, dem Gesetz von Anziehung und Abstoßung, von Yang und Yin, sowie anderen geistigen Gesetzen (Polarität, Affinität, Finalität), und nehmen, schöpfungsabwärts sich in immer zahlreichere Varianten aufteilend, die unterschiedlichsten Formen (in bezug auf Frequenz und Amplitude) an. Verschiedene Kräfte offenbaren sich in ihnen. Ihre Schwingungsdauer wird im Makrokosmos immer größer, je näher sie der Einswerdung sind, im Mikrokosmos immer kleiner, je näher sie dem Ursprung sind.

Makrokosmische und mikrokosmische Rhythmen entsprechen einander, endogene und exogene Rhythmen bedeuten einander; die Gesetze, von der Triade erlassen, fließen als Rhythmen in die Quaternität ein.

Die biorhythmischen Elemente

Hinsichtlich des sprachlich richtigen Gebrauchs sprechen wir von *Prinzipien*, wenn wir diese als Ur-Ideen allein für sich betrachten, während wir von *Elementen* sprechen, die die Prinzipien repräsentieren bzw. wenn die Prinzipien an Funktionen oder Prozessen beteiligt sind, wie dies stets im Bewußtsein der Fall ist.

Die herkömmliche Biorhythmenlehre beschreibt die periodischen Schwankungen unserer Kräfte auf verschiedenen Ebenen. Diese Schwankungen sind innerlich, also subjektiv und empirisch erfahrbar, und entziehen sich weitgehend dem Laborversuch. Im großen und ganzen stützen sich die Erkenntnisse auf Eigenbeobachtungen und Reihenuntersuchungen (bzw. -befragungen). Ihre Ergebnisse sind darüber hinausgehend abhängig vom Bewußtseinsgrad der jeweiligen Beobachter. Das Bewußtsein nimmt in aktiver (Tages-)Tätigkeit stets nur Änderungen gegenüber einer bisherigen Gegebenheit – quantitativ über die Sinne, qualitativ über gespeicherte Bewußtseinsinhalte – wahr, sobald diese eine gewisse Stärke bzw. Intensität überschreiten.

Unter dieser Schwelle liegende oder sehr langsame Änderungen (Reize in Form von Schwingungen aller Art) werden nur „unbewußt" erfaßt und gespeichert.

Dem jeweiligen Bewußtseinsgrad der Biorhythmenforscher entsprechen nun jeweils mehr oder weniger stimmige, identische oder auch voneinander abweichende, sich oftmals widersprechende Lehrsätze und Theorien. Meist schrieb aber der eine ganz einfach von einem seiner Vorgänger ab. Wer die umfangreiche Literatur über diese ja erst etwa 80 Jahre alte „Grenzwissenschaft" durcharbeitet, sieht sich konfrontiert mit (meist materialistisch geprägten) Thesen, die in einem kritischen und wachen Geist Unbehagen und Vorsicht, oftmals auch Ungläubigkeit aufsteigen lassen.

Das Pech der Biorhythmenlehre bestand darin, daß Fließ nur 2 Rhythmen „entdeckte" und beobachtete. Freilich waren es die für ihn als Arzt wichtigen Rhythmen (die er als *„männlich"* und *„weiblich"* klassifizierte), da beide gewisse physiologische Funktionen (die Stoffwechselfunktionen) steuern. Seine Zuordnung der sogenannten *„Substanzrhythmen"* zu männlichen und weiblichen Prinzipien im Menschen kann aber nach Entdeckung eines 3. Rhythmus einige Jahre später nicht mehr aufrechterhalten werden. Denn zu den 2 Urprinzipien Yang und Yin paßt kein 3. Prinzip auf derselben Ebene. Hätte Fließ ursprünglich schon 3 Rhythmen gekannt, wäre die Entwicklung ganz anders verlaufen, da er mit Sigmund Freud sofort das Wirken der Triade, welches den 3 Elementen des Bewußtseins, nämlich dem Wollen, Fühlen und Denken, entspricht, im niederen Selbst, also im Äther-, Astral- und Mentalleib, erkannt hätte. Uns fällt heute auch sofort eine Entsprechung zu Shakti bzw. Kraft-prinzip, Ananda bzw. Erosprinzip und Chit bzw. Logosprinzip auf. So aber lief die Theorie über die 3 Rhythmen alle möglichen geschlungenen Wege und trieb die seltsamsten Blüten. Sicherlich war das Resultat der Beobachtungen Fließ' und Swobodas nicht grundlegend falsch, weil eben die fälschlicherweise als „männlich" und „weiblich" bezeichneten Rhythmen *(M und W)* als Steuerungsfaktor für gewisse psychologische und physiologische Funktionen die beobachteten Merkmale auf-weisen. Aber erst die Einbindung des „intellektuellen" Rhythmus *(I)* erlaubte eine ganzheitliche Betrachtung und klärt die Steuermechanismen der rhythmischen Funktionen (Atem, Puls, Kreislauf) und der Informationsfunktionen (Nerven, Sinnesorgane). Und erst das Wissen um die Systematik und Komplexität der Funktionen erlaubt Aussagen über die *Harmonie*, also über das seelische Gleichgewicht und die körperliche Gesundheit, sowie über den Lebensprozeß selbst.

Die 3 Grundrhythmen der Persönlichkeit können nicht Gegenstand der Forschungen der Chronobiologen sein. Sie können nicht mit dem Mikroskop, in Labors oder mit Versuchstieren erfaßt werden, sondern bedürfen eines Bewußtseins, das die Ursachen der materiellen Erscheinungen im Transzendenten erkennt. Das bedeutet Innen-schau, Schauen mit den geistigen Augen und nicht mit den äußeren durch noch so feine Instrumente. Seelische Zustände zeigen sich in subjektiven Erfahrungen und entziehen sich der objektiven, quantitativen Erfassung.

Chronobiologen behaupten, daß gewisse *Hormone* die Steuerung gewisser Rhythmen bewirken. Wer aber steht hinter den Hormonen? Sind wir auf Gedeih und

Verderb Substanzen ausgeliefert, die uns (mal richtig, mal falsch) steuern und die wir auch noch selbst produzieren? Der Mensch wäre dann der Sklave, der sich seine Tyrannen selbst erzeugt und sich ihnen unterwerfen muß, ohne Aussicht auf Änderung oder Beendigung der Sklaverei. Wer produzierte, plante vorher, steuert und organisiert aber unsere Hormone? Und wie genau schaut dieser Steuermechanismus aus, was sind seine Bestandteile, wer überwacht sie, wem gehorchen sie? Und wo sind dann die steuernden Hormone für die Atomschwingungen, die Planetenrhythmen? Wir sehen also aus der Unmöglichkeit der Beantwortung dieser Fragen, daß diese Ansicht nicht aufrechterhalten werden kann. Das Leben ist nicht faßbar, wenn wir seine Äußerungen in immer kleinere Teile zerlegen und dann herumrätseln, was der eine mit dem anderen Teil zu tun hat und wie sie aufeinander wirken und funktionieren. Nur die zusätzliche senkrechte Sicht des Eingebundenseins des Teils im Ganzen, also des Individuums im Kosmos als übergeordnete Instanz und Ursache der biologischen Rhythmen, bringt Licht ins Forschen. Es ist die Sicht der immerwährend wirkenden Prinzipien, wie sie uns die Esoterik überliefert.

Die Psychodynamische Rhythmenlehre bedarf keiner Versuchsreihe an Studenten, Babys, Sterbenden oder eingekerkerten Tieren. Sie ist sowohl logisch, mathematisch abgesichert, geht aber auch mit uraltem Menschheitswissen sowie esoterischen Lehren konform und ist für mit der nötigen Sensibilität, dem entsprechend verfeinerten Bewußtsein und kritischer Selbstbeobachtung ausgestattete Menschen jederzeit nachvollziehbar und erfahrbar.

Alles, was die Chronobiologen bisher erforschen konnten, bezieht sich lediglich auf Rhythmenauswirkungen im Körper und zum Teil im Ätherleib.

Nun gibt es eine übliche Definition der 3 Elemente als
M = körperlicher Rhythmus
W = seelischer Rhythmus
I = geistiger Rhythmus.

Prinzipiell ist diese Einteilung nach herkömmlichem Sprachgebrauch falsch. Die Wirkungen der einzelnen Rhythmen werden wie folgt beschrieben:
M = beeinflußt Energie, Angriffslust, Unternehmungsgeist, Selbstvertrauen, Mut, körperliche Kraft, Ausdauer und Widerstandsfähigkeit.
   Rhythmusdauer = 23 Tage.
W = beeinflußt Ausstrahlung, Gemüt und Gefühl, Stimmungen, intuitive Fähigkeiten, Meditation sowie künstlerische und schöpferische Fähigkeiten.
   1 Zyklus = 28 Tage.
I = beeinflußt Verstandesklarheit, Auffassungsgabe, Wiedergabefähigkeit, Geistesgegenwart, Reaktionsvermögen, Schlagfertigkeit, Kombinationsgabe und Logik.
   Zyklusdauer = 33 Tage.

(weiter auf Seite 83)

ENTSPRECHUNG DES BIORHYTHMISCHEN ZYKLUS MIT DEM KALENDERJAHR

M			W			I		
Biorhythm. Tag	$\alpha°$	Kalender-Tag	Biorhythm. Tag	$\beta°$	Kalender-Tag	Biorhythm. Tag	$\gamma°$	Kalender-Tag
1	16	6. Apr.	1	13	3. Apr.	1	11	1. Apr.
2	31	22. Apr.	2	26	16. Apr.	2	22	12. Apr.
			3	39	29. Apr.	3	33	23. Apr.
3	47	8. Mai	4	51	12. Mai	4	44	4. Mai
						5	55	15. Mai
4	63	24. Mai	5	64	25. Mai	6	65	26. Mai
5	78	8. Jun.	6	77	7. Jun.	7	76	6. Jun.
6	94	24. Jun.	7	90	20. Jun.	8	87	18. Jun.
			8	103	3. Jul.	9	98	29. Jun.
7	110	10. Jul.	9	116	16. Jul.	10	109	10. Jul.
8	125	26. Jul.	10	129	29. Jul.	11	120	21. Jul.
						12	131	1. Aug.
9	141	11. Aug.	11	141	11. Aug.	13	142	12. Aug.
10	157	27. Aug.	12	154	24. Aug.	14	153	23. Aug.
11	172	12. Sep.	13	167	7. Sep.	15	164	3. Sep.
			14	180	20. Sep.	16	175	14. Sep.
12	188	28. Sep.	15	193	3. Okt.	17	185	25. Sep.
						18	196	6. Okt.
13	203	13. Okt.	16	206	16. Okt.	19	207	17. Okt.
14	219	29. Okt.	17	219	29. Okt.	20	218	28. Okt.
15	235	14. Nov.	18	231	11. Nov.	21	229	8. Nov.
			19	244	24. Nov.	22	240	19. Nov.
16	250	30. Nov.	20	257	7. Dez.	23	251	1. Dez.
17	266	16. Dez.	21	270	20. Dez.	24	262	12. Dez.
						25	273	23. Dez.
18	282	1. Jan.	22	283	2. Jan.	26	284	3. Jan.
19	297	17. Jan.	23	296	15. Jan.	27	295	14. Jan.
			24	309	28. Jan.	28	305	25. Jan.
20	313	2. Feb.	25	321	10. Feb.	29	316	5. Feb.
21	328	17. Feb.	26	334	23. Feb.	30	327	16. Feb.
						31	338	27. Feb.
22	344	5. Mär.	27	347	8. Mär.	32	349	10. Mär.
23	0	21. Mär.	28	0	21. Mär.	33	0	21. Mär.

Viele „Lostage" decken sich mit biorhythmischen Daten, indem sie eine für diese typische energetische Situation beschreiben. Aber auch manche „heidnische" Feste finden eine datumsmäßige Entsprechung.

Tab. 13

Sofort fällt uns auf, daß alle diese Wirkungen seelische Funktionen sind und mit Geistigkeit und Körperlichkeit wohl in Verbindung stehen, nicht aber ihren Bereichen angehören. Somit läßt sich diese Art der Einteilung nicht aufrechterhalten. Geist ist ja dimensionslos und keinen Schwankungen unterworfen, da in ihm die Summe aller Möglichkeiten (keimhaft) eingebettet ist. Alle Spannungen in Form von Anziehung getrennter Ergänzungspole, die zu rhythmischen Abläufen führen, sind bereits energetische Strukturen und daher seelischer Natur.

Eine Bezeichnung von M als grobstofflich, W als feinstofflich und I als unstofflich ist ebenfalls nicht zulässig, da M ja dann durch die Wissenschaft schon längst erforscht wäre – ja, es wäre geradezu der Paraderhythmus der Chronobiologen. W wäre in diesem Falle der von der Psychologie vorgewiesene und bis ins letzte Detail erforschte Musterrhythmus, während sich die Philosophen über I hergemacht hätten und ihn uns in mehreren Theorien fein säuberlich aufgemacht serviert hätten. Die 3 Rhythmen halten sich aber keineswegs an die ihnen zugewiesenen Stofflichkeiten, sondern treten gemeinsam sowohl psychologisch wie auch physiologisch in Erscheinung.

Körper, Seele und Geist entsprechen Zuständen der Ur-Energie als Ausformung, Organisation und diese bestimmende Prinzipien. M, W und I entsprechen ihrem Wesen nach den 3 Hauptstrahlen (den 3 Aspektstrahlen) der 7 Strahlen (oder besser gesagt: sie unterstehen ihnen) und wirken ihrer Natur nach jeweils in den entsprechenden zugeordneten seelischen Bereichen des Menschen, also dem Äther-, Astral- und Mentalleib. Eine Einteilung aber in körperlichen (materiellen) Rhythmus, seelischen (feinstofflichen) Rhythmus und geistigen (unstofflichen) Rhythmus setzt eine Rangwertung, wobei die Schöpfungsentstehung den Körper an letzte Stelle reiht und er der Seele, sie aber dem Geist untersteht. Eine solche Unter- bzw. Überordnung ist eben nicht zulässig, da alle 3 Rhythmen unabhängig voneinander wirken, wobei sie aber jeweils gleichzeitig präsent sind, gleichzeitig in jedem Bereich und in jeder Erscheinung. Wir haben hier die Dreiheit von Beobachter (Subjekt), Beobachtetem (Objekt) und der Beobachtung (Information) vor uns, die stets gleichzeitig in und durch uns präsent ist und von uns gleichzeitig und einheitlich, undifferenziert wahrgenommen wird.

DIE DREIHEIT

Die Beobachtung (+/−)

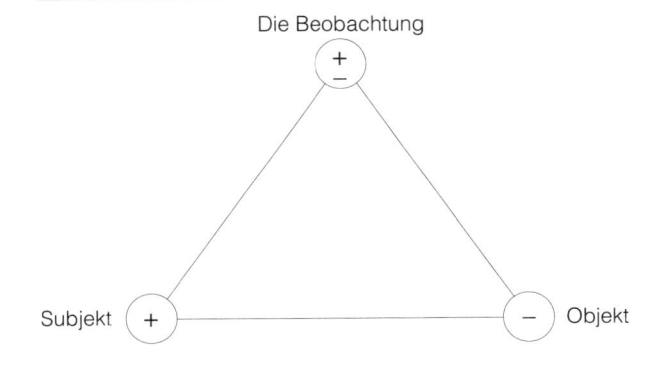

Subjekt (+) — (−) Objekt

Abb. 21

Geschaffenes (−) setzt den Schöpfer (+) voraus. Der Beobachter sieht das zu Beobachtende nicht, wenn er die Augen schließt; er bedarf des Beobachtens − erst dann tritt Beobachtetes in Erscheinung.

Die 3 Elemente wirken also nicht einzeln für sich oder im Gegensatz zu den anderen, sondern sind stets miteinander verwoben. Im Bewußtsein treten ihre jeweils unterschiedlichen Qualitäten in der Einflußnahme auf das Wollen (Handeln), Fühlen und Denken, von dem alle Bewußtseinsinhalte durchdrungen sind, auf. Somit ist auch das Aufzeigen der 3 Rhythmen allein und für sich ohne Betrachtung der verschiedenen Möglichkeiten ihres Zusammenwirkens unzweckmäßig, weil es im Leben nicht nur den reinen Bewußtseinszustand des Wollens, Fühlens oder Denkens gibt, so wie auch der Beobachter ohne Beobachtetes und den Vorgang der Beobachtung allein nicht vorstellbar wäre. Diese Problematik führt uns aber zwangsläufig zur Beachtung der aus jeweils 2 bzw. allen 3 Elementen zusammengesetzten Rhythmen, den Funktionsrhythmen, bzw. dem *Harmonie*-Rhythmus. Wir werden in einem späteren Abschnitt näher darauf eingehen.

Wir sollten bei dieser Gelegenheit nochmals eine prinzipielle Betrachtung zur Entstehung der Dreiheit aus der Zweiheit und Einheit machen:

In der Einheit (SAT) entsteht die Schöpfung durch ein aktives Prinzip (Yang, Vater-Gott), das aus sich heraustreten will und auf ein in Ihm angelegtes passives Prinzip (Yin, Mutter-Gott) einwirkt. Ausstrahlung ist nur vorstellbar in einem Raum, der die Ausstrahlung aufnimmt. Das männlich-schöpferische Prinzip wird im I-GING ▬▬▬ symbolisch durch *einen* waagrechten Strich, das weiblich-empfangende ▬ ▬ durch einen *geteilten* Strich dargestellt. Durch die Zweiteilung des Yin-Striches ergibt sich schon bildlich eine Dreiheit, und zwar dadurch, daß beide Zeichen miteinander in einer neuen Einheit und verbunden gesehen werden. Die 3 ist also die Verbindung der 2 mit der 1. Yin besteht aus Ananda und Chit. Diese Dreiheit ist aber unmanifestiert-prinzipiell und steht deshalb über den Bewußtseinszuständen.

Auf der Offenbarungsebene gebiert die Ausstrahlung den Raum als Voraussetzung für jegliche Erkenntnis. Das Auseinander- und Zueinanderstreben von Yin und Yang als Bewegung gebiert eine ständige erkennbare Veränderung als Grundlage für das Bewußtsein, die Zeit. Genau bestimmte Verhältnisse von Yin und Yang entsprechen bestimmten Archetypen, die immer dann eine ganz gewisse Struktur bzw. Organisation aufbauen und erlassen, wenn im zyklischen Abschreiten eine ganz gewisse Stellung erreicht ist. Das Bewußtsein ist die Beobachtung dieses Ablaufes, das Beleuchten der Formen oder der Archetypen.

Die *Erkenntnis* stellt sich als Waagrechte dar, das *Gefühl* tritt senkrecht dazu in Erscheinung als qualitatives Werten des Erkannten. Somit stellen Erkenntnis und Gefühl die 2 Koordinaten des Bewußtseinshorizonts dar. Die vorherrschende magnetische Prinzipiensituation stellt unser Beobachten affinitiv und unwillkürlich auf jene Frequenz ein, die gerade im Ablauf unseres Lebens an der Reihe ist und die erkannt und erfühlt werden soll. Mit unserem *Willen* schließlich können wir die Frequenz wechseln.

So entsteht schrittweise und dennoch gleichzeitig aus SAT (Tao) Yang und Yin, Ananda und Chit als Quelle des Bewußtseins vom Wollen, Gewahrwerden und gefühlvollem Werten. Die aus der schöpferischen Kraft emanierten weiteren Aspekte von Schöpfung und deren Beleuchtung bauen als die 4 Vorstellungen (Kraft, Raum, Zeit, Form) ein *2achsiges Magnetfeld* auf, das als *Urbild* des *Einheitskreises* angesehen werden kann. Während die Tattwa-Prinzipien *senkrecht* zu diesem Magnetfeld schwingen, kann man sich die biorhythmischen Schwingungen *parallel* zu ihm vorstellen.

Durch die der *Energie* eigenen Möglichkeit, in verschiedene Richtungen zu wirken (erst gerichtet tritt sie als *Kraft* auf: Abstoßung/Anziehung), tritt ja eine weitere zur Beobachtungsebene senkrechte Bewegung auf, wodurch eine 3dimensionale, eine Entwicklungskomponente hinzutritt, so daß Körper entstehen, in den die 3 Elemente wirken.

DIE 3 RÄUMLICHEN ACHSEN DES BEWUSSTSEINS

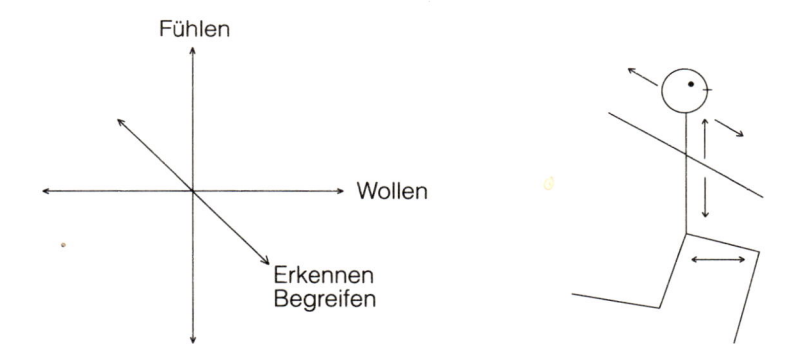

Abb. 22

Doch kehren wir zurück zur Geschichte und den Erklärungsversuchen der 3 Elemente.

Aus allen esoterischen Lehren geht hervor, daß das männliche Prinzip als die Eins die Macht *(M)*, das weibliche Prinzip als die Zwei die Weisheit *(I)* und deren Kind als die Drei die Liebe *(W)* verkörpert. Die von den frühen Biorhythmikern getroffene Zuordnung von *M* als männliches und *W* als weibliches Prinzip kann schon aus diesem Grund nicht stimmen, da die 3 (das Kind) die 2 (die Mutter) und die 1 (den Vater) miteinander verbindet. Daher muß der weibliche Rhythmus *I* entsprechen und nicht *W*. Wohl aber kann man sagen, daß die 1 die 2 erschafft und damit gleichzeitig die 3, daß also die 2 und die 3 die 1 beschreiben (die Schöpfung und das Bewußtsein beschreiben den Schöpfer). Somit kann man die 2 und die 3 als polare Achsen der 1 ansehen. Daher ist die 1 Yang, die 2 und die 3 Yin oder anders ausgedrückt:

M = männlich
I + W = weiblich

So gesehen hatte Fließ nicht unrecht, wenn er *W* als „weiblich" bezeichnete. Nur erkannte er nicht, als er mit *W* das Gefühl meinte, also die 3, und er dieses als weiblichen Substanzrhythmus bezeichnete, daß diese Bezeichnung eigentlich der 2

$(W + I)$ zusteht. Und zum damaligen Zeitpunkt wußte er noch nichts vom I-Rhythmus.

Seit altersher gibt es eine Dreiteilung des Leibes (als Offenbarungsmöglichkeit des Wesens), wobei dem Bauchraum (unterhalb des Zwerchfells) das weibliche Prinzip zugeordnet wird und dem Kopfraum das männliche. Die Befruchtung von Natur und Geist zeugt das Kind, und aus dem Herzraum entwickelt sich der volle Mensch.

Nach der Einteilung der herkömmlichen Biorhythmenlehre muß M als ursprünglichere Naturkraft dem Unterleib zugeordnet werden. Er beherbergt die Triebe, Mut und Angst, Urvertrauen und Aggressionen. Im Kopf hingegen haben die intellektuellen Kräfte ihren Sitz, während die Gefühlskräfte dem Herzraum entspringen.

Nun ergibt sich daraus, daß M eigentlich weiblich sein muß, I männlich und W androgyn. Also stimmt die Betrachtungsweise der Biorhythmiker sowohl in bezug auf die Zahlengenetik, die Evolution und die Sphärenaufteilung des Menschen hinten und vorne nicht, und die Zuordnung der Substanzrhythmen als „männlich" und „weiblich" ist schlichtweg falsch.

Im Bemühen der Chronobiologen, die Ursachen und Zusammenhänge zu erforschen, bemerkte man (und wußte man schon vorher), daß sich die Körperzellen in gewissen Abständen aufladen und entladen. Die Zusammenhänge wurden durch das Schwanken des Säure-Basen-Gleichgewichts und exogene Rhythmen (Tag und Nacht, Jahreszeiten) beschrieben. Hier meinte man wiederum, die Ursachen für die Biorhythmen gefunden zu haben.

Auch im genbiologischen Bereich wurde wiederum das Fließsche Modell mit den „polaren" Kräften M und W herangezogen: Die Zahl 23 scheint ja in der Anzahl der *Chromosomen* auf.

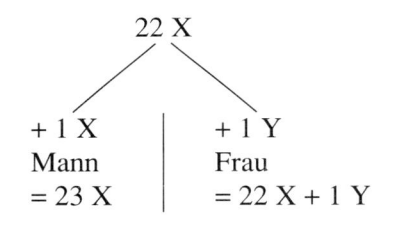

```
           22 X
          /    \
       +1 X    +1 Y
       Mann    Frau
      = 23 X   = 22 X + 1 Y
```

Die 23 mußte nun für die Fortpflanzung bestimmend sein. Wenn nun aber X und Y zwei polare Geschlechtssubstanzen sind, dann kann dies in bezug auf die Zahl 23 durch das Übergewicht von 22 X : 1 Y (bei der Frau) bzw. 23 X : Null Y (beim Manne) nicht belegt werden. Es überwiegt doch eindeutig X! Bildlich gesehen aber könnte man es so beschreiben, daß Y die Rippe ist, die Adam wieder haben möchte, damit er wieder vollständig wird. Fühlten sich wegen der Übermacht an X-Chromosomen deshalb die Männer den Frauen so überlegen? Dieser Zusammenhang scheidet daher aus, weil man dem Manne damit sein krampfhaft gesuchtes Stück „Weiblichkeit", das er ja in sich selbst entwickeln muß, vorenthält, und die Frauen somit zu den kompletteren Männern werden. Wenn M und W aber 2 Pole bedeuten, dann dürfen sie keinesfalls verschiedene Schwingungsdauer haben bzw. gleichzeitig im „Hoch" oder „Tief" stehen können. Sie müßten sich als Pole ja stets gegenüberliegen. Auch müßten sie stets zueinander drängen und bei einer Konjunktionslage (Gleichstand der beiden Rhythmen im Einheitskreis) ihre Erfüllung und Vereinigung erfahren. Der Mensch würde den beseligenden Zustand der Harmonie empfinden, doch das Gegenteil ist der Fall: Der Mensch steht unter erhöhter Spannung und Aktivität bzw. Unrast. Und was treibt die so endlich verbundenen Pole wieder auseinander, nachdem sie sich endlich gefunden haben? Das Gefühl der Einheit der Konjunktionslage wiche nach einiger Zeit dem der Getrenntheit, Zerrissenheit bei einer Oppositionslage. Auch hier zeigt sich die Haltlosigkeit dieser „Substanztheorie". Biorhythmus hat kausal nichts mit den Chromosomen zu tun. Fließ meinte mit „männlich" und „weiblich" sicherlich Kraft und Gefühl.

Alsdann wurde eine Entsprechung des 28tägigen *W*-Rhythmus mit dem *Mondumlauf* gesucht. Nun zeigt der Mond sicherlich parallel zu seinem Kreisen auftretende Wirkungen vor allem im vegetativen Bereich und in unseren Stimmungen. Bekannt ist ja der „Zusammenhang" mit Unfällen, Triebverbrechen, Schlafwandeln durch seinen Einfluß auf Gravitationsfeld und Magnetfeld von Erde und Mensch. Auch der Monatszyklus der Frau kann in diesem Zusammenhang gesehen werden, auch wenn die Synchronität nicht logisch exakt gegeben ist. Nun beträgt aber leider die Umlaufzeit des (siderischen) Mondes 27,32166 Tage, also 27 Tage und etwas mehr als 8 Stunden. Und solche Zeitunterschiede sind biorhythmisch-exoterisch keineswegs vertretbar. Im Laufe eines Lebens von ungefähr 70 Jahren würde sich diese Zeitdifferenz auf etwa 620 Tage auflaufen. Andererseits treten Belastungen an sogenannten *periodischen* oder *halbperiodischen* Tagen oft auf die Stunde genau ein, daher ist eine so ungenaue zeitliche Entsprechung der Zyklusdauer von *W* und dem Mond unwissenschaftlich, weil unexakt.

Noch schwieriger wird für die Wissenschaft die Erklärung des 33tägigen *I*-Rhythmus. Hier wird von Biorhythmikern sogar die 3malige Dauer der Sonnenfleckenaktivität in Jahren (11 Jahre x 3 = 33 Jahre) herangezogen, um die Dauer von 33 (allerdings lediglich) Tagen zu untermauern. Kein befriedigender Zustand also für Waagrechtdenker!

Allerdings ließ sich ein Zusammenhang der Zahlen 23 und 28 im Einheitskreis darstellen:

ZAHLENBEWEIS: DIE 23 UND 28 IM *EK* *Abb. 23*

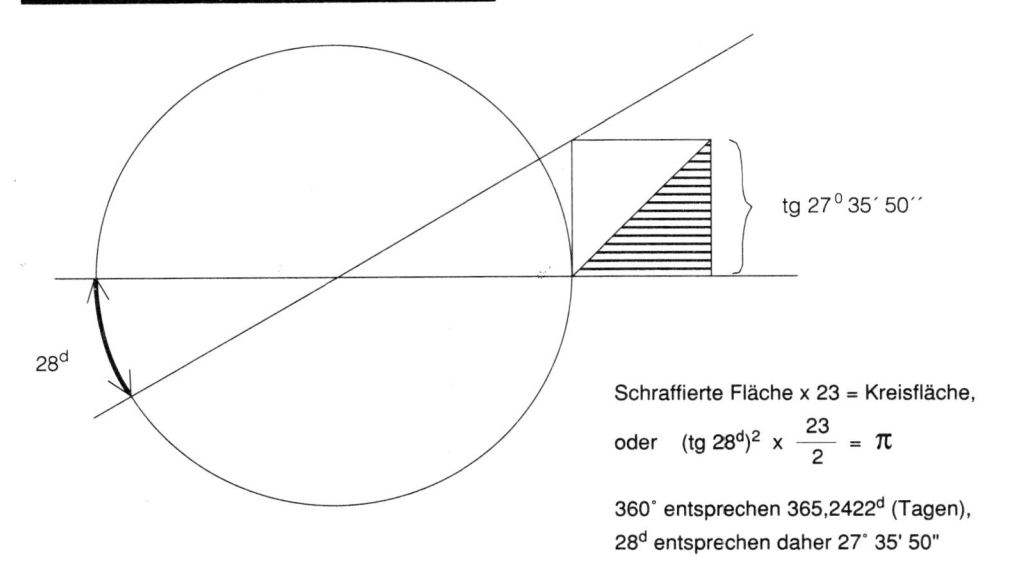

$\text{tg } 27°\ 35'\ 50''$

28^d

Schraffierte Fläche x 23 = Kreisfläche,

oder $(\text{tg } 28^d)^2 \times \dfrac{23}{2} = \pi$

360° entsprechen 365,2422^d (Tagen),
28^d entsprechen daher 27° 35' 50"

Es ergibt sich somit ein Zusammenhang des Jahres mit seinen 365,2422 Tagen als Bogeneinheiten mit dem Einheitskreis.

Einen weiteren mathematischen Zusammenhang sah man zwischen der Zahl 23 und der *Ekliptik* (Neigung der Erdachse):

ZAHLENBEWEIS: EKLIPTIK

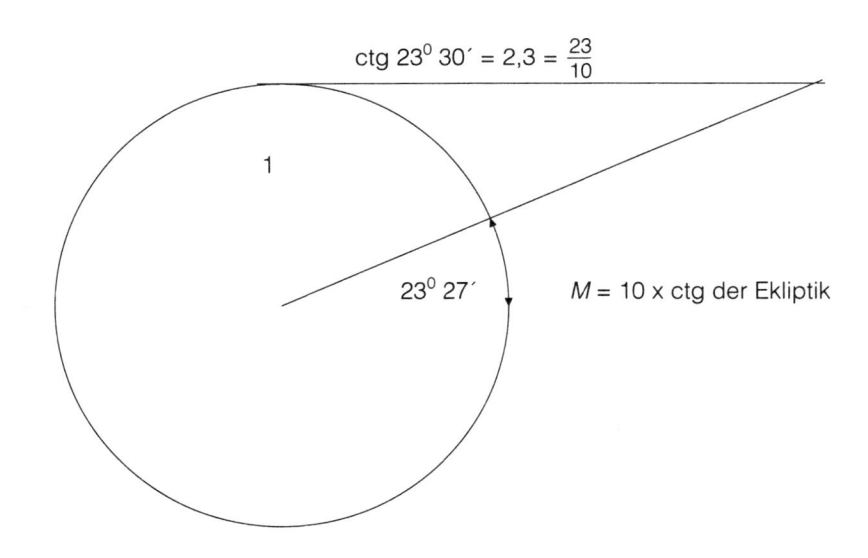

$\text{ctg } 23°\ 30' = 2{,}3 = \dfrac{23}{10}$

1

23° 27'

$M = 10 \times \text{ctg der Ekliptik}$

Abb. 24

Sodann rechnete man: 1 Jahr = 365 Tage = 11 x 23
                                         + 4 x 28

Es entwickelte sich eine Zahlenarithmetik, wobei alle natürlichen Zahlen als Ausdruck des Vielfachen von den „Naturkonstanten" 23 und 28 angesehen werden können. Die Zulassung als Naturkonstante ergab sich durch die Zusammenhänge mit der Ekliptik und im Einheitskreis mit dem Jahr, so daß man von *„kosmischen" Beweisen* sprechen konnte.

Doch ist eine esoterische Arithmetik unter Verwendung der Zahlen 2 (Polarität), 3 (Prinzipien), 4 (Elemente), 5 (Elektrizitäten) und 7 (Strahlen) ebenfalls möglich und in einem späteren Kapitel erklärt.

Die Berechnung zum Finden eines Ausdrucks einer Zahl als Vielfaches von 23 und 28 ist folgende:

$$\begin{aligned}\text{Zahl} : (28 + 23) = \text{Zahl} : 51 = &\quad a \times 28 + a \times 23 \\ &\pm b \times 28 \pm c \times 23 \text{ (Rest)} \\ \hline = &\quad (a \pm b) \times 28 + (a \pm c) \times 23\end{aligned}$$

Dabei wird der Rest (Zahlen von 1 bis 28 lt. *Tab. 14*) als Hilfsmittel gebraucht und läßt sich weiter in 23 oder 28 ausdrücken.

Für die Berechnung zum Finden eines Ausdrucks einer Zahl als Vielfaches von 5 und 7 gilt sinngemäß:

$$\begin{aligned}\text{Zahl} : (7 + 5) = \text{Zahl} : 12 = &\quad a \times 5 \pm a \times 7 + \text{Rest} \\ \text{Rest} = &\pm b \times 5 \pm c \times 7 \\ \hline = &\quad (a \pm b) \times 5 + (a \pm c) \times 7\end{aligned}$$

Ein Beispiel:

365, ausgedrückt in 23 und 28
   365 : (23 + 28) = 365 : 51 = 7
                    8 Rest

365 ist daher 7 x (23 + 28) + 8 Rest
  8 = 4 x 23 − 3 x 28 (aus *Tab. 14*)

365 ist daher   7 x 23 + 7 x 28
              + 4 x 23 − 3 x 28
              ─────────────────
           = 11 x 23 + 4 x 28

365, ausgedrückt in 5 und 7:
  365 : 12 = 30 + 5 Rest
          5

365 ist daher 30 x 5 + 30 x 7
                1 x 5
             ──────────────
        = 31 x 5 + 30 x 7

HILFSTABELLE ZUM FINDEN EINES AUSDRUCKS ALS VIELFACHES VON 23 UND 28

Rest	x 23 minus x 28	x 28 minus x 23	x 5	x 7
1	11 − 9	14 − 17	3	− 2
2	22 − 18	5 − 6	− 1	+ 1
3	5 − 4	19 − 23	2	− 1
4	16 − 13	10 − 12	− 2	+ 2
5	27 − 22	1 − 1	1	
6	10 − 8	15 − 18	4	− 2
7	21 − 17	6 − 7		1
8	4 − 3	20 − 24	3	− 1
9	15 − 12	11 − 13	− 1	+ 2
10	26 − 21	2 − 2	2	
11	9 − 7	16 − 19	− 2	+ 3
12	20 − 16	7 − 8	1	+ 1
13	3 − 2	21 − 25	4	− 1
14	14 − 11	12 − 14		2
15	25 − 20	3 − 3	3	
16	8 − 6	17 − 20	− 1	+ 3
17	19 − 15	8 − 9	2	+ 1
18	2 − 1	22 − 26	− 2	+ 4
19	13 − 10	13 − 15	1	+ 2
20	24 − 19	4 − 4	4	
21	7 − 5	18 − 21		3
22	18 − 14	9 − 10	3	+ 1
23	1 − 0	23 − 27	− 1	+ 4
24	12 − 9	14 − 16	2	+ 2
25	23 − 18	5 − 5	5	
26	6 − 4	19 − 22	1	+ 3
27	17 − 13	10 − 11	4	+ 1
28	28 − 22	1 − 0		4
29			3	+ 2
30			6	
31			2	+ 3
32			5	+ 1
33			1	+ 4

Tab. 14

Hans Genuit sah einen Zusammenhang mit dem Jahr und der Zahl 33:
365 : 33 = 11,06
11 = Sonnenfleckenrhythmus (in Jahren). Eine sehr gewagte Analogie, ein gefundenes Fressen für Kritiker der Biorhythmik!
Weiters formuliert er:
33 Tage : 3 = 11 Tage (120°-Lage im Einheitskreis = harmonischer Punkt).
23 : 2 ≈ 11
Diese Zahlenspielereien sind für Wissenschafter wenig schlüssig und besagen nur, daß sie im Kosmos, in Zeit und Raum vorkommen. Dies gilt aber für alle Zahlen. Denn schon Pythagoras sagte: „Alles im Kosmos ist in Bewegung und Zahl." Damit meinte er Rhythmus und Prinzip.

Wesentlich bessere innere Zusammenhänge lassen sich mit den *esoterischen Zahlen* erkennen, wobei man folgende Schreibweise ansetzen kann:

23	28	33	außenweltliche Zahlen
M	*W*	*I*	
2 + 3	2 + 8	3 + 3	theosophische Reduktion
	10		
	1 + 0		
5	1	6	innenweltliche Zahlen

23 + 5 = 28 = 33 − 5   Die Fünf als Unterscheidungskriterium

Doch darüber erfahren wir mehr in einem späteren Kapitel.

Das Problem, die Ursache der biorhythmischen Frequenzzahlen im Kosmos oder im Körper zu finden, ist dasselbe, das man hat, wenn man das Prinzip der Allmacht oder der Wahrheit im Laborversuch ausmachen wollte.

Die fast ausschließlich materialistische Sicht der Biorhythmik von seiten der exoterischen Wissenschaften zeigt eben bald ihre Grenzen auf. Exogene und endogene Rhythmen decken sich in ihren Frequenzen und ihrer Wirkung auf den Menschen nicht, die Interpretation der zugrundeliegenden Zahlen überzeugt die Wissenschafter nicht 100%ig, das Erdenjahr taugt nur bedingt für die Erklärung der Zyklendauer, da in 365,2422 Tagen weder 23, 28 noch 33 Tage restfrei enthalten sind; die sogenannten „Naturkonstanten" bedürfen der Entschleierung, um ihnen eine Aussagekraft zu ermöglichen. Die Zahl 33 konnte überhaupt nicht „passend gemacht" werden außer durch gewagte Zahlenspielereien. Dies führte schließlich dazu, daß die Wissenschaft die herkömmlichen Erklärungen weitgehend ignorierte, um mit *Prof. Dr. Laerum* zum Schluß zu kommen, daß es exakte Rhythmen in der Chronobiologie nicht gäbe und die Biorhythmenlehre von Fließ und seinen Nachfolgern daher mehr oder minder nette, aber nicht bewiesene Auswüchse ihrer Phantasie seien.

Um so mehr versuchten die Biorhythmiker, die Rhythmen in der Natur zu suchen, und zogen dazu sogar die Trage- oder Nestbauzeiten von Säugetieren und Vögeln zur Beweisführung heran. Diese sogenannten „Beweise" haben, da sie doch nur synchrones Geschehen aufzeigen, viel Kritik und Mißtrauen unter der Gegnerschaft hervorgerufen. Dabei ist dieser Streit einer um des Kaisers Bart: Man braucht die Schwingungsdauer von 23, 28 und 33 Tagen gar nicht zu beweisen, weil ihr Vorhandensein von den meisten Menschen ohnehin mehr oder weniger bewußt erfahren wird. Die 23, 28 und 33 repräsentieren auf der Zahlenebene lediglich die Prinzipien, die auf der Bewußtseinsebene durch das Wollen, das Fühlen und das Erkennen repräsentiert werden, auf der Buchstabenebene durch *M*, *W* und *I*. Muß und kann man beweisen, daß man will, denkt und fühlt?

Die Erklärung der 3 Elemente als *materielle* Rhythmen, als Zyklen, die ihre Ursache irgendwo im Sonnensystem haben, hat also einen Haken. Natürlich haben sie, wie alle Erscheinungen unseres Lebens, letztlich ihre Ursache in der Sonne, ohne die unsere Existenz nicht denkbar wäre, doch liegt diese keineswegs auf der materiellen und daher für die Wissenschaft untersuchbaren Ebene. Lebensrhythmen auf den Körper zu beschränken und somit dem Herumdeuten von Biologen (auch wenn sie sich Chronobiologen nennen), Biochemikern, Medizinern und Pharmazeuten zu überlassen, ist in höchstem Maße absurd, wenn diese alle vertikalen Sichtweisen von vornherein als unwissenschaftlich ablehnen.

Es soll hier nicht der Eindruck entstehen, daß ich die Wissenschaft ablehne, wo ich mich doch selber einer wissenschaftlichen Schulung unterzog. Nein, sie ist in Hinblick auf ihre Zweidimensionalität absolut gerechtfertigt. Ich nehme mir aber das Recht, einzelne ihrer Vertreter als nicht kompetent zu erklären, wenn es um Fragen der Seele und des Lebens geht, wenn sie ihren Horizont und ihre Ansichten nicht durch einen Schritt in die Vertikale vergrößern wollen und ausschließlich nur die materielle bzw. kausale Seite des Seins betrachten wollen. Wir brauchen nur unser „Gesundheits"-Wesen herzunehmen, das in Wirklichkeit nur ein Krankheiten-Unwesen ist, das Viren oder Bakterien als krankheits-ursächlich bekämpft und dabei völlig ignoriert, daß diese auch ständig um und in Gesunden anwesend sind und diese bei den gleichen „Ursachen" nicht dieselbe Wirkung, nämlich das Kranksein, erfahren. Wenn die hochbezahlten Experten die essentiellen Fragen des Lebens, und dazu gehören Kranksein und Gesundsein, in einer Außenwelt und Außenursächlichkeit zu beantworten suchen, dann dürfen sie sich nicht wundern, daß man ihre Aussagen über das Leben nicht mehr sonderlich ernst nimmt. *Thorwald Dethlefsen* weist u. a. in seinen Büchern stets darauf hin, daß man nur an einem Prinzip, an dem man Mangel leidet, nicht aber an Symptomen oder Bazillen oder Viren erkranken kann.

Gesund werden oder bleiben wir auch nicht dadurch, daß wir wissen, wann welches Hormon warum ausgeschüttet wird oder zu welcher Tageszeit Medikamente am wirksamsten sind, sondern dadurch, daß wir unser Gleichgewicht, das heißt: die gleiche Gewichtung im Fühlen, Denken und Handeln bzw. Wollen finden. Es geht um die Einlösung der uralten Forderung: „Mensch, erkenne dich selbst!", und dabei hilft nicht die wissenschaftliche Vermessung oder Zerstückelung, sondern die Selbstbeobachtung, die Selbstanalyse.

Bewußtmachen der rhythmischen Situationen der psychodynamischen Rhythmen ist ein erster Schritt zur Vermeidung und Meisterung von Streß- und Ungleichgewichtssituationen. Es geht auch nicht darum, daß ein Biorhythmiker uns als ahnungslosen Opfern einreden muß, wann wir wegen eines oder mehrerer „Tiefs" im Bett zu bleiben hätten und wann wir endlich ein „Hoch" erwarten dürfen. Die wachen und im wahren Sinne des Wortes ihres Selbst bewußten Menschen spüren doch selbst, daß ihre Leistungs- und Bewußtseinslage in vielerei Hinsicht schwankt – dazu braucht man keine Biorhythmiker. Andererseits kann die exoterische Wissenschaft auch nicht die Erfahrungen der nicht ganz verbildeten Menschen (und dies sind die überwiegende Mehrheit) wegdiskutieren, nur weil sie nicht in das dogmatische Bild mancher Theoretiker passen.

Biorhythmisches Bewußtsein ist der Dreh- und Angelpunkt, wo sich zyklisches Geschehen von Innen- und Außenwelt trifft und beeinflußt. Die Körperlichkeit, die Außenwelt drückt sich im Raum aus durch Lage, Ausdehnung und Veränderung derselben. Das Bewußtsein drückt sich in der Zeit aus, als Gleichzeitigkeit oder Reihenfolge, als Übergang eines Zustands in sein Gegenteil. So wird räumliche Veränderung zeitlich erfahren. Biorhythmisches Geschehen hat seine Entsprechung sowohl im Räumlichen als auch im Zeitlichen, sowohl im Vertikalen als auch im Horizontalen, im Psychischen als auch im Physiologischen. Der Biorhythmus zeigt unser Seelenleben als innere Kraft der Vorstellungen unter gefühlsmäßiger Bewertung, als Bewußtseinsleben, wie auch seine Auswirkungen auf den Körper.

Biorhythmik dient somit aber auch dem inneren Bewußtwerden von den Gesetzen, die die Welt zusammenhalten, von den Qualitäten des Wollens, Fühlens und Denkens und schließlich von deren Wirkungen auf den Leib und das Tagesgeschehen. Die Beschäftigung mit ihr erhält dadurch eine geistige, eine seelische und eine körperliche Dimension. Diese Betrachtungsweise ist weit entfernt von der Meinung eines „Experten", daß unser Glück und Unglück abhängig sei vom Kräftepotential in unseren Körperzellen. Diese Ansicht zeigt nur die verdrehte und fatalistische Einstellung unfreier Menschen. Denn unsere Glücks- und Unglückszustände werden lediglich synchron *begleitet* vom Kräftepotential in unseren Körperzellen; es ist ein analoges Geschehen. Wir schmieden unser Schicksal selbst, solange wir die Welt von „Maya", den 4 Vorstellungen des Ur-Atoms, der Urschwingung, nicht durchbrechen können. Wir fesseln uns in der Nichterfüllung dieser Lebensaufgabe solange selbst an das Gesetz von Ursache und Wirkung.

Viele Menschen spüren bzw. registrieren kaum rhythmische Schwankungen. Warum nicht? Der eine Grund besteht in der herabgesetzten Wahrnehmungsfähigkeit materialistischer und unentwickelter Menschen. Wenn man nach außen orientiert ist und nicht nach innen horchen und schauen kann, sieht man sich eingespannt in äußere Umstände und Bedingungen. Für diese Menschen werden die „äußeren Umstände" zur Ursache ständigen Kämpfen-Müssens. Sie erkennen nicht, daß sie in sich selbst die Ursachen der äußeren Bedingungen bergen und ständig erneuern und daß diese Ursachen zyklischen Gesetzen unterliegen. Es fehlt ihnen der Schlüssel zur Selbsterkenntnis. Um sich selbst erkennen zu können, muß man außerdem in sich fühlen und wahrnehmen können, muß mit und nicht gegen die äußere und innere Natur leben, darf nicht aus dem natürlichen Rhythmus ausgetreten sein wie der moderne Mensch.

Es kann nicht Sinn der Biorhythmik sein, möglichst „Minuslagen" mit ihren „Gefahren" auszuweichen, sich nur die „Hochlagen" zum Vorteil zu nutzen, Geschäftspartnern überlegen zu sein, Höchstleistungen im Sport oder sonst im Leben auf Kosten anderer oder seiner eigenen Gesundheit zu erzielen, Partnerschaftsproblemen durch anderweitige oder „richtige" Wahl auszuweichen. Probleme werden uns ja vom „inneren Meister" gestellt, also vom eigenen Selbst, um sie zu überwinden, zu meistern, um daran zu reifen. Es kann auch nicht Sinn von Erkrankungen darin liegen, sie zu verdrängen, sie also nicht zuzulassen – zeigen sie uns doch an, daß uns „etwas fehlt" –, wenn die Ursachen von ihnen nicht in erlösungsträchtigen Prinzipien erkannt werden. Der Sinn besteht auch nicht darin, sich das Leben so angenehm und erfolgreich wie möglich, vielleicht noch auf Kosten der Gesellschaft zu gestalten. Diese Haltung entspricht dem Rajas-Typ, dem Zweckmenschen. Die Biorhythmik wird hier als Mittel zum Zweck mißbraucht.

Sinn kann doch nur sein, Bewußtheit über sich selbst und seine Möglichkeiten zu erlangen, um aus diesem Bewußtsein heraus die Integrierung aller Seiten, auch der „Schattenseiten" des Lebens, zu erzielen, dadurch „negative" Aspekte im (senk-)rechten Licht zu sehen und so zu neutralisieren, sie zu „erlösen", um schließlich Herr im eigenen Hause zu werden.

Der Mensch strebt nach innerer Harmonie. Nur wenn er in den
3 Bereichen – Harmonie mit der Natur,
              – Harmonie mit den Mitmenschen und
              – Harmonie mit sich selbst
und im naturgewollten Handeln, menschengerechten Fühlen und wertfreien Denken ausgeglichen ist, ist er spannungsfrei. Ausgewogenes Wollen zeigt sich in seinen Handlungen, Fühlen und seinen Gesten und in seiner Mimik, Denken in seinen Worten. Kein Außenstehender kann einen harmonisieren. Die Unwissenheit über diese Tatsache bringt sehr viel Leid über die Menschheit. Kein Arzt kann die Ursache eines Gallenleidens mit Tabletten oder durch eine Operation bekämpfen, nicht einmal mit tiefer wirkenden „natürlichen" Präparaten. Er kann bestenfalls ein Übergewicht abbauen, einen Mangel auffüllen, die Wirkungen in eine andere Ebene verschieben oder aber dem Menschen einfach etwas herausschneiden. Die Ursache des Gallenleidens bleibt davon unberührt. An der Ursachenentschleierung durch Erkenntnis des innewohnenden Aggressionsprinzips muß der Mensch selbst arbeiten.

Kein Priester ist fähig, dem gläubigen Schäflein die eigene Entwicklungsarbeit des richtigen Denkens, Fühlens und Handelns abzunehmen. Es genügt auch nicht, daß ein Helfer erkennt, daß ein Herzanfall nach einem Streit mit dem „bösen Nachbarn" aufgetreten ist und die Ursache nun damit zu beseitigen glaubt, daß er die beiden wieder miteinander versöhnt. Erst wenn der Mensch selbst Frieden mit sich hat und mit der Natur, dann hat er ihn auch mit dem bösen Nachbarn. Das bedingt aber Willensschulung, Aggressionsbeherrschung und Gedankenreinheit und dies wiederum harte Arbeit an sich selbst. Doch diese muß, will sie erfolgreich sein, die psychodynamischen Rhythmen berücksichtigen, sie mit einbeziehen. Indem er erkennt, nach welchen Gesetzen der „innere Schweinehund" und die Phasen erfolgreichen Ringens ablaufen, erlangt der Mensch schließlich Kenntnis von seiner Seele und vermag Herr im eigen Hause zu werden.

Doch kehren wir zur Betrachtung der einzelnen Elemente zurück. Von verschiedenen Biorhythmikern erhielten die 3 Rhythmen weitergehende Zuordnungen:

M = Leistungsfähigkeit, gesamte Organtätigkeit, „körperliche" Gefühle, Sexus, Genußleben.
 Kraft, Energie, Mut, Selbstvertrauen, Ausdauer, Angriffslust, Willensstärke.

Gemeinsames Kennzeichen aller dieser Zuordnungen ist das *Prinzip der Kraft* (Shakti), das sich im Bewußtsein als *Wille* zeigt und im funktionalen Bereich den *Handlungskräften* entspricht.

W = Kontaktfreudigkeit, Stimmung, Emotionen, Laune, Motivation, Beschwingtheit, Ausstrahlung, Ideenfluß, Intuition, Meditation, Hemmungen, Empfindlichkeit.

Diese Zuordnung ist hinsichtlich Ideenfluß und Meditation (gehört dem *I*-Bereich an) problematisch.

Gemeinsames Kennzeichen aller verbleibenden Zuordnungen ist das Prinzip des Qualitativen (Chit), des *Wertens*, das sich im Bewußtsein als Lust und Unlust, die 2 Seiten des *Fühlens*, im funktionalen Bereich in den Emotionen und höheren Gefühlen zeigt.

I = Denkschnelligkeit, Erinnerungsvermögen, Wiedergabefähigkeit, Gedächtnis, Verstandesklarheit, Auffassungsgabe, Geistesgegenwart, Reaktionsvermögen, Konzentrationsvermögen, Sprechvermögen, Lernfähigkeit, Träumen, Vorstellungen, Ideenfluß, Inspiration.

Allen Zuordnungen gemeinsam ist das Prinzip des quantitativen Beobachtens, das sich im Bewußtsein im *Erkennen* von Veränderungen zeigt und im Funktionalen den *Erkenntniskräften* entspricht.

Somit lassen sich die 3 Rhythmen bei genauerem Hinsehen folgendermaßen ordnen:

Ebene	**Element**		
Biorhythmus	*M*	*W*	*I*
Kriterien	Energie	Qualität	Quantität
Bewußtsein	Wollen	Fühlen	Erkennen
Ayurveda	Energie	Bewegung	Struktur
Prinzipien	Kraft	Eros	Logos
Trinität	Shakti	Ananda	Chit

Funktionale Ebenen

Handlungen, Gedanken, Wünsche, Triebe, Instinkte, höhere Gefühle, Emotionen, Erwägungen, Entschlüsse usw.

Diese lassen sich „senkrecht" ordnen in 4 *Sphären*:
– archetypische Region (abstrakte Gedanken, Ideen),
– intellektuelle Region (konkrete Gedanken),
– emotionale Region (Begierden, Empfindungen),
– ätherische Region (physiologische Funktionen), Lebensleib.

In allen diesen Ebenen wirken alle 3 Prinzipien als Elemente gemeinsam und bauen so Funktionskreise und -formen auf.

Alle Erscheinungen und alle Bewußtseinszustände im Bereiche der Schöpfung wandeln sich in allen 3 *Kriterien*:
 Hinsichtlich ihrer energetischen, quantitativen und qualitativen Dimension. Diese sind zyklischen Änderungen unterworfen und lassen sich auf der biorhythmischen Ebene als Wandel der Bewußtseins- und Körperfunktionen beschreiben.

Die von den Biorhythmikern getroffenen Zuordnungen sind nicht immer eindeutig, da sie mehr die funktionale Seite berücksichtigen. Und doch kann man z. B. Träume oder Vorstellungen in bezug auf das enthaltene Willenselement beobachten oder in ihnen mehr Gefühl erkennen, wenn man sie von dieser Seite her beobachtet, oder aber auch mehr Erkenntnisanteile. Sind doch alle psychischen Funktionen mehr oder minder zusammengesetzt aus mehreren Elementen. Guten Aufschluß darüber gibt die Chakra-Entsprechungstabelle *(Tab. 3, Seite 36)*. Hier zeigen sich deutlich zusammengesetzte Bereiche. Die Zuordnung der 7 Strahlen bringt im 7armigen Leuchter Licht in die Zusammenhänge. So wurden die verschiedenen Einteilungen der Biorhythmenforscher zwar meist sachlich richtig getroffen, wobei aber noch nicht zwischen reinen Elementen (Prinzipien) und zusammengesetzten Funktionen unterschieden wurde. Genuit hat als Astrologe wesentlich mehr Zusammenhänge erkannt als viele seiner Kollegen als Biorhythmiker. Doch auch seine Zuordnung der Rhythmen zur 3-Körper-Gliederung hat den Haken, daß eine Wertigkeitsordnung nach der Weltengliederung, wonach I = gottnah, M = gottfern wäre (wonach sich zwangsläufig ergäbe, daß I die Ursache von W und M und W die Ursache von M wäre), nicht halten kann. Er übersieht die jeweils niederen und höheren Aspekte von

$$M \begin{cases} \text{Wille} \\ \text{Trieb} \end{cases} \quad W \begin{cases} \text{höhere Gefühle} \\ \text{Emotionen} \end{cases} \quad I \begin{cases} \text{Vernunft} \\ \text{Sinnesempfindungen} \end{cases}$$

bzw. ihre harmonische Zentrierung im 7armigen Leuchter, geordnet nach der Spiegelung der 7 Strahlen:

7ARMIGER LEUCHTER UND ZENTRIERUNG DER BIORHYTHMISCHEN ELEMENTE

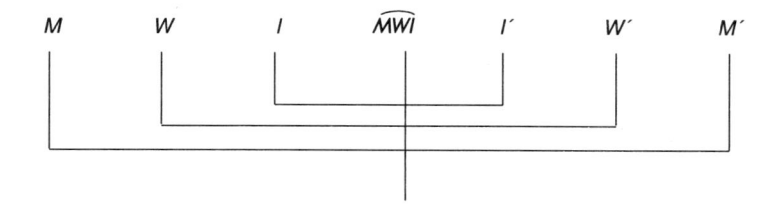

```
M      W       I      M̂Ŵî      I´      W´      M´
```

Abb. 25

Wäre, wie er meint, M = Physis,
W = Psyche,
I = Geist,   dann wäre
W = Bewußtsein, die Seele,
I = das Selbst, das unsterbliche Ich,
M = die starre Materie.

Alle 3 Rhythmen zeigen sich aber in allen Bereichen nach den von den Biorhythmikern selbst getroffenen Einteilungen gleichermaßen vertreten und gemeinsam wirkend. Genuit bezeichnet die Triebe als körperlich, die Gefühle als seelsich und die Lebenskraft, Lebensenergie u. a. als geistig. Dies entspricht nicht esoterischem Wissen, diese hier verwendeten Begriffe sind zu wenig eindeutig und griffig.

Die Lebenskraft als eines der geistigen Prinzipien *(M)* ist als „Prana" im Bereich des Ätherleibes wirksam, im Bereich der Chakras, aber jeweils auch in höheren Körpern des Menschen.

Hier zeigt sich die alte Problematik: M, W und I werden von einigen erkannt als Triebe, Emotionen, Vorstellungen, von anderen als Wille, Gefühl, Erkenntnis, von wenigen aber nur als wirkende Prinzipien. Der Unterschied besteht in der Bewußtseinshöhe.

Im physiologischen Bereich ist M nicht der Wille, sondern die willensanteilige Komponente der physiologischen Erscheinungen. W ist hier nicht das Fühlen, sondern die gefühlsanteilige Komponente der physiologischen Erscheinungen. I ist hier nicht das Denken, sondern die erkenntnisanteilige Komponente der physiologischen Erscheinungen. M, W und I sind hier Ausdruck des Wollens, Fühlens und Denkens im physiologischen Prozeß.

Im psychologischen Bereich ist M nicht Shakti, sondern die Auswirkung bzw. der Ausdruck von Shakti, der Kraft, als Wollen. W ist hier nicht Ananda als Eros-Prinzip, sondern dessen Offenbarung als Gefühl. I ist hier nicht Chit als Weisheitsprinzip, sondern dessen Offenbarung als Erkenntnis.

Wäre M = physische Kräfte,
W = psychische Kräfte,
I = mentale Kräfte, dann fehlte in dieser Reihe auch ein Rhythmus für *spirituelle Kräfte*, die über dem mentalen Bereich stehen. Dieser läßt sich weder aus

der Beobachtung her auf dieser Ebene erkennen noch esoterisch begründen. Die spirituelle Entwicklung befreit den Menschen ja letztendlich von polarer Fesselung an rhythmische Vorstellungen. Er wäre somit der finale, äußerst langsame Rhythmus, der sich selbst im Ziel auflöst. Man kann aber die 3 Elementarrhythmen als Werkzeug der spirituellen Entwicklung ansehen. Der von einigen Biorhythmikern beschriebene „feinsinnige" Rhythmus von 38 Tagen paßt nicht in das System. Spirituelle Kräfte, und darunter fallen auch feinsinnige Fähigkeiten, entwickeln sich allmählich aus den gezügelten, beherrschten und gewandelten Handlungen, Gefühlen und Gedanken. Gäbe es einen spirituellen Rhythmus auf der von uns beobachteten biorhythmischen M-W-I-Ebene, würde das bedeuten, daß wir von Kindheit an ständigen Tugendschwankungen unterworfen wären, daß die endlich und mit viel Mühe errungenen Tugenden nach einigen Tagen wieder ihrem Gegenteil Platz machen müßten, daß nicht einmal die hohen Ideale der Tugendhaftigkeit Bestand hätten. Sicher wandelt sich so mancher Saulus mehr oder minder schnell oder langsam zum Paulus, doch über den Weg des Bewußtseinswandels, also über den von M, W und I, und nicht über einen, der deren Aufgabe und Sinnhaftigkeit als Bewußtwerdungswerkzeuge kurzfristig außer Kraft setzt und selbst in die spirituellen Belange eingreift. Zudem sind ja, wie wir schon früher bemerkt haben, auf jeder beliebigen menschlichen, also auch auf einer spirituellen Ebene, alle 3 Prinzipien gleichermaßen wirksam und präsent.

Intuitive Fähigkeiten wiederum als Ausdruck eines einfließenden sphärischen Bewußtseins treten oft losgekoppelt vom Raum-Zeit-Kontinuum auf. Im ganzheitlichsphärischen Bewußtsein haben die Biorhythmen überhaupt nur eine untergeordnete Bedeutung, da es diese transzendiert.

Aussagen der Psychologie

Im Folgenden soll die Psychologie immer wieder zu Wort kommen, die sich ja auf der wissenschaftlichen Seite mit dem Bewußtsein und den Seelenfunktionen auseinandersetzt. Sie beschreibt letztendlich nichts anderes mit anderen Worten, als es unser indischer Heilige mit einfachen Worten uns als uralte Weisheit überliefert hat.

Die *Höhe* des Bewußtseins wird vom Reifegrad bestimmt. Es läßt sich aber auch beschreiben in bezug auf seine *Breite*:

Erkenntnis	=	Empfindungen Vorstellungen Gedanken	als Bild von der Welt
Lust	=	Trieb Vorsatz Entschluß + unwillkürliche Tätigkeiten	als Wirken auf die Welt
Gefühl	=	Lust Unlust	als Bindeglied, mit Erkenntnis und Wille verknüpft.

Gefühle enthalten immer *Lust* oder (und) *Unlust*. Unter verschiedenen Gefühlen unterscheiden wir nur durch die Erkenntniselemente, die sie enthalten. *Elementare Gefühle* entstehen durch Sinnesempfindungen, höhere, *ideelle Gefühle* durch Vorstellungen.

Gedanken bewegen sich schneller als Gefühle, der intellektuelle Fortschritt geschieht früher als die Entwicklung des Gefühlslebens.

Handlungskräfte sind neutral, ausgleichend (Rajas-Guna), ihnen entsprechen zentrale Nervenorgane und efferente (auswärtsgehende) Nervenfasern.

Empfindungskräfte sind passiv (Tamas-Guna), ihnen entspricht Sympathicus und Parasympathicus.

Erkenntniskräfte sind aktiv (schauend, Sattwa-Guna), und ihnen entsprechen die Sinnesorgane und afferenten (einwärtsgehenden Nervenfasern).

Sobald ein *Trieb* (im ständigen Suchen nach Glück) geweckt ist, ist das Gleichgewicht gestört. Er verlangt nach Erfüllung.

Der *Wunsch* ist ein gehemmter Trieb.

Die *Erwägung* ist eine innere Debatte von Trieb und hemmenden Vorstellungen. *Passiv* tritt sie als *Vorsatz* auf, *aktiv* als *Entschluß*. Eine *Wahl* wird durch Selektieren erzielt.

Der Trieb ist gerichtetes Wollen nach einem Vorstellungsinhalt, der durch Lust oder Unlust bedingt ist. Er setzt Bewußtsein einer Diskrepanz zwischen Soll und Ist voraus. Er entspricht Gefühl plus Aktivität.

Instinkte sind unwillkürliche Handlungen ohne angestrebtes Lustgefühl, auf nicht bewußte Dinge gerichtet ohne Zweckbewußtsein.

Eine *Begierde* entsteht durch starke Vorstellungen von einem fernen Ziel.

Leidenschaft wird von einem starken Trieb beherrscht, dessen Befriedigung schwächere Lust gewährt, so daß Wiederholung nötig wird.

Unser innerstes Wesen *expandiert* über Vorstellungen und Gefühle, *konzentriert* sich über den Willen.

Unser *Wille* entwickelt sich in mehreren Stufen:
– unbewußte unwillkürliche Aktivität   – Spontaneität
– bewußte unwillkürliche Aktivität   – Reflexe
– bewußte willkürliche Aktivität
– durch Vernunft beherrschtes Wollen.

Aufmerksamkeit ist eine Fokussierung durch Einsatz des Willens und dient der Vorbereitung.
Konzentration führt zum Mobilmachen von Kraftreserven.

Der Wille führt zur Bewegung; er ist das Weltbewältigungselement.

Das Bewußtsein hat eine *aktive* Seite: die zusammenfassende *Einheitlichkeit* von Erinnerungen, Wiedererkennen sowie Vergleichen. Und eine *passive* Seite: die *Mannigfaltigkeit* des Inhalts von Erinnerungen, Wiedererkennen und Vergleichen. *Stark aktiv* (mit Willen durchsetzt) sind stark konzentriert zusammengefaßte Inhalte bei Instinkt, Trieb, Entschluß. Der Wille und das Denken können tätig sein oder ruhen. Das Gefühl kann nur in der Stärke und Qualität schwanken und das Wollen und Denken überlagern oder selbst überlagert werden. Das *Bewußtseinsvermögen* ist das Fühlen von Lust und Unlust.

Soweit also einige Betrachtungen über die 3 Elemente von seiten der Psychologie.

Biorhythmische Betrachtungen müssen somit stets über 2 Ebenen angestellt werden, denen das Geistige als höhere Instanz Funktion und Gesetz verleiht:
– die körperliche (physiologische) Ebene und
– die seelische (psychologische) Ebene.

Bewußtsein und physiologischer Prozeß laufen parallel, sind 2 Seiten bzw. Wirkungsbereiche ein und derselben Wesenheit, sind jedoch nicht dasselbe. Jeder Bereich, jede Funktion, jeder Zustand und jede Art des Bewußtseins hat seine physiologische Entsprechung im Gehirn bzw. Organismus und kann dort beobachtet werden. Es sind daher 2 Seiten ein und desselben Phänomens, die den Biorhythmus – physiologisch oder psychologisch – zeigen. Ob die biorhythmischen Phänomene physiologisch oder psychologisch erlebt oder aber prinzipiell erkannt werden können, hängt von der Bewußtseinshöhe als Anblickbewußtsein (Manas), Überblickbewußtsein (Buddhi) oder Durchblickbewußtsein (Chit) ab.

Nichts Mystisches haftet daher der psychodynamischen Rhythmenlehre an. Es muß sich die Biorhythmik mit psychologischen Lehren auf der Bewußtseinsebene, mit esoterischen Lehren aber auf der prinzipiellen Ebene decken. Es darf nichts unklar bleiben, kein Zweifel offenbleiben. Beim Eindringen und Vertiefen in beide Beobachtungsrichtungen muß ein Identitätserlebnis, ein „Aha!"-Erlebnis entstehen, da die Biorhythmenlehre im Urwissen der Menschheit und in der modernen Wissenschaft gleichermaßen verankert ist und auch sein muß. Die PDR muß einerseits logisch-analytisch, andererseits analog-synthetisch gesehen werden können. Völlig absurd wäre es, sie nur einem Bereich allein zuzuordnen, wie es die Wissenschaft manchmal noch so gerne praktiziert. Ein Körper ohne Organisation und eine Organisation ohne Prinzipien und Gesetze sind nicht vorstellbar. Trennen wir uns also von fixierenden Bemühungen, die PDR irgendwo „festmachen" zu wollen.

Die energetische Seite der Biorhythmen

Die biorhythmischen Elemente können somit als Wirken der 3 Urprinzipien in den 3 *Kräftearten* und „räumlich" betrachtet werden:

I	– Denkkraft	– Mentalleib
W	– Gefühlskraft	– Emotionalleib
M	– bewegende Kraft	– Energiekörper

Hier sind sie sowohl einzelnen Ebenen zuordenbar als auch in den von den 3 Eigenschaften (Gunas) der 5 Elektrizitäten (Tattwas) gebildeten Erkenntniskräften, Emotionskräften und Handlungskräften wirksam. Die Stellung der Handlungskräfte als Ausgleich zwischen Trieb und Erkenntnis zeigt, daß ein Trieb eine Handlung hervorruft, wodurch Erkenntnis erlangt wird.

Wir konnten feststellen, daß die 3 Prinzipien sowohl senkrecht als auch waagrecht präsent sind. Ihre Energie kann sich wandeln und somit auf verschiedenen Ebenen wirken. Energie muß nicht notwendigerweise stets dieselbe Feinheit aufweisen. Sie wandelt sich nicht nur innerhalb der einzelnen Ebenen einer Sphäre, z. B. als potentielle oder kinetische Energie, als Wärmeenergie, Strömungsenergie, elektrische Energie usw., sondern auch innerhalb der einzelnen Sphären. Auch unser Wille kann sich einmal in Handlungen, in Hemmungen und Beherrschung oder in Konzentration zeigen, je nachdem, auf welcher Ebene wir ihn einsetzen. Dies findet eine Entsprechung auf der atomaren Ebene in den Sprüngen der Elektronen innerhalb der jeweiligen Schalen.

Physische Energie kann sich in chemische wandeln, diese in emotionale, diese zu mentaler und umgekehrt. Das heißt, Energie läßt sich verfeinern oder verdichten, je nachdem, ob sie zentrumwärts oder schöpfungswärts gerichtet ist. Für die biorhythmische Betrachtung bedeutet das, daß die biorhythmischen Kräfte, deren Wirkung in bestimmten Bereichen passiv gespürt werden, auch auf anderen Ebenen bewußt werden bzw. vom vollen Bewußtsein letztendlich auch willkürlich verdichtet, beeinflußt und aktiv beherrscht werden können. Hieraus erklären sich spirituelle Fähigkeiten, paranormale oder magische Phänomene usw.

Daher besteht kein Widerspruch, die jeweiligen Kräfte *auch* einzelnen Ebenen zuzuordnen (jedoch nicht ausschließlich und zwingend). Es ist nur eine Frage des Bewußtseins, sie auf jeder Ebene zu erkennen. Es widerspricht aber der Wirklichkeit, die Auswirkungen der 3 Aspekte auf bestimmten Ebenen festzumachen.

Das Modell der 7 Strahlen, der Pyramide oder des Tierkreises zeigt uns ja, daß einer Dreiheit von Urprinzipien (den 3 Aspekten, der Triade), die unveränderlich wirken, eine Vierheit folgt, die das Wirken der Triade aufnimmt. Die Vierheit (4 = Zahl der Materie) entspricht sowohl den 4 Vorstellungen als auch den 4 Elementen, den 4 niederen Sphären von physischem Körper, Ätherleib, Astralleib bzw. Mentalleib.

Somit erhalten wir ein einfaches Modell (wir bezeichnen künftig den höheren Aspekt von I mit I', W mit W' und M mit M'):

RAUMMODELL ASTROLOGISCHE / BIORHYTHMISCHE ELEMENTE

	I'	W'	M'	Äther
Mentalleib	↑	↑	↑	Luft
Astralleib	│	│	│	Wasser
Ätherleib	│	│	│	Feuer
Physischer Leib	↓	↓	↓	Erde
	I	W	M	

Tab. 15 a

Im Ätherleib und im physischen Körper erscheinen aber auch die zusammengesetzten Rhythmenfunktionen, welche aber schon in höheren Ebenen ihre Entsprechungen in den zusammengesetzten Seelenfunktionen aufweisen.

FUNKTIONEN – GUNAS

Ätherleib	Sattwa-Guna	Rajas-Guna	Tamas-Guna
Physiologischer Bereich	Kopffunktion	Rhythmische Funktion	Stoffwechselfunktion
	$\widehat{MI}$	$\widehat{WI}$	$\widehat{MW}$

Tab. 15 b

Die Energie verfeinert sich im Fortschreiten von außen nach innen auch ohne unser bewußtes Zutun (z. B. bei der Verdauung) durch die Einwirkungen des unbewußten Programms. Sie vergröbert sich im Fortschreiten von innen nach außen sinngemäß durch das Wort: Es werde! (AMEN, OM, AUM), d. h., aus Ideen werden schließlich Werke. Soweit diese energetischen Transformationen Allgemeingut sind, werden sie als willkürlich oder unwillkürlich eingestuft und gelten als ganz normal. Sobald sie aber nur mehr von wenigen beherrscht werden, spricht man von Spiritismus, Okkultismus, Magie, Telekinese, Wunderheilung, Levitation, Materialisation, Uri-Geller-Effekt usw.

Die Energiearten entsprechen der Sphärendichte, in denen sie auftreten: molekular, atomar, subatomar usw. Jede Energieänderung in einzelnen Atomen eines Moleküls bewirkt auch Änderungen im Molekül selbst. Diese Energieumwandlungen und die mit ihnen verbundenen Änderungen im Materiellen sind längst bewiesen. Materie und Energie beschreiben eben dasselbe Wesen, wie wir mittlerweile wissen.

Verschiedentlich wird behauptet, daß die biorhythmischen Elemente den 4 klassischen Elementen oder den 5 (östlichen) Tattwas entsprächen. Wie wir vorher gesehen haben, sind diese selbst als Prinzipien anzusehen, decken sich aber nicht mit den biorhythmischen Prinzipien. Selbstverständlich sind diese als Ursache der Tattwas und Elemente in ihnen präsent, ja, die Tattwa-Schwingungen selbst entsprechen ja biorhythmischem Geschehen, werden sie doch durch zyklisches Abschreiten hervorgerufen. Aus der Beziehung der 3 Aspektstrahlen entstehen ja die Tattwas, die wiederum in ihren Bestandteilen die 3 Gunas enthalten, worauf sich die 3 Kräfte des Erkennens, Fühlens und Wollens im ätherischen Bereich in gebundenen Funktionen zeigen und physiologisch wirken. Wie oben – so unten! Wir werden aber später sehen, daß den Elementen auch fixe Plätze im Rhythmusmodell zugewiesen sind. Spricht man von den Elementen als den 5 dynamischen Prinzipien, sind sie Bestandteil des Ablaufs im zeitlich-biorhythmischen Geschehen. Spricht man von ihnen als in Sphären bzw. Ebenen repräsentiert (Erde = Körper, Wasser = Gefühl, Feuer = Wille, Luft = Verstand), so haben die biorhythmischen Kräfteauswirkungen in ihnen ihren räumlichen Platz bzw. ihre physiologischen Entsprechungen.

Auch von dieser Warte aus betrachtet erkennt man die Analogie, Proportionalität und Parallelität des jeweilig niederen und höheren Aspektes der biorhythmischen Elemente als physiologischen Prozeß und als Bewußtseinstätigkeit. Sie sind die 2 „Sprachen" ein und derselben Idee.

Die Psychologie weiß schon immer über diese 2 Seiten Bescheid. Solange diese 2 Seiten im Menschen selbst verpackt sind, gibt es kaum Kritik, wenn auch heute noch Ignoranten kraft ihres „Geistes" ihre Seele leugnen. Problematisch hingegen wird es, wenn es um den Organismus und die innere Organisation des Kosmos geht, dessen Systematik als Abbild ja der Mensch – wie meistens zugegeben wird – widerspiegelt. Der Grund für dieses Unverständnis liegt im Mangel an kosmischem Bewußtsein. Man kennt schon von jeher die Parallelität von Mondphasen und bestimmtem menschlichen Geschehen. Bei Pflanzen und Tieren hat man bestimmte Verhaltensweisen beobachtet, in der Struktur von Kristallen hat man entsprechende Auswirkungen ausgemacht. Planetenkräfte (als kosmische Repräsentanten der 7 Strahlen oder der 10 Prinzipien der Astrologie) können von der Wissenschaft nur über den Umweg der synchronen Wirkungen erkannt werden. Doch schon mit noch so feinen Instrumenten hat man Schwierigkeiten, wenn es um verschiedene Qualitäten der Magnetfelder bzw. Gravitationsfelder der Planeten geht. Wir sind nicht nur physisch gesehen absolut abhängig vom Lauf der Erde um die Sonne. Unser Sonnensystem ist im Gleichgewicht, d. h., *alle* Planeten und Kometen, selbst alle noch so feinen Nebelbestandteile, alle Monde wirken an diesem Gleichgewichtszustand mit. Die Planetenkräfte sind astrologisch im Wirken ihrer prinziphaften Aspekte aufzeigbar, während die Astronomen nur einen Teil von ihnen in den mathematischen Gesetzen ihrer Bahnen erkennen. Der nicht dem Kosmos zugewandte Mensch, also der Nicht-Astronom oder -Astrologe, dessen Sinnesorgane nur eine gewisse Bandbreite von Schwingungen und Frequenzen erfassen kann (auch wenn diese Bandbreite durch verschiedene Instrumente wesentlich erweitert wurde), bemerkt bzw. registriert die energetisch sich ständig ändernden Situationen nicht bewußt, wenn sie nicht eine gewisse Reizschwelle überschreiten und so als das Geschehen (Schicksal) beeinflussende Faktoren wie Aggression, Stimmung, ästhetisches Empfinden, moralische Intention, soziales Verhalten usw. registriert werden. Da wir selbst als Geschaffene unserer Natur nach aus verschiedensten Schwingungen bestehen, die informations-, kraft- und formverschieden sind, wirken die verschiedenen Kräfte in Form von Beeinflussungen bzw. Interferenzen mehr oder minder verstärkend oder hemmend auf uns ein. Der Einfluß hängt ab von der Amplitude (Einflußstärke) und von der Frequenz als „Affinität" zu unseren Eigenschwingungen. Wir können uns als *Resonanzboden* des Kosmos oder auch als ein verschiedene Saiten umfassendes Musikinstrument unseres Schöpfers betrachten. Wir können zwar den Planeten Uranus kaum sehen, dessen Licht als spezifisch modulierte Spiegelung des Sonnenlichtes strahlt trotzdem ständig auf uns ein und beeinflußt unsere Schwingungen ähnlicher Art. Und sein Gravitationsfeld ist mitbeteiligt am Gesamtgleichgewicht des Sonnensystems und somit auch am geregelten Umlauf aller anderen Planeten inklusive unserer Erde, beeinflußt also auch unser Gleichgewicht permanent. Ebenso ist es mit allen Sternen, ob für uns sichtbar oder unsichtbar. Selbst feinste Strahlen aus entferntesten Quellen wirken sich auf unser Schwingungsgefüge modulierend oder interferierend aus, da Strahlung in der „leeren" Unendlichkeit unendlich weit wirkt. Trotz dieser absolut logischen Erkenntnisse wird aber das Feld der inneren Wissenschaften weiter ignoriert, denn „die Dunkelheit kann das Licht nicht fassen". Doch nach genügend gründlicher Beleuchtung wird auch irgendeinmal diese als Kritik getarnte Unwissenheit verstummen.

Aus biologischer Sicht sind ja Zusammenhänge zwischen dem Menschen und dem Kosmos lange bekannt. Als Hauptfaktor für unser Leben und somit auch für unser Zellenleben wird die Sonne angesehen, ihre Strahlungen unterschiedlichster Art, ihr schwankendes Magnet- und Gravitationsfeld bzw. das der Erde bei ihrer jahreszeitlich bedingt wechselnden Entfernung und axialen Stellung zur Sonne. Es leuchtet auch ein, daß auf der der Sonne abgewandten Seite (Nachtseite) der Erde andere Strahlungssituationen und Magnetfeldqualitäten herrschen als auf ihrer der Sonne zugewandten. Diese makrokosmischen Situationen zeigen analoge Zustände und Änderungen in der magnetischen Aura des Menschen, in welcher gleichzeitig polare bzw. energetische Zustände entsprechend geändert werden. Da die Hormonausschüttungen ebenfalls polarisiert erfolgen (mehr/weniger, ja/nein, Hemmung/Verstärkung), wird der Zusammenhang von seiten der Biologie kaum bestritten.

Also nicht nur die Strahlen der Sonne, sondern auch die Änderungen der energetischen Situation im Magnetfeld der Erde zeigen sich parallel zu entsprechenden psychischen und physischen Veränderungen beim Menschen. Sonnennähe zeigt sich in Aktivierung, Sonnenferne in Passivierung (Winterschlaf der Tiere, Rückzug der Pflanzenwelt). Somit entsprechen auch makrokosmische und mikrokosmische Ladungen einander. Dabei geht es aber bei unseren Betrachtungen überhaupt nicht darum, einen Zusammenhang zwischen kosmischen und irdischen Verhältnissen aufzudecken. Es soll, wenn wir dennoch davon Kenntnis nehmen, damit nur gezeigt werden, daß Prinzipien auf beliebigen Ebenen beobachtet werden können und je nach Qualität der Zeit auch wirken.

Was die Schwierigkeit anlangt, eine Synchronität zwischen biorhythmischen und makrokosmischen Schwingungszeiten festzustellen, so sei auf die Tatsache hingewiesen, daß die Zeit als Bewußtseinskoordinate etwas rein Subjektives ist. Sie ist für uns qualitativ besetzt, wobei wir Abhängigkeiten zwischen ihrer Güte und ihrer scheinbaren Dauer aufstellen: Schönes geht schnell vorbei, Unangenehmes kann ewig dauern! So ist auch der Zusammenhang zwischen meßbaren kosmischen Rhythmen und erlebten Zeiträumen nicht unmittelbar, wohl aber synchron-analog gegeben. Natur zeigt sich im Raum, im Oben und Unten, Links und Rechts, Vorne und Hinten; Bewußtsein zeigt sich in der Zeit als Nacheinander oder Gleichzeitig. Schon aus dieser Betrachtungsweise ergibt sich die Schwierigkeit, äußere und innere Rhythmen einer genormten Zeitordnung zu unterwerfen, um die 28, 23 und 33 Tage im Kosmos zu finden. Denn alle aufgestellten Normen berücksichtigen nicht die innerweltliche Seite der Natur. Man darf hier also nicht die Identität der Zeitabläufe, sondern ihre Analogien in bezug auf die in ihnen wirkenden Prinzipien bzw. Qualitäten suchen. In verschieden dichten Ebenen bzw. Sphären wirkt sich rhythmisches Geschehen, das Nacheinanderwirken von verschiedenen Qualitäten, auch in unterschiedlichen Zeitabläufen aus. Man muß die Zeitmaßstäbe dem jeweiligen Raum anpassen, wobei sich eben verschiedene Zeiträume ergeben. Andererseits zeigt die Dissynchronität von planetaren und biorhythmischen Zeitumläufen aber auch, daß Astrologie und Biorhythmik nicht dasselbe sind, da sie auf anderen Prinzipien beruhen.

Sicherlich ist die 28 *auch* die Zahl des Mondes, die 23 die Zahl der Informationsbindung, die 11 die Zahl der Sonne (die 11jährige Sonnenfleckenaktivität, die 22jährige Umpolung der Sonne, die 44 Monde im Sonnensystem, die 88tägige Umlaufzeit des Merkur), doch so einfach kann man Qualität nicht in Quantität ausdrücken. Die Zusammenhänge müssen qualitativ und über Analogien gesucht und erkannt werden. Somit erübrigt sich die Erforschung der Zusammenhänge mit dem exoterischen Maß der 23, 28 und 33.

Ein bekannter Astrologe brachte mir in einem Gespräch über Zeit, Inkarnation und Bewußtsein einmal folgendes griffige Beispiel:

In einer Galerie hängen verschiedene Bilder, die einem Bilderzyklus angehören. Der Besucher wandert von Bild zu Bild, betrachtet eines fasziniert und vergißt darüber seine Umgebung, bis er zum nächsten Bild weiterschreitet. Dort hat er alle Bilder, die er bis dahin gesehen hatte, in seinem Unterbewußten gespeichert. Von dort holt er sie gedanklich wieder hervor, vergleicht, wägt, bewertet oder kritisiert sie. Er kennt aber die nächsten Bilder noch nicht, obwohl ein Zusammenhang zwischen ihnen und allen vorher plazierten besteht. Der Künstler selbst und der Galeriebesitzer, seine Angestellten und die Besucher der vorangegangenen Tage wissen aber nun, wo alle Bilder hängen, was sie bedeuten, nach welchem Gesetz sie entstanden sind. Und sie hängen *gleichzeitig* alle an ihrem Platz, unabhängig davon, daß sie von den gegenwärtigen Besuchern nur *nacheinander* erlebt werden.

Kann man Bewußtsein und Zeit besser verdeutlichen?

Ein weiterer analoger Zusammenhang zwischen äußerem Geschehen und innerem Erleben zeigt sich in der Wirkung von Änderungen von Zuständen magnetischer und elektromagnetischer Felder auf unser Wohlbefinden und unsere Gesundheit, z. B. als *Wetterfühligkeit:* Man spürt den Übergang von Hochdruck- zu Tiefdrucklagen und umgekehrt. Das Wetter entwickelt sich synchron zu den wechselnden Ladungszuständen des Magnetfeldes unserer Erde, dieses zeigt sich wiederum abhängig von der Stellung der übrigen Planeten zur Erde und von dieser zur Sonne. Denn ändert sich das Erdmagnetfeld oder eine lokale elektrisch-magnetische Situation, dann ändert sich damit gleichzeitig auch unser eigenes Magnetfeld. Dabei ist von ausschlaggebender Bedeutung, wie stark und stabil unser Eigenmagnetfeld aufgebaut ist. Besonders intensiv spüren gesundheitlich labile Menschen das Herannahen einer Warmfront. Durch Wärme schwingen die Atome schneller, es steigt ihre Aktivität.

Bei Bewegung eines elektrischen Leiters durch ein Magnetfeld entsteht neben Elektrizität auch Wärme (Gaußsche Wärme). Unser Blut mit dem Blutfarbstoff Hämoglobin mit seinem Anteil an Eisen entspricht einem Eisenstab, der sich in einem Magnetfeld bewegt und dadurch elektrischen Strom erzeugt. Das Blut bindet einerseits ionisierten Sauerstoff (Träger der Vitalität), und im Kreisen durch unser eigenes Magnetfeld (verursacht durch die 2 Urprinzipien Yang und Yin in uns) entstehen andererseits Wärme und elektrische Energie, die man z. B. im EEG oder EKG messen und beschreiben kann. Wir erleben sie als Aktivität, als Leistungsvermögen, als Muskelkraft usw. Wir bestehen ja im Grunde aus bewegten, polarisierten Energien.

Auch Hautwiderstandsmessungen zeigen Änderungen der biologischen und somit auch der biorhythmischen Situation und in Zusammenhang mit äußeren Veränderungen an.

Geopathische Störzonen, Kreuzungspunkte des Erdgitternetzes, Wasser- und Erzadern, die Nähe von Starkstromleitungen, Mikrowellenherden, EDV-Bildschirmen, Farbfernsehgeräten usw. wirken auf unser Wohlbefinden in Form von Modulationen (Veränderungen bei Strahlungen) und Interferenzen (Beeinflussungen bei Schwingungen) ein.

Es gibt also eine Fülle von Wechselwirkungen, die gleichermaßen subjektiver erkannt und objektiv erforscht werden können. Man weiß, daß der Informationsfluß in den Zellen durch elektromagnetische Felder funktioniert. Man weiß um die Zusammenhänge psychosomatischer Erkrankungen mit Fehlhaltungen gedanklicher oder emotionaler Art. Der von der Schulmedizin brutal angefeindete Forscher *Dr. Hamer* erkannte den Zusammenhang zwischen psychisch verursachten Zusammenbrüchen elektromagnetischer Felder im Gehirn und der Entstehung zugeordneter Tumore und Krebsarten. Für Kreislaufstörungen, Verdauungstörungen, Hirnaktivitätsänderungen usw. sind letztlich immer energetische Modulationen bzw. Interferenzen verantwortlich oder, genauer gesagt, unsere Unfähigkeit, ihre Wirkungen zu neutralisieren. Maßgebend für die Art der Störung ist die *Frequenz* einer Schwingung, für deren Stärke die *Amplitude*, für ihre Auswahl bzw. Selektion die bestehende *Affinität* als individuelles Resonanzverhalten.

Letztendlich bezeichnend für den Wissens- und Bewußtseinsstand unserer „Führer" in Politik und Wirtschaft ist die zynische Ignoranz derartiger Zusammenhänge und somit ihr Mitwirken an Disharmonien jeglicher Art. Den anderen Teil an Mitverantwortung tragen die wackeren (und keinefalls wacheren) Jasager als unbewußte Förderer der Ignoranz.

Wenn bisher näher auf die von der Wissenschaft akzeptierten exogenen Beeinflussungen eingegangen wurde, dann geschah es mit der Absicht, aufzuzeigen, wie sehr die wissenschaftlichen Disziplinen der Analogieschlüsse bedürfen, die sie zwar als unwissenschaftlich bezeichnen, aber manchmal trotzdem als logisch-kausale Zusammenhänge interpretieren. Und das, obwohl die einzelnen Beobachtungsebenen kausal überhaupt nicht zusammenhängen. Auf der anderen Seite wird ein kausaler Zusammenhang zwischen den biorhythmischen Zyklen und kosmischen Rhythmen gerade von denen gesucht, die wissen müßten, daß es ihn nicht geben kann. Und das alles noch dazu in der irrigen Annahme, daß Planetenprinzipien, die ja ohnehin von der Wissenschaft ignoriert werden, mit den biorhythmischen Prinzipien identisch wären. Hier will ein esoterischer Zusammenhang unbedingt mit allen Mitteln verwissenschaftlicht werden! Wir sehen also, wie verworren die ganze Angelegenheit ist.

Bewußtseinsbetrachtungen

Doch wenden wir uns jetzt wiederum der Betrachtung unseres Bewußtseins zu.

Dr. Joseph Murphy schrieb in seinem letzten Werk „Das Leben bejahen", der Quintessenz seiner Erkenntnisse, sinngemäß: „Das Bewußtsein ist unsere männliche (aktive) Natur, ist Adam. Das Unbewußte bzw. Unterbewußtsein (bestehend aus dem Marschgepäck früherer Existenzen und dem Abgelegten, Vergessenen dieser Existenz) ist unsere weibliche Natur, ist Eva. Die Welt, die Lebensumstände, alles, was wir bewirken, erfahren und was uns widerfährt, ist das Kind."

Es ist dies eine etwas andere Interpretation der Begriffe „männlich", „weiblich" und „Kind", die die Prinzipien im Bewußtseinsniveau ansiedelt. Doch kann hierin die prinzipielle Dreiheit von „Himmelspol", „Erdpol" und Herzensmitte unserer Wesensachse erkannt werden. Wir erleben uns aber nach wie vor noch als unreife Kinder in einer unvollkommenen Männerwelt auf der Suche nach der von uns selbst unterdrückten und nicht erkannten weiblichen Seite.

Die Religionen sagen uns:
Das Bewußtsein erfüllt die 3 *Wünsche des Gemütes*:

– *Dasein* (Sat) wird erreicht durch Erkenntnis der Unsterblichkeit, der ewigen Dauer des Prinzipiellen, durch die Weisheit.
– *Glückseligkeit* (Ananda) wird erreicht durch Aufhebung von Leid durch Liebe und das Bewußtsein (Chit),
– *höchste Erkenntnis* und *Bewußtsein* (Chit) wird erreicht durch die Aufhebung der Trennung mittles der Vernunft (Buddhi).

Das *Unterbewußte* liegt unter dem Tagesbewußtsein, aber über dem Unbewußten. Das *Unbewußte* liegt unter der Schwelle des Bewußtseins. Das Unbewußte wirkt *in uns*, das Tagbewußtsein *durch uns*. Das Bewußtsein selbst ist die Existenzkomponente der Beleuchtung. Das Unterbewußte ist somit das unbeleuchtete Bewußte. Durch Lenken der *Aufmerksamkeit* wird es bewußt.

Wer steuert die Aufmerksamkeit? Es ist letztlich Ananda im Lichte von Chit, das uns passiv als *Zufall* zu-fällt, aktiv als *Interesse* aufscheint. Es lenkt den Blick schöpfungswärts. Es ruft das Sinnesbewußtsein hervor, zu seiner entsprechenden Zeit gesteuert durch den Integrationswunsch des Nichtvollständigen. Das wird mit Aufmerksamkeit „zufällig" bedacht, was als gerade jetzt „fällig" uns zur Vollkommenheit fehlt. Die Grenzen der Auswahl entsprechen den Grenzen unserer Resonanzfähigkeit bzw. der Breite des in uns angelegten Schwingungsspektrums. Interessieren und berühren kann uns nur etwas, das eine Saite in uns zum Klingen bringen kann, wobei aber das Interesse und der Zufall immer neue Bereiche für uns öffnen, immer neue Türen aufstoßen, neue Saiten in uns zum Schwingen bringen. Und das Betrachtete wird von uns mit Sympathie oder Antipathie – je nach unserer Einstellung und Reife – belegt. Als mit Antipathie Bedachtes wird das zu Integrierende zum *Schatten*, wenn es abgelehnt und abgeschoben wird, d. h., wenn es uns nicht gelingt, unsere Eigenschwingungen auf die noch fehlenden Frequenzen des „anderen" einzustellen, auszuweiten. Die so in den „Untergrund" abgeschobenen Schwingungen betätigen sich aber – uns unbewußt – weiter und schwächen ganz entschieden die ihnen in uns polar entgegengesetzten Schwingungen unserer Schwingungskomplexität. Wir geraten in Konflikte und aus dem Gleichgewicht, werden schließlich sogar krank.

Die Gefühle zeigen uns an, wie stark und wie gerichtet ein Geschehen die Aufmerksamkeit anzieht, wie das Echo ausfällt. Der Zeitpunkt der Anziehung der Aufmerksamkeit hängt weitgehend zusammen mit der Schwingungsdominanz eines bestimmten Tattwa (Tattwa-Uhr), die Auswahl wird mitbestimmt von der Mischung der Tattwas. Es kommt nicht von ungefähr, daß Schulstunden – wenn auch unbewußt – nach Tattwa-Schwingungsdauer ausgerichtet sind, genauso wie Arbeitszeiten, Pausen usw. Nach 2 Stunden ist die Aufmerksamkeit erlahmt. Ein neuer *Tattwa-Zyklus* (5 x 24 Minuten) beginnt. Darum dauern auch Filme oder Theateraufführungen selten länger als 2 Stunden. Auch unser Tag ist mit 12 kompletten Tattwa-Zyklen ein Abbild eines 12teiligen Tierkreiszyklus. So entspricht auch eine aufmerksamkeitsfordernde Unterrichtsstunde mit etwa 48 Minuten einem gleichen Anteil an einem Tattwa-Zyklus wie unsere produktive Arbeitszeit an einem Tag. Wir sehen darin das Wirken eines durchgehenden Gesetzes in allen Bereichen des Lebens: im momentanen Geschehen, im Tagesgeschehen, im biorhythmischen Geschehen, im Wirken des Schicksals, im Jahresablauf usw.

Das Unbewußte sucht sich also in einer bestimmten Zeitqualität seinen Gegenpol, seine Gegenqualität, und erfüllt das bisher Nichtbeachtete gemäß dem Gesetz der Anziehung des Gegenpols (Polaritätsgesetz) mit Aufmerksamkeit. Somit zeigt biorhythmisches Geschehen das Wirken des *karmischen Gesetzes*, es kann daher als Schiene des karmischen Wirkens angesehen werden.

Jeder Kontrast, ja jede Veränderung schärft und erhöht das Bewußtsein. Der scheinbare, in bestimmter Art auftretende Gegensatz von Subjekt und Objekt wird gespürt und bewußt. Das Unbewußte bedient sich zum Bewußtwerden also der karmischen Schiene, der Qualität der Zeit und ihrer Gegenqualität in der Spannung zwischen Schöpfer und Schöpfung, Fülle und Leere, Teil und Ganzem, Mangelhaftem und diesen Mangel Auffüllendem. Die Gegensätze werden, um überwunden, d. h. aufgefüllt und integriert werden zu können, unbewußt gesucht und gewollt *(M)*, werden gefühlt *(W)* und im Erkennen *(I)* der Bewußtheit einverleibt und abgelegt. Biorhythmisches Geschehen spielt sich normalerweise größtenteils im Unbewußten ab, führt zur Bewußtwerdung und anschließend zur Deponierung mit gleichzeitiger Erweiterung bzw. Abänderung und Anpassung des bestehenden Programms. Solange Sehnsucht existiert, also zur Vollständigkeit fehlende Teile da sind, die noch nicht integriert wurden, solange wird unsere Aufmerksamkeit immer wieder auf die Welt der Erscheinungen gelenkt. Erst der Vollkommene lebt im Zustand innerer Ruhe, da es keinerlei Reize mehr gibt, die seine Aufmerksamkeit vom Zustand des vollbewußten und glückseligen Seins ablenken können. Warum sollte er auch die Fülle für ein Detail tauschen wollen, das in der Fülle ohnehin enthalten ist? Innere Ruhe, Gelassenheit (das Lassen-Können) und inneres Gleichgewicht sowie Glücksgefühl sind also Ausdruck des Nachlassens der Wirkung der negativen Kraft, da an ihre Stelle die positive Kraft des höheren Bewußtseins getreten ist. Im Bereiche des Magnetismus könnte man formulieren: Beim Menschen als komplexem Magnetfeld sagt seine Polung aus, ob und was er (aktiv) bzw. ihn (passiv) anzieht oder abstößt.

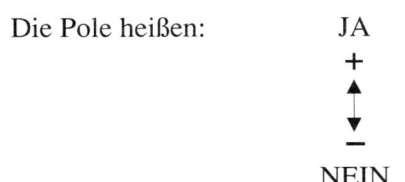

Die Pole heißen: JA
                    +
                    ▲
                    ▼
                    −
                    NEIN

Diese Polung als Einstellung tritt in allen 3 Elementen zutage:

Wollen $\begin{cases} + \text{ Wille, Macht} \\ - \text{ Trieb} \end{cases}$

Fühlen $\begin{cases} + \text{ Lust} \\ - \text{ Unlust} \end{cases}$

Erkennen $\begin{cases} + \text{ Weisheit} \\ - \text{ Sinnesempfindung} \end{cases}$

Die Gesamtsituation wird durch die ihr innewohnende Harmonie beschrieben, welcher ein Gesetz zugrunde liegt. In diesem Gesetz zeigt sich der *Meister* in uns. Im Reifen werden wir ruhiger, wir schwingen im Einklang mit den meisten Schwingungen. Wir lernen, die erregenden Kräfte auf eine höhere Ebene zu heben und dort zu neutralisieren, wodurch Harmonisierung entsteht. Wir lernen, wie wir im gesamten, uns zur Verfügung stehenden Rhythmenspektrum bewußt jene Frequenzen auswählen, die für uns gerade förderlich sind. Wir lernen, unser Wollen, unsere Emotionen und Gedanken zu beherrschen. Erst dann werden wir spannungsfrei, bisher unvereinbare Gegensatzpaare vereinigen sich, die positive Ladung, die Fülle überwiegt.

Voraussetzung für das Fließen-lassen-Können göttlicher Kräfte ist, daß der Kanal, das Gefäß rein, nicht verstopft ist und daß nacheinander, wie es der Qualität der Zeit entspricht, an uns herangelassen wird, was immer um, und zugelassen wird, was immer in uns als Problem auftaucht. Im Dagegen-Angehen werden Kräfte vergeudet, entstehen Spannungen, da das nicht Zugelassene zur Offenbarung drängt, es werden die Chancen des Lebens verpaßt und somit sofort neue Konsequenzen auf- statt die alten abgebaut.

Mit anderen Worten: Nicht die Dinge selbst oder unsere Vorstellungen von den Dingen sind zu ändern, da sie dem Gesetz ihrer Zeit gehorchend in unser Bewußtsein treten, sondern unsere Einstellung zu den Dingen. Es zeigt sich darin unsere Meisterschaft, daß wir unsere Einstellung den Dingen gegenüber überprüfen (denn diese ändern sich nach *ihrem* Gesetz, egal, wie auch immer wir zu ihnen stehen), indem wir die Aufmerksamkeit von den Dingen abziehen. Indem wir sie nun auf einer höheren gedanklich-vernünftigen Ebene verarbeiten, können wir ihren Sinn, ihr Prinzip erkennen und verhindern, daß dieses sich ausmaterialisiert und uns krank macht.

Die natürliche Neigung, ausgedrückt durch Polung und Ladung, wird „kultiviert" durch gleiche Polung mit gleich starker Ladung auf einer höheren Ebene. Sie wird durch dieses *Simile*-Prinzip dadurch ihrer Wirkung „ent-hoben". Wir werden im Kapitel über Harmonie noch genauer darauf eingehen. Stehen ausgewogene Kräfteverhältnisse zur Verfügung, ist der Mensch in Harmonie. Läßt er aber dazu noch willentlich die ihrem Wesen nach göttlichen Kräfte durch sich fließen und wird dadurch fähig, sie verantwortungsbewußt zu gebrauchen, wird der Mensch zum Erfüllten, zum Heiligen und Heilenden, und schließlich zum Vollkommenen.

Nach den bisherigen Ausführungen lassen sich der *Sinn und die Aufgabe der PDR* klar umreißen:
1. Erkennen der physiologischen und psychologischen Abläufe, der Steuermechanismen und ihrer elementaren Ursachen.
2. Erkenntnis der Ursachen und Wirkungen von Harmonie und Disharmonie.
3. Verwendung als Programm zur Erlangung und Stabilisierung des inneren Gleichgewichts.

Im Erleben der permanenten Veränderungen und in bewußter Einstimmung auf die jeweilige Konstellation übt sich der Mensch in der Zentrierung und Erkenntnis des Gleichbleibenden über aller Veränderung. Er erlangt Harmonie im Wollen und Streben, in seinen Neigungen und Bedürfnissen, im Gebrauch und der Überwindung all dessen, was ihn täglich neu aus dem Gleichgewicht zu werfen droht. Diese Harmonie wirkt sich aus in den Körperfunktionen, in seinem Gemütszustand und schließlich in seinem Schicksal, dessen Beherrscher er wird.

Sie werden bemerkt haben, daß die Ausführungen in diesem Buche selbst rhythmischen Schwankungen unterliegen. Immer wieder werden die Ebenen zwischen materiell und spirituell, zwischen esoterisch und exoterisch, zwischen endogen und exogen gewechselt, in der Absicht, durch rhythmische Wiederholungen auf immer anderem Niveau eine bewußte Einprägung zu erzielen.

Es bestehen nun prinzipiell 2 Möglichkeiten, das biorhythmische Geschehen zu betrachten:
Die *quantitative* Betrachtung von Willenskraft, Erkenntnishöhe und Gefühlstiefe in ihrem extravertierten Wirken für das äußerliche Leben und die *qualitative* Betrachtung der graduellen Unterschiede entsprechend der Qualität der Zeit für das innere Leben.
Ohne Bewegung, Abwechslung, Wiederholung bzw. symmetrische Spiegelung würde kein Leben, also auch kein Bewußtseinsleben, möglich sein. Auch für alles Organische gilt das Gesetz, daß, je häufiger eine Funktion abläuft, sie um so leichter vonstatten geht.

Fahren wir wiederum fort in der Betrachtung unseres Bewußtseins:
Die *Empfindungen* als niederste Erkenntniselemente entsprechen einem physiologischen Zustand unseres Gehirns durch *Beziehen* (Angezogenwerden) auf Dinge.

Dieser Zustand ist subjektiven Veränderungen unterworfen, auch wenn die Dinge und Beziehungen objektiv gleichbleiben. Diese Veränderungen sind beobachtbar, erfahrbar und zeigen sich in einem 33tägigen Rhythmus.

Sinnesempfindungen sind passiv und enthalten, wie auch alle Vorstellungen, Gedanken und Erinnerungen, stets einen Gefühlsanteil.

Erkenntnis aber als höhere Form ist gepaart mit aktivem Wollen (Aufmerksamkeit). *Denken* ist Sache des Willens als aktives Vergleichen, das mit Aufmerksamkeit versehen ist.

Erkenntnisse sind *peripher*, während Gefühle *zentral* sind. Im Augenblick hoher Konzentration wie auch der Gefahr sind Wille, Gefühl und Gedanken stark gleichzeitig tätig (man hat alle Sinne beisammen).

Wenn hin und her *überlegt* wird, gehen wertvolle Zeit und Energie verloren, die sonst der Reaktion zur Verfügung stünden.

Vorstellungen sind reproduzierte und *Wahrnehmungen* zusammengesetzte Empfindungen.

Bei *Assoziationen* (Weiterschreiten von Bewußtseinsinhalten nach bestimmten Gesetzen) und Empfindungen verhalten wir uns nie ganz passiv, da wir *Aufmerksamkeit* einsetzen. Die Aufmerksamkeit wird durch das *Interesse* bestimmt. Dies ist wiederum abhängig von Stärke (Amplitude) und Affinität (Frequenz) eines Reizes bzw. Geschehens.

Beziehungen der 3 Bewußtseinselemente zueinander

Eine weitere Abhängigkeit kann man gesetzmäßig aufzeigen:

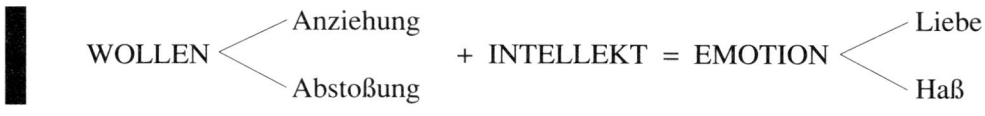

$$\text{WOLLEN} \begin{cases} \text{Anziehung} \\ \text{Abstoßung} \end{cases} + \text{INTELLEKT} = \text{EMOTION} \begin{cases} \text{Liebe} \\ \text{Haß} \end{cases}$$

Liebe	**Beziehungen**	**Haß**
Verehrung	vom Niederen zum Höheren	Furcht
Hilfsbereitschaft	unter Gleichgestellten	Schadenwollen
Wohlwollen	vom Höheren zum Niederen	Verachtung
Einheit		Trennung

Die umseitige Formel findet ihre Bestätigung in biorhythmischen Größen:

$$R_W = \frac{R_M + R_I}{2}, \quad 28 = \frac{23 + 33}{2}$$

Die Frequenzdauer von 23/28/33 Tagen läßt auch noch andere Zusammenhänge erkennen:

Je höher die Frequenz, desto höher ist ihre Durchdringungsfähigkeit. Die höchste Frequenz von OM durchdringt daher alles. Jedes Erkennen folgt einer Reihung: 23 (der Wille) ist das Ursprüngliche, steht am Anfang; die 33 (die Erkenntnis) steht am Ende, dazwischen liegt die 28 (das Gefühl). Erkenntnis führt zuerst über das unbewußte Wollen (abwärts, nach außen gerichtet) und über das Fühlen des Gewollten. Erkenntnis ist der Vorgang, der das Außen hereinnimmt, das gefühlt wurde. Die Differenz ist jeweils 5. Sie entspricht der positiven bzw. negativen Seite des Gemütes als Anziehung und Abstoßung und äußert sich in den 5 Tattwas in Stimmungen, Temperament, künstlerischem Empfinden oder als Lebensbejahung. Negative Färbungen (nicht im Sinne von schlecht zu verstehen, sondern nach außen gerichtet) führen zu Handlungen. Positive Färbungen (nach innen gerichtet) führen zum Erkennen.

Wunsch + Farbe = Gefühl			Gefühl + Farbe = Erkenntnis		
23 + 5 = 28			28 + 5 = 33		
Gedanke → Gefühl →					Handlung
33 − 5 = 28			28 − 5 = 23		

M ⟶ W ⟶ I = Input
I ⟶ W ⟶ M = Output

M ist das fundamentalste Bewußtseinselement. Voraussetzung ist immer Kraft, damit alle Elemente zusammen einheitliches Bewußtsein bilden können.

Somit ergibt sich eine einheitliche Drehrichtung (im gesamten Kosmos ist die Drehrichtung nach rechts vorherrschend):

RECHTSDREHUNG Abb. 26

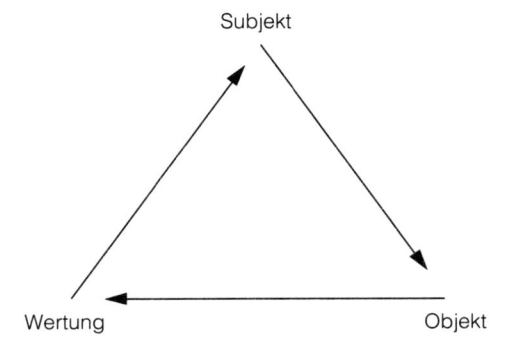

Subjekt
Wertung
Objekt

Welche Bedeutung hat es noch, daß M um 21,7 % öfter schwingt als W und um 43,5 % öfter als I und daß W um 17,9 % öfter schwingt als I?

Die Entwicklung des Menschen spielt sich in 2 prinzipiellen Phasen ab:

1. Die Entwicklung in der Welt erfolgt durch Erfassen der Welt mit den Sinnen (Kindheitsphase), Erfahren der Welt mit den Gemütskräften (Pubertätsphase) und Erobern der Welt mit den Willenskräften (Erwachsenenphase).
2. Die spirituelle Entwicklung erfolgt ähnlich, aber nach „oben", und zwar durch rechtes Denken, rechtes Fühlen und rechtes Handeln.

Der Eigenwille des Menschen hat ihn ursprünglich aus der Einheit geworfen, das willentliche Erlangen der Ganzheit ist daher das vordringlichste Problem. Steht erst einmal der Wille im Dienste der Entwicklung, ist das weitere Fortschreiten nicht mehr so schwer.

Es liegt also im häufigeren Schwingen von M während eines Lebens nicht nur mehr Potenz infolge seiner höheren Frequenz, sondern auch mehr Wiederholungsmöglichkeit zur siegreichen Willensmeisterung.

Somit wird das Modell des 7armigen Leuchters zum Entwicklungsmodell:

ENTWICKLUNGSMODELL NACH DEM 7ARMIGEN LEUCHTER

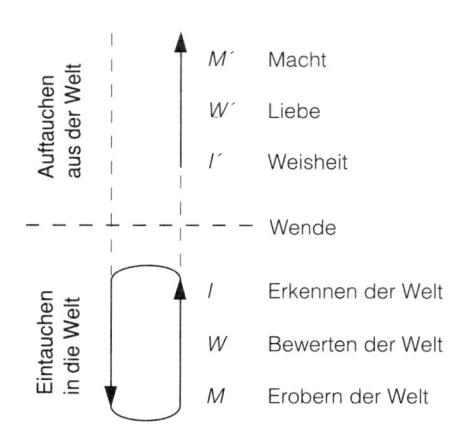

Auftauchen aus der Welt:
- M' — Macht
- W' — Liebe
- I' — Weisheit

– – – – Wende – – – –

Eintauchen in die Welt:
- I — Erkennen der Welt
- W — Bewerten der Welt
- M — Erobern der Welt

Abb. 27

Am Anfang des Bewußtseinslebens steht der *Reiz* als Empfindung einer Änderung. Nach sehr kurzer Zeit, fast augenblicklich erfolgt die Bewegung, spontan oder als Reflex. Später erfolgt eine *Dämpfung*, bevor reagiert wird. Es wird überlegt, nachgedacht, verglichen, gemessen mittels Energieeinsatz, Organisation und Zeit. Es bedarf dieser Vorgang der Dämpfung des Vorhandenseins eines *Egobewußtseins*.

Zuerst sind alle Bewegungen unwillkürlich, werden erst später mehr oder minder vom Willen beherrscht und gelenkt.

Unwillkürliche Bewegungen können sein:
spontan: Es treten Empfindungen von Unruhe bzw. Drang nach Bewegung und Lustgefühl nach der Bewegung auf.
Reflexe: Stets treten dem Reiz entsprechende Empfindungen auf.
Instinktbewegungen: Der Auslöser ist ein Reiz. Hier treten starke Empfindungen des Dranges zusammen mit einem starken Lustgefühl auf. Instinktbewegungen sind zweckgerichtet.
Ein **Trieb** beinhaltet einen durch die Vorstellung vom Zweck gelenkten Tätigkeitsdrang. Die Vorstellung setzt das Gemüt in gewisse Richtung in Bewegung.
Leidenschaft enthält wenig Gedankenelemente bei heftigem Gefühl.

Im Alter fallen die zuletzt erworbenen differenzierten und kompliziert zusammengesetzten Bewußtseinszustände zuerst weg, und Trieb, Instinkte bzw. Reflexe bleiben übrig.

Egoismus (Reflexionssucht) und *Sentimentalität* bilden die Schattenseiten der psychologischen Differenzierung.

Einteilung des Bewußtseins, Entwicklung

Eine Einteilung des Bewußtseins kann erfolgen hinsichtlich der

I. **Breite** – die 3 Elemente (Analogie-Ebenen),
II. **Höhe** – nach der Entwicklung bzw. Differenziertheit (Analogiereihen)
   1. unwillkürlich → willkürlich
   2. spontan → zweckgerichtet → überlegt
   3. ältere Erinnerungen → jüngere Erinnerungen
   4. Gewohnheiten, eingeübte Vorstellungen → Urteilskraft, Phantasie
   5. Schlaf → Wachsein
   6. Geprägt werden von der Umwelt → Prägen der Umwelt.

Die Entwicklung des Bewußtseins hinsichtlich seiner Höhe ist abhängig im weiteren Sinn von *Aktivität*, im engeren Sinn von der *Fähigkeit*, willkürlich zu handeln und die Wahl zu treffen.
Das Gesetz der Bewußtseinsentwicklung liegt im rhythmischen Geschehen. Das Bewußtsein bildet sich aus der Beleuchtung der durch das Interesse ausgewählten schwingenden Atome, die einer ganz bestimmten Organisation unterstehen.

Anziehung und Abstoßung halten sich im Ich (Selbst = Chitta, im Gefühl des Getrenntseins wird dieses zum Ego) das Gleichgewicht. Auf der Ebene des Ich tritt die Polarität in Erscheinung als Manas (Sinnesbewußtsein) und Buddhi (Vernunft), durchdrungen mit Lust und Unlust. Im Pendeln zwischen diesen beiden polaren Achsen entsteht Bewußtsein.

Das menschliche Wollen, Fühlen und Denken als Repräsentanten der 3 Prinzipien des Selbst auf der Bewußtseinsebene ist daher im vermeintlich „getrennten" Ego dem Wandel unterworfen, wobei deren waagrechte Tätigkeit senkrecht als Bewußtseinshöhe in Erscheinung tritt.

STELLUNG VOM HÖHEREN ZUM NIEDEREN SELBST Abb. 28

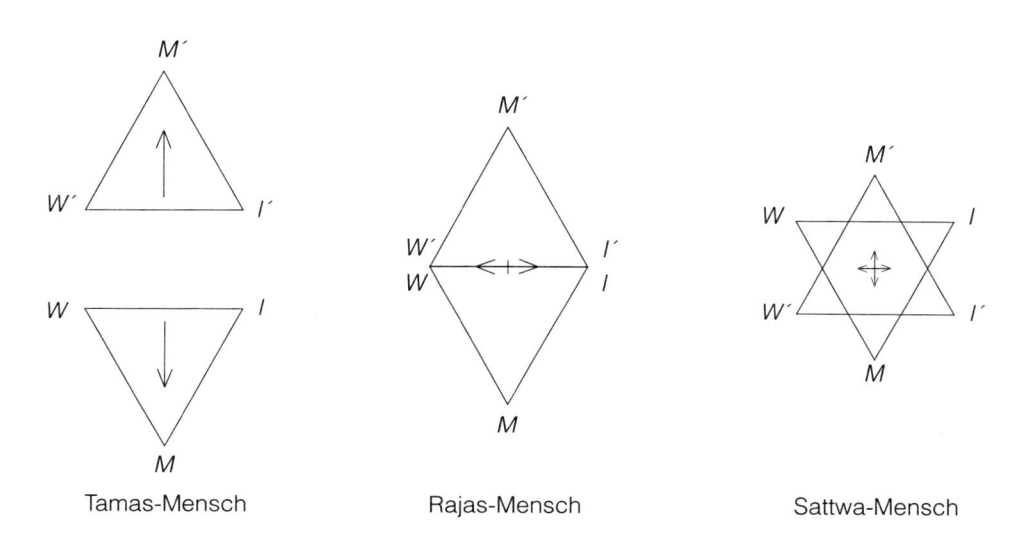

Tamas-Mensch   Rajas-Mensch   Sattwa-Mensch

Im voll entwickelten Bewußtsein führen waagrechtes Erfahren und senkrechtes Innesein gemeinsam zum 3dimensionalen, sphärisch-kosmischen, holistischen (ganzheitlichen) Durchblickbewußtsein.

Entsprechend der Entwicklung des Bewußtseins läuft die Entwicklung der *Hirnteile* und *Nervengeflechte* mit den Chakras. Die Steuerung der Reflexe erfolgt im *Rückenmark* und im *Kleinhirn*. Die empfangenen Reize werden durch *afferente* Nervenfasern (einwärtsgehend) zu Ganglien geführt, gebremst und setzen per *efferente* (auswärtsgehende) Nervenfasern Muskeln in Bewegung. Interessant in diesem Zusammenhang ist die der Abstoßung bzw. Anziehung entgegengesetzte Richtung der Weiterleitung durch die Nerven. Ebenfalls verkehrt wirken ja die beiden Hirnhälften *(Hemisphären)* in der Außenwelt. So wirkt die linke Hemisphäre in der rechten Körperhälfte und die rechte in der linken Hälfte. Das Äußere tritt – wie sooft – als Spiegelung des Inneren in Erscheinung.

Alle *Initiative* sitzt im *Mittelhirn*. Willkürliche Bewegungen erfolgen nur über das *Großhirn*.

So haben wir auch hier eine 3-Teilung: Kleinhirn – Mittelhirn – Großhirn.

Vegetative Funktionen sind unwillkürlich, können aber durch das Großhirn beeinflußt werden. Ihr Nervenzentrum ist der *Vagus*. Die vegetativen Funktionen arbeiten weitgehend selbständig (sie unterstehen dem Mond-Prinzip).

Zuletzt noch eine wesentliche Definition:

- **M** als Wille entspricht der energetischen Komponente der Seele(des Wesens),
- **W** als Gefühl entspricht der qualitativen Komponente der Seele, und
- **I** als Erkennen entspricht der strukturierenden Komponente der Seele.

GLIEDERUNG VON $\widehat{MWI}$

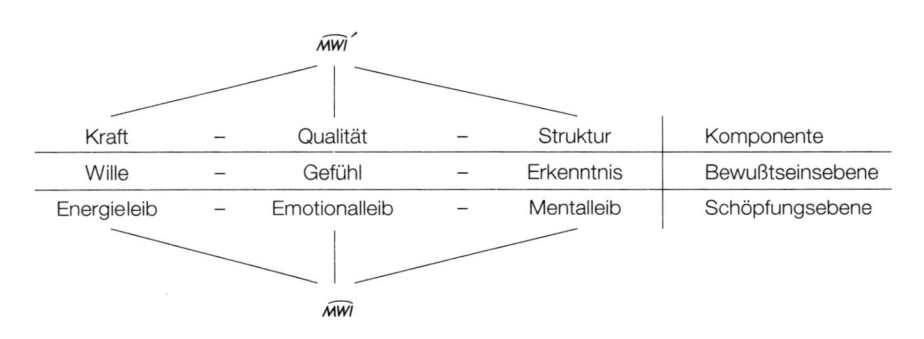

Kraft	Qualität	Struktur	Komponente
Wille	Gefühl	Erkenntnis	Bewußtseinsebene
Energieleib	Emotionalleib	Mentalleib	Schöpfungsebene

Abb. 29

Sekundärrhythmen?

Einige Biorhythmiker behaupten, daß neben dem Schwingen der 3 elementaren Rhythmen auch noch ein *Sekundärrhythmus* beobachtet werden könne: Und zwar schwingen nach dieser Theorie an jedem Geburtstag des Menschen alle 3 Rhythmen neu an und bilden wiederum eine zusätzliche 2. Ebene von Aussagemöglichkeiten in bezug auf „kritische" Tage, die diesem Sekundärrhythmus zugeordnet werden können. Diese Theorie bedient sich der Tatsache, daß die Sonne an einem bestimmten Tag des Jahres und dessen Wiederkehr dieselbe Qualität, d. h. Stellung zur Erdachse, aufweist. An sich ist dieser Gedanke richtig, nur vergißt man dabei, daß alle Planeten zusammen erst eine spezifische Qualität zu einem bestimmten Zeitpunkt anzeigen, wobei diese aber nach einem Jahr völlig anders zur Erde und zur Sonne stehen und somit eine völlig andere Wirksituation ergeben. Sicherlich war der Wunsch nach differenzierteren Aussagemöglichkeiten darin begründet, daß mit den 3 elementaren „körperlichen" Schwingungen allein nicht alle Phänomene ausreichend beschrieben werden konnten, ja daß – allen „Hochphasen" zum Trotz – Ungleichgewichtszustände und Störungen beinahe „willkürlich" auftauchten. Man kannte zu dieser Zeit noch nicht das Wirken der zusammengesetzten biorhythmischen Schwingungen und fand in der Theorie der Sekundärrhythmen ausreichende Erklärung.

Doch der kritische Geist fragt ganz bescheiden:
1. Woher weiß der Sekundärrhythmus, daß er in Schaltjahren noch einen Tag zuwarten muß?
2. Was geschieht nach diesem Jahr mit dem ersten Sekundärrhythmus? Er kann sich ja nicht im Nichts auflösen, dazu müßte ja ein gegengepolter Rhythmus auftreten. Doch statt dessen tritt am nächsten Geburtstag wiederum ein neuer „Sekundär"-, diesmal ein „Tertiärrhythmus" auf, der nach 365 Tagen zum ersteren plus 20 Tage bei M, minus 1 Tag bei W und minus 2 Tage bei I Abstand aufweist, also keineswegs den ersteren aufhebt. Beim nächstenmal tritt wiederum ein „Quartärrhythmus" in Erscheinung, und mit der Zeit haben wir einen wahren Schwingungssalat, so daß unweigerlich jeder beliebige Tag zum „kritischen" wird. Dies mag ein einfaches Beispiel zeigen: Wenn wir in einen Teich nacheinander und in regelmäßigen Abständen kleine Steinchen werfen, so pflanzen sich die Wellen des ersten ohne Rücksicht auf die der nächsten Steinchen fort. Es bildet sich schließlich dieser „Wellensalat".

Diese Fragen wurden offenbar nicht gestellt, sonst wäre es nicht möglich, daß sich diese haarsträubende Theorie bis heute hartnäckig in allen möglichen „Grundsatzwerken" der Biorhythmik behaupten konnte. Ja, es gibt sogar Biorhythmiker, die sich, um sich von der Masse der gewöhnlichen abzuheben, in ihrer Werbung auf diesen Unsinn berufen, der angeblich viel genauere und differenziertere Aussagen hergeben soll. Es sind diejenigen, die sich mangels eigener Erkenntnisse mit fremden, noch dazu falschen Federn schmücken und die ein öffentliches Operationsfeld und wissenschaftliche Anerkennung brauchen.

Viele Biorhythmiker umgeben sich mit dem Mantel des Expertentums, des Besonderen, ja sogar des Mystischen (von welchem sie allerdings nicht die geringste

Ahnung haben), um auf diese Weise Ansehen und Anerkennung zu erheischen, die ihnen sonst versagt bliebe. Es entspringt ihrer niederen Gesinnung, die Biorhythmik als ein Instrument der Überlegenheit über andere zu mißbrauchen.

Man muß, um religiös zu *sein*, keinen Pfarrer *haben*, man braucht keine Mediziner, um gesund zu sein (man glaubt höchstens, ihre „Kunst" zu brauchen, wenn man krank, also aus dem Gleichgewicht ist). Und man braucht keine Biorhythmiker als neue Mitglieder einer Kategorie von „Weiß"- oder „Schwarzkitteln". Biorhythmus spielt sich in jedem Menschen ab, ist seine ureigenste Energieuhr, das Programm seines *inneren Meisters*, kann von jedem erlebt und verstanden werden und bedarf nicht der Deutung von selbsternannten Experten gegen Honorar. Ich verstehe schon, daß es reizvoll sein kann, mit der Kunst des Biorhythmisierens leichtes Geld zu verdienen, das man Unwissenden als „Wissender" relativ glatt abknöpfen kann. Wie leicht kann hier die Grenze zur Scharlatanerie überschritten werden! Wer wirklich tiefe Einblicke in die psychodynamische Rhythmenlehre hat, hat sich auch den Gesetzen des Ewigen Geistes vorab unterworfen und wendet sie gegenüber seinen Mitmenschen selbstlos und bedingungslos an.

Letztlich soll aber die Beschäftigung mit der psychodynamischen Rhythmenlehre doch vor allem den Suchenden und Wissensdurstigen helfen, mit der Natur, den Mitmenschen und mit sich selbst ins rechte Gleichgewicht zu kommen, leistungsstark und gesund zu werden und zu bleiben und damit Mittel zu sparen – nicht beim Fenster hinauszuwerfen!

Nun noch ein paar Worte zum Thema „Asynchronität" zwischen biorhythmischen Kurven und biorhythmischem Geschehen (also zwischen Soll und Ist):

In einem Buche eines „seriösen" Biorhythmikers und Astrologen steht zu lesen: „Wenn jemand feststellt, daß seine Kurven nicht im Einklang mit Geschehnissen stehen, mit denen sie übereinstimmen müßten, der erforsche sich einmal, ob er im Sinne der Naturgesetze lebt oder ob er in seiner Wesenheit disharmonisch ist."

Nun – mit diesem Gedanken können ich und viele mit mir sich nicht so recht anfreunden. Hier macht es sich der Autor zu leicht: Wenn also eine Ausnahme einer Regel auftritt, dann kann seiner Meinung nach nicht die Regel unvollständig oder falsch sein, sondern der Beobachter trägt an der Ausnahme allein die Schuld! Hier wird etwas mit Gewalt passend gemacht, auch wenn es nicht paßt. Dabei zeigt sich doch, daß die aufgestellten Regeln disharmonisch sind, wodurch eben erst Ausnahmen aufscheinen konnten. Man sollte den kritischen Beobachtern, die das Nichtpassende erkannten, dankbar sein, statt sie als disharmonisch abzuqualifizieren! Nach dem Motto: Gott läßt seine Sonne über Gerechte und Ungerechte scheinen, gilt sinngemäß: Die Gesetze der Biorhythmik haben für Harmonische und Disharmonische gleicherweise zu gelten!

Nun, jedenfalls versuchte man des öfteren, die „Ausnahmen von der Regel" mit untauglichen Theorien zu erklären. Wenn dies nichts hilft, tröstet man sich meistens mit dem Satz, daß Ausnahmen doch nur die Regel bestätigen. Meiner bescheidenen Meinung nach zeigen diese Ausnahmen aber an, daß die aufgestellte Regel nicht alle

Einzelheiten umfaßte und daher nicht dem innewohnenden Gesetz entspricht. Ein natürliches und daher seiner Herkunft nach geistiges, ja göttliches Gesetz kennt keine Ausnahme, sondern umfaßt prinzipiell alle Fälle. Die Anzahl der Ausnahmen zeigt den Grad der Nichterkenntnis der Gesetze an. Durch herkömmliche Theorien über den Biorhythmus nicht erklärbare Ereignisse zeigen doch nur die Unkenntnis der wahren Zusammenhänge auf und führen zwangsläufig zu falschen Interpretationen. Man beachtete eben bisher kaum, daß die 3 Rhythmenelemente nicht nur für sich allein, sondern in ihrem Zusammenwirken als Regelprogramm für die Funktionen und die Harmonie auftreten. Erst dann werden alle Ausnahmen einer Erklärung zuführbar, und die Bandbreite der Interpretationsmöglichkeiten wird größer, eine genauere Gliederung bzw. Zuordnungsmöglichkeit der Ereignisse ist die Folge.

Das gemeinsame und gleichzeitige Zusammenwirken der 3 Bewußtseinselemente wurde selbstverständlich im psychologischen Bereich erforscht, und ihre gegenseitigen Abhängigkeiten wurden gesetzmäßig erfaßt.

Ständig wird das „Äußere" von uns in Form von Schwingungen hereingenommen und erzeugt in uns Resonanzen, auf die wir reagieren. Wir sprechen von *Umweltfaktoren* (dabei sind es Innenwelt-Resonanzfaktoren) und unterscheiden dabei unter:

1. äußeren	Jahreszeiten
	geographische Lage
	Tag und Nacht
	magnetische Felder
	Wetter
	Wasseradern usw.
2. integrierenden	Nahrung
	Sinneseindrücke
3. zwischenmenschlichen	Sympathie/Antipathie
	Motivation
	Gefühlsäußerungen
	Worte und Reden
	Bücher und Informationen
4. höheren	kosmische
	spirituelle.

Diese Faktoren sind selbst polarem Wandel unterworfen, erscheinen manchmal stabil (z. B. der Wohnort) oder schwanken nur entsprechend ihrer Größe und Qualität (Aufmerksamkeit, Faszination, Ausdehnung, Tiefe).

Die seelischen Elemente des Wollens, Denkens und Fühlens sind nur stabil in bezug auf den ständig erfolgenden und beobachtbaren Tendenzwechsel, sonst schwanken sie ständig in ihrer Intensität und Qualität.

Die Frequenzen von Planeten und Gestirnen erscheinen uns als relativ konstant bzw. ändern sich für uns so langsam, daß sie von uns kaum registriert werden.

Das Rhythmusmodell

Die verschiedenen Schwingungsarten

Hinsichtlich ihrer *räumlichen Ausdehnung* kann man zwischen
– eindimensionalen,
– zweidimensionalen und
– dreidimensionalen Schwingungen unterscheiden,
hinsichtlich ihrer *Frequenz* kann man sie in
– hochfrequente und
– niederfrequente Schwingungen einteilen,
bezüglich ihrer *Amplitude* spricht man von
– schwachen oder
– starken Schwingungen,
in bezug auf das *Koordinatensystem* teilt man sie in
– lineare Schwingungen,
– Sinusschwingungen,
– zyklische (Kreis-)Schwingungen und
– sphärische Schwingungen ein,
wenn man ihren *Ablauf* beobachtet, kann man zwischen
– gleichmäßigen und schwankenden sowie
– dauernden und zeitlich begrenzten Schwingungen unterscheiden, schließlich kann man noch nach ihrer *Zusammensetzung*
– einfache, reine und
– zusammengesetzte Schwingungen aufzählen.

Die *einfachste Schwingung* ist die eindimensionale, wie sie bei einem Stahlfederpendel auftritt. Es ist die klassische Form des direkten Nacheinander-Aufsuchens zweier Pole, dem Pol der Ruhe (–), Latenz, und dem Pol der Spannung bzw. Potenz (+). Sie entspricht der Zahl 2.

DAS ZUGFEDERPENDEL *Abb. 30*

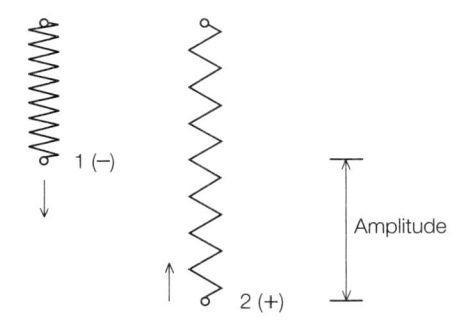

Die zweidimensionalen Schwingungen

Die einfachste Form ergibt die *Pendelschwingung*.

DIE PENDELSCHWINGUNG *Abb. 31*

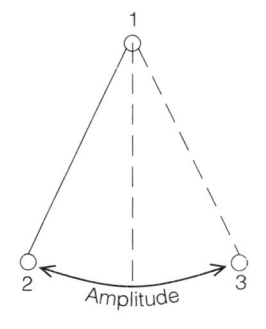

Sie setzt Schwerkraft voraus und ist an einem Punkte zentriert. Hier zeigt sich deutlich das Gesetz des Wandelns, des Hin- und Herschwingens zwischen 2 Polen, wobei man nicht mehr eine Wertigkeit bzw. Rangfolge der beiden Pole vornehmen kann, da sie beide gleichermaßen vom Zentrum abhängig sind. Beide sind gleich weit vom Mittelpunkt entfernt, sind also ein Gegensatzpaar, das die Ruhe nicht kennt und zuläßt und die Zeit gebiert.

Stellt also die eindimensionale Schwingung das Erscheinen in der Welt und Ausdehnung, also Schöpfung dar, so zeigt die zweidimensionale Schwingung bereits die Achse des Gewahrwerdens, der Zeit. Es entsteht aus der 2 die 3 und somit Aktivität, Leben, das einer stetigen Änderung unterworfen ist (der frühe Himmel des I-GING), einer immerwährenden Umwandlung in sein Gegenteil.

Das Kreismodell, der Einheitskreis

Wir verwenden hier nicht die östliche Anordnung, sondern die unserem wissenschaftlichen Denken nähere Positionierung der Elemente als Jahreszeiten.

Entsprechungen					sin	cos
Sommer	– Luft	⚌	ruhendes, altes Yang	– Reife	+ 1	0
Herbst	– Wasser	⚍	bewegtes, junges Yin	– Verfall	0	– 1
Winter	– Erde	⚏	altes, ruhendes Yin	– Sammlung	– 1	0
Frühling	– Feuer	⚎	bewegtes, junges Yang	– Wachstum	0	+ 1

Zustand: sin + = Fülle
cos – = Leere   ↕ Raumelement, Schöpfung

Tätigkeit: cos + = Aufstiegsphase, Füllung
cos – = Abstiegsphase, Leerung   ↔ Zeitelement, Wandlung

cos = + 1   Umpolungspunkt, Impulspunkt, Platz des Beginns (♈)
cos = – 1   Umpolungspunkt, Wendepunkt, Platz des Ausgleichs (♎)
sin = + 1   Platz der schöpferischen Kraft und Fülle (♋)
sin = – 1   Platz der Ruhe, Sammlung, Erholung (♑)

sin = Ladungsgröße, Primärkraft, Potenz
cos = Ladungsdynamik, Vitalität, Impulsivität, Durchflußgröße

DER EINHEITSKREIS

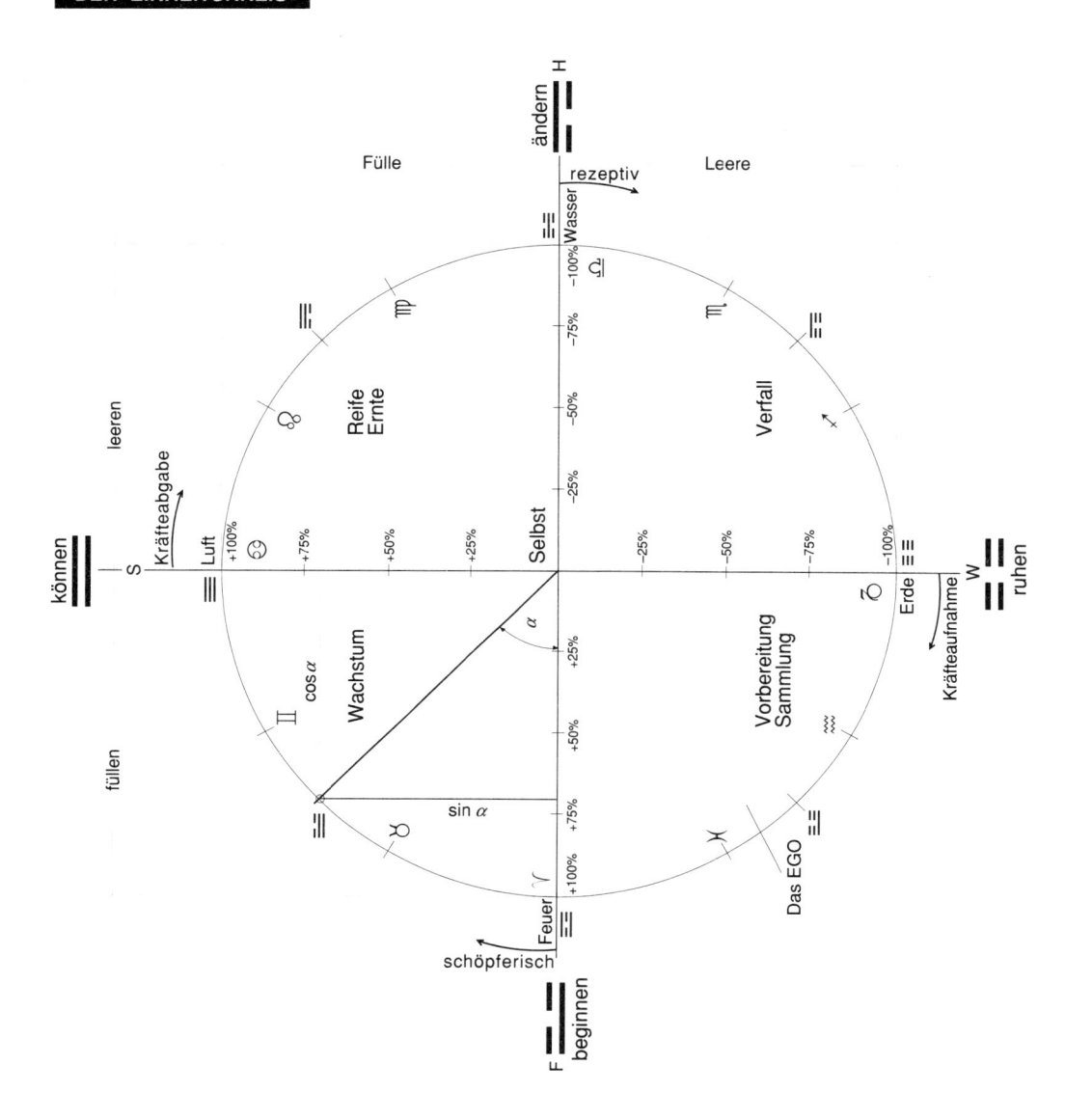

Abb. 32

In der zyklischen Schwingung zeigt sich das Gesetz der Veränderung, der Entwicklung. Sie ist in einem Zentrum, einem Zeit- und Ausdehnungslosen, einem beobachtenden ICH zentriert.

Es ergeben sich 4 Pole, wobei je 2 einander gegenüberliegende einem Polaritätspaar entsprechen:

S – Fülle $\Big\}$ Raum
W – Leere
F – Beginn $\Big\}$ Zeit
H – Wende

Diese Schwingung zeigt sich in der ganzen Schöpfung und stellt den „Späten Himmel" des I-GING dar. In diesem Modell lassen sich alle Tierkreiszeichen wie auch die 8 Urkräfte des I-GING positionieren.

Die 4 ist die Zahl dieser Schwingung. Das Leben tritt hier in einer zweifach gebundenen Form auf. Zur senkrechten kommt die waagrechte Achse, zur Amplitude ($r = 1$) tritt die Frequenz, zur Potenz tritt die Dynamik. Es ist das Modell des Ur-Atoms, wobei der Abstand des sich peripher Bewegenden (rechts herum) zum Zentrum nur im Prinzipienmodell unveränderlich gleichbleibt. Im Leben ändern sich durch das Entwicklungsgeschehen aber dieser Abstand und die Geschwindigkeit der Bewegung permanent, wie wir es auch später noch im Kreisen der Gesamtfunktion sehen werden.

Es entstehen also immer neue, auf den jeweiligen Moment bezogene individuelle Kreisbewegungen, ähnlich wie unsere Teilerkenntnis der Einheit ebenfalls ständigen Schwankungen unterworfen ist.

Für die Erkenntnis des Prinzipiellen und damit Unveränderlichen freilich sind die Betrachtungen des Modells des Einheitskreises als einzige zielführend.

Die Pole und das Zentrum bilden die Ansatzpunkte für die 5 Tattwas, wobei

F   dem Tejas-Tattwa (Feuer),
S   dem Vaju-Tattwa (Luft),
H   dem Apas-Tattwa (Wasser),
W   dem Prithivi-Tattwa (Erde) und das
Zentrum dem Akasha-Tattwa (Äther), der Quintessenz, entspricht.

Somit können im biorhythmischen Geschehen z. B. die Temperamente und Stimmungslagen lokalisiert werden. Die Tattwas schwingen senkrecht zum Einheitskreis (Ur-Atom) und bilden somit eine Dreidimensionalität, einen Körper, den Kausalkörper. Auch die Wissenschaft erklärt uns, daß elektrische Ströme senkrecht zu ihrem Magnetfeld verlaufen.

Wenn wir den Kreis als Modell des Ur-Atoms ansehen, in dem Ausdehnung (Raum), Wandel (Zeit), Energie und Form erscheinen,
   dann entspricht der Radius dem Energieprinzip Shakti,
   die senkrechte Achse dem Raumprinzip (Ananda),

die waagrechte Achse dem Zeitprinzip (Chit),
die Bewegung (OM) dem Abschreiten des Raumzeitlichen,
die Kreisperipherie der Form (Maya),
das Innere dem Selbst,
das Zentrum dem ungeoffenbarten SAT, dem TAO.

An diesem Prinzipienmodell kann man erkennen, daß die 3 Bewußtseinselemente immer *gemeinsam* auftreten müssen, daß aber auch stets die Form als Äußeres und das allen gemeinsame Zentrum als Ursprung gleichzeitig präsent sind. Es zeigt modellhaft, daß das Zentrum als Symbol für den ausdehnungslosen Urgrund die Ursache jedes Geschehens ist und jeder Bewegung, jedem Lebendigen, jeder Form innewohnt. Man kann aber auch erkennen, daß das erste Prinzip des Kreises der Radius ist, der schließlich die Form bedingt, und daß die Kreisform und der Radius und somit auch Materie und Energie zwei einander bedingende Beschreibungsmöglichkeiten einer Wirklichkeit sind. Dabei wird klar, wie unsinnig es ist, den Kreis nur nach seiner Form zu beurteilen und den Radius dabei zu ignorieren, wie es die Materialisten tun, wenn sie nur der Materie Geltung zubilligen und die innewohnende Energie dabei ignorieren.

Wenn wir den Radius als Maß der Energie im Einheitskreis mit der Zahl 1 versehen, bedeutet das, daß dieser Kreis für alle beliebigen Formen *einheitlich* und prinzipiell steht.

Energie strahlt nach allen Richtungen gleichzeitig aus. Beschränken wir sie aber räumlich (sie wird dadurch gerichtet), wird sie zur *Kraft*. Das Jesuswort: „Richtet nicht, damit ihr nicht gerichtet werdet!" ist also auch als Aufforderung, alles prinzipiell zu betrachten, zu verstehen.
    Beschränken wir diese Kraft auch noch zeitlich, wird sie zur *Leistung*. Biorhythmische Konstellationen beschreiben also *Leistungsmöglichkeiten*.

Fassen wir also zusammen:
    Die urgeistige Ursächlichkeit des biorhythmischen Geschehens ist die Ausstrahlung der Energie, wodurch Raum entsteht, der beleuchtet wird, wodurch Zeit entsteht. Es ist die Ur-Idee des Lebens.
    In der Koordinierung von Energie, Raum und Zeit liegen alle Möglichkeiten als Ideen, als Archetypen begründet, die eine Organisation aufbauen, die sich nach den von ihnen je nach ihren Aspekten erlassenen Gesetzen ausformen. Somit entspricht der Einheitskreis der prinzipiellen Seins- und Wirkgrundlage der Archetypen. Unser Bewußtsein umfaßt die 3 Ur-Ideen des Lebens als Willenskomponente, Gefühlskomponente und Erkenntniskomponente und organisiert im zyklischen Abschreiten der ihnen zugeordneten Kreiskoordinaten die Wirkungen der Archetypen bis hin zur Ausformung in den verschiedenen Ebenen und psychischen und physiologischen Funktionen.

Wir können also folgende Gliederung vornehmen:

GLIEDERUNG DER PDR NACH ANALOGIEEBENEN

Ursache:	Shakti	Chit	Ananda	Einheit
Lebensprinzip:	Energie	Sinn	Form	
	Kraft	Zeit	Raum	Koordinaten
				Einheitskreis
Bewußtseinselemente:	Wille	Erkenntnis	Gefühl	Dreiheit
biorhythmische Elemente:	M	I	W	Symbole

psychologische Erscheinungen

Koordinierung

physiologische Erscheinungen

$\overline{MWI}$

Bewußtsein

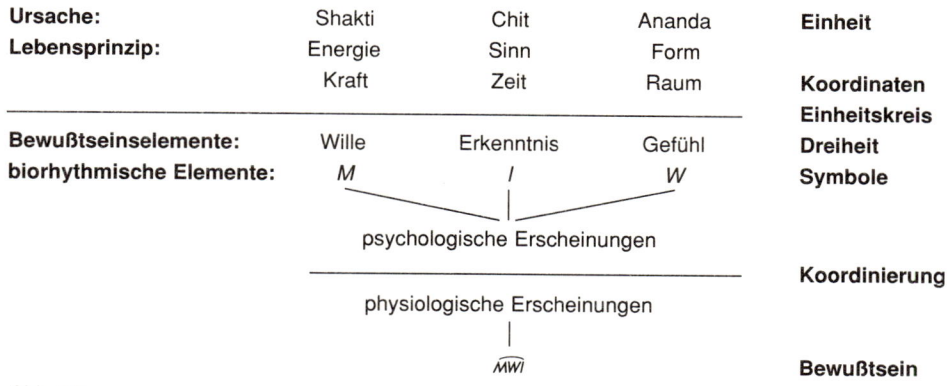

Abb. 33

Damit eröffnet sich eine dreifache Möglichkeit der Untersuchung biorhythmischer Erscheinungen:
– in Hinblick auf die in ihnen wirkenden Prinzipien,
– in Hinblick auf deren gesetzesgebende Organisation und Funktionalität
– und in Hinblick auf deren Ausformungen als Symptome, Erscheinungen oder Erfahrungen, die uns bewußt werden.

Die Lage eines Punktes am Einheitskreis mit dem Radius $r = 1$ läßt sich durch seinen Winkel $\varphi°$ definieren. Dieser Winkel läßt sich wiederum in 2 Koordinaten beschreiben, die man als seine Eigenschaften bezeichnen kann: Der Abstand zur waagrechten Achse wird *Sinus* (sin) genannt, der Abstand zur senkrechten Achse heißt *Cosinus* (cos). Diese beiden *Winkelfunktionen* stehen untereinander in bestimmter Beziehung: Je größer die eine Funktion, desto kleiner ist die andere. Ist eine = 1, wird die andere = 0. Sinus und Cosinus werden je nach ihrer Lage über bzw. unter der waagrechten Achse bzw. links oder rechts der senkrechten Achse mit einem positiven oder negativen Vorzeichen versehen. Die Abhängigkeiten der beiden Winkelfunktionen sind:

$(\sin \varphi)^2 + (\cos \varphi)^2 = 1$ und $\sin \varphi = \cos(90° - \varphi)$.

Bei $\varphi = 45°$ (135°, 225°, 315°) sind Sinus und Cosinus gleich lang, nämlich 0,7071 r. Sinus und Cosinus werden im Maßstab von r ausgedrückt. Daher ist cos 0° bzw. sin 90° = 1,000 (r). In der Abhängigkeit von sin und cos zeigt sich die Abhängigkeit der Entwicklung des Lebens von Zeit und Raum.

Somit entspricht ein gewisser Winkel $\varphi°$ einem gewissen *Winkelprinzip* (der Astrologie und des I-GING), das hinsichtlich zweier ihm entsprechenden Eigenschaften definierbar ist. Die beiden *Eigenschaften* sind immer *Maß der Energie* als *Potenz* und *Aktivität*. Deren gemeinsames Auftreten als Winkelstellung beschreibt die *Prinzipienwirkung*.

Wenn man das zyklische Durchlaufen einer Kreisbahn einem Zeitmaß bzw. -intervall zuordnet, dann entsprechen bestimmte Teile dieser Zeit bestimmten Winkeln.

Bei einer Zyklusdauer
von 23 Tagen entspricht daher 1 Tag = 360° : 23 = 15,652173°,
von 28 Tagen entspricht daher 1 Tag = 360° : 28 = 12.857142°,
von 33 Tagen entspricht daher 1 Tag = 360° : 33 = 10,909091°.

Wenn wir davon ausgehen, daß zyklisches Geschehen nur in der Mitte zwischen 2 Urpolen aus einer Gleichgewichtslage heraus entstehen kann, also in einem Spannungsfeld, muß der Anfang einer Entwicklung bei 0°, im Frühling, im Widder, dem Punkt des Impulses liegen, also auf der Zeitachse. Frühlings- und Herbstpunkt sind Zeitpunkte der Umpolung. Vor 360° endet die negative Ladung, im Überschreiten von 0° schrumpft sie zusehends schneller auf Null, um ebenso stürmisch nachher als entgegengesetzte (positive) Ladung wieder anzuwachsen. Bei cos = ± 1 bzw. sin = 0 ist die Ladungsänderung am größten, daher werden an diesen Umpoltagen auch mehr oder minder starke Änderungen der energetischen Situation verspürt. Die Biorhythmenlehre nennt diese Tage *periodische* Tage (Frühlingspunkt) bzw. *halbperiodische* Tage (Herbstpunkt). Es tritt hier die senkrechte gefühlsanteilige Komponente von Chit in Erscheinung.

Ganz anders ist die Situation bei 90° bzw. 270°. Die Füllung oder Entleerung ist praktisch abgeschlossen, sin φ ändert sich während mehrerer Tage kaum, der volle bzw. leere (positive oder negative) Ladungszustand wird längere Zeit hindurch gehalten. Eine fühlbare Veränderung erfolgt kaum, wenn cos φ auf Null schrumpft. Es gibt aber eine andere Umpolung: Die quantitativ schrumpfende Tätigkeit des Füllens wird als polares Geschehen bei 90° beendet, worauf als gegenpolares Geschehen die quantitativ zunehmende Tätigkeit der Leerung, der Kräfteabgabe beginnt. Bei 270° tritt anstelle der nun abgeschlossenen Entleerung wiederum der Anfang der Füllung.

Wir haben also an den 4 Polen Zeitpunkte, an denen polare Zustände in ihr Gegenteil umschlagen, wobei hinsichtlich der Rasanz des Geschehens 2 Situationen mit je 2 spiegelbildlichen Abläufen gegeben sind:

0° und 180° – sprunghafte Umpolung von + auf – bzw. umgekehrt, *Zustandsumpolung,*
90° und 270° – sprunghafte Umpolung von Aufnahmen auf Abgabe bzw. umgekehrt, *Tätigkeitsumpolung.*

Hinsichtlich der Veränderung von Ladungsquanten wird diese bei

0° und 180° ⟶ ∞,
90° und 270° ⟶ 0.

Wie rasch nach Durchschreiten des Frühlingspunktes die Ladung aufgebaut wird, zeigt nachstehende Aufstellung:

SCHEMA DES LADUNGSAUFBAUES von 0° auf 90°

Grad	Zeit	Ladung (sin φ × 100)	Ladungszuwachs	
9°	10 %	15,64 %		sin 0° = cos 90°
			+ 15,26 %	
18°	20 %	30,90 %		
			+ 14,50 %	
27°	30 %	45,40 %		
			+ 13,38 %	
36°	40 %	58,78 %		
			+ 11,93 %	
45°	50 %	70,71 %		
			+ 10,19 %	
54°	60 %	80,90 %		
			+ 8,20 %	
63°	70 %	89,10 %		
			+ 6,01 %	
72°	80 %	95,11 %		
			+ 3,66 %	
81°	90 %	98,77 %		
			+ 1,23 %	
90°	100 %	100,00 %		

Tab. 16

Sinngemäß gilt dasselbe Schema für den Ladungsaufbau von 180° auf 270°. Wir sehen also, daß bereits nach ¹/₃ der Zeit 50 % der Ladung aufgebaut ist, nach 50 % der Zeit bereits über 70 % und daß diese 70 % von der Hälfte aller Tage zumindest gehalten werden. Wir stehen hier vor einem Wunder, wie weise die Natur im Kreislauf ihren Kräftehaushalt eingerichtet hat. Hinsichtlich der Veränderungen zwischen Füllen und Entleeren braucht man nur die senkrechte Spalte der Ladung umzudrehen, so daß man erkennt, daß zwischen 90° und 99° nur 1,23 % der Ladung abgegeben werden und bei 135° erst 29,29 %.

Der Einheitskreis zeigt einen absolut harmonischen Aufbau und Ablauf; in den jeweiligen Achsen spiegelt sich das Geschehen rechts und links, oben und unten, Symmetrie wird in 2 Achsen sichtbar.

Die Unveränderlichkeit von $r = 1$ zeigt an, daß hier die geistigen Prinzipien in ihrer Unveränderlichkeit wirken. Ein Ausreißen aus diesem Ablauf ist nicht vorgesehen, ewig dreht sich das Rad von Geburt und Wiedergeburt, von Werden und Vergehen. Das Zentrum wird nie berührt, die Einheit nie verlassen. Wir erkennen im zyklischen Geschehen ebenfalls ein Urbild, einen Archetypus, einen Plan.

Die völlig gleichförmige Bewegung aber in ihrem Gleichmaß entspricht, wie wir es am Anfang definiert haben, einem *Takt*. Somit müßten wir, wenn wir das Schwingen der 3 biorhythmischen Elemente für sich allein betrachten, eigentlich von *Biotakt* und nicht von Biorhythmus sprechen. Wir bleiben aber dennoch bei der herkömmlichen Bezeichnung, um nicht Verwirrung zu stiften. Auch behalten wir die Symbole für die 3 Elemente, nämlich *M*, *W* und *I*, bei, obwohl ihre Definition als männlicher, weiblicher und intellektueller Rhythmus, wie wir gesehen haben, nicht aufrechterhalten werden kann.

Bei dieser Gelegenheit müssen wir uns fragen, was uns berechtigt, *M*, *W* und *I* einmal als Koordinaten im Kreis anzusehen, ein andermal ihnen aber eigene Schwingungsebenen zuzuordnen, wobei z. B. in der *W*-Ebene *M* wiederum als Radius, *I* als waagrechte und *W* nochmals als senkrechte Achse auftreten. Wir dürfen hier nicht ein Prinzip mit einem Repräsentanten dieses Prinzips verwechseln. Schon im Kapitel über die 7 Strahlen haben wir erfahren, daß diese allem Geschaffenen als bestimmte individuelle Mischung innewohnen, daß sie aber in jeder Ebene sich in einem Repräsentanten zeigen, der wiederum selbstverständlich alle anderen Prinzipien in sich birgt. So repräsentiert auf der Chakra-Ebene das Wurzel-Chakra das Mondprinzip, das Prinzip der Zahl 4, das Prinzip der orangeroten Farbe, das Prinzip des Erdelementes, das Prinzip des 4. Strahles usw. Wenn wir aber nun die durch das Wurzel-Chakra repräsentierte Ebene des physischen Menschen selbst hernehmen, so finden sich dort selbstverständlich wiederum alle anderen Prinzipien. Oder, etwas abstrakter ausgedrückt: Wenn wir die 7 als Prinzipebene betrachten, so dürfen wir nicht vergessen, daß sie in sich die 1, die 2, die 3 usw. enthält, daß sie aber wiederum selbst in der 8, der 9, der 10 usw. enthalten ist. Wir müssen also immer waagrecht und senkrecht gleichzeitig beobachten, wenn wir die Wirklichkeit erfassen wollen.

Das Kreismodell wird zur Sinuskurve

Wenn wir uns den zeitlichen Ablauf nicht mehr als in der Einheit des Kreises koordiniert, als Polarkoordinate $\varphi°$, d. h. als Änderung des (Blick-)Winkels vorstellen, sondern diesen auf einer waagrechten Achse als bestimmte Maßeinheit eintragen, erhalten wir eine *Kurve*. Dabei entspricht an einem gewissen Tag der Abstand zur waagrechten Achse dem Sinus, welcher dem entsprechenden Winkel $\varphi°$ zugehört. Die ursprünglich senkrechte Achse tritt demnach phasenverschoben als jeweils positive oder negative Amplitudenhälfte auf. Die Einheit des Kreises wird aufgegeben. Das Zentrum scheint nicht mehr auf, Raum und Zeit treten stärker hervor, Änderungen in der Frequenz oder der Amplitude sind nun in der Öffnung als Offenbarung des Prinziphaften möglich. Die Subjektivität wird objektiviert. Wir stehen hier vor dem Phänomen der Materialisierung, Verkomplizierung, Entfernung von der Einheit, Aufgabe des Elementes Akasha, und nähern uns der Differenzierung, der Möglichkeit weiterer Veränderungen in Zeit und Raum sowie weiterer Interpretationsmöglichkeiten. Das geistige Prinzip schreitet zugunsten weiterer Variationsmöglichkeiten weiter, begibt sich quasi auf Wanderschaft, umfaßt diese Variationsmöglichkeiten aber in ihrer Gesamtheit, d. h., dieselben Gesetze gelten nach wie vor. *Lineares* Bewußtsein beginnt.

Wie können wir uns das Herausfallen aus der Einheit (des Einheitskreises) vorstellen? Es geschieht nichts anderes, als daß die Kraft, dargestellt als $r = 1$, einen zusätzlichen seitlichen Impuls erhält. Oder anders ausgedrückt: Wir sehen der Mitte nicht mehr in die Augen, sondern drehen ihr den Rücken zu, in der Meinung, daß wir sie nicht mehr brauchen, und suchen unser Heil woanders, nämlich im Materiellen. Wir orientieren uns nicht mehr an dem zentralen Punkt, sondern an einer (Mittel-)Linie, d. h., wir machen uns ein Bildnis von unserem Gott und orientieren uns an einem Götzen.

Die kreisförmige Darstellung stellt also die subjektiv-einheitliche, die Sinusdarstellung hingegen die objektiv-differenziertere Sichtweise biorhythmischen Geschehens dar. Erstere entspricht senkrechtem, letztere waagrechtem Denken. Der Kreis zeigt zentriertes Erleben in einem jeweils anderen Blickwinkel, die Kurvendarstellung die Betrachtung von einer außerhalb des Geschehens liegenden Warte.

Liegen die hinsichtlich ihres Ladungszustandes gleichen, aber hinsichtlich ihrer Tätigkeit verschiedenen Prinzipien 9 und 11 (der *Abb. 34*) einander um die senkrechte Achse des Einheitskreises symmetrisch als Punkte gegenüber, so liegen sie bei der Sinuskurve auf einer Geraden, die einen bestimmten Abstand zur waagrechten Schwingungsachse aufweist. Diese Gerade ist nun Ausdruck eines Prinzipienpaares, das sich hinsichtlich seiner Tätigkeit ergänzt. Die beiden sind miteinander polar verbunden, gehen also eine Bindung, eine Funktion ein. Jedesmal, wenn die weiterschreitende Bewegung auf der Kurve diese Verbindungslinie schneidet, treten die Urprinzipien also in Funktion. Die Wirkung der Prinzipien tritt uns als Steuermechanismus entgegen, wo sie im Einheitskreis nur latent angelegt war.

Neben dieser *funktionalen Polarität* besteht aber auch die hinsichtlich der Prinzipien gleicher Tätigkeit, aber entgegengesetzten Ladungszustandes (Prinzipien 2 und 12 in *Abb. 34*). Im fortschreitenden Schwingen gehen diese *Prinzipienpolaritäten* in einem energetischen „Fließen" auf (daher der Ausspruch „alles fließt").

Die *Totalpolarität* (Prinzipien 2 und 8), wie sie an 2 gegenüberliegenden Punkten im Einheitskreis auftritt, erscheint nun in der Sinusschwingung „verschoben". So gesehen sehen wir als Waagrechtdenker am leichtesten das Funktionale, spüren als Senkrechtfühler das Fließen der Kräfte und erkennen als Materialisten das Polaritätsgesetz nicht, da sich dieses für uns dann als verschobene Wirklichkeit darstellt. Es bilden also 4 Prinzipien des Einheitskreises ein zusammenhängendes *Organisationsfeld*, in *Abb. 34* also die Prinzipien 2, 6, 8 und 12, das folgenden Ablauf aufweist:

Funktionswirkung → Energiefluß → entgegengesetzte Funktionswirkung → entgegengesetzter Energiefluß usw.

Gleichzeitig aber entspricht das Organisationsfeld 2–6–8–12 dem um 90° senkrecht aufgestellten Organisationsfeld 3–5–9–11. Somit besteht also schon eine Beziehung von 8 Nicht-Pol-Prinzipien in unserem 12er Einheitskreis und somit ein gesetzmäßiger Zusammenhang auf allen Ebenen. Wir erkennen gleichzeitig die 8 Prinzipien des I-GING, die sich aus den 4 Polen ableiten.

(weiter auf Seite 133)

DIE SINUSKURVE

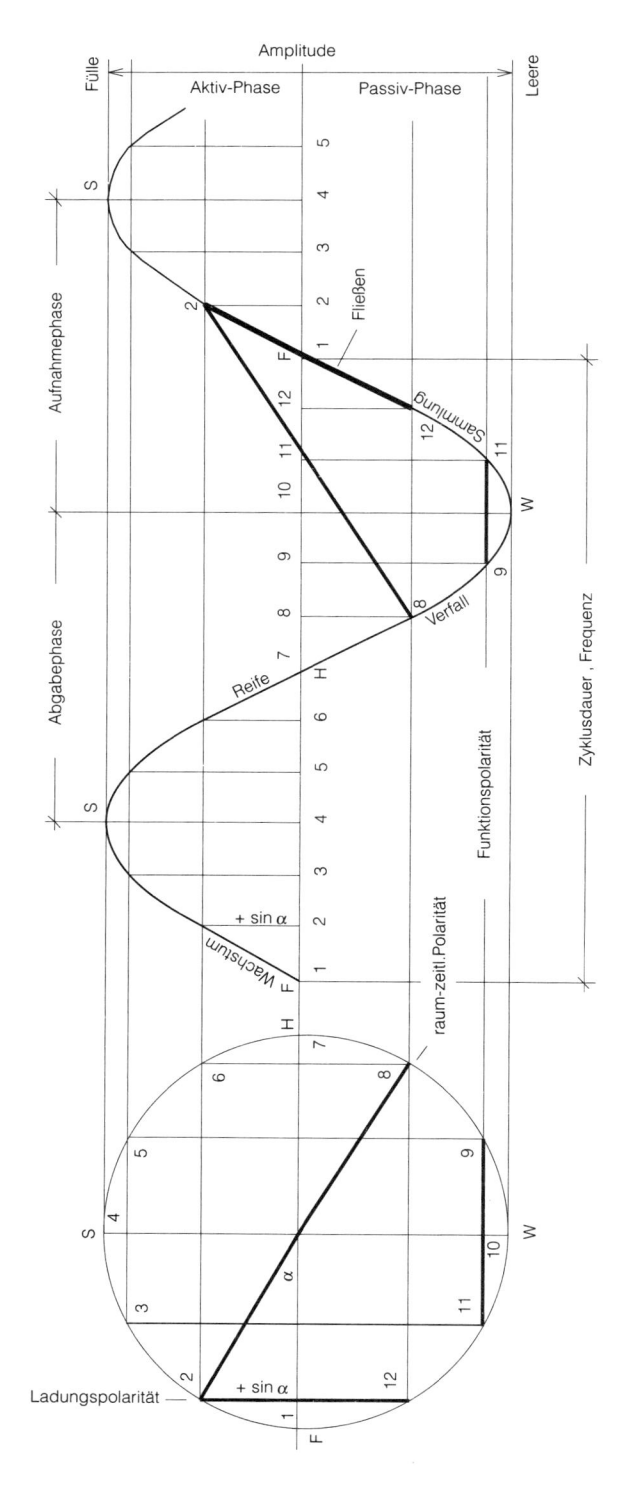

Abb. 34

Da aber jedes Prinzip wiederum in seinem Sinus und Cosinus die Entfernung zu den polaren Achsen beschreibt, also in Beziehung zu den Polen selbst steht, wird hier die auf jeder Ebene gleichzeitige Präsenz aller Prinzipien bzw. der *Prinzipienzusammenhang* verdeutlicht. Wir sehen hier abstrakt-modellhaft, wie alles mit allem im Kosmos zusammenhängt und jedes Prinzip auf jeder Ebene gleichzeitig alle anderen bedingt. Nur im aus der Einheit ausgetretenen Zustand des Fortschreitens in der Zeit ist dieser Zusammenhang nicht mehr oder nur in seiner waagrechten Dimension erkennbar.

Ein besonderer Vorteil der Darstellung als Sinuskurve liegt darin, daß immer wieder auftauchende gleiche Lagen, die sich im Einheitskreis decken, nach Ablauf des Zyklus an gleicher Lage, aber um die volle abgeschlossene Schwingung nach rechts verschoben, an anderer Stelle wieder aufscheinen und daß nun Beobachtungen an verschiedenen Tagen, die einer bestimmten Lage im Einheitskreis entsprechen, angestellt werden können. Somit sind Vergleiche möglich, ein Tagebuch bzw. Kalender kann erstellt werden, Daten können in einer Datei untereinander und nebeneinander zugeordnet und untersucht werden.

Die Sinuskurve entspricht der *analytischen* Beobachtung, der Einheitskreis der *synthetischen* Betrachtung. Somit ist die erstere die des Exoterikers, die letztere die des Esoterikers; die erstere die des Zergliederns, die letztere die des Erfassens.

Da der biorhythmische Ablauf in Hinblick auf Frequenz und Amplitude weitgehend gleichmäßig verläuft (was das Schwingen der 3 Elemente betrifft) und auch bestimmte Situationen im Zusammenspiel der einzelnen Elemente miteinander prinzipiell untersucht werden sollen, bleiben wir vorläufig beim Einheitskreis. Auch im Bereich unserer Vorstellungen, im Blickfeld unseres geistigen Auges ist die Kreisform archetypisch angelegt und kommt einer Durchdringung mehr entgegen als die Sinuskurve.

Doch betrachten wir das Sinuskurvenmodell weiter:

Die *Schwingungsachse* ist die Achse der Nicht-Fülle bzw. Nicht-Leere, aber gleichzeitig auch die der vollen Tätigkeit. Sie entspricht dem in die Länge gezogenen Mittelpunkt des Einheitskreises und auch der waagrechten Achse F–H, wobei der Mittelpunkt als Dimensionsloses theoretisch in nochmalig vorgenommener unendlicher Zerstückelung auf der Mittellinie aufscheint. Die Auflösung des Sinns (Tao) wird dadurch vollzogen.

Bei jedem Überschreiten der Schwingungsachse durch die Bewegung entlang der Sinuskurve treffen wir auf den Ladungswechsel, wobei der im Übergang steilste Winkel zur Mittelachse als Wert für die Rasanz des Geschehens angesehen werden kann. Je flacher die Kurve verläuft, desto langsamer vollzieht sich der Auf- bzw. Abbau der Ladung.

Ein weiterer Vorteil der Darstellung als Sinuskurve liegt darin, daß verschiedene Kurven gleichzeitig beobachtet werden können, auch wenn sie hinsichtlich Frequenz und Amplitude nicht miteinander übereinstimmen. Dies ist besonders günstig für die graphische Darstellung des Verlaufs von M, W, und I während eines längeren Zeitraumes. In diesem Falle gibt das Kreismodell auch etwas her, doch ist eine gleichzeitige Beobachtung und damit Differenzierung eines längeren Zeitraumes von mehreren gleichzeitig schwingenden Elementen im Kreis fast unmöglich.

Wenn gleichzeitig zur kreisförmigen Bewegung eine pulsierende tritt (Veränderung von r), also eine spiralförmige Entwicklung aufscheint, sind diese Änderungen von r wiederum nur im Einheitskreis optimal erkennbar. Bei der Sinuskurve wird eben die Beobachtung von Prinzipiellem unscharf.

Das Sinuskurvenmodell dient auch als Modell für die Darstellung des Wechselstromes, beschreibt also die Elektrizität, während das Einheitskreismodell mehr die magnetische Situation beschreibt. Bei der Sinuskurvendarstellung ist der magnetische Pluspol bzw. Minuspol nicht wie beim Einheitskreismodell lokalisiert (als S- bzw. N-Pol), sondern entspricht einer Geraden über bzw. unter der Schwingungsachse. Bildlich gesprochen werden die zwei Polprinzipien in feinsten Bestandteilen aufgereiht und bilden dann als feinstoffliche Pole eine Gerade. Wiederum wird hier die Loslösung von einem Zentrum als Heraustreten aus der Geistigkeit in die (Fein-) Stofflichkeit aufgezeigt. Gleichzeitig treten aber die Frequenz und die Amplitude sichtbar stärker in den Vordergrund, das Fortschreiten der Entwicklung in Zeit und Raum wird sichtbar als Suche nach der Einheit nach dem Herausfallen aus dem Paradies.

Diese Entwicklung bringt aber mit sich, daß die Qualität eines bestimmten Winkels als Qualität der Zeit und die Größe eines bestimmten Radius als Maß der ihr innewohnenden Energie im Laufe ihres Fortschreitens unterschiedlich wahrgenommen werden bzw. im Bewußtsein aufscheinen. Wären die subjektiven Erfahrungen an einem bestimmten Punkt nach Ablauf mehrerer Zyklen gleich, hätte ja keine Entwicklung stattgefunden, man wäre „stehengeblieben". Diese Entwicklung (aus der Einheit und zur Einheit zurück, symbolisiert im Gleichnis vom verlorenen Sohn) bedingt eine Änderung des Radius als Bezugsgröße zum Zentrum, wobei diese Veränderung einmal einer Entfernung, einmal einer Annäherung an den Mittelpunkt entspricht. Diese Änderung zeigt sich auch in einer Änderung der Größe und der Art der Kraft (die Amplitude gibt ja das Maß der Spannung an, die zwischen 2 Polen herrscht). Sie tritt einmal als Zentrifugalkraft und einmal als Zentripetalkraft auf, als Abstoßung und Anziehung, als Materialisierung und Dematerialisierung, als Veräußerlichung und Verinnerlichung.

Das Spiralenmodell

Die Zahl ist die 5, die Zahl der Änderung. Entwicklung soll zur Ent-Wickelung werden, soll zur Änderung führen, soll letztendlich einen Sinn erfüllen. Die 4 ist die Zahl der Materie, die in der 5 der Vergeistigung zugeführt wird.

In der Natur können wir die Spiralform immer wieder antreffen: in den Schneckenhäusern, den Spiralnebeln, den Windhosen und Wasserstrudeln, den Kegelmänteln usw. Ethisch gesehen sind im Spiralenmodell 2 Möglichkeiten der Änderung gegeben: die zum Zentrum hin, also zum „Guten", und die vom Zentrum weg, also zum „Schlechten". Der Mensch in seiner Entscheidungsfreiheit zwischen Gut und Böse, der unvollkommene Mensch – eingespannt zwischen Manas und Buddhi –, der einmal schöpfungswärts, dann wieder zentrumswärts schaut, wird durch die Zahl 5 symbolisiert. Im biorhythmischen Geschehen tritt die Spiralform beim Zusammenwirken zweier Elemente auf: Die Resultante (r) einer Funktion schrumpft im Zentrum auf Null und dehnt sich anschließend wieder auf $r = 2$ aus. In anderen Worten: Während des gleichbleibenden Weiterschreitens (in regelmäßigen Zeitschritten oder Winkelzuwächsen) variiert r (Schrumpfung, Ausdehnung). Dabei ist die Änderung von r nicht stabil, aber r vergrößert und verkleinert sich stets nach demselben Muster. Durch die quantitative Änderung von r wird $\varphi°$, d. h. ein bestimmter Tag im rhythmischen Geschehen, jedesmal anders erlebt, es ändert sich damit die *Qualität der Zeit* hinsichtlich ihrer energetischen Situation, während das Maß der Zeit gleichbleibt. Alle esoterischen Entwicklungsmodelle sprechen von der „Qualität der Zeit" als die Art, wie sie erlebt wird und was sie beinhaltet.

Zur jeweiligen Umpolung an der waagrechten Achse und Tätigkeitsänderung an der senkrechten treten die Zentrumsferne mit ihrer langsamen r-Änderungstendenz (typisch für die materielle Starre) und die anschließende Zentriertheit als deren Gegenteil. Je kleiner r wird, um so rascher wird r angezogen, um so gekrümmter wird die Spiralbewegung und um so größer die Änderung pro Zeiteinheit. Nachdem r im Zentrum angesaugt worden war, wird er auf der anderen, genau gegenüberliegenden Seite, also umgepolt, wieder herausgestoßen; er entfernt sich zunehmend langsamer werdend vom Zentrum, verläßt den Einheitskreis, also auch die Einheit, veräußerlicht sich, und ein neuer Zyklus beginnt. Wir haben hier das Gesetz von der ewigen Dauer des Lebens zwischen Diesseits ($r > 1$) und Jenseits ($r < 1$), das karmische Rad, das Entstehen und Vergehen von Galaxien. In der Zentrumsferne sehen wir die Enge der Entwicklungsmöglichkeit, die Grenzen der Beweglichkeit, im Zentrum tritt die *Flexibilität* als die Vielfalt der Möglichkeiten, die Gleichzeitigkeit in jeder Richtung zum Vorschein.

(weiter auf Seite 137)

DER $\widehat{MW/Wi}$ – ABLAUF

Abb. 35 a

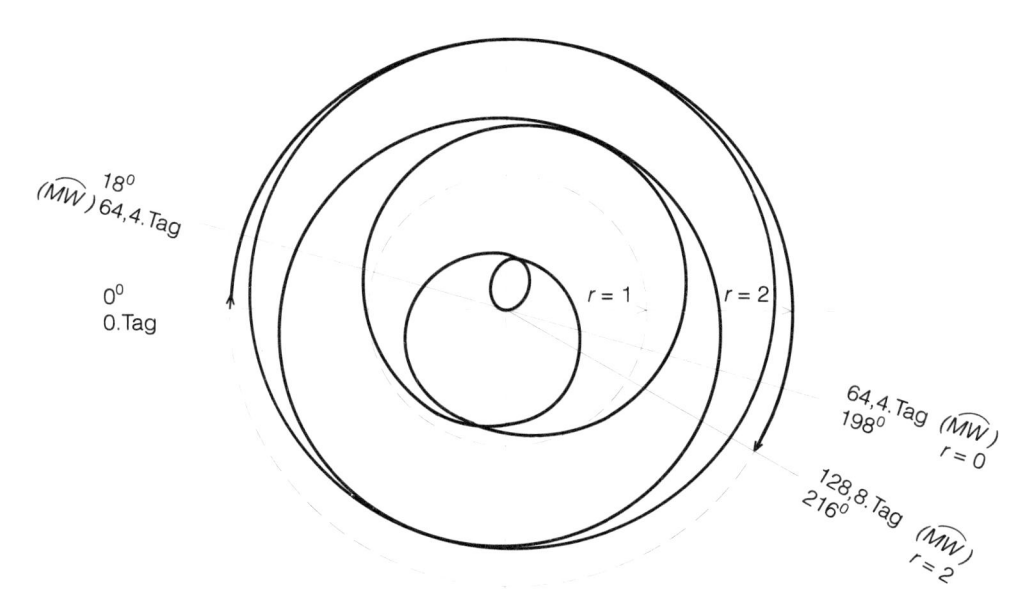

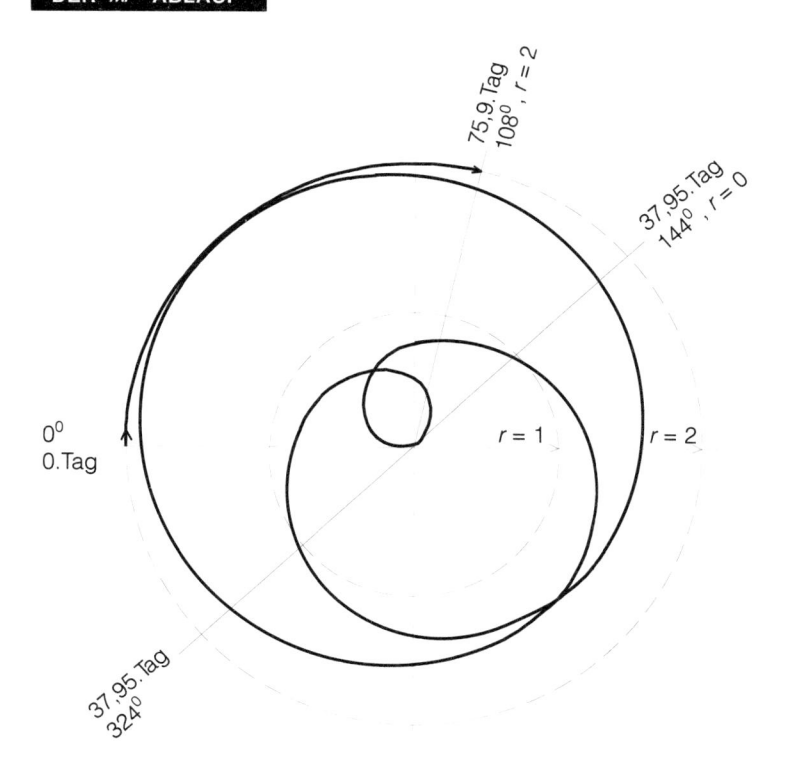

$(\widehat{MW})$ 18°
64,4. Tag

0°
0. Tag

$r = 1$ $r = 2$

64,4. Tag $(\widehat{MW})$
198° $r = 0$

128,8. Tag $(\widehat{MW})$
216° $r = 2$

DER $\widehat{Wi}$ – ABLAUF

75,9. Tag
108°, $r = 2$

37,95. Tag
144°, $r = 0$

0°
0. Tag

$r = 1$ $r = 2$

37,95. Tag
324°

Abb. 35 b

DAS PULSIEREN

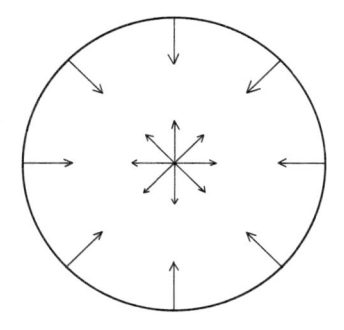

Abb. 35 c

Wenn wir die Spiralenbewegung als fortschreitende Bewegung ähnlich wie die Sinusschwingung darstellen, sehen wir sehr deutlich die Amplituden*änderung* (wir erkennen symbolisch das *Andere*). Gleichzeitig aber geben die im Einheitskreis eine Funktion beschreibenden gleichgepolten Prinzipien ihre waagrechte parallele Position zur Schwingungsachse auf. Die entsprechenden Prinzipien erscheinen einmal näher, einmal weiter von der Schwingungsachse entfernt auf. Sie entziehen sich also der waagrechten Beobachtbarkeit und somit der Logik. Ihre senkrechte Beobachtung wird zur Voraussetzung ihrer Erkennbarkeit. Gleichzeitig aber wird das gleichmäßige Fließen der Energie einer ständigen Schwankung unterworfen, die problemhaft werden kann und einer Anpassungsfähigkeit bedarf. Die Polarität allen Geschehens wird noch mehr verschleiert, da die Formen der Organisationsfelder der einander je zugeordneten 4 Prinzipien jetzt variieren. Wie beim Turmbau von Babel verstehen wir nicht mehr die Sprache der anderen (Prinzipien), die polare Organisation der Prinzipien, da sie nicht mehr auf ihrem festen Platze stehen, sondern einmal zentrumsferner, dann wieder zentrumsnäher in Erscheinung treten. In diesem biblischen Bild wird die Unmöglichkeit der waagrechten Disziplinen und ihrer Vertreter symbolhaft beschrieben, die analogen Beziehungen (gleiche Sprache) zuzulassen, wodurch es ja diese Verwirrung unserer Situation gibt. So wird auch die Verrückung aller Prinzipien im irdischen Kampf symbolisiert.

Ändert sich zudem noch die Zeiteinheit, also die Frequenz, das Tempo, in dem der Kreis durchlaufen wird, haben wir in Hinblick auf die Entwicklung des Menschen das Modell der vollen *Anpassungsfähigkeit*, das Gesetz, wodurch Harmonie erreicht wird im äußeren und inneren Leben. Raum und Zeit ändern ihre Dimension, der Mensch lebt „bewußt" im Diesseits (außen) und Jenseits (innen), er wird zum innersphärischen Beherrscher. Wird er im unentwickelten Zustand noch angetrieben, gehemmt, hin- und hergeschoben, vor- und zurückgeworfen als Sklave von Zeit und Raum, so setzt die bewußte Veränderungsmöglichkeit in der Zeit aktiv im Tagesgeschehen und passiv in der Meditation eine neue Entwicklung (in die Tiefe bzw. Höhe). Anpassung, Harmonisierung wird möglich. Im biorhythmischen Bereich tritt im Zusammenwirken der 3 Elemente $(\widehat{MWI})$ das Maß an Harmonie in Erscheinung. Die Zahl dieser Schwingung ist die 6. Die Sechs war schon zur Zeit des Pythagoras eine bedeutende Zahl, die die Vergeistigung der Materie symbolisiert. Sie entspricht den 6 substantiellen Eigenschaften der Elemente:

Schärfe – Stumpfheit
Lockerheit – Dichtigkeit
Bewegung – Ruhe.

6 natürliche Bezeichnungen schließen alles ein: Größe, Form, Farbe, Zustand, Abstand, Bewegung. 6 Flächen hat der Würfel, aus 6 Tönen besteht die ganze Harmonie (aus 5 ganzen und 2 halben). Am 6. Tag hat Gott die Welt vollendet und den Menschen geschaffen. 6 Rhythmen umfaßt $\widehat{MWI}$ als Synthese: M, W, I, $\widehat{MW}$, $\widehat{MI}$, $\widehat{WI}$.

Hatten wir bisher nur 1- und 2dimensionale Schwingungen beobachtet, wenden wir uns nun den 3dimensionalen Modellen zu.

Das sphärische Modell

Aus dem Punkt expandiert nach allen Richtungen die *Kugel*. Die Gleichzeitigkeit ist wesentliches Merkmal dieser Schwingung, die Synchronität des Geschehens. Eine sphärische Pulsation läßt sich verschiedentlich in der Natur beobachten: das Zusammenziehen und Ausdehnen unseres Brust- und Bauchraumes beim Atmen, das „Atmen" der Sonne (sie schrumpft und dehnt sich periodisch), der schichtweise Auf- und Abbau von Metallen an einem Pol beim Galvanisieren, Wachstum und Schrumpfen von Obst beim Reifen und Vertrocknen und schließlich der „Atem Brahmas", die Entstehung und das Vergehen des Kosmos, von Sonnensystemen usw.

Ist die Expansionskraft nicht nach allen Richtungen gleich groß, entstehen Deformationen, Disharmonien. Die Harmonie in der Einheit des Kreises wird durch die Vollkommenheit der Kugel noch übertroffen.

Ein peripheres Nacheinanderabschreiten aller Punkte auf einer Kugeloberfläche bedarf der Ewigkeit; dabei wären unendlich viele Äquatorbahnen zu durchlaufen, die sich um eine Achse immer ein winziges Stück weiter verschieben. Die Verschiebung der Äquatorbahnen erfolgt entlang einer senkrecht zu dieser Achse stehenden Kreisbahn (astrologisch-epochales Modell). Wenn wir also im Einheitskreis Raum und Zeit als in einer Einheit eingebettet ansehen können (das Paradies), zeigt uns das Spiralenmodell unseren aus dem Paradies herausgefallenen Zustand der Entwicklung in Zeit und Raum, die „Suche" an, das 3dimensionale Modell hingegen die alles umfassende

Summe aller Entwicklungen in der Ewigkeit, den vollkommenen, erlösten Gottmenschen, symbolisiert durch die 7.

ASTROLOGISCHES MODELL

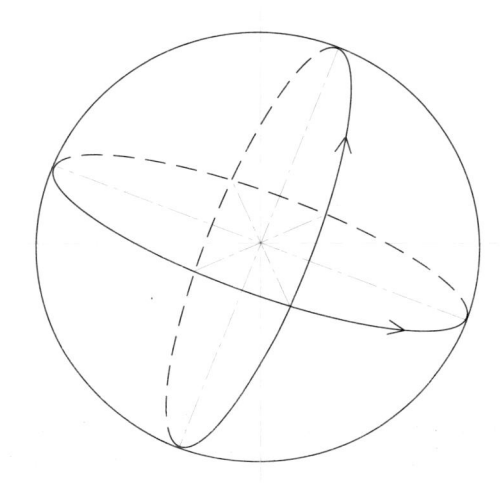

Abb. 36

Weitere dreidimensionale Schwingungsmodelle

Das Kreisen einer Geraden parallel um eine andere ergibt einen *Zylinder*.

Das Kreisen zweier Geraden, die einander nicht schneiden und nicht parallel zueinander stehen, ergibt ein *Hyperboloid*. Das Kreisen einer Geraden, die eine andere Gerade in einem bestimmten Winkel schneidet, um diese, ergibt einen *Kegel*. Dreht sich ein Punkt um einen entlang einer auf derselben Ebene befindlichen Strecke hin- und herpendelnden Punkt, entsteht eine *Ellipse*. Deren Rotation um eine ihrer Achsen ergibt ein *Ellipsoid*.

Das Kreisen eines Punktes um einen Punkt, der selbst eine Kreisbewegung ausführt, wird zum *Thorus*.

C. W. Leadbeater beobachtete bei seinen okkulten Forschungen ganz bestimmte 3dimensionale Schwingungen:

DAS „AKTIVMOLEKÜL" *Abb. 37*

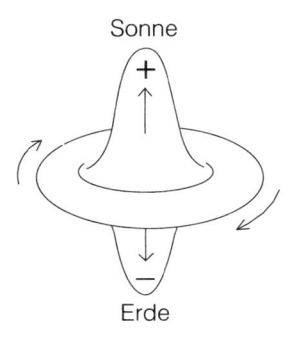

„Vergeistigte Moleküle", wie sie beim vollendeten Menschen dessen Körper aufbauen, schwingen kreisförmig und pendelnd. Die Vitalität bringt das Atom von innen her zum Schwingen. Durch Wärme, Licht und Elektrizität wird es von außen her angeregt.

DAS UR - ATOM IM ÄTHERRAUM *Abb. 38*
durch den Willen der Gottheit in Form gehalten.

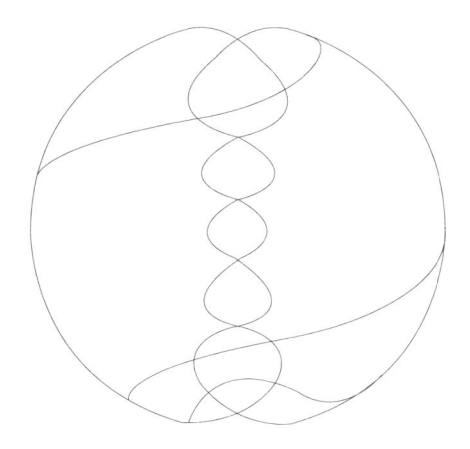

Abwechselnd wird die Hülle außen bzw. innen von 2 symmetrisch gegenläufigen, sich umeinander schlingenden Kräften umlaufen. Diese Kräfte entsprechen der Anziehung und Abstoßung, der Schöpfungs- und Heimholungskraft, der Primärkraft und der Kundalini.

VORSTELLUNGSMODELL FÜR BEWUSSTES ATMEN

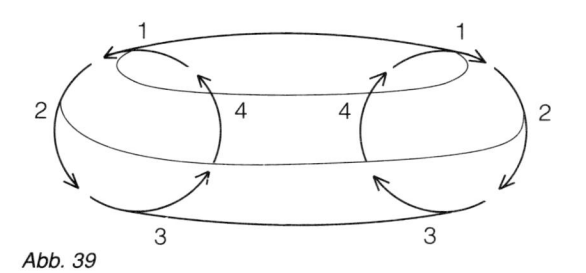

1 = loslassen
2 = niederlassen
3 = eins werden
4 = neu werden

Abb. 39

Dieses Modell wird auch als Vorstellungsmodell für bewußtes Atmen benützt.

Wir finden die Formen, die aus Rotationen entstehen, überall in der Natur. Das sphärische Modell entspricht der 7. Die Sieben ist die kosmische Zahl. 7 Strahlen bilden alle Erscheinungen des Kosmos, die 7 Planeten stehen für die 7 Prinzipien im Menschen, biorhythmisches Geschehen baut sich auf 7 Bestandteilen auf: OM, Zeit, Raum, Form, Wille, Erkenntnis, Gefühl.

Jede Schwingung läßt sich beliebig mit weiteren kombinieren: 1dimensonale mit mehrdimensionalen, 2dimensionale untereinander oder mit 3dimensionalen usw. So kann auch ein Zylinder pulsieren, ein Thorus schrumpfen oder wellenförmig schwingen usw.

Es lassen sich **3 Schwingungskategorien** erkennen:
I. Die 1dimensionale Schwingung. Sie bedarf eines Impulses, sie steht am Anfang. Auf der Ebene der esoterischen Astrologie entspricht sie den Zeichen des Beginns.
II. Die 2dimensionalen Schwingungen. Durch sie nimmt der Mensch das Kreuz von Zeit und Raum auf sich, entwickelt sich, ändert sich, verschwindet vom Erdplan und kehrt wieder, findet und verliert die Harmonie, verläßt und sucht die Einheit. In der esoterischen Astrologie spricht man von den Zeichen der Bewährung. Sie münden in
III. die 3dimensionalen Schwingungen. Die Einheit wird zur Allheit. Die Harmonie wird nicht nur erreicht, sondern gehalten, der Mensch wird kosmisch. Sie entsprechen den astrologischen Zeichen der Vollendung.

Auch das *Bewußtsein* läßt sich auf diese Art und Weise einteilen, inwieweit es im Menschen entwickelt ist:

I. Lineares Bewußtsein = *Anblickbewußtsein*
Reize werden wahrgenommen.
II. Flächiges Bewußtsein = *Überblickbewußtsein*
Logisch-kausale Zuordnungen, Beobachtungen von Funktionen und Prozessen in Ebenen.

III. Sphärisches Bewußtsein = *Durchblickbewußtsein*
Senkrechte Analogieketten, final-prozessuales, ganzheitliches, holistisches Bewußtsein.

Das Atemmodell

In der biorhythmischen Literatur wurde immer wieder auf das Atemmodell hingewiesen, um biorhythmisches Geschehen zu verdeutlichen.

Der natürliche Atem läßt sich folgendermaßen beobachten:

unbewußter,
flacher Atem: 1 aus : 1 ein

DIE GEISTIGE ATEMBEOBACHTUNG   Abb. 40

voll

verweilen in der Fülle
hergeben
ein
voll werden lassen
hingeben
aufnehmen
sich auf- geben
sich öffnen
verweilen in der Leere
aus

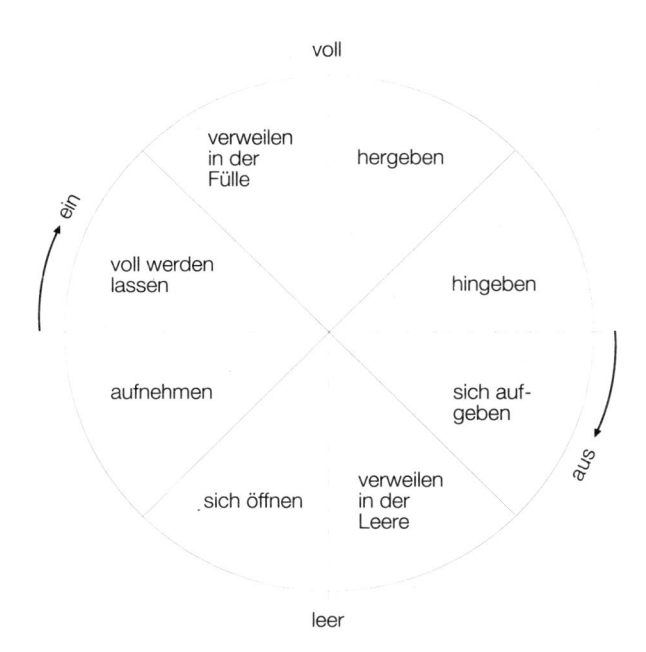

leer

Die aktive Atemgestaltung

ATEMMEDITATION 3 Takte aus : 1 Takt ein

                                                            Krone, Fülle, Himmel, Selbst

1. Das Alte lassen
   sich loslassen
   sich hergeben
   weg von mir

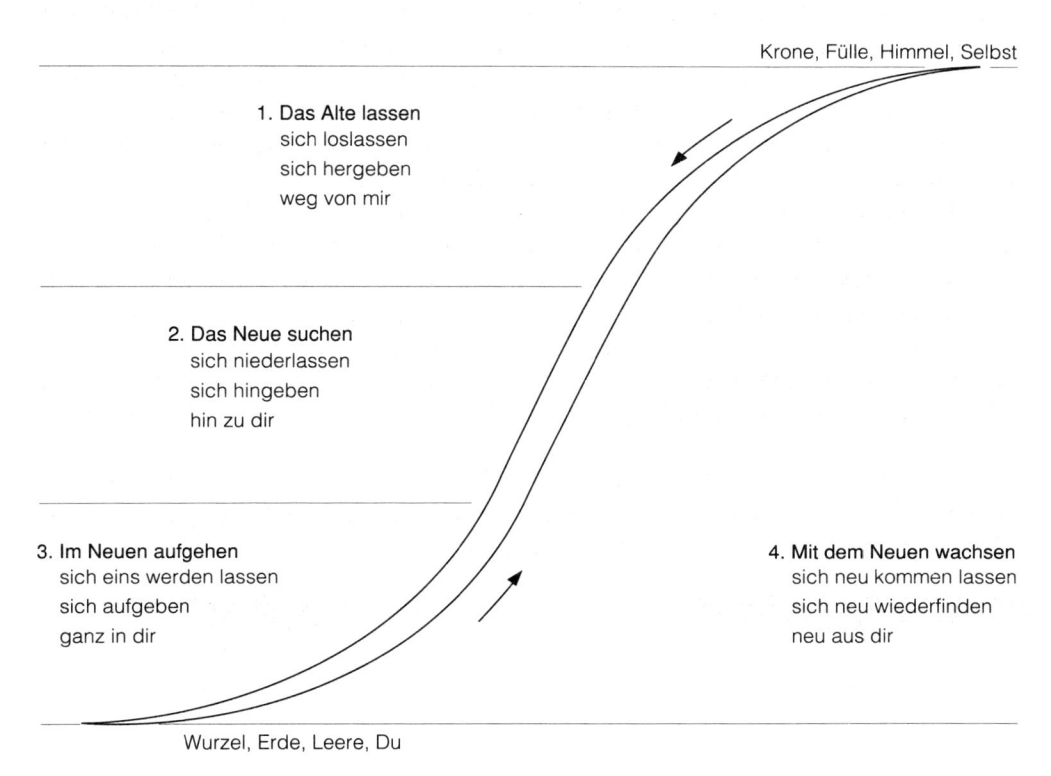

2. Das Neue suchen
   sich niederlassen
   sich hingeben
   hin zu dir

3. Im Neuen aufgehen   4. Mit dem Neuen wachsen
   sich eins werden lassen   sich neu kommen lassen
   sich aufgeben   sich neu wiederfinden
   ganz in dir   neu aus dir

Wurzel, Erde, Leere, Du

Abb. 41

Das Einatmen entspricht der Ladung, das Ausatmen der Entladung. Der Atem entspricht somit der senkrechten Achse im Einheitskreis im Pendeln zwischen Sommer und Winter und ist daher in prinzipieller Hinsicht eine eindimensionale Schwingung (Füllen/Fühlen). Es werden Umpolungen nur an 2 Polen beobachtet: In der Fülle der Wechsel von Ein- zu Ausatmen, in der Leere der Wechsel von Aus- zu Einatmen. Bei den Biorhythmen lassen sich aber an den Polen der waagrechten Achse (Frühling und Herbst) Umpolungen, d. h. ganz spezifische energetische Geschehnisse beobachten, die beim Atmen gänzlich fehlen.

Fazit: Das Atemmodell ist für rhythmisches Geschehen nicht anwendbar. Auch wenn eine weitere Dimension hinzukommt, sei es eine bewußte Gliederung in mehrere Atemphasen, sei es die meditative Atempraxis, wird es nicht tauglicher, da aus dem Auf- und Abpendeln keine sich entwickelnde Kreisbewegung wird. Von der Erde aus gesehen entsprechen auch die Mondphasen dem Prinzip nach dem Atemmodell. Der Halbmond entspricht ja lediglich dem halben Ein- oder Ausatmen und nur Voll- und Neumond bilden ein Polpaar. Man könnte allerdings sagen, daß beim Halbmond der Zeitpunkt erreicht wird, wo entweder die Fülle zur Leere oder die Leere zur Fülle wird.

Doch das tritt subjektiv nicht in Erscheinung und läßt sich nur über den Umweg eines Denkvorganges eruieren.

Würde man den Atem als biorhythmisches Modell hernehmen, dann müßte der Beginn einer Schwingung auf den Sommerpol des Einheitskreises fallen, der Impuls bei Geburt des Menschen könnte nicht aus der Mittellage, aus dem Gleichgewicht heraus erfolgen, wie es die Ruhelage der waagrechten Achse im Gleichgewichtszustand zwischen Plus- und Minuspol darstellt. Auch eine Gitarrensaite schwingt ja um ihre Mitte, wird zuerst aus der Mitte herausbewegt, bevor sie zurückschwingt. Das hieße nun beim Atemmodell: Zum Zeitpunkt der Geburt wäre der Zustand des Gleichgewichts die halbgefüllte Lunge! Auch aus dieser Sicht ergibt sich die Unmöglichkeit der Anwendung des Atemmodells für biorhythmisches Geschehen. Würde man das Atemmodell aber um 90° drehen, so daß der Start, also der Beginn des Einatmens bei Geburt, dem Frühlingspunkt entspräche, so läge die Fülle am Herbstpunkt; die Einatmung wäre am Sommerpunkt noch mitten im Gange, eine Kräfteabgabe wäre zu diesem Zeitpunkt nicht vorgesehen. Sie würde im Winterhalbjahr vor sich gehen, was jeder Erfahrung widerspricht. So paßt dieses Modell also hinten und vorne nicht!

Der Biorhythmus stellt das Leben dar als das „Kreuz auf sich nehmen", als *zweifache*, nicht als einfache *Grundpolarität* mit den Achsen: „In Erscheinung treten" und „Gewahr werden". Biorhythmus stellt sich dar als:

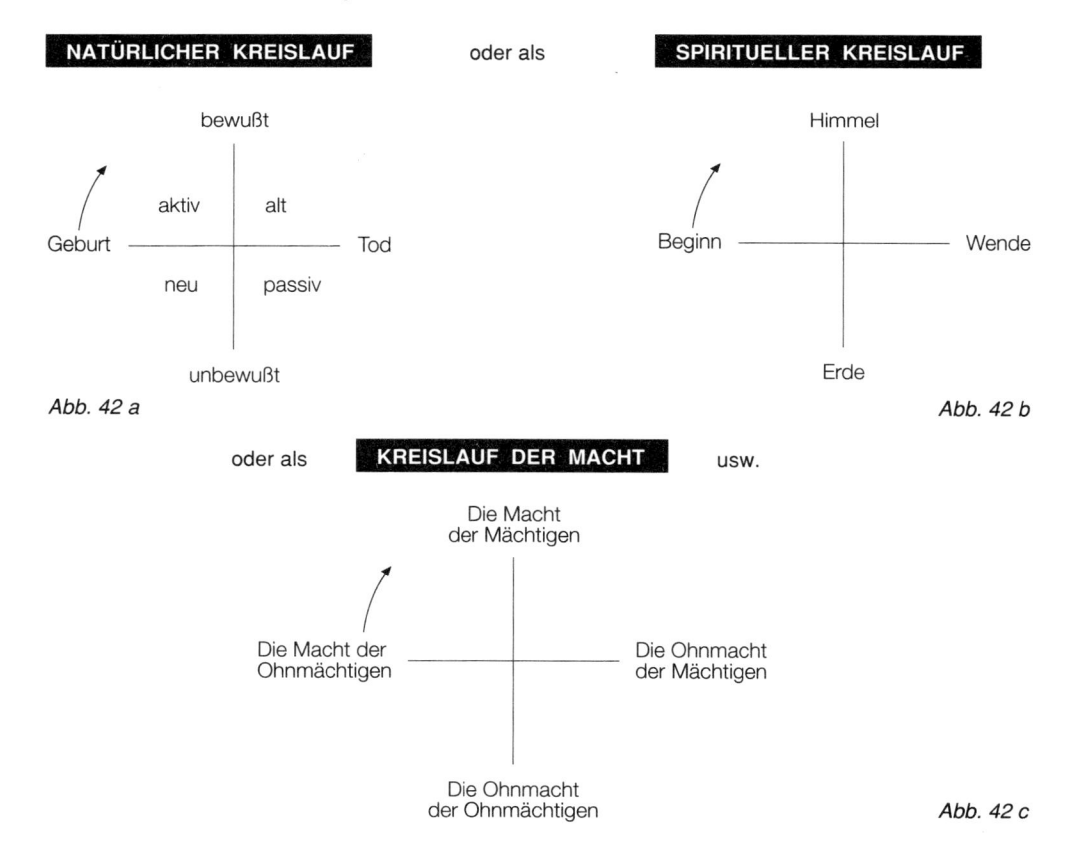

NATÜRLICHER KREISLAUF oder als **SPIRITUELLER KREISLAUF**

```
        bewußt                              Himmel
    aktiv │ alt                                │
Geburt ───┼─── Tod                  Beginn ───┼─── Wende
    neu  │ passiv                              │
       unbewußt                              Erde
```

Abb. 42 a *Abb. 42 b*

oder als **KREISLAUF DER MACHT** usw.

```
              Die Macht
             der Mächtigen
                  │
Die Macht der ────┼──── Die Ohnmacht
Ohnmächtigen      │      der Mächtigen
                  │
              Die Ohnmacht
             der Ohnmächtigen
```

Abb. 42 c

Die 2 *Pole* Frühling und Herbst, an denen Mangel *bewußt* wird, lassen sich noch beschreiben als:

F: M = Mangel an Leistungsfähigkeit
     W = Mangel an Beschwingtheit
     I = Mangel an Ausdrucksfähigkeit
H: M = Mangel an Entspannung
     W = Mangel an Beschaulichkeit
     I = Mangel an Aufnahmefähigkeit
= Mangel an Initiative und Ruhe.

Die 4 *Phasen* lassen sich hinsichtlich ihrer *Aktivität* beschreiben:

DIE 4 PHASEN

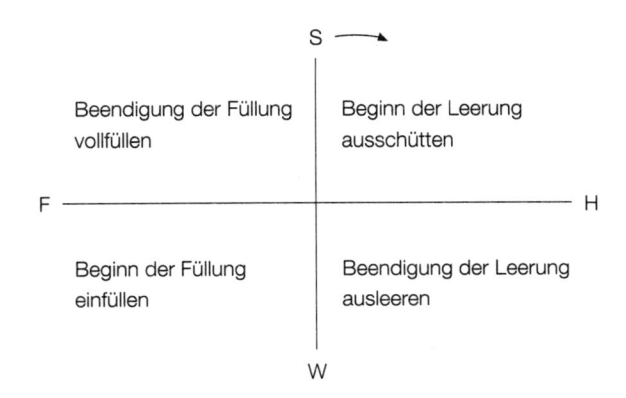

```
                    S ──▶
    Beendigung der Füllung │ Beginn der Leerung
    vollfüllen             │ ausschütten
F ─────────────────────────┼───────────────────── H
    Beginn der Füllung     │ Beendigung der Leerung
    einfüllen              │ ausleeren
                    W
```

Abb. 43

Die Mondphasen, Ebbe und Flut, der Atem, der Auf- und Abbau der Ladung in den Zellen entsprechen nicht dem Bewußtwerdungsmodell, da ihrer Zweidimensionalität die dritte Dimension der Entwicklung fehlt.

Das Tierkreismodell und die Modelle des Frühen und Späten Himmels des I-GING als Analogieebenen subjektiven und objektiven Geschehens passen prinzipiell zum biorhythmischen Modell. Nach wissenschaftlichen Gesichtspunkten aber erscheint das *elektromagnetische Modell*, dargestellt im Einheitskreis (oder als Sinusschwingung), als beste und passendste Modellform. Energie ist immer gleich viel vorhanden ($r = 1$), jedoch ihre Qualität $\varphi°$ unterschiedlich. Auf diesem Modell lassen sich die Funktionsrhythmen als spiralenförmige Schwingungen aufbauen wie auch das variabel-dynamische Modell des Lebensprozesses.

Das 4er/8er/12er Modell

Was die Verwendung der einzelnen Modelle anlangt, können wir sagen, daß das Atemmodell für die exoterische, wissenschaftlich-horizontale Betrachtungsweise der bisherigen Biorhythmenlehre durchaus ausreiche, für die esoterische bzw. psychodynamische Rhythmenlehre aber sind mehrdimensionale Schwingungsmodelle parallel zur Mehrdimensionalität des erforderlichen bzw. anzustrebenden Bewußtseinszustandes erforderlich.

Es läßt sich aus dem Tierkreismodell ein elektrodynamisches 12er Modell entwickeln, das wiederum auf einem einfacheren 8er bzw. 4er Modell beruht. Auf diesen Anordnungen beruhen ja auch die senkrecht schwingenden Prinzipien der Astrologie, des I-GING, der Tattwa-Lehre usw.

Wunderschön symbolisieren die Strichelemente der I-GING-Triagramme beim 8er Modell *(Abb. 46)* in ihrem Aufbau und ihrer Bedeutung die jeweilige Phase und zeigen jeweils: schöpfen, leeren, füllen usw. an.

DAS 4ER MODELL

entweder **dynamisch** oder **statisch**
(z. B. im Pflanzenreich)

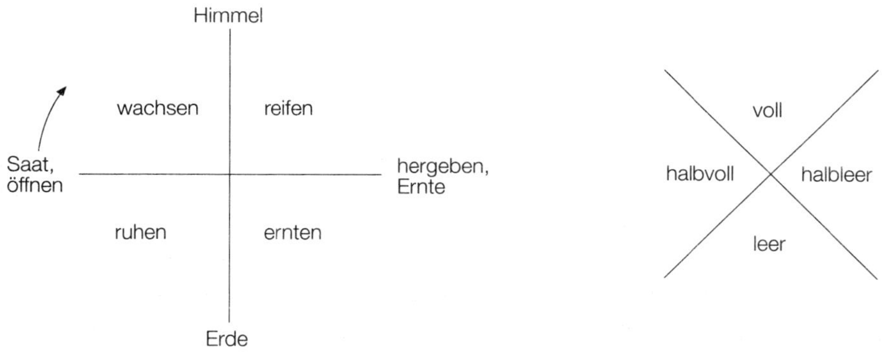

Abb. 44

DAS 12ER MODELL

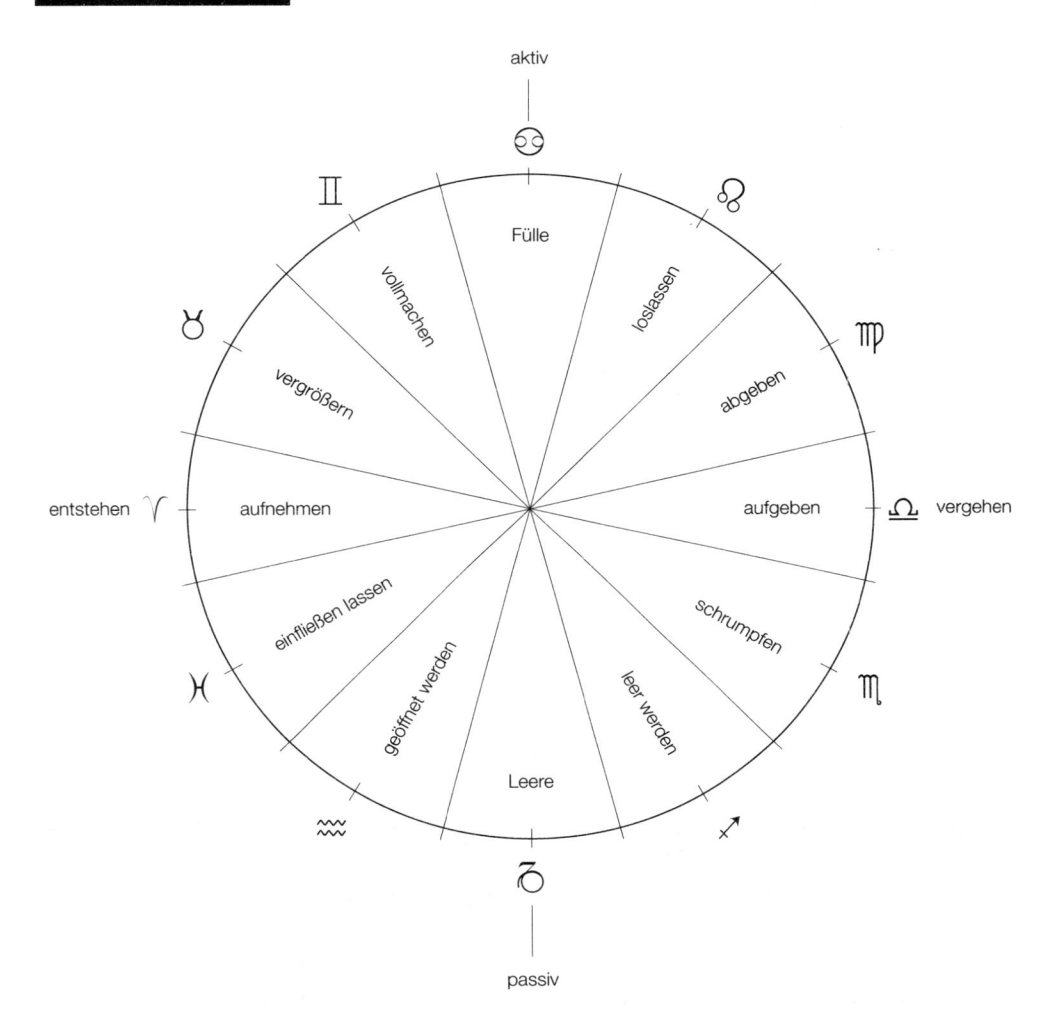

aktiv

Fülle

vollmachen
loslassen
vergrößern
abgeben
entstehen — aufnehmen
aufgeben — vergehen
einfließen lassen
schrumpfen
geöffnet werden
leer werden

Leere

passiv

Abb. 45

DAS 8ER MODELL

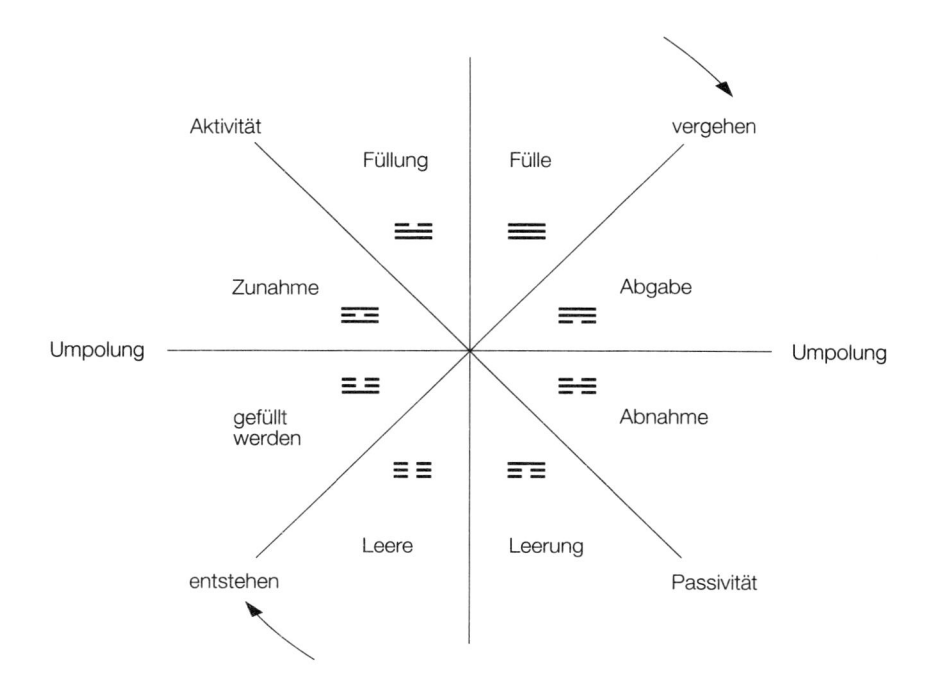

```
              Aktivität                              vergehen
                         Füllung    Fülle
                            ⚎         ☰

                  Zunahme                  Abgabe
                            ⚏         ⚍

Umpolung ─────────────────────┼───────────────────── Umpolung

                            ⚌         ⚎
                  gefüllt                  Abnahme
                  werden
                            ☷         ⚏

                         Leere    Leerung
              entstehen                              Passivität
```

Abb. 46

Wir können nun nochmals zusammenfassend am Beispiel des Jahreslaufes betrachten, warum und wie an den Polen (F/S/H/W) die jeweiligen Umpolungen gespürt werden, warum sie aber auch ungleich in quantitativer und qualitativer Hinsicht auftreten.

Wenn wir uns den *Wechsel der Jahreszeiten* vergegenwärtigen, so treten um eine Jahreszeitenwende ganz spezifische Veränderungen in uns und in der Natur auf.

Mit *Frühlingsbeginn* regt sich das neue Leben, die Knospen der Pflanzen treiben, die ersten Blumen beginnen zu blühen, der Schnee schmilzt rapide, die Vögel kehren aus dem Süden zurück und beginnen mit der Balz und dem Nestbau. Eine bestimmte Sehnsucht schwingt in uns, wir befinden uns in einem Zustand, besser in einem Zwischenzustand des Nicht-Winters und Nicht-Sommers; Frühjahrsmüdigkeit überfällt uns. Unsere Leistungsreserven wollen wieder aufgefüllt werden. Das Erwachen in der Natur erfolgt rasant. Innerhalb weniger Tage wird es grün, blühen die Bäume, wird es warm.

Ganz anders im *Sommer*. Allmählich hört das Wachstum auf. Langsam reifen Korn und Obst. Die Länge der Tage bleibt über einen langen Zeitraum erhalten. Wir sind voll aktiv, halten uns viel in der Natur auf, betreiben Sport, fahren auf Urlaub und genießen die Fülle, tanzen und feiern Feste. Und trotzdem registriert jeder von uns, daß es mit dem Jahr jetzt wieder bergab geht. Das Getreide reift, wird goldgelb und braun, die im Frühling vollen Bäche und Flüsse werden zusehends seichter, die Vielfalt an blühenden Blumen auf den Wiesen reduziert sich. Die hohe Zeit der Sonnenwende, die uns zum Springen und Tanzen animierte, ebbt allmählich ab.

Im *Herbst* wiederum werden die Tage rapide kürzer. Wir merken, wenn wir mit der Sonne aufstehen, wie schnell sich täglich ihr Aufgang verzögert. Jetzt geht es Schlag auf Schlag – die Temperaturen reduzieren sich merklich, der Saft in den Blumen und Bäumen zieht sich zurück, die Natur wird noch einmal wie im Frühjahr umgefärbt (mit den Komplementärfarben der Grünnuancen des Frühlings), die Blätter beginnen zu fallen. Tiere und Menschen beginnen, sich für den langen Winter zu rüsten. Sie beenden ihre Gartenarbeit, ernten das letzte Obst, machen ihre Sommerwohnungen dicht, ziehen sich wärmer an, versorgen sich mit Brennmaterial. Und innerlich wird Sentimentalität gespürt, die als gegensätzliche Qualität zur Sehnsucht des Frühlings aufscheint.

Um *Weihnachten* herum, zur Zeit der Langen Nächte, erstarrt die Natur. Jegliche Aktivität ist aus ihr gewichen. Der Lärm des Sommers hat sich zur Stille umgewandelt. Kaum ändern sich das Einsetzen der Dämmerung und die Kürze der Tage. Pflanzen und die meisten Tiere schlafen, der Mensch (ich meine nicht den naturentfremdeten Menschen der Großstadt im Trubel der Weihnachtseinkäufe) besinnt sich, liest mehr, geht mehr ins Theater, kurzum, er verinnerlicht sich mehr. Die Abwesenheit des Sommers wird stark gespürt, trotzdem hat auch der Winter für viele seinen Reiz, man sitzt behaglich in warmen Stuben und sammelt sich oder Erinnerungen.

Eine bessere Beschreibung, als die Veränderungen der Jahreszeiten sie uns liefern, kann man für das biorhythmische Geschehen von M, W und I kaum abgeben. Natürlich erlebt jeder Mensch ganz individuell den Jahreslauf, wärend der abgestumpfte, primitive Mensch kaum auf die äußeren und inneren Zeichen achtet. Ihm wird der Wechsel aber wegen seiner Auswirkungen trotzdem bewußt. Das Hin- und Herpendeln zwischen Gegensätzen wird – auch wenn schon ein gewisser Zeitraum dazwischenliegt – in ihm Bewußtsein wecken.

Ein einfaches Beispiel mag uns das noch besser verdeutlichen (siehe *Abb. 47*):
Der Mensch im Alltag will sich befreien. Er meint, wenn er nach rechts geht, dann mündet der Balken, an dem er in der Mitte hängt, in die Freiheit. Also geht er nach rechts. Sofort senkt sich der Balken, der Mensch fällt nach unten, klammert sich an und blickt nach oben. Dort sieht er das linke Ende des Balkens. Aha!, denkt er, also war rechts die falsche Richtung, ich muß ja nach links! Er klettert wiederum zur Mitte zurück und weiter nach links. Und jetzt passiert ihm das gleiche wie vorhin, nur spiegelbildlich verkehrt. Schließlich wird ihm bewußt, daß der Weg zur Freiheit nur über die Mitte nach oben führt. Er hat gelernt, Bewußtsein erlangt und klettert höher, er befreit sich!

Dabei hat er 2 Polaritäten abgeschritten:
1. von links aktiv   – rechts erleiden (passiv)
2. von rechts aktiv – links erleiden (passiv)
Und somit hat er beide Arten des Lernens kennengelernt:
1. Er hat passiv *durch Leid Erfahrung gesammelt*, und
2. er hat aktiv den Lösungsweg *erkannt*.

BEWUSSTWERDUNG DURCH LERNEN

1. unbewußt

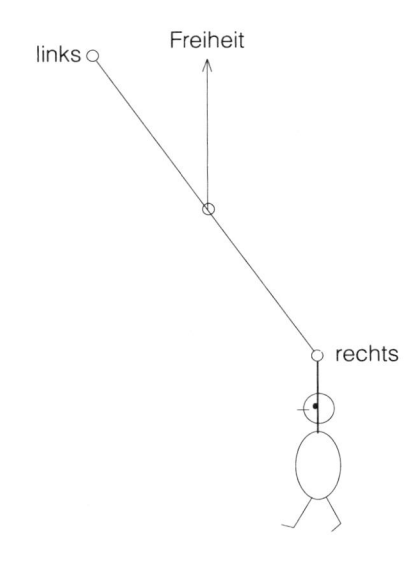

2. lernen

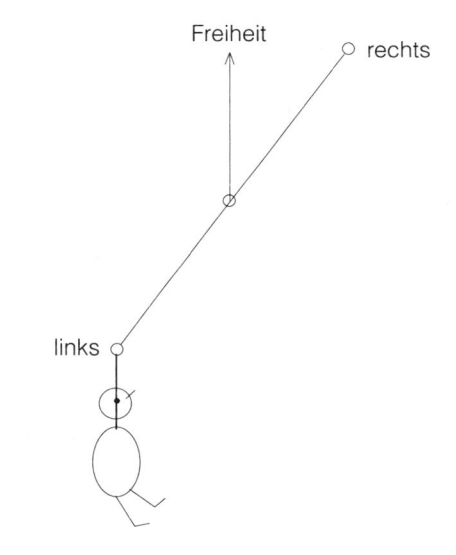

3. bewußt

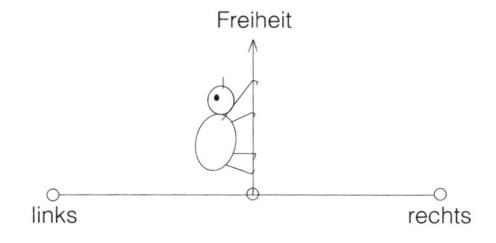

Abb. 47

Und ähnlich wie in diesem Modellbeispiel geht es auch biorhythmisch zu. Zwischen dem *existenziellen Gegensatzpaar* FÜLLE – LEERE und dem *dynamischen Gegensatzpaar* IMPULS – WENDE bzw. Anspringen – Umspringen wird gewechselt. Jedes Erreichen des einen Pols birgt in sich die Abwesenheit des anderen Pols und führt zum Umkehrdrang, da das Vereinigungsstreben als Prinzip der Liebe in allem Lebendigen wirksam ist. Da aber die 2 Gegensatzpaare an 2 senkrecht zueinander stehenden Achsen angeordnet sind, muß die Harmonisierungsbewegung eine kreisförmige sein und die einzelnen Pole nacheinander ansteuern. Die *Abb. 48* zeigt uns die prinzipiellen Bewegungsabläufe:

ENTSTEHUNG DER KREISBEWEGUNG

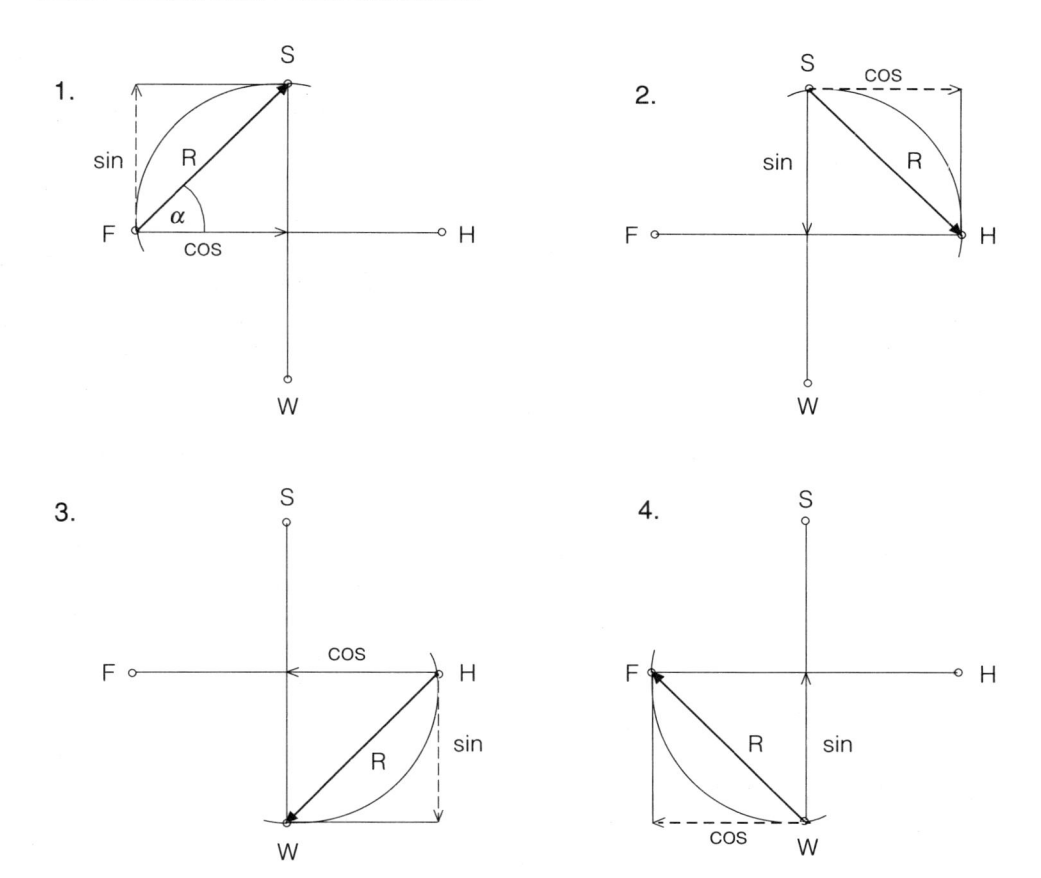

Abb. 48

Die aus der eine Vierteldrehung vorher dominierenden Anziehung kommende Bewegung ist noch nicht beendet und führt mit der neuen Wendesituation am jetzigen Pol zu einer zusammengesetzten Kraft. Wenn also z. B. bei einer rhythmischen Lage im

Sommerpunkt (2) ein Umkehrdrang zum Winterpunkt auftritt, war ja der vorherige Umkehrdrang von F zu H noch nicht eingelöst, die Anziehung zu H besteht ja weiterhin, denn H ist noch nicht erreicht. Die 2 Kräftekomponenten führen somit zu einer zusammengesetzten Kraft, deren Resultante R vom Sommerpunkt genau zum Herbstpunkt führt. Da aber die bereits bestehende Bewegung in Richtung von F auf H nicht sofort (nach dem Trägheitsgesetz) geändert werden kann, verläuft sie eine kurze Zeit bzw. eine kurze Strecke lang weiter von S aus waagrecht (strichlierte Linie), wobei sie immer mehr an waagrechter Kraft verliert, je mehr sie sich H als ihrem Erfüllungspol nähert. Dadurch wird auch der Drang von S zu W immer wirksamer, und die Kreisform ist das Resultat. De facto zeigen sich hier als Kräfte der Sinus und Cosinus in ihrer wechselnden Abhängigkeit:

$$R = \sqrt{\sin^2 + \cos^2} \quad \text{und} \quad \sin\alpha = \cos(90° - \alpha)$$

Den unterschiedlichen Polen entsprechen verschiedene Einflußfelder von Ladung und Aktivität, dementsprechend ändert sich während der Bewegung im Kreis die einer Konstellation typische Qualität. Mit anderen Worten:

Jedem Winkel $\varphi°$ entspricht eine individuelle gesetzmäßig zugeordnete Qualität, die abhängig ist von der Nähe oder Ferne zu den 4 Polen. Der Einfluß eines Poles nimmt im Umlauf zu, während der des entgegengesetzten schwächer wird, gleichzeitig entfernt sich der vorher überschrittene Pol immer mehr, der diesem entgegengesetzte rückt immer näher. Passiert die Bewegung einen Pol, wird dessen Einfluß dominant, während der des entgegengesetzten Poles = Null wird. Gleichzeitig aber wird die Einflußsphäre des vorher verlassenen Poles neutralisiert durch die gleiche Entfernung zum nächsten anzusteuernden Pol. Diese Neutralisierung bzw. das Umspringen aus der Einflußsphäre des vorigen Pols zu der des nächsten spürt man biorhythmisch in energetischer Hinsicht.

Von einer anderen Warte aus betrachtet erzeugt ja Bewegung in einem polaren Kraftfeld Elektrizität, Vitalität, Lebenskraft, und zwar einmal in Form einer positiven, anschließend in Form einer negativen Phase. Es ist das *elektrodynamische* und somit das *psychodynamische Modell*. Diese elektrische Energie erzeugt induktiv das Schwingen der 5 Tattwas und tritt uns als Emotionen, Handlungskräfte bzw. Erkenntniskräfte entgegen. Sie kann letztlich erlebt, gespürt, aber auch wissenschaftlich festgestellt und gemessen werden.

Da nun Werden/Vergehen und Fülle/Leere 2 qualitativ unterschiedliche Gegensatzpaare sind, treten die Neutralisierungsmomente (Passieren einer Achse, eines nicht zugehörigen Pols) auch unterschiedlich in ihrer Qualität auf. Dies ist der Grund, daß beim Erreichen des Frühlings- bzw. Herbstpunktes starke Leistungsstörungen gespürt werden, da positive und negative Ladung einander neutralisieren, während das Umschalten von Laden auf Entladen bzw. umgekehrt nur tendenziell wahrgenommen wird.

r entspricht als erste Offenbarung der Essenz einer *ersten Polarität:* geoffenbart/ungeoffenbart, Sommer und Winter als *zweite* quantitative *Polarität* Yang/Yin bzw. Fülle/Leere werden im *zeitlichen* Wechsel erlebt, während der qualitative

Wechsel der Tätigkeiten Laden und Entladen als *dritte Polarität* nur in *räumlichen* Pol-Lagen erfolgen kann, da Fülle geleert und Leere wieder gefüllt wird.

Somit kann Raum nur auf der Zeitachse erkannt werden, während Zeitänderungen bzw. Aktivitäten nur im Raum, auf der Raumachse erfühlt werden können. Analog dazu kann Senkrechtes nur aus horizontaler Lage, Horizontales hingegen nur aus vertikaler Lage erkannt werden.

Die Qualität eines Winkels $\varphi°$, ausgedrückt durch Sinus und Cosinus, läßt sich nun auf verschiedenen Ebenen beschreiben. Diese Beschreibung kann auf der Ebene der Mathematik, der Biologie bzw. Physiologie, der Psychologie, der Astrologie bzw. des I-GING sowie noch beliebig weiterer anderer exoterischer und esoterischer Disziplinen erfolgen. Eine prinzipielle Aussagemöglichkeit ist mit dem 4er, 8er bzw. 12er Modell gegeben und genügt gewöhnlich für die meisten Ansprüche auf allen Ebenen.

Somit ergibt sich auch eine grundlegend andere Betrachtungsweise als die der bislang bestimmenden Biorhythmenlehre, die von einem Auf und Ab unserer Lebenskraft oder dem Auf- und Abbau der Zellen als Ursache spricht. Unsere *Lebensenergie* ist immer präsent, wenngleich nicht zu jeder Zeit in gleicher Qualität als Leistungsfähigkeit bzw. gleicher Intensität als Kraft in den einzelnen Körpern des Menschen. Unsere Lebensenergie ist Ausdruck der Essenz, ist ihre Eigenschaft in ihrer Offenbarung. Sie schwingt nicht auf und ab, sondern strahlt aus, wandelt sich im polarisierten Feld ständig und führt uns in ihrer Dynamik zur Bewußtwerdung durch *permanente Absenz* von friedlicher Harmonie, wie sie nur dem Sein selbst innewohnt. Und somit können wir – abgesehen von Leistungsschwankungen, aber in enger Verbindung mit unserer Willensausrichtung – stets auf unsere Lebensenergie vertrauen, weil wir sie ja verkörpern. Wir können auf sie zurückgreifen, sie nutzen und benutzen unabhängig davon, ob unsere Batterien (Zellen) gerade geladen werden oder nicht; denn auch einer gerade im Ladungszustand befindlichen Batterie kann man Strom entnehmen. Wir müssen nur Bedacht darauf nehmen, in welcher Qualität uns diese Kraft zur Verfügung steht.

Reserve = potentielle Energie minus aktuelle Energie
potentielle Energie = geladene Energiemenge gesamt
aktuelle Energie = Energieverbrauch

Unsere Reserve ist aber die unendliche, schöpferische Kraft, ist Shakti, soweit wir sie transformieren können und sie auch zulassen. Dieses Gebrauchsniveau ist von Mensch zu Mensch entsprechend seinem Reifegrad verschieden und hat wenig damit zu tun, ob man über große körperliche Kräfte verfügt oder nicht. Zu diesen müssen sich große seelische und große geistige Kräfte gesellen, diese aber wiederum in gewandelter, höherer Qualität. Dann ist die Batterie stets voll geladen. Die Erkenntnisse der psychodynamischen Rhythmenlehre und ihre bewußte Anwendung soll uns helfen, diesen Zustand zu erreichen.

Die vorangegangenen Überlegungen machen deutlich, daß es nicht richtig ist, von einem „Tief" oder einem „Hoch" zu sprechen. Wenn wir gerade Winter haben, leben wir trotzdem weiter, gehen unserer Arbeit nach, denken, fühlen, entwickeln uns. Wir spüren lediglich eine Veränderung der Qualität der Begleiterscheinungen zu unserem Leben, indem wir uns etwa vom äußeren Leben zurückziehen und etwas mehr nach innen gehen. Im Innersten bleiben wir von diesen Veränderungen unberührt. Wir nehmen sie wahr, registrieren sie, stellen uns, soweit es nötig ist, auf sie ein und lernen, trotz aller Veränderungen und sogar mit ihrer Hilfe unser Leben zu meistern. Wir erleben ihre Unterschiedlichkeit schließlich als Bereicherung, nicht als Beschränkung unseres Lebens. Wir sind ihnen nur so lange unterworfen, als wir sie ausschließlich unter dem Gesichtspunkt der Leistungsfähigkeit sehen, als wir materiell denken.

Die Bewußtwerdung um das Wirken unserer Rhythmen leitet daher einen ersten Schritt zu unserer Befreiung ein. Ihre Durchleuchtung schließlich führt zur Neutralisierung, zur Harmonisierung, ihre Beherrschung schließlich zu ihrer Auflösung und unserer Befreiung.

Oder, mit anderen Worten und physiologisch betrachtet:

Die Bedeutung des Nervensystems liegt in seiner Fähigkeit und Aufgabe, die verschiedenen Teile des Organismus in innere Harmonie zu lenken. Diese Aufgabe löst das Bewußtsein. Daß man sich eines Vorfalls bewußt wird, setzt eine Veränderung, einen Übergang, einen Gegensatz voraus. Der Bewußtseinsinhalt und die Bewußtseinsenergie müssen aus dem Gleichgewicht gebracht, die Aufmerksamkeit muß geweckt werden. Ein Reiz entzündet sich explosionsartig, setzt einen Impuls und wird die Bedingung für die Funktion des Nervensystems. Der Reiz wirkt durch Auslösung gebundener Kraft, durch Aufhebung des Gleichgewichtes in Nervenfasern und Nervenzentren. Das Bewußtsein ist so lange als Umpoler tätig, bis alle Gegensätze überwunden, integriert sind. Dabei schärft jede Veränderung das Bewußtsein und erhöht es. Diese Erhöhung mündet letztendlich in die Erkenntnis, daß alle Gegensätze in einer Einheit zusammengefaßt ruhen, oder, um es mit den Worten Jesu auszudrücken: „Der Vater und Ich sind Eins."

Doch bleiben wir einstweilen auf dem Boden, auf dem physischen Plan.

Biorhythmik als physiologisch-materielle und exoterische Disziplin wird oftmals und mit Erfolg im täglichen Leben eingesetzt. Dabei geht es hauptsächlich darum, die einzelnen *Phasen* richtig zu nutzen. Veranschaulichen wir uns daher die Wirkungen der einzelnen Rhythmen in den einzelnen Phasen:

WIRKUNG DER RHYTHMEN IN DEN 4 PHASEN

	M	W	I
Ladungsphase	wollen	erfühlen	wahrnehmen
Fülle	initiativ	gefühlvoll	kreativ
Entladungsphase	lassen	ausstrahlen	erinnern
Leere	inaktiv	emotionslos	gedankenlos

Tab. 17

Wenn jemand nun in der Leerephase nur negative Voraussetzungen zu sehen glaubt, möge bedenken, daß sich gerade diese Zeit hervorragend für Ruhe, Entspannung, Erholung oder Genesung eignet. Jeder streßgeplagte Mensch kann sich nur einen Urlaub wünschen, in dem alle 3 Rhythmen in der Passivphase schwingen! Wenn wir diesem natürlichen Kalender folgen, nicht dagegen angehen, nicht versuchen, andere Qualitäten mit Gewalt erzwingen zu wollen, schwingen wir im Gleichmaß mit unserer inneren Uhr und Natur. „Gut Ding braucht eben Weile" und „Alles zu seiner Zeit" sollen die Devisen sein, nicht „Jetzt erst recht" oder „Ohne Rücksicht auf Verluste". Wenn wir die Sichtweise der Qualität der Zeit annehmen, erfahren wir eine Erweiterung der Qualität und Sinnhaftigkeit unseres Lebens. Das heißt nicht, daß wir auf andere Qualitäten zu gewissen Zeiten nicht in allerdings meist beschränktem Maße zurückgreifen können. Wir verfügen unter der Schwelle unseres Bewußtseins über ausreichend Reserven quantitativer und qualitativer Art und brauchen diese im Normalfalle auch nicht auf. Es ist völlig unnötig, uns in irgendeiner Hinsicht die geringsten Sorgen zu machen. Wir bekommen vom „Schick-Sal" als unserem eigenen Lernschritt-Zuordner stets nur so viel zugemutet, wie wir auch ertragen können. Und wenn es wirklich einmal ernst werden sollte, stehen uns innere, latente Energien zur Verfügung. Wie oft hörten wir von „übermenschlichen" Kräften, die im Notfall frei werden! Wenn wir unser Bewußtsein im Gebet oder in tiefer Versenkung auf Höhe unseres „Höheren Selbst" erheben und uns der Einen Quelle zuwenden, öffnen wir durch die Konzentration damit einen „Kanal"; es kann Energie von einer höheren Ebene transformiert und verfügbar werden. Unser innerstes Wesen, unser „innerer Helfer", unser „Meister" in uns selbst sind wir selbst bzw. lichte Wesenheiten, die wir kraft unserer Ausrichtung affinitiv anziehen. Es ist die weite Sphäre außerhalb der Peripherie des Tagesbewußtseins, dessen wir uns allzuoft nicht oder höchstens im Notfall besinnen!

Statt laden und entladen können wir analog setzen:
    lernen — lehren
    gehorchen — befehlen
    geschehen — bewirken
    kaufen — verkaufen
    sammeln — leiten
    fließen — regeln
    dienen — herrschen
    sich zur Verfügung stellen — bestimmen
    bekommen — geben
    aufbauen — zerstören
    kristallisieren — auflösen usw.

Alle diese *ausgleichenden Tätigkeiten* unterscheiden sich hinsichtlich ihrer Aktivität oder Passivität und beschreiben eine Wirkung in der Zeit zum Zwecke des Ausgleiches von Fülle oder Leere, Angebot und Nachfrage; sie sind also abhängig von Ladungs- bzw. Fülle-*Zuständen*.

Speziell Hans Genuit maß der Polarität von Laden/Entladen besondere Bedeutung bei, während andere Biorhythmiker mehr die Hoch- und Tiefphasen bevorzugten.

Genuit ordnete seine Kurven, die er durch Gerade ersetzte, so an, daß diese zwischen 0 % und 100 % (W und S) auf und ab steigen. Sicherlich ergibt diese Vorgangsweise eine Vereinfachung der Darstellung, läßt aber wesentliche Prinzipien wie die Polarität von Entstehung (F) und Wandlung (H) als Ladungssprünge außer acht. Der Sinus als Maß der Fülle oder Leere mit dem Cosinus als Maß der Veränderung des Sinus ist bei dieser Art der Darstellung aus seinem funktionalen Zusammenhang gerissen. Durch die Betonung der Füllungsquantität = 0 am Winterpunkt wird S zum Favoriten hochgejubelt. Anstelle einer qualitativen Differenzierung tritt bei Genuit quantitative Wertung. Diese Art der Kurvendarstellung brächte auch mit sich, daß man sich bei Geburt des Menschen alle 3 Rhythmen auf 50 % stehend vorstellen müßte!

Noch problematischer wird es, wenn man die aus 2 oder allen 3 Elementen zusammengesetzten Rhythmen beobachten möchte. Immerhin hat Genuit als einer von ganz wenigen von der Existenz von $\widehat{MWI}$ als gemeinsame Resultante Kenntnis genommen, auch wenn er deren ganze Bedeutung keineswegs erkannte, wie er selbst zugab. Er zeichnete die von ihm beobachtete „Erfolgskurve" als Gerade entsprechend dem Mittelwert aller 3 Grundrhythmen auf. Der Aussagewert dieser Darstellung wird so auf ein Minimum reduziert, wie wir später noch sehen werden.

Die Darstellung Genuits erlaubt daher nur mehr Aussagen über die Tendenzen, nicht aber die tatsächlichen Potenzen bzw. Qualitäten der Rhythmen. Genaue Analysen sind noch weniger möglich, als sie es schon bei der Sinuskurvendarstellung sind.

LINEARE DARSTELLUNG DER KURVEN (H. GENUIT)

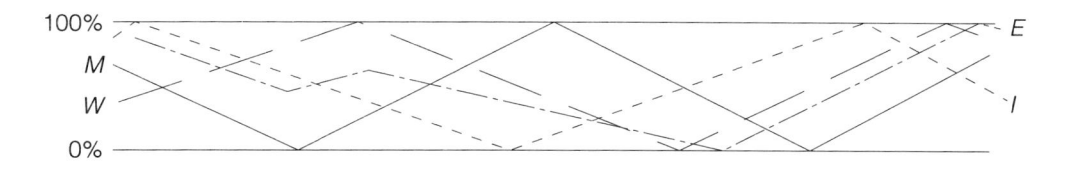

Abb. 49

So mancher Biorhythmiker bezeichnet die Linien mit fallender Tendenz als negativ oder problematisch. Warum soll aber das entladende Prinzip gegenüber dem ladenden weniger wert oder problematischer sein, die Erholung weniger wert als die Aktivität, das Ausgießen problematischer als das Eingießen? Es ist die bis dato herrschende Einstellung, daß auch das Weibliche weniger wert sei als das Männliche. Die fallende Kurve zeigt doch lediglich das Loslassen, Hergeben, Abgeben, Leeren an. Ich kann mir schon vorstellen, daß gerade diesen Tätigkeiten heutzutage ein negativer Beigeschmack anhaftet, liegt uns doch viel mehr am Auffüllen unseres Bankkontos oder Bauches, unseres Speichers mit Wissensstoff, am Jagen und Sammeln von „Trophäen", am Vollstopfen unseres Lebens mit sogenannten „Erlebnissen" als am Geben, Loslassen und Aufgeben von Standpunkten und Rechten oder Überfluß. Bei vielen Menschen herrscht eben das unerlöste Stier-Prinzip vor.

Die Charakterisierung der Eigenschaften der fallenden Kurve als „negativ" wird schon dadurch widerlegt, als gerade dann oft Genesung infolge Giftausscheidung oder durch Fastenkuren eintritt. Schaut man auf das Tierkreismodell, sieht man am Herbstpunkt (H) den Übergang von der Jungfrau (das Reine, die Genesung, Entspannung) zur Waage (Harmonisierung), während viele Krankheiten im Widder (dem Zeichen der Entstehung), dem Frühlingspunkt in unserer Kreisdarstellung, ausbrechen, dort, wo die Kurve doch maximal aufstrebt. Warum soll auch der Herbst als abnehmende Jahreshälfte weniger wert sein als das Frühjahr, können wir doch gerade dann ernten, was wir vorher gesät haben!

Wenn wir den Aussagen vieler Biorhythmiker Glauben schenken sollen, ist die Anzahl „guter" und „schlechter" Tage sehr ungerecht verteilt.

DIE NEGATIVSTATISTIK

	M	%	W	%	I	%
Anzahl Tage	23		28		33	
davon „kritische" Tage	2		2		2	
und „negative" Tage	10,5		13		15,5	
gesamt „schlechte" Tage	12,5	54,3	15	53,6	17,5	53,0
bleiben „gute" Tage	10,5	45,7	13	46,6	15,5	47,0

Tab. 18

Es ist kein Wunder, daß manche Zeitgenossen schon hier auf Erden die Hölle haben, daß das Negative bei ihnen überwiegt! Es ist hier das uralte, allzu „menschliche" Problem sichtbar, daß wir leichtfertig verurteilen, was wir nicht gut genug kennen. Den schlechten Tag bekommen wir nicht verpaßt, sondern verpassen ihn uns selbst. Es sind nicht die Dinge an sich, die schlecht sind, sondern unsere Einstellung zu den Dingen.

Ich möchte hier jetzt nicht als der große Kritisierer der verschiedenen Theorien der Biorhythmik dastehen, der nichts und niemanden ungeschoren läßt. Im Gegenteil: Die Tendenzen der beobachteten Konstellationen stimmen, nicht aber deren negative Auslegungen. Die meisten Aussagen wurden auch intuitiv richtig verfaßt. Ich bestätige die Berechtigung und prinzipielle Richtigkeit der Rhythmenlehre nach Abstützung durch esoterische Lehren. Doch exoterische und esoterische Rhythmenlehre muß in allen Belangen auch logisch und stimmig bleiben, muß einer Durchleuchtung standhalten. Und wo dies nicht zutrifft, muß das Unrichtige im Dienste der Wahrheit richtiggestellt, das Dunkle erhellt, das Unsichtbare sichtbar gemacht werden dürfen!

Die Aktivitäts- und Passivitätsphase

Es scheint so, als ob die einzelnen Elemente im Bereich der Fülle, Potenz, der Plusphase stärker hervortreten und bewußter seien. Sie dienen dem Individuum besser als Werkzeug bzw. zum Gebrauch. In der Minusphase treten die Elemente stärker in den Hinter-(Unter-)Grund, sie sind unbewußter, „niedriger" oder auch latenter. Es „geschieht" dem Menschen mehr. Ein Mensch, dessen Bewußtsein noch nicht voll entfaltet ist, dessen Anteil an Unbewußtem verhältnismäßig größer ist als der Anteil an Bewußtem, erlebt die Minusphase als Mangel, als Zustand der Nichtverfügbarkeit von Kraft, Freude oder Erkenntnis. Ein Mensch, dessen Bewußtsein mehr entfaltet ist, spürt das Hinabtauchen in die Minusphase nicht mehr nur als das der aktiven Verfügbarkeit und Potenz Fehlende. Sein Horizont ist so beschaffen, daß die unbewußten Anteile reduziert sind zugunsten der bewußten. Er erlebt die Minusphase als Zeit der Ruhe und Sammlung. Der Vollkommene kennt nur das Wirken in jeder Phase, in jede Richtung.

Beim unentwickelten Menschen funktioniert von Haus aus der Zugang zum Wortschatz oder zum Gedächtnis nicht so sehr, die Motivationsfähigkeit ist eingeschränkt, die Handlungen sind unwillkürlicher. Der Mensch gibt sich leichter Stimmungen hin, hat es schwerer, sich zu beherrschen. Wenn zu diesem entwicklungsmäßig bedingten Zustand der Leere bzw. Starre noch eine Verstärkung durch biorhythmisches Geschehen tritt, wirkt sich diese dem Grundzustand entsprechende Leerung bzw. Erstarrung noch zusätzlich und wesentlich stärker aus. Steine sind stets starr, Pflanzen ziehen sich im Winter, in der Passivphase, zurück, Tiere verhalten sich reduziert, unentwickelte Menschen werden träger. Lebendigkeit in jeder Phase ist das Zeichen der Herausentwicklung aus dem Tierstadium!

Die Prinzipien des Wollens, Fühlens und Erkennens an sich können objektiv betrachtet nicht schlecht oder gut sein, sie können von uns nur in negativer oder positiver Richtung eingesetzt werden. Sie können *nicht* einmal da sein, ein andermal nicht, einmal viel, ein andermal wenig. Viel und wenig sind quantitativ veränderliche, relative Eigenschaften, während Prinzipien immerwährend und unabänderlich, also absolut sind. Unser Wollen, Fühlen und Erkennen können wir aber qualitativ als aktiv oder ruhend, quantitativ hinsichtlich der Enwicklungshöhe als mehr oder minder bewußt, beleuchtet, also für uns verfügbar, beherrschbar erleben. Doch das ganze Maß an Wollen, Denken und Fühlen mündet in die unbegrenzte Vollkommenheit, ist in unserer Begrenztheit aber nur zum Teil frei verfügbar, aber dennoch permanent präsent.

Wenn wir in unserer Beschränktheit aus dem Ganzen nur einen Teil auswählen (können), vergessen wir zumeist, daß alles mit allem zusammenhängt. Wir bekommen also das Nichtgewählte mitgeliefert, ob wir es wollen oder nicht! Es sucht sich dann zu seiner Zeit sein Recht!

Die höheren Aspekte der 3 Prinzipien, also Vernunft, Intelligenz, Willensstärke, Gefühlstiefe und alle Tugenden, hängen mit höherem Bewußtseinsgrad zusammen,

(weiter auf Seite 161)

MODELLVORSTELLUNG DER PSYCHE
nach C. G. Jung

Abb. 50

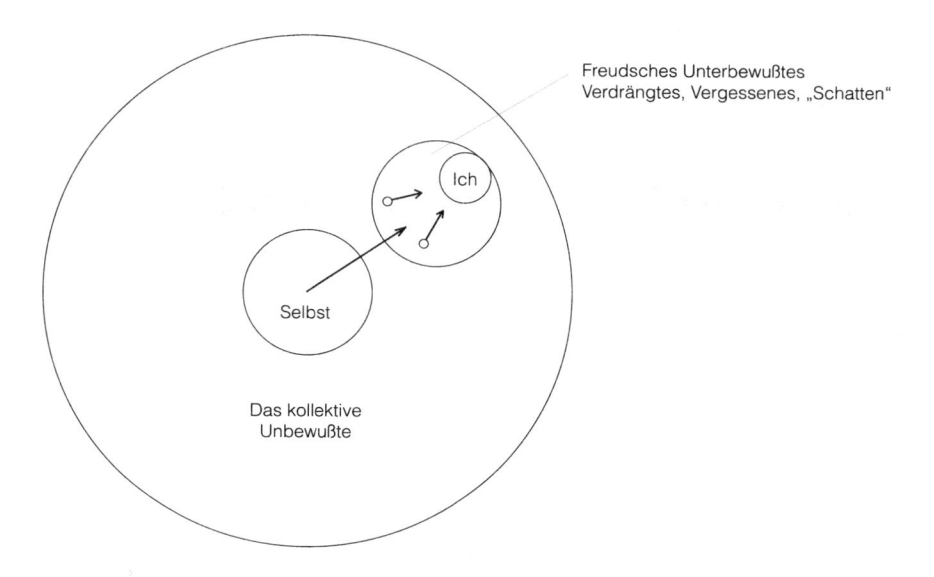

Freudsches Unterbewußtes
Verdrängtes, Vergessenes, „Schatten"

Ich

Selbst

Das kollektive
Unbewußte

GRADE DER BEWUSSTSEINSENTWICKLUNG
nach A. Studer

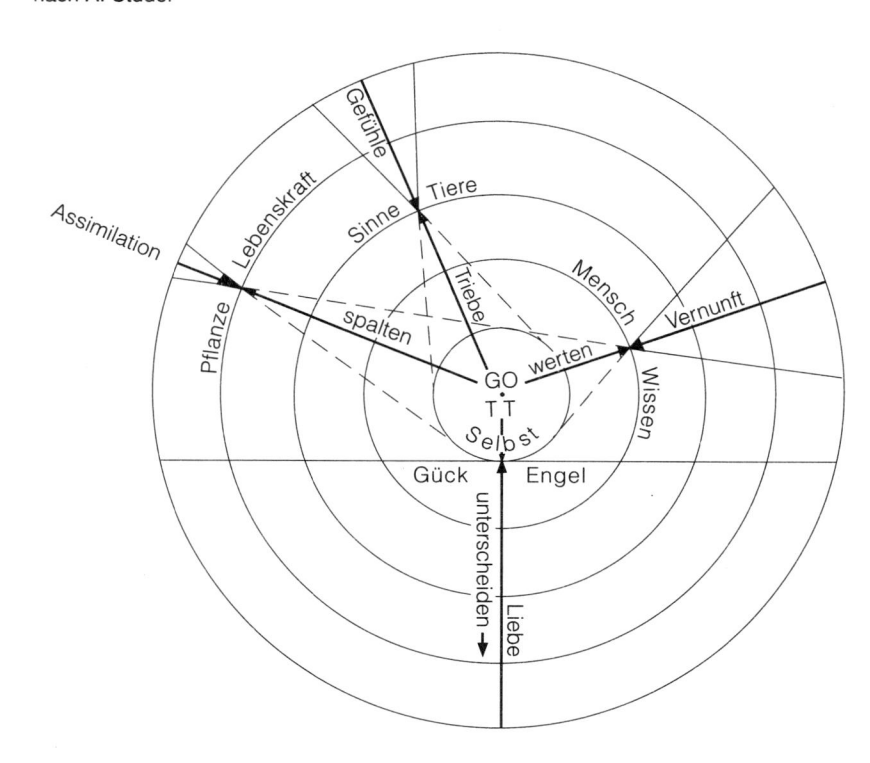

Abb. 51

Assimilation
Gefühle
Lebenskraft
Sinne
Tiere
Pflanze
Triebe
Mensch
spalten
Vernunft
werten
Wissen
GOTT
Selbst
Gück
Engel
unterscheiden
Liebe

Die Entwicklungsstufen des Bewußtseins

↑ Göttliches Eigenbewußtsein
Bruderschaftsbewußtsein
Kollektivbewußtsein
Egoismus
Natürliches Bewußtsein

DAS KREUZ DES LEBENS IN DER ENTWICKLUNG ZUR VOLLKOMMENHEIT

„Nehmt Euer Kreuz auf Euch!"
„Ich verlasse Euch nicht bis ans Ende aller Tage."
„Ich bin im Vater, und der Vater ist in mir."
„Ich bin, der ich bin, immer war und immer sein werde."

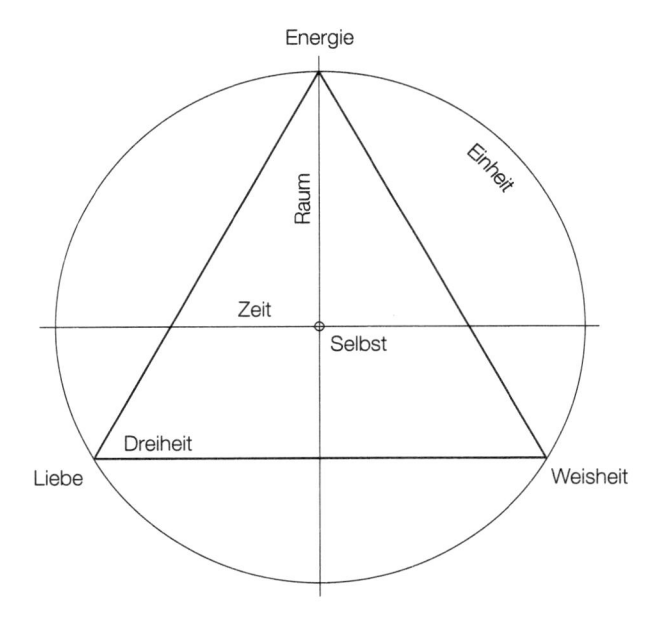

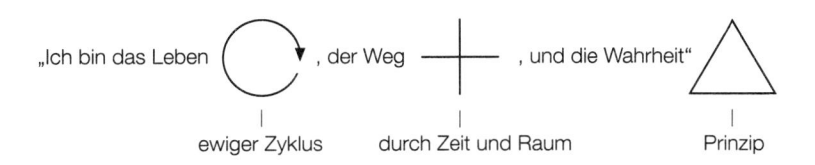

„Ich bin das Leben ⟲ , der Weg ✚ , und die Wahrheit" △
      ewiger Zyklus   durch Zeit und Raum   Prinzip

Abb. 52

während die niederen Aspekte, wie Sinnesempfindungen, Reflexe, Triebe, elementare Lust- und Unlustgefühle, niederem Bewußtsein näherstehen.

$$\frac{M'\quad W'\quad I'}{M\quad W\quad I} \quad - \quad \begin{array}{l}\text{Höheres Bewußtsein}\\\text{Niederes Bewußtsein}\end{array}$$

Die Dominanz des Bewußten bei Tag (Wachen) und die Dominanz des Unbewußten bei Nacht (Schlafen) entspricht ebenso wie auf der Ebene der Jahreszeiten dem aktiven Leben der Pflanzen im Sommer, dem zurückgezogenen im Winter und der biorhythmischen Aktiv- bzw. Passivphase.

Auf eine wunderbar natürlich geregelte Weise repariert der Mensch in der einen Phase (ihm zumeist völlig unbewußt), was er in der anderen „gesündigt" hat. Hat sein Wollen ihn übers Ziel hinausschießen lassen, regelt sich das oft wieder in 11 1/2 Tagen; Unlust wandelt sich häufig nach 14 Tagen ins Gegenteil; destruktive Vorstellungen weichen nach 16 1/2 Tagen oft aufbauenden Gedanken. Manische Phasen wechseln mit depressiven Phasen. Die *Sünde* besteht ja aus dem Herausfallen aus der Einheit oder, ins Biorhythmische übertragen, aus dem Herausfallen aus der Fülle. Daher entspricht die polar entgegengesetzte Phase der *Reue* und Reparatur.

Im beständigen Schwanken zwischen Aktivität und Passivität, Handlung und Besinnung, Sünde und Reue entwickelt sich der Mensch immer höher und weiter.

Entspräche biorhythmisches Geschehen nur einem ständigen Wechsel von Füllen und Entleeren, d. h. einer mehr oder minder zur Verfügung stehenden Quantität der biorhythmischen Kräfte, so wäre Gemüts- bzw. Gesinnungswandel nicht möglich, die Untugenden würden nur mehr oder weniger stark hervortreten oder zurücktreten und könnten niemals Tugenden weichen. Doch der Wandel ist der Beweis der Wirksamkeit einer wandelnden Kraft, der Christus- oder Meisterkraft in uns. Die Qualität der Zeit erreicht am entgegengesetzten Punkt am Einheitskreis ihre Gegensätzlichkeit. Damit ist Bewußtseinswandel, Lebenswandel gegeben und damit Entwick(e)lung.

Es symbolisiert der Kreislauf im biorhythmischen Geschehen die Kreuzigung des Menschen, des Gottessohnes. Das *Kreuz* wird durch die 2 Achsen des Einheitskreises gebildet. Der 21. März stellte, wie auch Dürckheim hervorhob, in allen alten mystischen Lehren den Tag des Beginns des Lebens dar, wenn die Sonne den Äquator überschreitet (Kreuzigung). Nach dieser „Kreuzigung" werden alle Samen, die während des langen Winterschlafes im Boden eingefroren sind, wiedererweckt, „und das dürre Land wird fröhlich stehen und wird blühen wie die Lilien" *(Jes. 35, 1)*. Das uralte Symbol der Kreuzigung versinnbildlicht den „Tod" des archetypischen, egozentrischen Menschen am Kreuz der Materie, am Kreuz von Zeit und Raum, und seine Auferstehung im Geiste. Mit dem Kreuzungsmittelpunkt wird aber auch versinnbildlicht, daß der Mensch prinzipiell als „Geist vom Geiste" die göttliche Allgegenwart in sich trägt, daß jedem von uns Gott als sein innerstes Wesen innewohnt, ob wir uns dessen bewußt sind oder nicht. Unser Entwicklungsstand zeigt als vertikale Position im horizontalen Geschehen das quantitative Maß an Fülle.

Die Kreuzigung ist auch ein Sinnbild für das göttliche Opfer: Die Einengung der jedem Menschen gegebenen göttlichen Fähigkeiten und Energien in den verschiedenen Formen der Materie und deren Ablauf in unserer körperlich-materiellen Existenz.

Der Kreis ist das Symbol des ICH , der Sonne, des Sonnensystems. In diesem ICH ist die Bewußtwerdung vermittels Einsatz unserer Willenskräfte, Gefühlskräfte und Erkenntniskräfte im „Auf-sich-Nehmen des Kreuzes" eingebettet. Die Planeten stehen für Kräfte und Prinzipien, denen wir im Anfang ausgeliefert sind und die wir schließlich beherrschen. Der Tierkreis steht für die Qualität der Zeit. Sonne und Mond symbolisieren auch Licht und Dunkel, Tag und Nacht, Bewußtes und Unbewußtes, Willkürliches und Vegetatives. So zeigt biorhythmisches Geschehen im Mikrokosmos Mensch eine Entsprechung zu makrokosmischem Geschehen. Es entsprechen die energetischen und Gravitationsfelder einander in qualitativer und quantitativer Hinsicht (auch wenn sie sich dem irdischen Maßsystem entziehen). Somit entspricht die biorhythmische Konstellation einer *Schiene*, auf der sich astrologische Einflüsse geltend machen. Es herrscht seelische Synchronität und nicht Kausalität. So kann man biorhythmisches Geschehen als Verstärker oder Filter kosmischer Einflüsse betrachten. Beruht also die Astrologie auf Synchronität mit dem Geschehen im Kosmos, so besteht zwischen biorhythmischem und astrologischem Geschehen synchrone Analogie.

Somit beantwortet sich auch die Meinung mancher Chronobiologen, daß die „vermeintlichen" Beobachtungen biorhythmischen Geschehens auf *Suggestion* beruhten. Sie erklären, daß der Mensch, der vorher gar nichts von Rhythmen wußte, nach dem Konsumieren der Biorhythmentheorie so sehr imprägniert sei, daß von da an gemäß seiner gespeicherten Informationen verschiedene, vorher gar nicht dagewesene Störungen und Phänomene auftauchten. Ständiges Eintrichtern von Suggestionen wirkt ja auf unser Unterbewußtsein, so daß sie schließlich ein Eigenleben beginnen. In diesem letzten Punkt haben die Kritiker sogar recht. Nur muß ich wiederum 2 ganz bescheidene Einwände beisteuern: Zum ersten besteht doch das ganze Wissen, alles Material, das sich die Menschen an Lernstoff per Suggestion der Lehrenden einverleibt haben, im Grunde aus völlig falschen Vorstellungen von der Wirklichkeit (Maya). Somit sind es eigentlich jene Kritiker, die sich aufs Glatteis begeben, denn all ihr schönes relatives Wissen beruht auf Suggestionen!

Zum zweiten aber treten nach längerer Beschäftigung mit den Rhythmen des Lebens seine Wirkungen immer stärker ins Bewußtsein. Hier liegt eben der Vorteil, der praktische Nutzen für die Selbsterkenntnis und Befreiung: Man lernt, in sich hineinzuhorchen, sich auf die natürlichen Gegebenheiten einzustellen, nicht dagegen anzugehen. Niemandem würde es einfallen, ein volles Glas füllen zu wollen oder ein leeres Glas austrinken zu wollen. Will man es dennoch, ist man ein Tor. Wenn man ständig die Nacht zum Tage macht, verliert man seine Kräfte, seine Gesundheit, seine Spannkraft, seine Harmonie. Daher führt richtige Rhythmenbeobachtung und -beachtung zu Harmonie und nicht zu Zerstörungen, wie sie uns durch die technischen Errungenschaften der Kritiker beschert wurden.

Doch hier verwechseln unsere wackeren Waagrechtdenker Suggestion als eine Beeinflussung mit Erkenntnissen aus der Betrachtung analoger Zusammenhänge. Und selbst wenn es Suggestion wäre, wenn also keine erfahrbare Wirklichkeit, keine Prinzipienhaftigkeit, keine Verbindung zu uraltem Wissen bestünde, und es führte uns zur Harmonie, dann wäre uns aus diesem Grunde allein jede harmonisierende Suggestion willkommen.

Andererseits ist aber jede Erscheinung im Bereiche von Maya, also auch alles Biorhythmische, relativ und beruht auf Nichterkenntnis der absoluten Wirklichkeit. Doch müssen wir zwischen waagrechten Wissenshorizonten, die nur immer weiter in die Waagrechte führen, und esoterischen Disziplinen unterscheiden, die mittels relativer Hilfsmittel, auf die sie auf der Ebene des Relativen natürlich auch keineswegs verzichten können, den Weg aus eben dieser Relativität hin zum Absoluten weisen können. So weist der relative Kosmos zu seinem Schöpfer und das begrenzte Leben zum ewigen Leben, wenn man bereit ist, die Zweidimensionalität zurückzulassen und den Weg in die Vertikale anzutreten.

Die räumliche Lokalisierung der Elemente

Hatten wir bisher die 3 Elemente hauptsächlich in ihrer Prinziphaftigkeit beobachtet, wollen wir sie jetzt näher „lokalisieren". Prinzipien bleiben ja von allen Änderungen, wie wir wissen, unberührt. Sie wirken im ewigen Wandel der durch sie hervorgerufenen Formen als deren innewohnendes Gesetz. Mit Prinzipien lassen sich Modelle bauen, Typen, in denen das Archetypische wirkt.

Der Einheitskreis als Modell entspricht ja der doppelt-polaren Situation auf der Ebene der magnetischen Aura, in dem das ICH bewußt ist. Dieses Magnetfeld birgt in sich ein energiedurchströmtes Zentrum, unser SELBST. Und wie beim Elektromotormodell beginnt nun eine Drehung des *Rotors*, in unserem Falle der Peripherie, die hier das Weltbewußtsein symbolisiert. Unser Selbst bleibt unberührt und ruhig, es entspricht dem *Stator*. Die Drehbewegung des Magnetfeldes verläuft nun in einer kreisförmigen Umlaufbahn, in der man sich nun die verschiedenen Prinzipienpunkte als senkrecht zur Bewegungsebene stehende Stromleiter vorstellen kann, durch die nun per *Induktion* sich ein sekundärer Stromkreis als Wechselstrom aufbaut. Diese senkrecht zur ursprünglichen Magnetfeldebene fließenden Wechselströme (die Tattwa-Schwingungen) bewirken auf tiefer gelegenen parallelen Ebenen als Abbild der ursprünglichen Magnetfeldebene wiederum deren induktives Kreisen. Somit haben wie hier symbolhaft die Verknüpfung biorhythmischen Geschehens mit den Modellen der millionenfach genutzten Gleichstrommotoren und Wechselstromgeneratoren.

DAS ELEKTROMAGNETISCHE MODELL

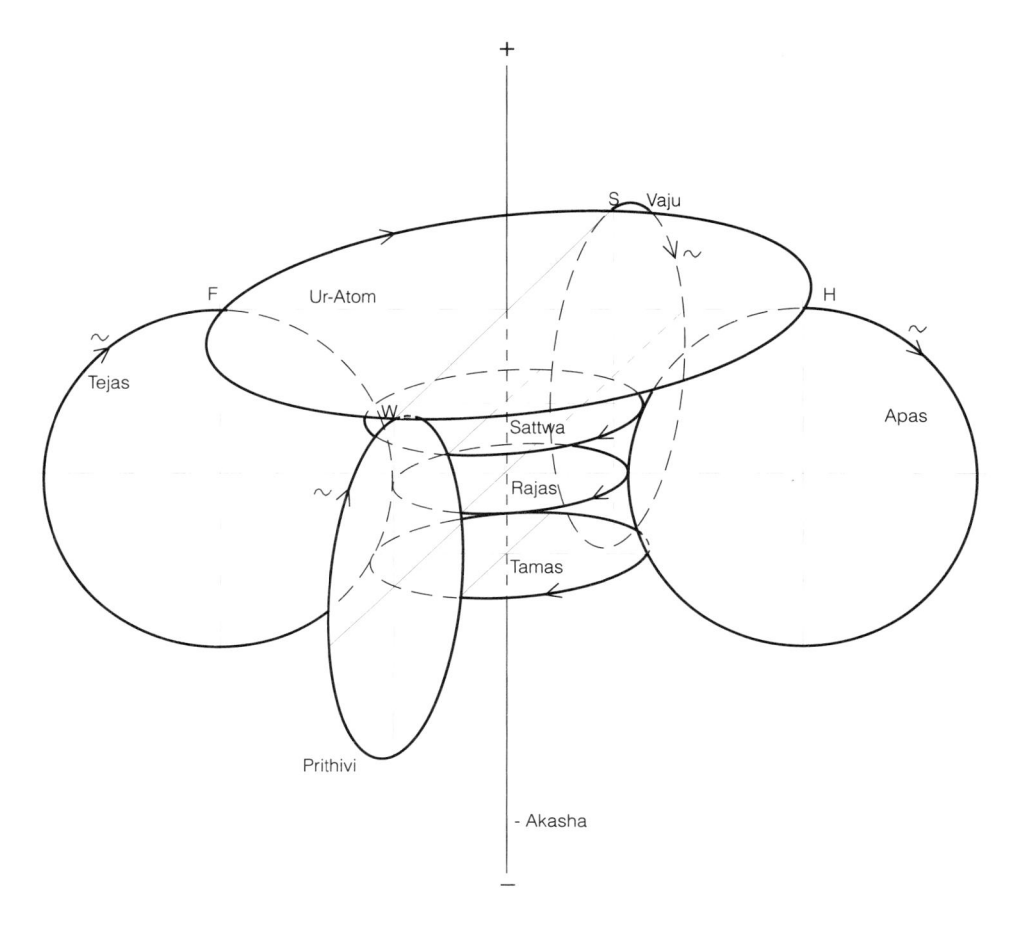

Abb. 53 a

Die Bewegungsebene dieser Elektrizität steht senkrecht zum Magnetfeld, wodurch Räumlichkeit gegeben ist, in welcher die 5 Tattwas schwingen. Dieses senkrechte Schwingen kann man sich aus der senkrecht ausstrahlenden Wirkrichtung von Shakti erklären, da Schöpfung ja vom Schöpfer weg erfolgt (Primärkraft), während die Heimholungskraft als Anziehung (Kundalini) zum Himmelspol hin wirkt.

Die Tattwa-Schwingungen (lt. okkulter Forschungen à 24 Minuten) kann man sich wiederum zyklisch vorstellen; die schöpfungswärts gerichtete Bewegung entspringt der Abstoßung in Manas, die ursprungswärts gerichtete der Anziehung in Buddhi.

TATTWA-SCHWINGUNG

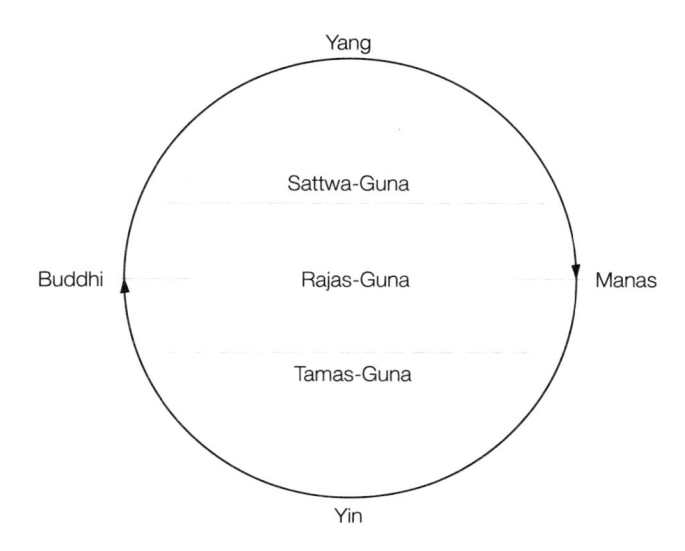

```
                        Yang

                    Sattwa-Guna

      Buddhi        Rajas-Guna        Manas

                    Tamas-Guna

                         Yin
```

Abb. 53 b

Die 3 Gunas entsprechen nun 3 Schichten dieses Kreismodells: Im oberen (positiven) Teil wirkt Sattwa-Guna, im mittleren (neutralen) Teil wirkt Rajas-Guna, im unteren (negativen) Teil wirkt Tamas-Guna.

Dieses Modell der Seele zeigt also **3 Wirkfelder** bzw. Schichten:

Sattwa-Guna = Bewußtseinsseele
Rajas-Guna = Verstandesseele
Tamas-Guna = Triebseele

Obwohl die Definition der 3 Gunas als Seelenschichten nicht so ohne weiteres den Begriffen Trieb, Verstand und Bewußtsein entspricht, kann man die biorhythmischen Elemente in ihrer psychologischen „räumlichen" Dimension nun zuordnen. Eine Zuordnung läßt sich auch auf anderen Ebenen und mit anderen Systemen durchführen. Diese 3 Schichten spiegeln das prinzipielle senkrechte Geschehen wider, und man kann sie als jeweils tiefer gelegene unterschiedlich schnell rotierende Kreisabläufe ansehen, die parallel zum Modell liegen.

Die unterschiedliche Schwingungsdauer der 3 biorhythmischen Elemente in diesem Schwingungskörper kann man sich folgendermaßen erklären:

DIE SPINDELACHSE

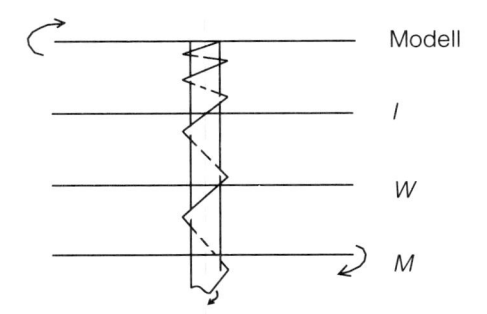

```
        Modell
        I
        W
        M
```

Abb. 54

Man kann sich das Schwingen der Tattwas so vorstellen, daß sie, je weiter sie vom Ursprung entfernt sind, um so langsamer schwingen. Die weiteste Entfernung vom Zentrum nimmt ja die Materie in ihrer Dichtheit und Grobstofflichkeit ein. Man kann sich diese immer gröber werdende Schwingung von einer Spindelachse hervorgerufen vorstellen, deren Schneckengänge oben eine geringe, unten aber eine starke Gangsteigung aufweisen. Die 3 Rhythmenebenen entsprechen nun 3 Tellerrädern, die von der Spindel angetrieben werden. Dabei bewirkt die geringe Steigung des Schneckengewindes der Spindelachse im oberen Teil eine langsame Drehbewegung des I-Tellers. Der W-Teller dreht sich durch die steileren bzw. gröberen Schneckengänge schneller, der M-Teller demgemäß am schnellsten.

Die Drehung des Modells bewirkt nun analoges, synchrones Geschehen mit unterschiedlicher Geschwindigkeit auf den jeweiligen tieferen Tellerrädern.

Wie wir im „Evangelium der Heiligen Wissenschaft" gelesen haben, entsprechen die Gunas jeweils gewissen Funktionen, indem sie die einzelnen Ebenen miteinander „verbinden".

FUNKTIONEN – GUNAS

Funktionen	Gunas	
$\widehat{MI}$	Sattwa	Sinnesorgane
$\widehat{WI}$	Rajas	Handlungskräfte
$\widehat{MW}$	Tamas	Sinnesgegenstände

Abb. 55

Diese zusammengesetzten Funktionen treten physiologisch gesehen als *Organsysteme* auf und entsprechen gewissen Körperfunktionen:

FUNKTIONSBEREICHE

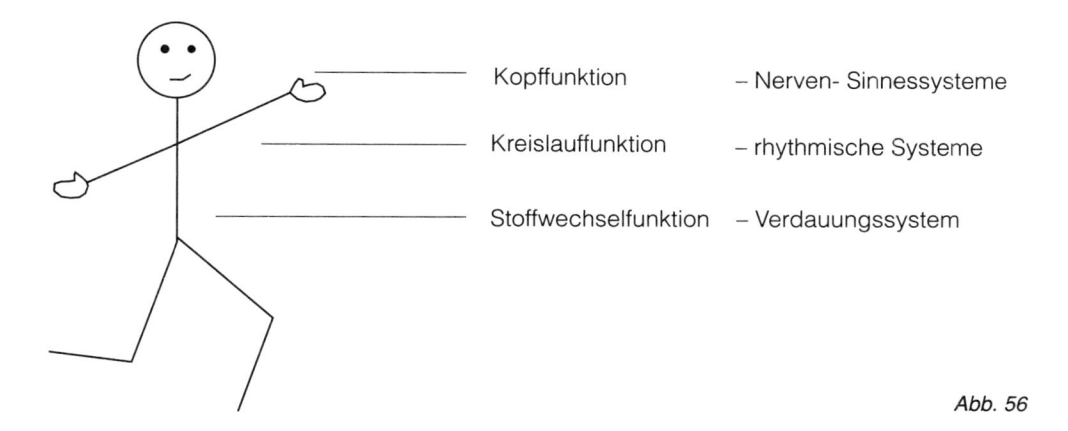

Kopffunktion	– Nerven- Sinnessysteme
Kreislauffunktion	– rhythmische Systeme
Stoffwechselfunktion	– Verdauungssystem

Abb. 56

Ihr Funktionieren, d. h. ihr harmonisches Zusammenwirken, zeigt sich in unserer Gesundheit.

Wir können nun insgesamt 6 *Tellerebenen* ausmachen:
  3 prinzipielle, stets gleichmäßig schwingende Elementarebenen (Triade) und
  3 sekundäre, funktionale, sich hinsichtlich ihrer Amplitude ständig ändernde Ebenen und
  1 dynamischer „Körper", der hinsichtlich Frequenz und Amplitude ständigem Wechsel und Wandel unterworfen ist.

DIE TELLEREBENEN – CHAKRA-ORGANISATION

Abb. 57

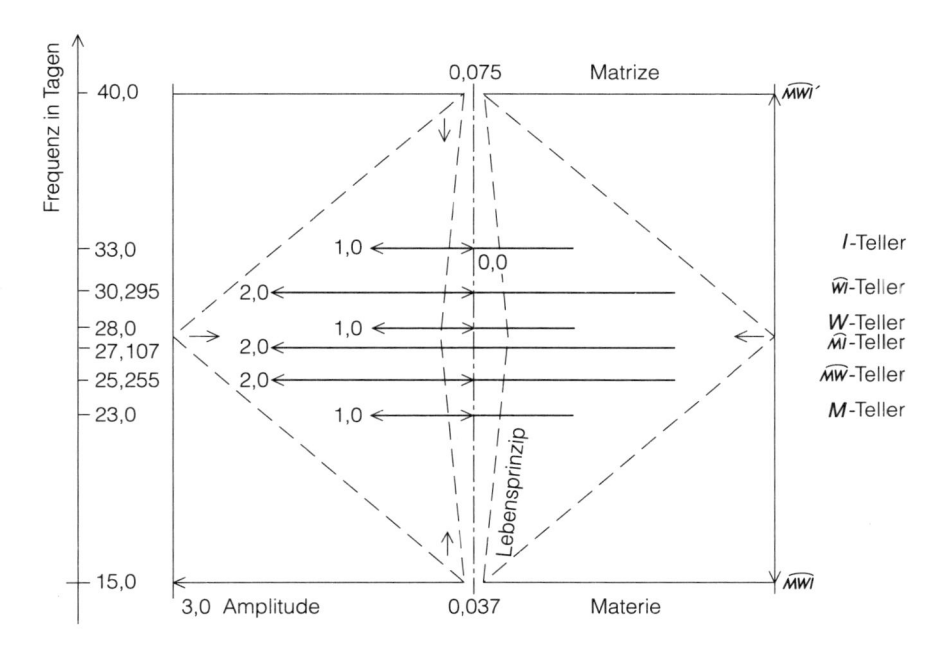

167

$\widehat{MWI}$ entspricht hinsichtlich seines Auf- und Absteigens zwischen den Umlaufdauergrenzen (Frequenz) von 15,0 und 40,0 Tagen der Spindelachse, die jeweils abwechselnd die synchron laufenden „Tellerebenen" antreibt. In der vertikalen Bewegung schwankt die Größe von $r_{\widehat{MWI}}$ zwischen seinen Grenzwerten ständig auf und ab, so daß sich im Ablauf von $\widehat{MWI}$ schließlich die Form des Aktivmoleküls (siehe *Abb. 37*) ergibt. Immer wieder unter- bzw. übersteigt $\widehat{MWI}$ auch die Ebenen M und I und hält so ständige Verbindung mit der Matrize und dem materiellen Bereich (Modell und Ausführung).

Bei der Erklärung der verschiedenen Modelle, die prinziphaft biorhythmisches Geschehen zeigen, konnten wir das Atemmodell nicht zur Erklärung heranziehen. Bei genauerem Hinsehen müssen wir den Atem nun als vertikales Wechselstromgeschehen dem Tattwa-Schwingungsmodell zuordnen, während die biorhythmischen Elementarschwingungen waagrecht als Gleichstromgeschehen erscheinen.

Bei dieser Gelegenheit können wir uns nochmals fragen, ob und wo ein 38tägiger „*feinsinnlicher*" Rhythmus tatsächlich schwingen könnte. Die praktische Beantwortung dieser Frage obliegt den Feinsinnlichen selbst. Wir wollen uns mehr prinzipiell dieser Frage nähern.

Wir sahen in der „senkrechten" sphärischen Gliederung des Menschen (siehe Kaptiel „*Die wahre Natur des Menschen*") oberhalb des Begierdenleibes noch weitere Ebenen, die wir als *Mentalleib* und *Intuitionsleib* bezeichnen können und die beide noch unterhalb der höheren Triade angesiedelt sind. Im letzteren kommen auch die höheren Attribute der 3 Prinzipien zur Wirkung, wie

– Konzentration oder magische Fähigkeiten,
– Intuition oder feinsinnliche Empfindungen,
– Inspiration, Imaginationen usw.

Wenn wir die einzelnen Körper des Menschen und ihre jeweiligen Regionen als Aggregatzustände geistiger Energien ansehen und sie den 5 (östlichen) Elementen zuordnen, steht feinsinnliches Geschehen dem Akasha-Element nahe. Es umfaßt als Quintessenz alle übrigen und birgt in sich die Keimideen aller Lebensäußerungen und aller Formen, welche auf der Ebene des Intellekts als Archetypen erscheinen. Im biorhythmischen Geschehen zeigen sich in der Intuitionssphäre die Wirkungen von allen 3 elementaren Bereichen und in deren Zusammenwirken in ihren höheren Aspekten und in synchronem Ablauf von $\widehat{MWI}$ (wir werden später darauf noch näher eingehen).

Feinsinnlichkeit entspricht einem höheren Aspekt der Sinnesempfindungen bzw. Sinneswahrnehmungen. Durch Entwicklung der höheren Chakras bilden sich im Menschen feinere „Sinne" aus, welche Schwingungen in einem wesentlich größeren Umfang, als es unsere grobstofflichen Sinne vermögen, empfangen und wahrnehmen können. Das Geschehen auf niederen Ebenen spiegelt ja das der höheren in „vergröberter" Form wider, so daß alles das, was im körperlichen Bereich biorhythmisch erscheint, als analoges Geschehen von niederen und höheren seelischen Bereichen angesehen werden kann. Ein feinsinnlicher Rhythmus spiegelt sich daher als grobsinnlicher Rhythmus, unterliegt aber ebenfalls dem prinzipiellen Wirken von M, W und I, nur auf einer höheren Ebene. Die beobachteten Schwankungen von einem 38-Tage-Zyklus entspringen aber dem variablen Ablauf des zusammengesetzten Harmonierhythmus ($\widehat{MWI}$), der durchschnittlich 37,95 Tage zwischen seinen Extremwerten schwingt, wie es später noch erläutert werden soll.

Offen blieb bisher die Frage, ob sich gleiche Rhythmenlagen bei allen Menschen gleich auswirken. Wir können mit einer Gegenfrage antworten: Finden alle Menschen eine Fuge von J. S. Bach, die Farbe Rot, den Hochwinter oder Fischragout gleichermaßen angenehm? Jeder Mensch hat sein eigenes Resonanzspektrum, seinen Affinitätsbogen, sein individuelles Maß an integrierten Frequenzen, wie wir noch sehen werden. Der Kranke findet die Ruhephase als erholsam, während der Gesunde sie vielleicht als unproduktiv bewertet.

Wenn eine bestimmte biorhythmische Lage vom einen als belastend, störend oder schmerzvoll empfunden wird, heißt das noch lange nicht, daß auch alle anderen Menschen im gleichen biorhythmischen Alter dasselbe verspüren. Es bedeutet für den einen allerdings, daß er im einen oder anderen Bereich gewisse Mängel hat, die sich bei speziellen energetischen Situationen zur Erlösung anmelden. Um welchen Bereich es sich handelt, erfährt er, wenn er sich die rhythmische Konstellation genau ansieht. Da alle Menschen biorhythmisch unterschiedlich geprägt sind, sind generelle oder statistische Aussagen von vornherein unsinnig. Was hat es für einen Wert, festzustellen, wieviel Prozent der Menschen den Regen als erlösend und wieviel als lästig ansehen? So gesehen bleibt die PDR immer eine individuelle Disziplin, die wohl die Zusammenhänge, Grundlagen, Kriterien und Tendenzen aufzeigen kann, nicht aber die generellen auf alle zutreffenden Auswirkungen.

Die zusammengesetzten Rhythmen

Für Schwingungen aller Art gelten mathematische und physikalische Gesetze. Wenn man als gegeben annimmt, daß die biorhythmischen Schwingungen zyklisch verlaufen und für diese Zyklen daher die mathematischen und physikalischen, gesicherten und bekannten Schwingungsgesetze gelten, dann zählen zu diesen Gesetzen auch die der *Interferenzerscheinungen* bzw. *Modulationen*. Diese Interferenzen (gegenseitige Beeinflussungen) und Modulationen (Veränderungen) müssen dann logischerweise physiologisch und psychologisch beobachtbar bzw. erlebbar sein. Bisher aber haben sich kaum Rhythmenforscher auf diesem Gebiet mit der Konsequenz dieser logischen Schlußfolgerung auseinandergesetzt. Zu den wenigen rühmlichen Ausnahmen zählt vor allem der Schweizer Dietziker.

Schon von allem Anfang an ergaben sich aber hinsichtlich der Beobachtung der einzelnen Rhythmenelemente immer wieder Probleme mit dem Auftreten ganz spezifischer Ereignisse und der Unmöglichkeit, diese den einzelnen Rhythmen zeitlich und symptomatisch zuzuordnen. Dies führte zu allen möglichen Spekulationen und Erklärungen, die aber nie recht befriedigen konnten (z. B. die Sekundärrhythmen!). Schließlich wies Dietziker auf den Zusammenhang der 3 Rhythmenkombinationen mit entsprechenden Funktionsbereichen hin:

$\quad$ **M – W** = Herzfunktion ($\widehat{MW}$)
$\quad$ **M – I** = Kopffunktion ($\widehat{MI}$)
$\quad$ **W – I** = Kreislauffunktion ($\widehat{WI}$)

Er beobachtete, daß jedesmal, wenn 2 bestimmte Rhythmen einander am Einheitskreis genau gegenüberstanden oder sich deckten, also eine *Opposition* bzw. *Konjunktion* eingingen, ganz spezifische *Belastungen*, Störungen auftraten. Auch wenn 2 Rhythmen in einem rechten Winkel zueinander gerade an 2 Polen standen, traten diese Ereignisse auf. Dabei stellte er fest, daß im letzten Falle die Belastung nur so lange dauerte, bis die Polnähe vorbei war, also ungefähr 1 – 2 Tage, während sie bei Opposition und Konjunktion längere Zeit anhielt. Dabei bauen sich diese Langzeitbelastungen langsam auf und ebben ebenso langsam wieder ab. Der Grund dafür liegt darin, daß der eine Rhythmus den Einheitskreis in weniger Tagen umläuft als der andere, also pro Tag einen größeren Winkelschritt zurücklegt als der andere.

Dabei beginnt die Belastung, wenn die beiden Rhythmen einen Tagesschritt auseinanderliegen, während sie endet, wenn sie sich wiederum mehr als einen Tag voneinander entfernt haben (bei der Konjunktion). Stets wechseln sich Konjunktion und Opposition in einem ganz bestimmten Rhythmus ab, bauen sich an ganz bestimmten Stellen im Einheitskreis auf.

FUNKTIONSBELASTUNGEN

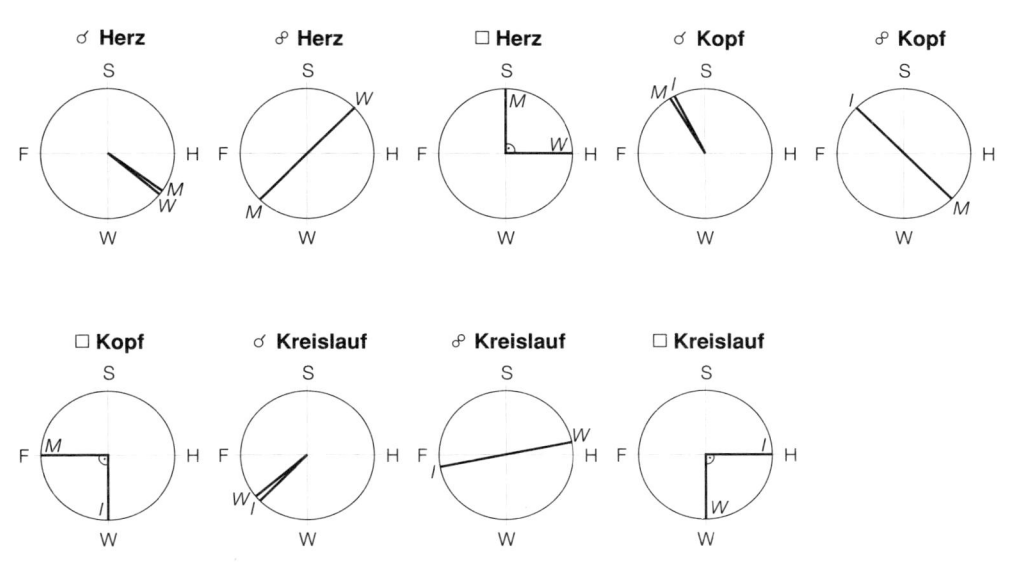

Abb. 58

Daneben beobachtete man, daß kurze, nur einen Tag dauernde Belastungen auch in symmetrischer Stellung zweier Rhythmen um eine Achse auftreten, wenn sie also gleiche Winkel bzw. gleichen Abstand zu einer Achse einnehmen, sich in dieser also *spiegeln*. Diese Tagesbelastungen entsprechen in ihrer Symptomatik den Langzeitbelastungen, nicht aber in ihrer Intensität. Spiegelungen um die waagrechte Achse werden dabei stärker gespürt als solche um die senkrechte Achse.

SPIEGELUNGSARTEN

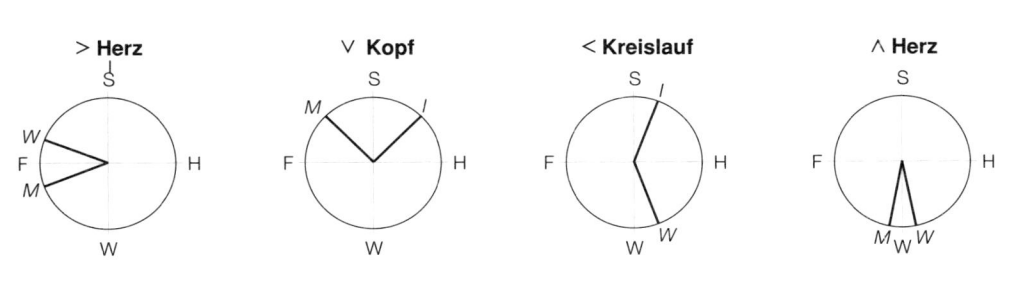

Abb. 59

Die Qualität dieser Belastung hängt wesentlich davon ab, um welchen Pol sich die Funktion spiegelt.

Die Stärke der Belastung ist abhängig vom Abstand der beiden Rhythmen von der Symmetrieachse und erscheint proportional zur Größe ihrer Funktionsresultante r.

Man stellte auch fest, daß es ganz gewisse „Typen" von Menschen gibt, die mehr oder minder stark auf eine oder mehrere Funktionen fixiert sind, deren Belastungen daher stärker spüren als andere Menschen. Die Erklärung liegt in der unterschiedlichen „Prägung" der Menschen. Wir kommen später noch darauf zurück.

Die ab nun verwendeten Symbole bzw. Ausdrücke

$\widehat{MW}$	– Stoffwechselfunktion (von Dietziker „Herzfunktion" genannt)
$\widehat{MI}$	– Kopffunktion, Nerven-Sinnes-Funktion
$\widehat{WI}$	– Kreislauffunktion, rhythmische Funktion
$\widehat{MWI}$	– gemeinsames Wirken aller 3 Elemente, Gleichgewichtssituation, Bewußtsein, Lebensfluß, Harmonie
´	– höherer Aspekt eines Elementes oder einer Funktion
r	– Resultante einer Funktion (Diagonale im Kräfteparallelogramm)
φ	– Winkel, den r zur waagrechten Achse (von F aufsteigend) einnimmt, Richtung von r, Lage
α	– zugehöriger Winkel von M
β	– zugehöriger Winkel von W
γ	– zugehöriger Winkel von I
☌	– Konjunktion (Gleichstand zweier Rhythmen)
☍	– Opposition (Gegenüberstellung zweier Rhythmen)
□	– Quadratur (90°-Stellung zweier Rhythmen)
∟	– rechter Winkel und Stellung an 2 Polen
△	– Trigon (120°-Stellung zweier Rhythmen zueinander)
✳	– Sextil (60°-Stellung zweier Rhythmen zueinander)
>	– Spiegelung um den Frühlingspunkt
∨	– Spiegelung um den Sommerpunkt
<	– Spiegelung um den Herbstpunkt
∧	– Spiegelung um den Winterpunkt
R	– Frequenzzahl (Umlaufdauer) in Tagen
EK	– Einheitskreis
LF	– Leitfunktion (stärkst wirkende Funktion)
LE	– Leitelement (stärkst wirkendes Element)
Interferenz	– Rhythmenbeeinflussung (durch Schwingung)
Modulation	– Rhythmenänderung (durch Strahlung)
Affinität	– Wechselwirkung, Beziehung
Kongruenz	– Deckungsgleichheit
Dualität	– Zweiheit
Polarität	– Gegensätzlichkeit
Synchronität	– Gleichzeitigkeit
Analogie	– Ähnlichkeit
Kausalität	– Ursächlichkeit
Finalität	– Schlußendlichkeit, Entwicklungseinmündung, Ziel
Proportionalität	– Gleichheit von Merkmalen bzw. Verhältnissen

Dietziker verwendet statt der Begriffe „Konjunktion" und „Opposition" die Ausdrücke „Tangentiale" und „Diametrale". Es wurden im vorliegenden Werk absichtlich die in der Astrologie gebräuchlichen Bezeichnungen gewählt, weil gewisse Parallelitäten gegeben sind hinsichtlich der Aspektwirkungen. Die von Dietziker als „Herzfunktion" bezeichnete $\widehat{MW}$-Funktion wirkt sich *auch* in bezug auf die Herzmuskelversorgung aus, wobei bei gewissen Belastungskonstellationen vermehrt Herzinfarkte beobachtet wurden. Jedoch hängen Herzinfarkte nicht nur mit schlechter Herzmuskelversorgung zusammen, doch diese wiederum sind auch Sache eines Stoffwechselfunktionskreises, der wesentlich mehr Bereiche und Symptome umfaßt als nur die auch beobachteten Herzbelastungen.

EINFLUSSBEREICH DER EINZELNEN FUNKTIONEN Tab. 19

$\widehat{MW}$ – **Stoffwechsel**
  Prinzipien: Produktion, Umwandlung, Wärme, Chemie
  psychologisch: Verarbeitung und Umwandlung (Transformation) der Bewußtseinsinhalte
  physiologisch: Bauchbereich. Verdauung, endokrine Drüsen, Blutzusammensetzung, Gefäßsystem, Zellstoffwechsel, Muskelversorgung

$\widehat{M}$ – **Kopf**
  Prinzipien: Information, Organisation, Elektronik
  psychologisch: Verfügbarkeit der Bewußtseinsinhalte
  physiologisch: Kopfbereich. Sinnesorgane, Nerven, Atmungssteuerung, Schmerzen

$\widehat{W}$ – **Kreislauf**
  Prinzipien: Transport, Bewegung, Physik
  psychologisch: Einsatz der Bewußtseinsinhalte und deren Weiterleiten an die einzelnen Sphären und Systeme
  physiologisch: Brustbereich. Durchblutung, Lymphsystem, Blutdruck, Puls, Sauerstoffaustausch.

Genau wie bei den Elementarrhythmen haben wir hier eine Zuordnung im psychologischen wie auch physiologischen Bereich zu bestimmten Prinzipien. Diese ergeben sich zwangsläufig aus der Kombination der Elementarprinzipien.

Es ist seit langem bekannt, daß starke Emotionen sich sowohl auf die Verdauung als auch auf die inneren Drüsen (z. B. auf die Galle) schlagen und zugleich den Herzschlag mit beeinflussen können. Psychologische Funktionen, vor allem höher organisierte (Gefühle, Gedanken, gerichtete willkürliche Handlungen aus einem Entschluß), sind immer aus mehreren Bewußtseinselementen zusammengesetzt, wobei die ihnen zugeordneten Kräfte je nach ihrer Lage im Einheitskreis mit unterschiedlicher Stärke und Qualität (Ausrichtung) auf die jeweiligen Funktionen einwirken. So ist z. B. der Einfluß von W auf den Kreislauf davon abhängig, ob W aktiv oder passiv ist, abgibt oder aufnimmt. Ebenso ist es z. B. mit M im Stoffwechselbereich, da willkürliche oder unwillkürliche Einflüsse eben andere Wirkungen hervorrufen bzw. Kräfteladung oder -entladung zu anderen Symptomen führen (essen – ausscheiden).

Auch *I* wirkt unterschiedlich in seiner empfangenden oder reproduzierenden Tätigkeit auf die Durchblutung oder das Atmungssystem.

Andererseits treten organische oder funktionale Veränderungen wiederum gleichzeitig mit ganz gewissen zuordenbaren psychischen Begleiterscheinungen auf, wie Wohlbehagen, Aufmerksamkeit, Tätigkeitsdrang, Unlust, Stimmungen usw. Beide Bereiche, der körperliche wie auch der seelische, lassen sich eben nicht so ohne weiteres trennen.

DER ZUSAMMENHANG DER FUNKTIONEN MIT DEN LADUNGSZUSTÄNDEN

(Sinus) der Elementarrhythmen (nur prinzipiell)

$\widetilde{MW}$ – **Energieumwandlung und Verbrauch**
+ (M)	+ (W)	Wille und Gefühl herrschen	– Bewegungsapparat.
+	–	Gefühl wird vom Willen beherrscht	– quergestreifte Muskulatur.
–	+	Wille wird vom Gefühl überdeckt	– glatte Muskulatur, Drüsenfunktionen.
–	–	Wille und Gefühl passiv	– Verdauung.

$\widetilde{MI}$ – **Transport**
+ (W)	+ (I)	Denken und Fühlen herrschen	– Atemtätigkeit, Sauerstoffaufnahme.
+	–	Denken wird vom Fühlen beherrscht	– Herztätigkeit.
–	+	Fühlen wird vom Denken beherrscht	– Wärmezirkulation.
–	–	Fühlen und Denken passiv	– Lymphsystem.

$\widetilde{WI}$ – **Melde- und Befehlszentrale**
+ (M)	+ (I)	Wille und Denken herrschen	– Hirnfunktionen.
+	–	Wollen beherrscht das Denken	– willkürliches Nervensystem.
–	+	Denken überdeckt das Wollen	– unwillkürliches Nervensystem.
–	–	Denken und Wollen ruhen	– vegetatives Nervensystem.

Tab. 20

Die Stärke der Einwirkungen der jeweils beteiligten Rhythmen hängt davon ab, wie nahe sie beisammen stehen. So ist ihr Einfluß bei einer Konjunktion am größten, bei einer Opposition heben sich die Wirkungen der Einzelrhythmen hinsichtlich ihrer Funktion praktisch auf. Maß dieser Stärke, des Wirkungsgrades, ist r, die Resultante der beiden Einzelkräfte der beteiligten Elemente.

r ist um so kleiner, je weiter die Einzelrhythmen voneinander entfernt sind, und wird um so größer, je näher sie sich kommen. Es besteht ein Zusammenhang zwischen r und der Winkeldifferenz der beiden Einzelrhythmen.

Die *Winkeldifferenz* $(\beta - \alpha, \gamma - \beta, \gamma - \alpha)$ ist im Falle einer Konjunktion = 0°, im Falle einer Opposition = 180° und stellt einen *Aspekt* dar.

FUNKTIONSKONSTRUKTION IM *EK*

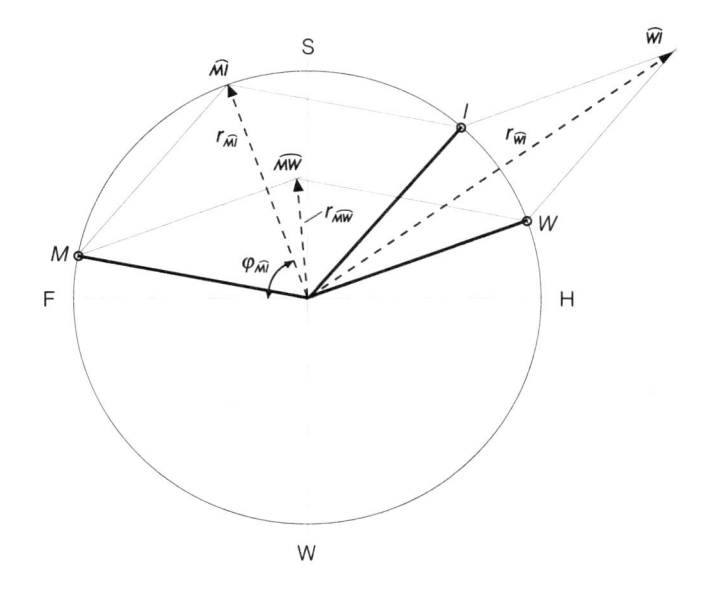

Abb. 60

Die Funktionsaspekte

DER ZUSAMMENHANG DER FUNKTIONSASPEKTE MIT *r*

Winkeldifferenz	r	Symbol	Bezeichnung	
0°	2,000	☌	Konjunktion	
30°	1,932	⚹	Semisextil	
45°	1,840	∠	Semiquadrat	
60°	1,732	✶	Sextil	$\sqrt{3}$
90°	1,414	□	Quadrat	$\sqrt{2}$
120°	1,000	△	Trigon	
135°	0,762	⚃	Sesquiquadrat	
150°	0,518	⚻	Quinkunx	
180°	0,000	☍	Opposition	

Tab. 21

MÖGLICHKEITEN DER LAGE VON r

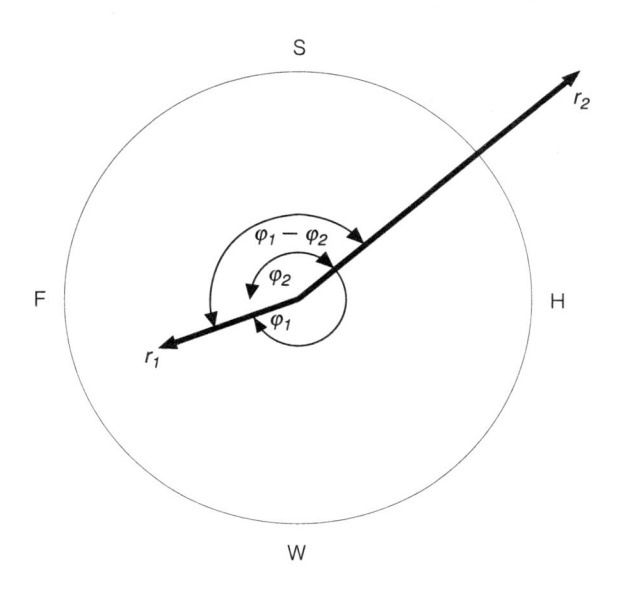

Abb. 61

r - AUFBAU / ABBAU BEI DEN FUNKTIONEN

Abb. 62 a

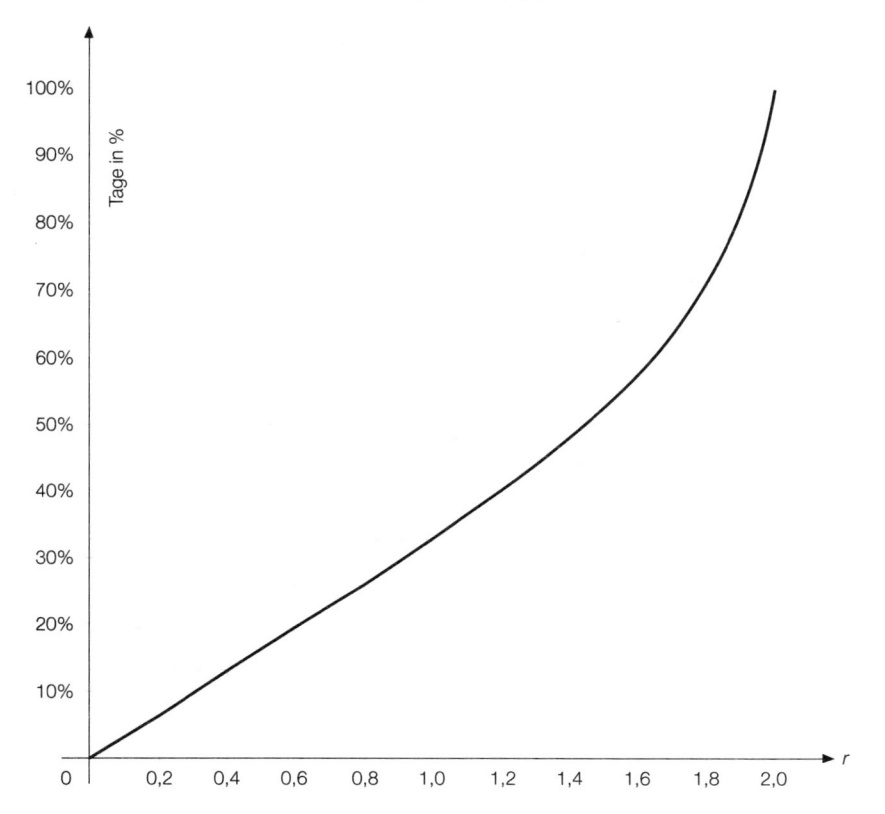

DIE OPFERSCHALE Abb. 62 b

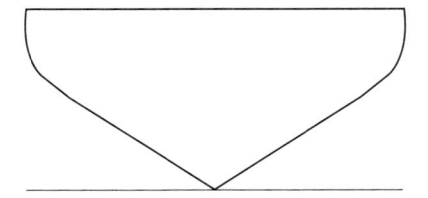

wird einmal gefüllt,
dann wieder geleert.

VERWEILDAUER VON r IN ZEITANTEILEN (%) Abb. 63

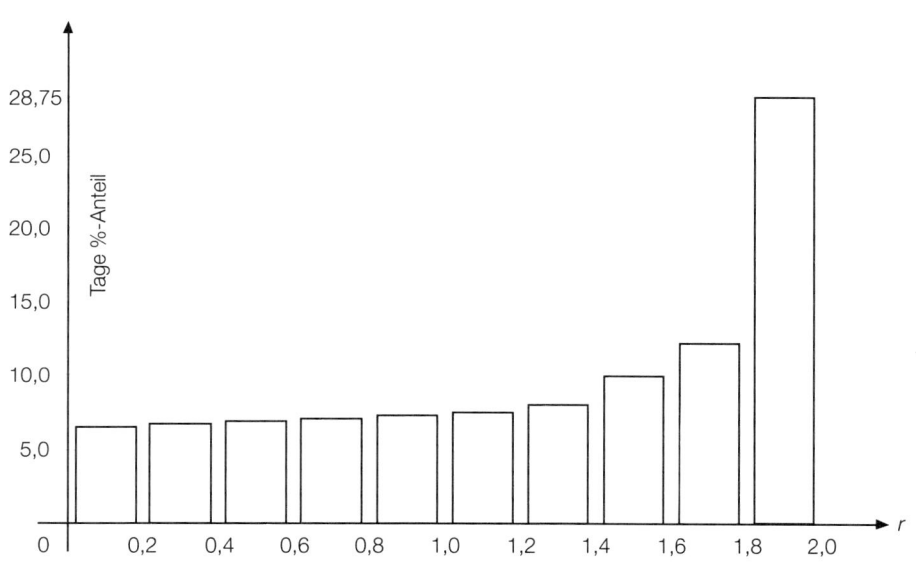

Tage %-Anteil

r kann im Inneren des Einheitskreises (siehe *Abb. 61*) liegen (r_1) oder ihn aber überschreiten (r_2). Im ersteren Falle tritt der Einfluß der beiden beteiligten Elemente in seiner körperlichen Zusammenarbeit zurück zugunsten einer Verinnerlichung. Es besteht eine *Unterfunktion*. Im zweiten Falle wirken sich die beteiligten Elemente mehr körperlich (außenweltlich) aus, die seelische (innerweltliche) Komponente tritt zurück. Wir sprechen hier von einer *Überfunktion*.

> Also: $r > 1$ (größer als 1) = stärkere physiologische Wirkung, Überfunktion.
> $r < 1$ (kleiner als 1) = stärkere psychologische Wirkung, Unterfunktion.

Die Stellung im Kreis wird mit $\varphi°$ bezeichnet. $\varphi°$ gibt den Winkel an, den r zur waagrechten Achse (vom Frühlingspunkt F aufsteigend) einnimmt. Somit entspricht $\varphi°$ der (Aus-)Richtung, der Lage von r und zeigt an, welchem Sektor bzw. Quadranten r angehört, ob die Funktion also aktiv oder passiv, ladend oder entladend ist.

> r ist daher die Quantität von $\varphi°$,
> $\varphi°$ ist daher die Qualität von r.

Für den mathematisch Interessierten die zugehörigen Formeln zur Errechnung von r und $\varphi°$ aus den Winkelfunktionen der beteiligten Elemente (es empfehlen sich für die rechnerische Arbeit die überall im Buchhandel erhältlichen Winkelfunktionstabellen; im praktischen Teil des vorliegenden Werkes befinden sich im Anhang die jeweiligen Sinus- und Cosinuswerte für jeden biorhythmischen Tag jedes Einzelelementes):

> r
> $\quad - \widehat{MW} = \sqrt{(\pm \sin \alpha \pm \sin \beta)^2 + (\pm \cos \alpha \pm \cos \beta)^2}$
> $\quad - \widehat{MI} = \sqrt{(\pm \sin \alpha \pm \sin \gamma)^2 + (\pm \cos \alpha \pm \cos \gamma)^2}$
> $\quad - \widehat{WI} = \sqrt{(\pm \sin \beta \pm \sin \gamma)^2 + (\pm \cos \beta \pm \cos \gamma)^2}$
>
> $\sin \varphi \quad - \widehat{MW} = \dfrac{\pm \sin \alpha \pm \sin \beta}{r}$
> $\quad - \widehat{MI} = \dfrac{\pm \sin \alpha \pm \sin \gamma}{r}$
> $\quad - \widehat{WI} = \dfrac{\pm \sin \beta \pm \sin \gamma}{r}$
>
> $\cos \varphi \quad - \widehat{MW} = \dfrac{\pm \cos \alpha \pm \cos \beta}{r}$
> $\quad - \widehat{MI} = \dfrac{\pm \cos \alpha \pm \cos \gamma}{r}$
> $\quad - \widehat{WI} = \dfrac{\pm \cos \beta \pm \cos \gamma}{r}$

Weiters errechnet sich:

> $\varphi_{\widehat{MW}} = \pm \dfrac{\alpha + \beta}{2}$, $\quad \varphi_{\widehat{MI}} = \pm \dfrac{\alpha + \gamma}{2}$, $\quad \varphi_{\widehat{WI}} = \pm \dfrac{\beta + \gamma}{2}$

Die geometrische Darstellung der Formel:
$$r^2 = (\pm \sin \alpha \pm \sin \beta)^2 + (\pm \cos \alpha \pm \cos \beta)^2$$

DIE GEOMETRISCHE DARSTELLUNG DER r - FORMEL

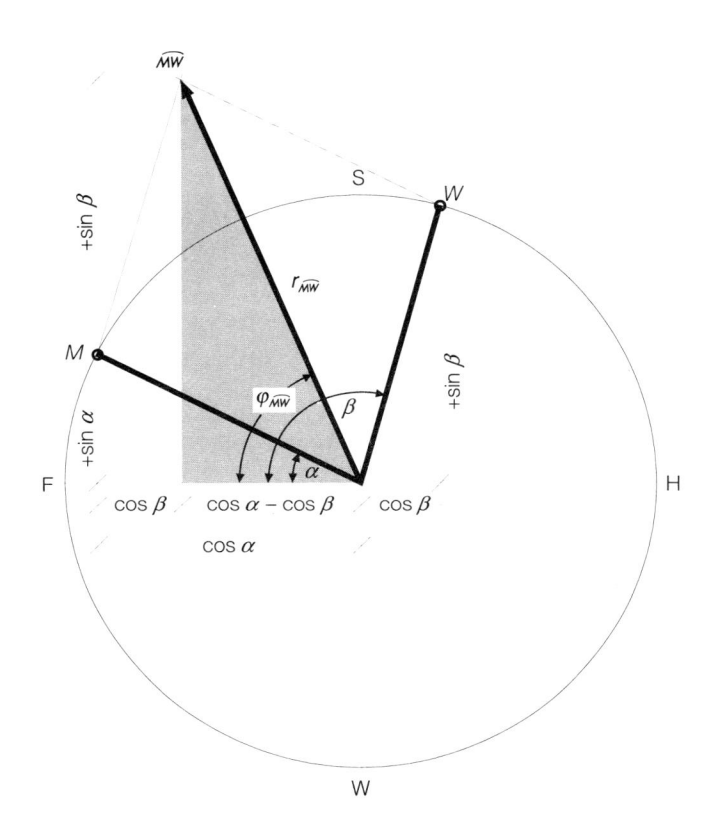

Abb. 64

Warum 2 Rhythmenelemente eine *Funktion* ergeben, liegt in der eingegangenen Abhängigkeit: Die 2 Elemente „einigen" sich über ein *Gesetz*, das sie „erlassen", um eine funktionierende Wechselwirkung zu erzielen. Als Prinzipien für sich allein wohnen sie zugehörigen Formen wohl inne, können aber nicht „agieren", tätig sein. Es bedarf ja YANG des YIN, um wirksam werden zu können, sie gehen eine Verbindung, eine Funktion ein. Jede Abhängigkeit von anderen, jede Beziehung mit anderen bedarf einer Regelung, eines „Gesetzes", das die Funktion beschreibt, definiert, eingrenzt. Die beiden Elemente schränken ihre Selbständigkeit dort ein, wo sie zusammenarbeiten, um irgendeine Funktion gemeinsam zu erfüllen, während sie selbst uneingeschränkt weiter bestehen. Somit ist die Funktion stets eingeengt, eingebettet in ein Gesetz, das ihr die an ihrer Gründung beteiligten Prinzipien gaben. Und das Gesetz läßt sich im Falle einer rhythmischen Funktion genau definieren durch ihre mathematische Formel.

Die unterschiedlichen Möglichkeiten innerhalb des gesetzlichen Rahmens einer Funktion durch variable Beteiligung der sie konstituierenden Prinzipien in quantitativer bzw. qualitativer Hinsicht ergeben schließlich die unterschiedlichsten Funktionsabläufe in der Welt. In allen diesen einer bestimmten Funktion zuordenbaren Abläufen kann man umgekehrt auch die bestimmenden innewohnenden Prinzipien erkennen. Sie unterscheiden sich voneinander eben nur graduell in quantitativer (Amplitude) und qualitativer (Frequenz) Hinsicht.

Dabei gehen Funktionsabläufe nach einem genau festgelegten, prinzipiellen Schema vor sich. Dieses unterliegt einmal einem *Zweck*, zu dem die Funktion eingegangen wurde, wobei dieser sich aus der Art der Prinzipien ergibt. Weiters besteht eine *Polarität* innerhalb der Grenzen als „gemeinsame Reichweite", zu der sich die Prinzipien geeinigt haben. Innerhalb dieser Grenzen folgt das Geschehen einem zeitlichen Ablauf, wobei der Einfluß der Gründerprinzipien durch zyklisches Kreisen sich ständig ändert. Funktionenen sind also in ständiger Bewegung, in einem permanenten Ablauf begriffen. Dieser Ablauf wird daher zum *Prozeß*.

Funktionen schwanken stets zwischen den Polen: Größtmögliche gemeinsame Wirkung – geringste gemeinsame Wirkung in einem Zeitrahmen hin und her, der durch die zyklische Drehung (Spin) der beteiligten Prinzipien bedingt ist.

Das *Funktionsschema* unterliegt daher einem *dreifachen Rahmen:*

prinzipieller Rahmen	– Zweck
quantitativer Rahmen	– Schwankungsbreite
qualitativer Rahmen	– Zeitablauf.

Wir haben kurz vorher und in den Ausführungen über Astrologie die *Aspekte* erwähnt, d. h. die Stellung zweier Kräfte zueinander, ausgedrückt durch eine Winkelgröße. Die Gesetze der Mechanik hellen die Aspekteinflüsse auf:

Wenn sich 2 Kräfte überlagern (☌), summieren sich die beiden Einzelkräfte.

Wenn sich 2 Kräfte genau gegenüberstehen (☍), heben sie sich gegenseitig auf (wenn sie gleich groß sind); wenn sie nicht gleich groß sind, entspricht die resultierende Kraft der Differenz beider Einzelkräfte.

Stehen die beiden Kräfte in einem rechten Winkel zueinander (□), so entsteht ein Kippeffekt (maximales Drehmoment).

Stehen 2 Kräfte im Einheitskreis zueinander in einem Winkel von 120° (△), so liegt die Resultante ebenfalls auf der Kreisperipherie. Dies entspricht aber einer Lage der Gleichgewichtung von außen und innen, d. h., die physiologische und die psychologische Komponente sind gleich groß, also in Harmonie zueinander. Daher entspricht ein Winkel von 120° einem harmonischen Aspekt.

Nun ist es im Biorhythmusmodell, dem elektromagnetischen Kreisen, etwas anders als im mechanischen Modell. Hier geht es nicht um Beeinflussung von Kräften in quantitativer Hinsicht. Hier geht es um die Beeinflussung von verschieden positionierten Ladungsarten als Interferenz, also auch um qualitative Kriterien:

Es neutralisieren sich aktive mit passiven Ladungen, Entladungszustände mit Ladungszuständen, es verstärken sich aber auch gleichartige Ladungsqualitäten bzw. Ladungszustände.

Die den einzelnen Elementen zuordenbaren Kräfte stehen nicht unbeirrbar, klar abgegrenzt und völlig individuell für sich allein da, sondern vermählen sich in den Chakras, steigen einmal höher, einmal tiefer, transformieren sich und beeinflussen so unsere gesamte energetische Situation in immer neuen Mischungsverhältnissen.

Alle unsere Funktionen pendeln ständig hin und her zwischen den Polen: Überfunktion ($r = 2$) und Unterfunktion ($r = 0$). Wir befinden uns auch körperlich stets auf der Suche nach dem Gleichgewicht. Synchron zu diesem extrem energetischen Geschehen werden *Hormone* ausgeschüttet, die einmal eine drohende Überfunktion hemmen, einmal eine Unterfunktion aktivieren. Hier haben wir den Zusammenhang von biorhythmischer Funktion und der Hormonausschüttung gegeben. Die Chronobiologen haben also bei den falschen Rhythmen diese Zusammenhänge gesucht.

Solange 2 rhythmische Elemente nicht in Opposition zueinander stehen, also $r > 0$ ist, kann r in seiner Stellung im Kreise durch $\varphi°$ definiert werden. Bei einer Oppositionslage aber wird $r = 0$, dadurch wird auch $\varphi°$ nicht mehr definierbar. Die beiden beteiligten Elemente in ihrer konträren Stellung geben in diesem Moment also ihre gemeinsam eingegangene Funktion, definiert durch $r < \frac{1}{2}$ und $\varphi < \frac{1}{2}$, auf. Hier wird sinnbildlich gezeigt, daß die Kraft erst der Weisheit und Liebe die Richtung gibt und, wenn das äußerliche Wollen aufhört, daß erst dann Liebe und Weisheit nach allen Richtungen wirken kann.

Wird die Oppositionslage überschritten, erscheint r auf der anderen Seite, φ erlebt einen Sprung um 180°! Dieser *Phasensprung* ist insofern höchst bemerkenswert, als hier im seelischen Bereich (dem Bereich des Qualitativen) eine plötzliche Umpolung eintritt, ein Abwenden vom Bisherigen und eine Zuwendung zum Gegenteil: eine *Wandlung*. Das *Weiterschreiten* in Spiralbahn entspricht hingegen einer *Änderung*. So ist die Wandlung die extremste Form der Änderung.

Wir haben bei der Beschreibung der einzelnen Rhythmenarten die Spirale beschrieben, wonach zur kreisförmigen Drehung noch eine pulsierende Pendelbewegung tritt, die Wandel im ewigen Kreisen bewirkt. Wenn wir r im Laufe seiner Entwicklung beobachten, verläuft seine Bewegung von einer Konjunktionslage bei 0° beginnend spiralförmig auf den Einheitskreis zu, schneidet ihn und wendet sich weiter dem Zentrum zu, verschwindet im Zentrum und taucht an seiner gegenüberliegenden Seite wiederum auf, um sich auf die Peripherie und seiner konjunktionellen Extremlage zuzubewegen. (siehe *Abb. 35 a* und *b*). Dabei fallen Konjunktion und Opposition immer auf ganz bestimmte Winkel, die *Wandlungspunkte*.

Technische Beschreibung der Funktionen

$\widehat{MW}$ – Stoffwechselfunktion:

1 kompletter, in sich geschlossener Schwingungsablauf dauert 644 Tage (23 x 28).
Dabei legt r täglich 14,254657° zurück

■ Formel: $\dfrac{(360°:23)+(360°:28)}{2} = 14,254657°$

Es nähert oder entfernt sich M von W täglich um 2,795031°.

■ Formel: $(360°:23)-(360°:28) = 2,795031°$

Alle 128,8 Tage gibt es eine Konjunktion.

■ Formel: $\sigma = \dfrac{R_M \times R_W}{R_W - R_M} = \dfrac{23 \times 28}{5} = 128,8$

Eine Opposition liegt genau zwischen 2 Konjunktionen.

■ Formel $\mathcal{P}_{(n+1)} = \dfrac{\sigma_1}{2} + n \times 128,8$

$\mathcal{P}_n = n \times 128,8 - \dfrac{\sigma_1}{2}$

Eine Konjunktion bzw. Opposition dauert 10,2 Tage.

■ Formel: $t = \dfrac{R_M + R_W}{R_W - R_M} = \dfrac{51}{5} = 10,2$

LAGE DER KONJUNKTIONEN / OPPOSITIONEN VON $\widehat{MW}$

Tag $\widehat{MW}$		$\varphi°$ $\widehat{MW}$	
0,0	1. σ	0° (360°)	
64,4	1. $\mathcal{P}$	198° ⟶	18°
128,8	2. σ	216°	
193,2	2. $\mathcal{P}$	54° ⟶	234°
257,6	3. σ	72°	
322,0	3. $\mathcal{P}$	270° ⟶	90°
386,4	4. σ	288°	
450,8	4. $\mathcal{P}$	126° ⟶	306°
515,2	5. σ	144°	
579,6	5. $\mathcal{P}$	342° ⟶	162°
644,0	1. σ	0° (360°)	

Tab. 22

Interessant in diesem Zusammenhang ist, daß die Ziffernquersumme von $\varphi°$ stets 9 oder die 1. Zusammensetzung von 9 (18) ergibt. Die Neun steht in ihrer esoterischen Bedeutung symbolhaft für die geistige Wiedergeburt, das Heil. Diese Symbolhaftigkeit deckt sich mit der Bedeutung der Spiralbewegung in bezug auf ihre Veränderung bzw. Wandlung.

$\widehat{Ml}$ – Kopffunktion:

1 kompletter, in sich abgeschlossener Schwingungsablauf dauert 759 Tage (23 x 33).

Dabei legt r täglich 13,280631° zurück: $\dfrac{(360° : 23) + (360° : 33)}{2}$

Es nähert oder entfernt sich M von I täglich um 4,743083°.
(360 : 23) – (360 : 33).

Alle 75,9 Tage gibt es eine Konjunktion ($\dfrac{33 \times 23}{33 - 23}$).

Eine Opposition liegt genau dazwischen ($\mathcal{P}_{(n+1)} = \dfrac{\sigma_1}{2} + n \times 75,9$).

Eine Konjunktion bzw. Opposition dauert 5,6 Tage ($\dfrac{33 + 23}{33 - 23}$).

LAGE DER KONJUNKTIONEN OPPOSITIONEN VON $\widehat{Ml}$

Tag $\widehat{Ml}$		$\varphi°$ $\widehat{Ml}$	
0,00	1. ♂	0°	
37,95	1. ☍	144°	→ 324°
75,90	2. ♂	108°	
113,85	2. ☍	252°	→ 72°
151,80	3. ♂	216°	
189,75	3. ☍	0°	→ 180°
227,70	4. ♂	324°	
265,65	4. ☍	108°	→ 288°
303,60	5. ♂	72°	
341,55	5. ☍	216°	→ 36°
379,50	6. ♂	180°	
417,45	6. ☍	324°	→ 144°
455,40	7. ♂	288°	
493,35	7. ☍	72°	→ 252°
531,30	8. ♂	36°	
596,25	8. ☍	180°	→ 0°
607,20	9. ♂	144°	
645,15	9. ☍	288°	→ 108°
683,10	10. ♂	252°	
721,05	10. ☍	36°	→ 216°
759,00	1. ♂	0°	

Tab. 23

Auch hier ist die Zugehörigkeit zur Zahl 9 in der Winkelquersumme gegeben. Die Quersumme der Tage läßt sich durch 3 teilen (ein ebenso bedeutsamer Bezug).

$\widehat{W}-$ Kreislauffunktion:

1 kompletter, in sich abgeschlossener Schwingungslauf dauert 924 Tage (28 x 33).

Dabei legt r täglich 11,883116° zurück: $\dfrac{(360° : 28) + (360° : 33)}{2}$

Es nähert oder entfernt sich W von I täglich um 1,948052°.
(360 : 28) − (360 : 33).

Alle 184,8 Tage gibt es eine Konjunktion ($\dfrac{28 \times 33}{33 - 28}$).

Eine Opposition liegt genau dazwischen ($\sigma^{\!\!0}_{(n+1)} = \dfrac{\sigma^{\!\!0}_1}{2} + $ n x 184,8).

Eine Konjunktion bzw. Opposition dauert 12,2 Tage ($\dfrac{33 + 28}{33 - 28}$).

LAGE DER KONJUNKTIONEN / OPPOSITIONEN VON $\widehat{W}$

Tag $\widehat{W}$		$\varphi°\ \widehat{W}$	
0,0	1. ☌	0°	
92,4	1. ☍	18°	198°
184,8	2. ☌	216°	
277,2	2. ☍	234°	54°
369,6	3. ☌	72°	
462,0	3. ☍	90°	270°
554,4	4. ☌	288°	
646,8	4. ☍	306°	126°
739,2	5. ☌	144°	
831,6	5. ☍	162°	342°
924,0	1. ☌	0°	

Tab. 24

Auch hier läßt sich die Winkelquersumme durch 9, die Tagesquersumme durch 3 dividieren.

Zusammenfassung

TECHNISCHE BESCHREIBUNG DER 7 BIORHYTHMISCHEN SCHWINGUNGEN

Element Funktion	Zyklusdauer in Tagen	Winkelschritt pro Tag	Winkeldifferenz pro Tag	Anzahl der ☌ und ☍	Belastungsdauer in Tagen	☌ alle n Tage	☍ alle n Tage
M	23	α 15,652173°					
W	28	β 12,857142°					
I	33	γ 10,909091°					
$\widehat{MW}$	644	φ 14,254657°	2,795031°	5/5	10,2	128,8	☌ + 64,40
$\widehat{MI}$	759	13,280631°	4,743083°	10/10	5,6	75,9	☌ + 37,95
$\widehat{WI}$	924	11,883116°	1,948052°	5/5	12,2	184,8	☌ + 92,40
$\widehat{MWI}$	21.252	variabel		5/–		4250.4	

Tab. 25

Es zeigt sich, daß, je weiter die Konjunktionen bzw. Oppositionen zeitmäßig auseinanderliegen, sie um so länger belastend wirken. Die „Randtage" zu Beginn bzw. bei Auslaufen von ☌ und ☍ wirken dabei schwächer.

Die Tagesbelastungen

Technische Angaben:

$\widehat{MW}$ – Stoffwechselfunktion:

Spiegelung um die waagrechte Achse: alle 12,62745 Tage.

> Formel: $>/< \ = \ \dfrac{R_M \times R_W}{R_M + R_W} = \dfrac{644}{51}$

Spiegelung um die senkrechte Achse: genau dazwischen.

> Formel: $\vee/\wedge \ = \ \dfrac{(>/<)_1}{2} + n >/<$

Es erfolgt also alle $6^d\ 7^h\ 31'\ 45{,}84''$ eine Tagesbelastung.

$\widehat{MI}$ – **Kopffunktion:**

Spiegelung >/< alle 13,55357 Tage ($\dfrac{R_M \times R_I}{R_M + R_I}$)

∨/∧ genau dazwischen.
Tagesbelastungen alle $6^d\ 18^h\ 38'\ 34,27''$

$\widehat{WI}$ – **Kreislauffunktion:**

Spiegelung >/< alle 15,14754 Tage ($\dfrac{R_W \times R_I}{R_W + R_I}$)

∨/∧ genau dazwischen.
Tagesbelastungen alle $7^d\ 13^h\ 46'\ 13,73''$

Der 5-Stern

Wenn wir die Lage der Konjunktionen bzw. die der Oppositionen am *EK* miteinander verbinden, ergibt sich eine bestimmte Figur: Bei $\widehat{MW}$ und $\widehat{WI}$ erhalten wir ein Pentagramm, bei $\widehat{MI}$ einen 10-Stern (doppelter 5-Stern um die senkrechte Achse gespiegelt). Die Zahl 5 symbolisiert den kämpfenden, sich entwickelnden Menschen mit seinen 5 Sinnen (Sehen, Hören, Riechen, Schmecken und Tasten) und seinen 5 Seelenvermögen oder Tattwas (das belebende, das begehrende, das empfindende, das erregende und das verständige) mit seinen 2 x 5 Fingern und Zehen.

Das *Pentagramm* (Drudenfuß) finden wir in allen uralten esoterischen Systemen. Bei den Pythagoräern galt es als Zeichen der Gesundheit. Es symbolisiert den Mikrokosmos (Mensch).

In der Magie wird es für Anrufungen und Bannungen gebraucht. In der Biorhythmik entspricht das Ausschütten hemmender und fördernder Hormone dem magischen Gebrauch.

Die Zahl 10 wiederum wird als die volle, vollkommene Universalzahl bezeichnet, die den ganzen Lebenslauf begreift. Buddha spricht von den 10 Fesseln, die das Wissen ans Dasein ketten. So also finden sich uralte Symbole im biorhythmischen Geschehen in ihrer Bedeutung wieder (wie oben, so unten!).

Wir haben bei der Betrachtung über die einzelnen Elemente beobachtet, daß sich Ladungen nach Überschreiten der waagrechten Achse F–H rasch aufbauen (nach ⅓ der Tage sind 50 % der Ladung erreicht) und lange erhalten bleiben (⅔ der Tage über 50 %). Ähnlich verhält es sich auch mit *r* (siehe *Seite 178*):

$33,\dot{3}$ % der Zeit ist *r* kleiner als 1,0,
$66,\dot{6}$ % der Zeit ist *r* größer als 1,0.

Hier erkennt man, daß das Hauptgewicht des Funktionsgeschehens im physiologischen Bereiche liegt – zu diesem Zwecke gingen die einzelnen Elemente auch ihre Bindung ein.

(weiter auf Seite 190)

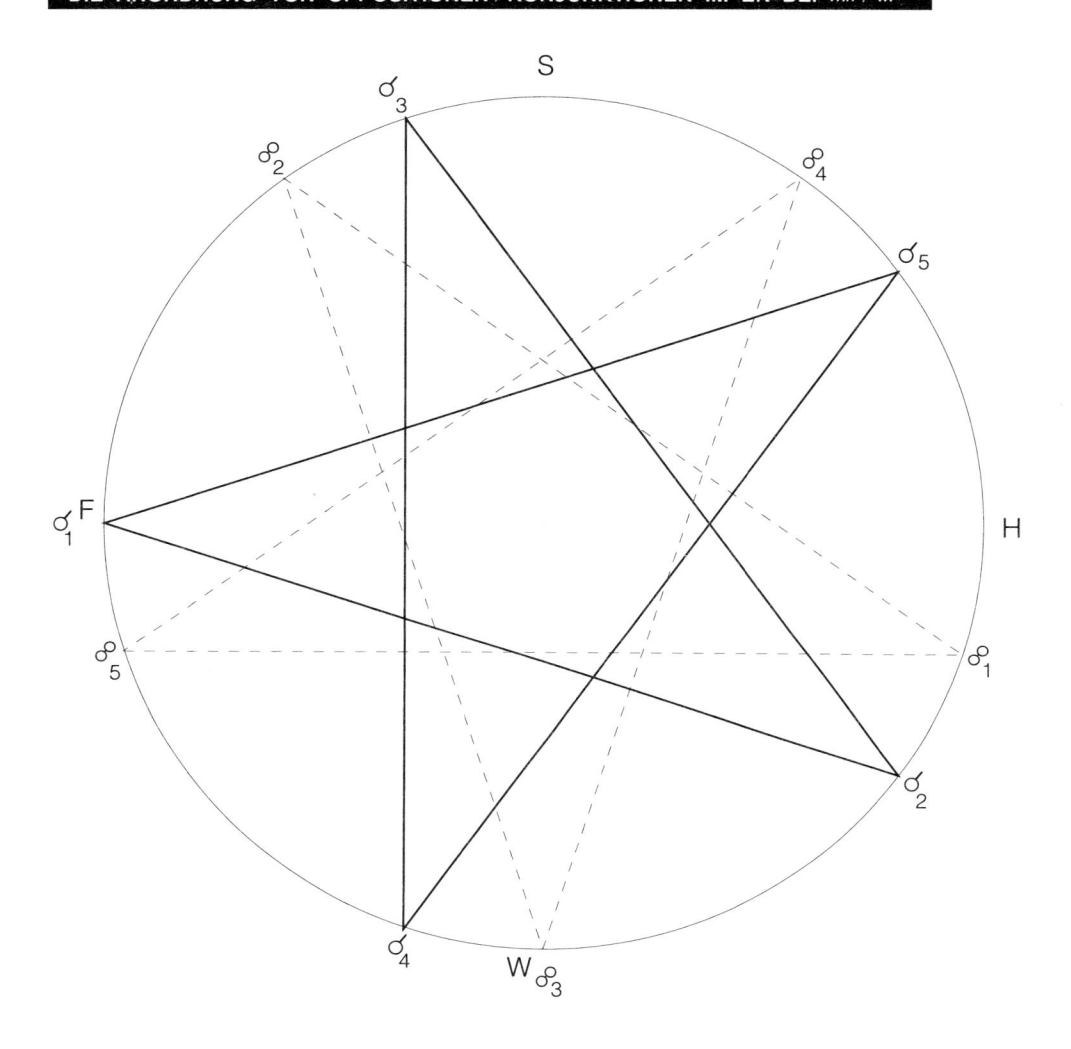

DIE ANORDNUNG VON OPPOSITIONEN / KONJUNKTIONEN IM EK BEI $\widehat{MW}$ / $\widehat{W}$

$\widehat{MW}$ -Verlauf: ☍-Lage entspricht dem Eintrittswinkel $\varphi_{\widehat{MW}}$ ins Zentrum, während der Austritt unberücksichtigt bleibt.

$\widehat{W}$ -Verlauf: ☍-Lage entspricht dem Austrittswinkel $\varphi_{\widehat{W}}$ vom Zentrum, während der Eintritt unberücksichtigt bleibt.

Abb. 65

Die Verbindung der Konjunktionspunkte zeigt den Menschen (als 5-Stern) mit dem Gesicht nach Osten liegend, während die Verbindung der Oppositionspunkte den Menschen mit dem Kopf nach unten zeigt.

DIE ANORDNUNG VON OPPOSITIONEN / KONJUNKTIONEN IM *EK* BEI ⽉

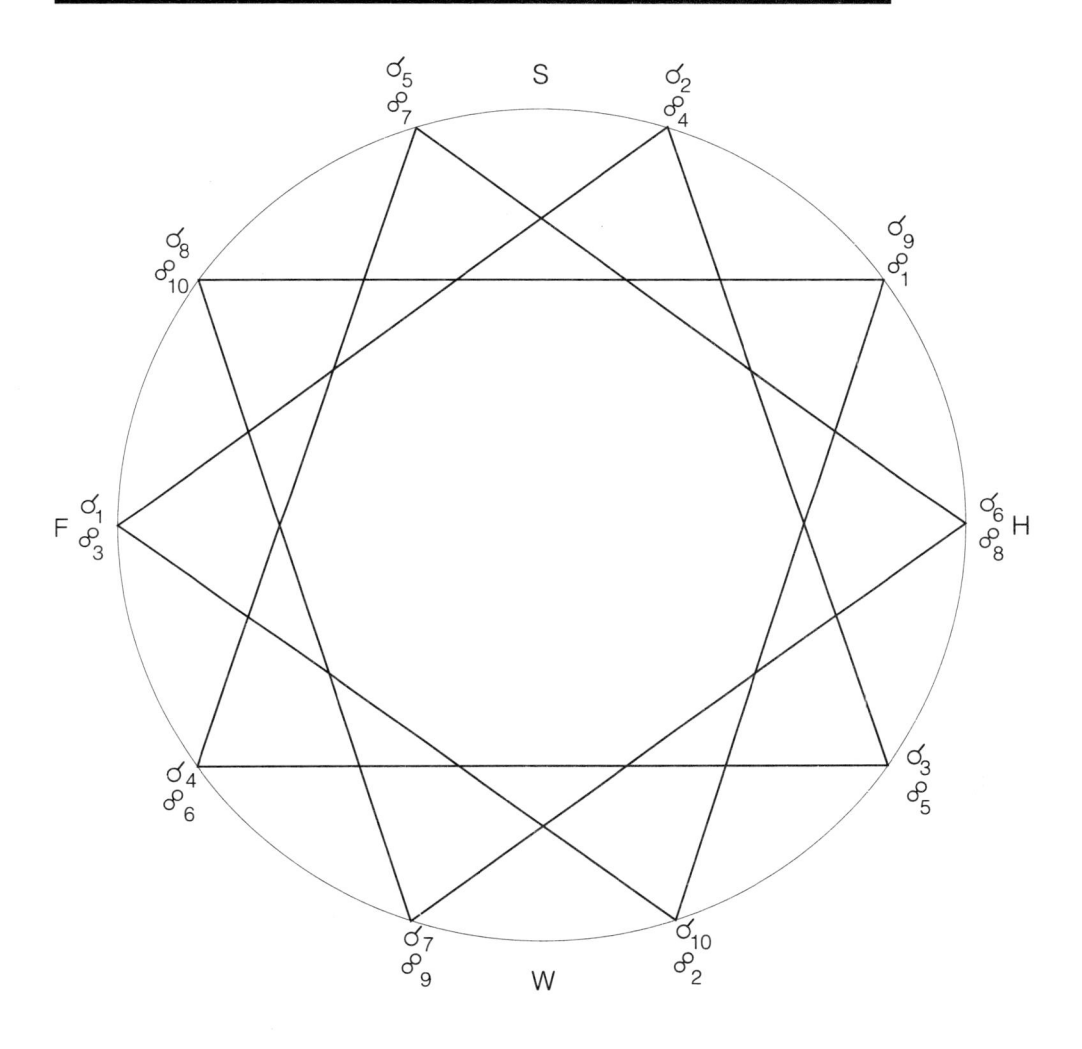

Das 10-Eck kann als Symbol für die 10 Fesseln angesehen werden, die sich bei uns im Kopfe abspielen:

1. Persönlichkeitsglaube
2. Zweifelsucht
3. Hang an äußeren Regeln und Riten
4. Sinnengier
5. Groll
6. Begehren nach feinkörperlichem Dasein
7. Begehren nach unkörperlichem Dasein
8. Dünkel
9. Aufgeregtheit
10. Nichtwissen

Abb. 66

Auch die einzelnen Spiegelungen sind zu ²/₃ einem r über 1,0 zugeordnet, nur ¹/₃ scheinen bei $r < 1,0$ auf.

Die folgende Aufstellung zeigt die Zugehörigkeit der einzelnen Spiegelungen eines kompletten Funktionszyklus zu einer gewissen Größe von r. (Hier wurde nur die $\widehat{Mi}$-Funktion als Beispiel genommen; bei den anderen Funktionen ist die Aufteilung ähnlich.)

ÜBERSICHT ÜBER DIE $\widehat{Mi}$ - SPIEGELUNGEN

Reihung r, Nr. und Art der Spiegelung um eine Achse

2,000	Anfang	56 ♂ H		112 ♂ F	Spiegelung deckt sich mit ♂	
1,997	11 ∨	45 ∨	67 ∧	101 ∧	in Erscheinung treten	
1,987	22 <	34 >	78 >	90 <	wahrnehmen	
1,971	23 ∧	33 ∧	79 ∨	89 ∨	in Erscheinung treten	
1,950	12 <	44 >	68 >	100 <	wahrnehmen	
1,921	▶ 1 ∨	55 ∨	57 ∧	111 ∧	in Erscheinung treten	
1,889	10 >	46 <	66 <	102 >	wahrnehmen	
1,847	21 ∨	35 ∨	77 ∧	91 ∧	in Erscheinung treten	
1,803	24 >	32 <	80 <	88 >	wahrnehmen	
1,750	13 ∧	43 ∧	69 ∨	99 ∨	in Erscheinung treten	
1,692	▶ 2 <	54 >	58 >	110 <	wahrnehmen	
1,632	9 ∧	47 ∧	65 ∨	103 ∨	in Erscheinung treten	Zunehmend physiologische Wirkung
1,562	20 >	36 <	76 <	92 >	wahrnehmen	
1,492	25 ∨	31 ∨	81 ∧	87 ∧	in Erscheinung treten	
1,413	14 >	42 <	70 <	98 >	wahrnehmen	
1,335	▶ 3 ∧	53 ∧	59 ∨	109 ∨	in Erscheinung treten	
1,247	8 <	48 >	64 >	104 <	wahrnehmen	
1,160	19 ∧	37 ∧	75 ∨	93 ∨	in Erscheinung treten	
1,064	26 <	30 >	82 >	86 <	wahrnehmen	
0,963	15 ∨	41 ∨	71 ∧	97 ∧	in Erscheinung treten	
0,869	▶ 4 >	52 <	60 <	108 >	wahrnehmen	Zunehmend psychologische Wirkung
0,763	▶ 7 ∨	49 ∨	63 ∧	105 ∧	in Erscheinung treten	
0,662	18 <	38 >	74 >	94 <	wahrnehmen	
0,552	27 ∧	29 ∧	83 ∨	85 ∨	in Erscheinung treten	
0,448	16 <	40 >	72 >	96 <	wahrnehmen	
0,334	▶ 5 ∨	51 ∨	61 ∧	107 ∧	in Erscheinung treten	
0,228	▶ 6 >	50 <	62 <	106 >	wahrnehmen	
0,112	17 ∨	39 ∨	73 ∧	95 ∧	in Erscheinung treten	
0,000	28 ☿ F		84 ☿ H		Spiegelung deckt sich mit ☿	

in Erscheinung treten — schwächere Wirkung
wahrnehmen — stärkere Wirkung

Tab. 26

Die einzelnen Belastungstage reihen sich in einer 5-Schritt-Folge bei den r-Größen ab- oder aufsteigend. So liegt der erste spiegelbelastete Tag (1∨) nach dem Beginn (mit $r = 2,000$) 5 Schritte darunter ($r = 1,921$), der zweite (2<) wiederum 5 Schritte darunter ($r = 1,692$) usw.

Wunderschön kann man hier den Aufbau von *Symmetrien* beobachten. So entspricht in jeder beliebigen Zeile die Summe der Nummern der 4 Spiegelungen stets 2 x 112 (bei der $\widehat{Ml}$-Funktion); bei der $\widehat{MW}$-Funktion ist diese stets 2 x 102, bei der $\widehat{Wl}$-Funktion stets 2 x 122.

Symmetrische Entwicklungen sind überall anzutreffen, ja Symmetrie ist eine Eigenschaft der Harmonie. Immer wieder und in immer neuen Aspkteten tritt uns im biorhythmischen Geschehen Symmetrie entgegen: Im Rundlauf der Elemente, im Auf- und Abbau von r, im Verlauf der Spiegelungen, deren Reihenfolge, kurzum – überall herrscht Ordnung und Ebenmaß, Abwechslung und Gleichmaß.

Eine Summierung aller Belastungen ergibt Verhältnisse zwischen belasteten und unbelasteten Tagen wie folgt:

ÜBERSICHT ÜBER DIE FUNKTIONSBELASTUNGEN

	Tage $\widehat{MW}$	Tage $\widehat{Ml}$	Tage $\widehat{Wl}$	Ø
♂	51	56	61	14,44 %
☍	51	56	61	
>	24	26	30	
∨	25	28	30	14,10 %
<	26	26	30	
∧	25	28	30	
Summe der belasteten Tage	**202**	**220**	**242**	
%-Anteil	31,37 %	29,0 %	26,19 %	28,54 %
Gesamttage	644	759	924	

Tab. 27

Da einige Spiegelungen mit Konjunktionen/Oppositionen an den Polen zusammenfallen, scheinen hier Unregelmäßigkeiten in der Anzahl der einzelnen Spiegelungsarten auf. Jedoch treten dafür Konjunktionen bzw. Oppositionen an Pol-Lagen wiederum stärker in Erscheinung als solche an anderen Positionen am Einheitskreis, wodurch die „Belastungsquanten" wiederum ausgeglichen sind.

Es tritt uns im Zusammenspiel der einzelnen Elemente eine faszinierende Steuerung entgegen, eine „Funktionsuhr", wie sie harmonischer gar nicht angelegt sein könnte.

Verschiedene Menschen besitzen ganz typische „*Matrizen*", die bei gewissen Rhythmenlagen oder Belastungen längerer oder kürzerer Dauer eine *Resonanz* bewirken, oder – anders gesagt: Die Typenzugehörigkeit aufgrund der Zeugungs- bzw. Geburtsprägung filtert nun ganz gewisse Belastungen aus, andere wiederum werden zugelassen und kommen zur Wirkung. Wir werden später noch genauer darauf eingehen.

Die Dauer der einzelnen abgeschlossenen Funktionszyklen hat keine besondere Bedeutung – abgesehen davon, daß in der Anzahl von 644, 759 und 924 Tagen alle möglichen Qualitäten und Quantitäten durchmessen werden, also „Erfahrungen" gesammelt werden, die in den nächsten Zyklus mitgenommen werden und physiologisch einem „Organbewußtsein", einem „Zellengedächtnis" entsprechen. So sind hier auch alle Regenerationsmöglichkeiten eingebaut, alle Gesundungs- und Wiederherstellungsphasen bzw. -mechanismen.

Immer wieder fällt auf, daß Belastungen vorwiegend am Beginn von Oppositionen/Konjunktionen/Spiegelungen verstärkt auftreten, während sie – auch wenn völlige Deckung (oder Gegenlage) noch nicht erreicht wurde – oftmals später nicht mehr so stark verspürt werden. Der Grund dafür liegt darin, daß die jeweiligen Hormonausschüttungen dämpfend bzw. verstärkend eingreifen und daß sich der Mensch an veränderte Verhältnisse anpassen und gewöhnen kann.

Die Beobachtungen der Wirkungen der Funktionsbelastungen bringen auch die „Füllungstheorie" einzelner Biorhythmiker endgültig zu Fall. Wenn – wie sie behaupten – am Winterpunkt die Ladung = 0 % und am Sommerpunkt die Ladung = 100 % wäre, müßten Oppositionslagen stets als Summe der Einzelladungen 100 % ergeben, d. h., eine Opposition müßte gleich oder ähnlich auftreten wie eine „Sommer-Lage".

DAS FALSCHE LADUNGSMODELL

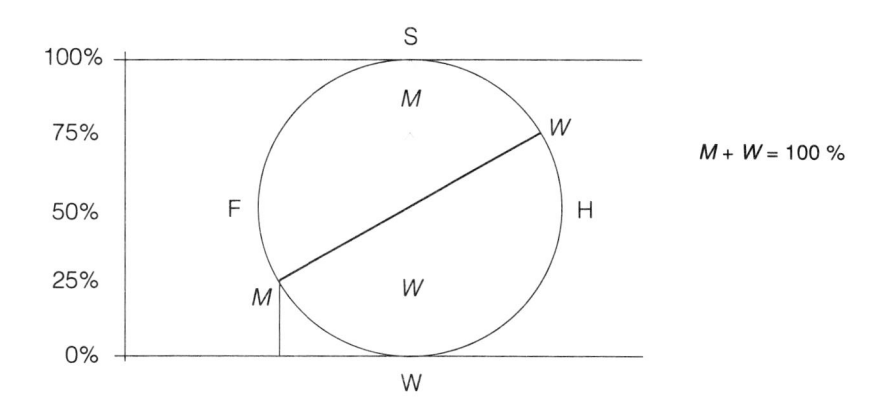

$M + W = 100\%$

Abb. 67

Auch Spiegelungen um die waagrechte Achse hätten nur summierenden, also kräfteverstärkenden Charakter. Da aber völlig gegenteilige Beobachtungen gemacht werden, erledigt sich diese Ansicht endgültig.

Ein Unterschied in der Betrachtung der Qualitätskriterien zwischen Einzelelementen und Funktionen ist der, daß die Qualität von M, W oder I ausschließlich vom jeweiligen Winkel bzw. seinen Elementen Sinus und Cosinus abhängt, während die Qualität der Funktionen abhängig ist von der Stellung zweier Elemente zueinander, also von ihrem Aspekt und ihrer Lage, woraus sich dann erst die Koordinaten r = Stärke und $\varphi°$ = Richtung ergeben. Sinngemäß gelten für $\varphi°$ dieselben prinzipiellen Qualitätskriterien, wie sie im 4er, 8er oder 12er Modell angeführt sind. Zudem birgt $\varphi°$ immer die Möglichkeit zweier vertauschbarer Elementstellungen in sich, wobei ein Element einmal links oder einmal rechts stehen kann, d. h. mit dem anderen die Plätze tauschen kann.

So gesehen liegen in der Qualität von $\varphi°$ immer 2 Aussagemöglichkeiten nach der Aufstellung auf Seite 175 *(Tab. 20)* hinsichtlich des eingenommenen Aspektes: Folgt das schneller kreisende Element dem langsameren, baut sich eine Funktion auf; läuft aber das schneller kreisende Element dem langsameren davon, baut sich die Funktion ab.

Die *Qualität* einer Funktion läßt sich nach 4 *Kriterien* beurteilen:

– Lage der beteiligten Elemente in den Sektoren des *EK*, also deren *Zustand* und *Tätigkeit*. Daraus ergibt sich die
– Lage von r als *Wirkrichtung* $\varphi°$ und die
– Lage des schneller kreisenden Elementes zum langsamer kreisenden als *Änderungskriterium* von r ($\pm \Delta r$ = Delta r).

Die *Wirksamkeit* einer *Funktion* ist das Produkt von r und Δr *($r \times \Delta r$)*.

Hinsichtlich der *Art* der *Veränderung* einer Funktion kann man unterscheiden:

– **Wandlung.** Sie tritt in Konjunktions- bzw. Oppositionslagen auf und bewirkt ein Umschlagen von Wachsen auf Schrumpfen bzw. umgekehrt. Genauer gesagt handelt es sich hier um eine *dynamische Wandlung*.

  Daneben wandelt sich auch die *Tätigkeit* des Füllens und Leerens der Ladungssumme beider Elemente zusammen beim Überschreiten der *senkrechten Achse*; sie schlägt jeweils in ihr Gegenteil um.
– **Änderung.** Beim Überschreiten der *waagrechten Achse* ändert sich jeweils die *Art der Ladung* (positiv/negativ). Es ändert sich der *statische* Aspekt der Funktion.

Die 3 Polaritäten der Funktion

schrumpfen/wachsen = dynamisch
leeren/füllen   = dynamisch
Leere/Fülle   = statisch

weisen auf den Einsatz von jeweils mehreren übergeordneten *Hormonpaaren* je Funktion hin.

Der Vollständigkeit halber sei angeführt, *wie oft* die *schwächeren Aspekte* während eines gesamten Funktionszyklus auftreten.

HÄUFIGKEIT DES AUFTRETENS DER SCHWÄCHEREN ASPEKTE

∡°	M̂W	M̂	Ŵ	Bemerkungen	Stärkegrad
60°	10 x	20 x	10 x	günstig	3
90°	10 x	20 x	10 x	ungünstig	2
120°	10 x	20 x	10 x	günstig	2

Tab. 28

Es scheint so, als ob hier die günstigen Aspekte überwiegen würden, doch darf man nicht vergessen, daß wir in unsere Betrachtungen nur die stärkeren Aspekte aufgenommen haben, während schwächere nicht berücksichtigt wurden. Günstige und ungünstige sind selbstverständlich gleichmäßig verteilt – man kann von einer Symmetrie der günstigen und ungünstigen „Aspektquanten" sprechen.

Belastungen in der Sinuskurvendarstellung

Kann man Funktionsbelastungen in der Sinuskurvendarstellung beobachten? Prinzipiell JA!

Tagesbelastungen treten auf, wenn
sich 2 Kurven kreuzen: unter der Grundlinie = ∧
     über der Grundlinie = ∨
2 Kurven denselben Abstand zur Grundlinie aufweisen:
     aufsteigend = >
     absteigend = <
Wenn 2 Kurven miteinander verlaufen, gibt das eine ☌-, verlaufen sie
     gegeneinander, ist eine ☍-Lage gegeben.

FUNKTIONSBELASTUNGEN IN DER SINUSKURVENDARSTELLUNG

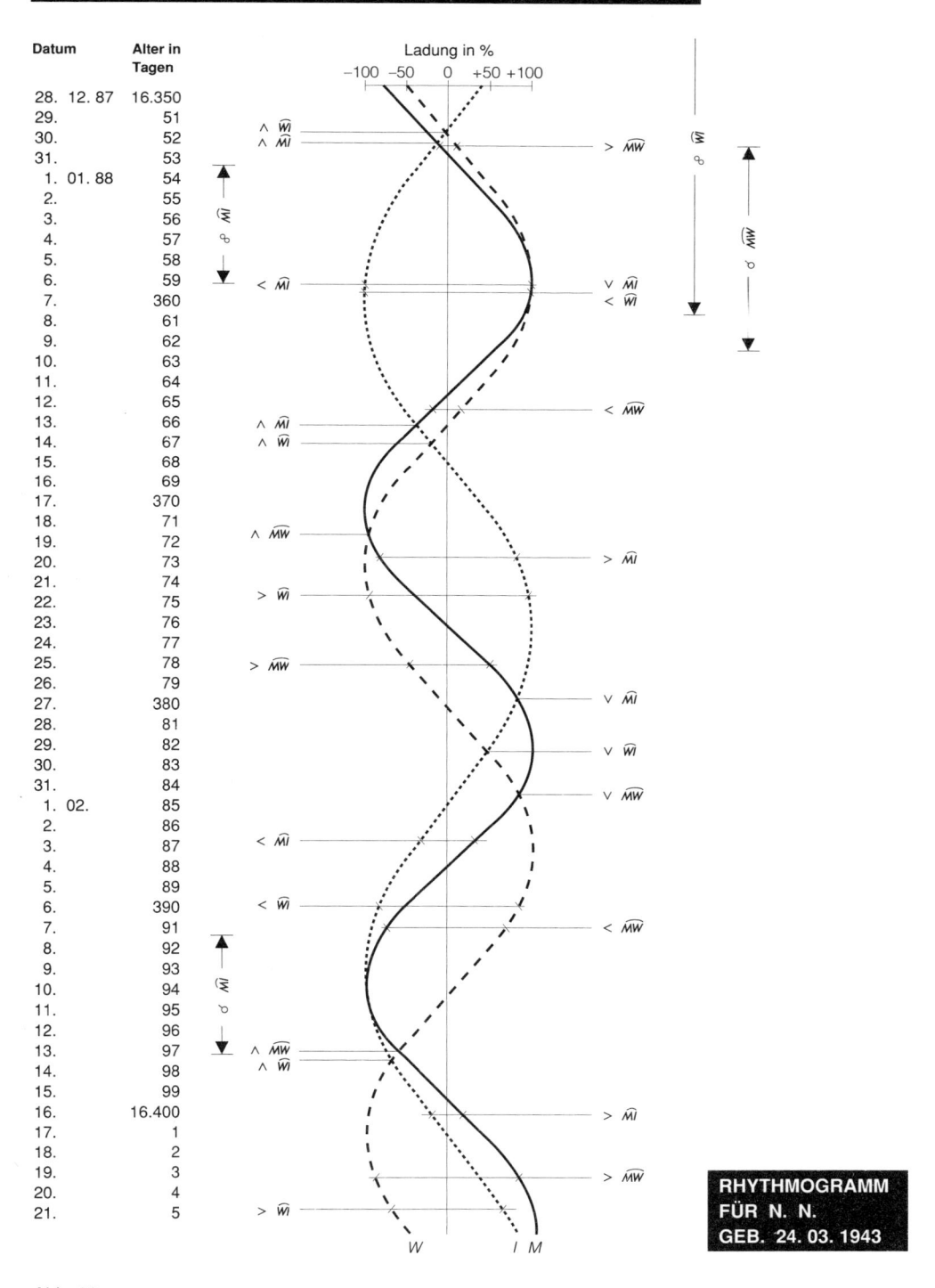

Datum	Alter in Tagen
28. 12. 87	16.350
29.	51
30.	52
31.	53
1. 01. 88	54
2.	55
3.	56
4.	57
5.	58
6.	59
7.	360
8.	61
9.	62
10.	63
11.	64
12.	65
13.	66
14.	67
15.	68
16.	69
17.	370
18.	71
19.	72
20.	73
21.	74
22.	75
23.	76
24.	77
25.	78
26.	79
27.	380
28.	81
29.	82
30.	83
31.	84
1. 02.	85
2.	86
3.	87
4.	88
5.	89
6.	390
7.	91
8.	92
9.	93
10.	94
11.	95
12.	96
13.	97
14.	98
15.	99
16.	16.400
17.	1
18.	2
19.	3
20.	4
21.	5

RHYTHMOGRAMM FÜR N. N. GEB. 24. 03. 1943

Abb. 68

Kaum beobachtbar sind hier Aspekte und die Qualitätsfelder (Wirkfelder) von $\varphi°$.

Eine Konjunktion/Opposition beginnt bzw. endet dann, wenn die gleichen Abstände zur Grundlinie nicht weiter als ein Tagesfeld in der Waagrechten auseinanderliegen. Allerdings sind solche Feststellungen bei Sinuskurvendarstellungen selten exakt zu treffen.

Schön hingegen sieht man, ob Belastungen stark oder weniger stark auftreten:

VERLAUF EINER TAGESBELASTUNG

(stark vergrößert)

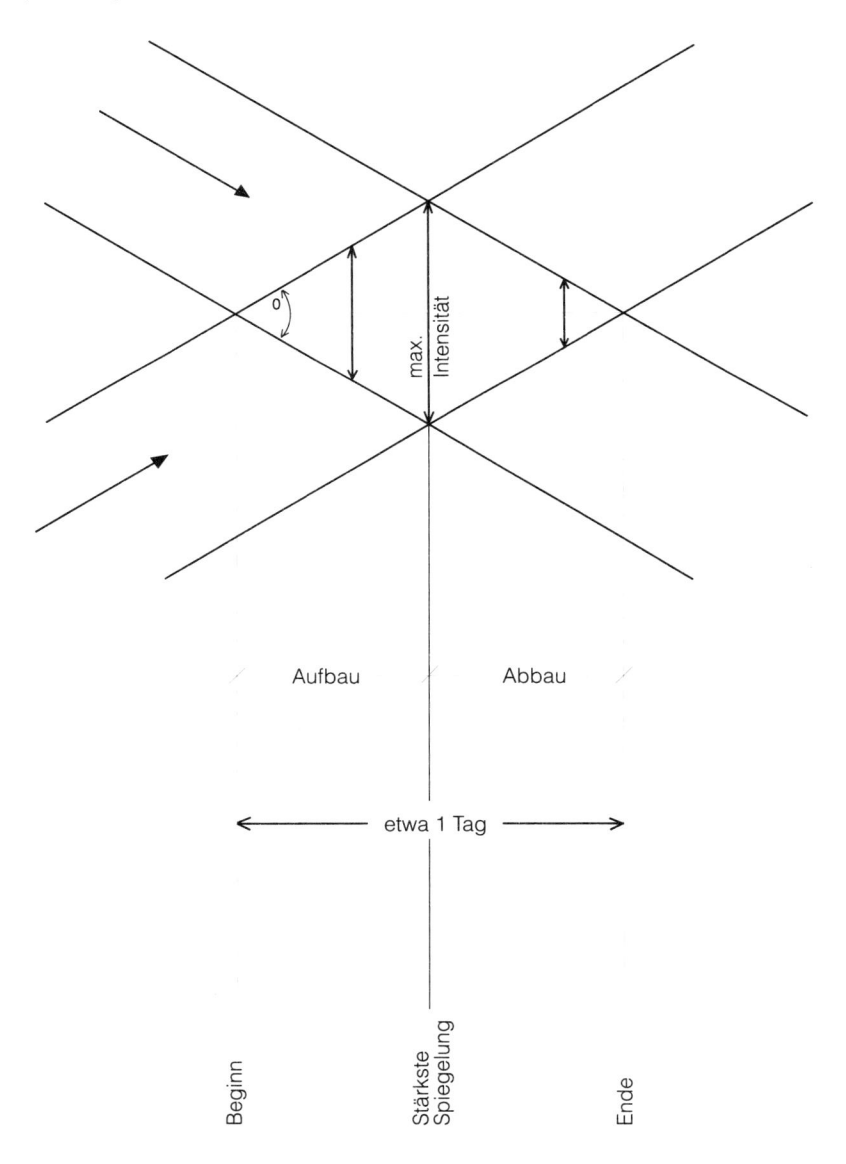

Abb. 69

Regel: Je flacher der Winkel, desto geringer die Intensität und um so länger die Belastungsdauer.
Je steiler der Winkel, desto größer die Intensität und um so kürzer die Belastungsdauer.

Tagesbelastungen, bei denen 2 Kurven sich in einem gewissen Abstand zur Grundlinie gegenüberliegen, entsprechen Spiegelungen um die waagrechte Achse beim *EK*, werden also stärker gespürt, während sich schneidende Kurven als ladungssummierende Spiegelung um die senkrechte Achse nicht so stark auswirken.

Je *steiler* der Winkel der beiden Kurven in bezug zur Mittellinie, desto stärker tritt die Belastung zutage, und um so kürzer dauert sie an. 2 Kurven treten in diesem Fall rasch und heftig in eine Beziehung ein und gehen auch rasch wieder auseinander.

Wie schon früher erwähnt, eignet sich diese Art der Darstellung sehr gut für Langzeitbeobachtungen, weniger gut aber für punktuelle Analysen. Die gemeinsamen Vorteile beider Darstellungsarten – der im Einheitskreis und der der Sinuskurven – bleiben bestehen, wenn man die Tabellen in Zahlenwerten benutzt, wie sie im 2. Teil des vorliegenden Werkes angelegt sind. Erst durch die rechnerisch bzw. mathematisch exakte Darstellung der Elemente in Winkelgraden (α, β, γ) bzw. der Funktionen in r und $\varphi°$ sind exakte punktuelle und Langzeitanalysen bzw. Prognosen gleichermaßen möglich, und zwar in jeder beliebigen Hinsicht.

Die Funktionsqualitäten der beteiligten Elemente in bezug auf die Wirkrichtung ($\varphi°$) von r

verdoppeln sich bei Konjunktionen,
wandeln sich bei Oppositionen,
erleiden eine *Hemmung* bei > und <,
verstärken einander bei ∨ und ∧.

> $\varphi°$ = 0° heißt *Entstehung* (von Störungen) bei Neutralisierung der Ladungen der beteiligten Elemente.
∨ $\varphi°$ = 90° heißt *Verstärkung* der positiven Ladungen.
< $\varphi°$ = 180° heißt *Wende* bei Neutralisierung der Ladungen.
∧ $\varphi°$ = 270° heißt *Verstärkung* der negativen Ladungen.

Demgemäß entsprechen die *polaren Lagen* von $\varphi°$ auch Umpolungen des *Zustandes* (Fülle/Leere) oder der *Tätigkeit* (füllen/leeren) und werden gespürt bzw. erfahren.

Genauso wirken sich die polaren Lagen der einzelnen Elemente auch in ihrer Beteiligung an den jeweiligen Funktionen aus. Man spürt eine 0°-Lage von *I* eben dann im Kopf oder im Kreislauf, weiters im harmonischen Bereich und selbstverständlich auch im entsprechenden psychischen Funktionskreis von Verfügbarkeit und Einsatz von Bewußtseinsinhalten. Aus diesem Grunde wurden den einzelnen Elementen die unterschiedlichen Funktionswirkungen, wie wir sie auf Seite 95 aufgezählt haben, zugeordnet. Nun wird klar, daß die psychische Funktion „Ideenfluß" allen beiden

Elementen, nämlich dem Fühlen und dem Erkennen, obliegt. Bei genauerem Hinsehen stellt sich heraus, daß viele der getroffenen Zuordnungen psychischen Funktionen entsprechen und somit auch 2 oder alle 3 Prinzipien, wenn auch in unterschiedlicher Stärke oder Wirkung bzw. Betonung, enthalten. Jetzt klärt sich auch von einer anderen Warte, wie senkrechte, sphärische Zuordnungen der 3 Prinzipien zu verschiedenen Bereichen oder Körpern im Menschen überhaupt zustande kommen: durch räumliche und zeitliche Eingrenzung in Form einer Funktion zu einem bestimmten Zweck entstehen ja erst die Körper:

– je 2 Prinzipien unterhalten eine Funktion, also Schichten,
– alle 3 Prinzipien bilden ein System von Funktionen, also einen Körper.

Alle Sphären mit ihren Systemen und alle Ebenen mit ihren Funktionen lassen sich auf die 3 Urprinzipien und diese wiederum auf Yang und Yin zurückführen (siehe Kapitel „Die 7 Strahlen", „Das I-GING").

Die übliche biorhythmische Darstellung als Kreis bzw. Sinusschwingung kann nur ewigen bzw. zeitlich wirkenden Prinzipien entsprechen, keinesfalls aber Geistes-, Seelen- oder Körperfunktionen, wie sie in den üblich getroffenen Bereichszuordnungen *(Seite 95)* aufscheinen. So sollten biorhythmische Funktionen oder Prozesse auch zeichnerisch nur als Momentaufnahmen dargestellt und verstanden werden, prinzipiell als mathematische Formeln, in ihrem Ablauf aber in Form von Tabellen.

Belastungen, Störungen, Krankheiten

Belastungen als Störungen oder Krankheiten treten prinzipiell dann auf, wenn der Mensch sein Immunsystem, seine Widerstandskraft, seine Wiederherstellungsmechanismen geschwächt und falsch programmiert hat. Ursachen dieser Fehlprogrammierungen liegen im falschen Wollen (Triebe, Leidenschaften, Wünsche),
               im falschen Fühlen (Aggressionen, Ängste, Unlust, Antipathien,
                               Aversionen usw.) und
               im falschen Denken (Vorurteile, Dogmengläubigkeit, Unwissenheit,
                                Dünkelhaftigkeit usw.).
Dies führt zwangsläufig zu unvernünftigen und falschen Handlungen, Sünden gegen die eigene Natur, Blockaden von Kräftefluß und Heilmöglichkeiten, ganz abgesehen von Fehlverhalten gegen Mitgeschöpfe und Umwelt. Der Mensch programmiert in sich je nach Stärke und Richtung seiner Einstellungen die Bereitschaft zu ganz spezifischen Reaktionen, die er dann als Krankheit erfahren muß oder als Gesundheit erleben kann. Es leuchtet doch jedem ein, daß die Widerstandskräfte einmal erlahmen,

wenn man sich stets gegen eine Mauer oder alles Mögliche stemmt, das ohnehin sich keineswegs von unseren Widerständen nur im geringsten beeindrucken läßt. Thorwald Dethlefsen hat in seinen Werken „Schicksal als Chance" und „Krankheit als Weg" klar die analogen Zusammenhänge zwischen Fehlern und dem, was uns dann als Krankheit (zum Heile) fehlt, herausgearbeitet. Werden die tatsächlichen Ursachen, nämlich die psychischen Fehlhaltungen, im Bewußtsein beseitigt durch Arbeit an sich selbst (und nur die hat dauerhaft Erfolg!), schwinden alsbald auch die seelischen und körperlichen negativen Auswirkungen. Der Mensch wird wieder heil, ganz. Das ist auch die wahre Bedeutung des Wortes „heilig".

Störungen entstehen im ♈-Punkt (Widder, der Frühlingspunkt), breiten sich im Stier aus, mehren sich im Zwilling usw.; sie wenden sich zum Besseren in ♎ (H), alsdann beginnt die Genesungsphase. Diese Beobachtungen lassen sich immer wieder machen, egal, ob es sich um Störungen im Stoffwechselbereich, im Kopfbereich oder im Kreislaufbereich handelt.

Disharmonie entwickelt sich nach denselben, nur spiegelverkehrten Gesetzen wie Harmonie.

Auch psychische Störungen verlaufen nach demselben Schema, doch liegen die Ursachen meist im „Rucksack", am Karma, das der Mensch in seine jetzige Inkarnation aus früheren Existenzen mitbringt und nicht auspacken, essen und verdauen will.

Dietziker ordnete den einzelnen Funktionen die folgenden *Erbkreise* zu:

$\widehat{MW}$ – paranoide-katatone Formen – schizophormer Erbkreis,
$\widehat{WI}$ – manisch-depressive Formen – zirkulärer Erbkreis,
$\widehat{MI}$ – epileptoide-hysteroide Formen – paroxysmaler Erbkreis.

Erbkreiszugehörigkeit zeigt sich in der „Matrize" als biorhythmisch festgelegter *Typ*.

Von Vererbung, wie sie uns oft eingeredet wird, kann überhaupt nicht die Rede sein, wenn man nur einigermaßen in die Materie der PDR eingedrungen ist. Es zeigen sich stets nur Anlagen bzw. Anlagennähe zu Verwandten entsprechend der Qualität der eigenen „Matrize". Jedes esoterische System sagt uns auch sehr deutlich, daß jeder seines eigenen Glückes und Unglückes – und dazu gehören auch alle „ererbten" Veranlagungen – Schmied ist.

Entsprechend dem Abbau bzw. Aufbau von Verstärkungen oder Schwächungen bzw. Spiegelungen, Über- und Unterfunktionen, sollte man bei Einnahme von *Medikamenten* beachten, ob sie die entsprechende Funktion fördern oder hemmen und daher in ihrer Wirkung verstärkt oder herabgesetzt wirksam werden können. Der durchblickbewußte Mensch wird ohnehin auf Medikamente welcher Art auch immer verzichten. Wenn man aber schon einen „Krückstock" braucht, dann sollte man zu homöopathischen, hochpotenzierten Mitteln greifen, welche als stofflich nicht gebundene *Informationen* die fehlenden Prinzipien auf ihrer Ausweichebene zu ergänzen imstande sind. Sie entsprechen mehr oder minder „vergeistigten" bzw. „verprinzipialisierten Hormonen", indem sie Informationen liefern. Man sollte bei einem solcherart betriebenen Zurechtrücken allerdings bedenken, daß das durch homöopathische Mittel überlistete Schicksal einen nicht davon befreit, am angezeigten Fehler mit aller Kraft zu arbeiten, da die Beschwerden sonst nach kurzer Zeit sich wieder melden.

Verstärkend auf die *endogenen Interferenzerscheinungen*, die ja die biorhythmischen Funktionen ausmachen, wirken sich ähnliche *exogene Interferenzfaktoren*:
    Temperaturänderungen   – $\widehat{MW}$-Bereich
    Wetteränderungen (Luftdruck)   – $\widehat{WI}$-Bereich
    elektrische Ladungsänderungen (Gewitter) – $\widehat{MI}$-Bereich
    Änderungen im Magnetfeld der Erde   – $\widehat{MWI}$-Bereich
entweder verstärkend oder hemmend, aktivierend oder sedierend aus.

Das Leitelement (der Schiedsrichter)
Die Wirkung des dritten, nicht an der Funktion beteiligten Elementes

Gewisse biorhythmische Situationen wiederholen sich immer wieder. So beginnen die Zyklen von
M alle   23 Tage,
W alle   28 Tage,
I alle   33 Tage,
$\widehat{MW}$ alle   644 Tage,
$\widehat{MI}$ alle   759 Tage,
$\widehat{WI}$ alle   924 Tage
neu ihren Lauf. Dadurch wiederholen sich auch sämtliche Oppositionen, Konjunktionen, Spiegelungen usw. immer wieder, der Mensch lernt faktisch durch Wiederholung. Immer besser versteht er, mit bestimmten Situationen immer leichter fertig zu werden, er stellt sich auf jede Situation neu ein und speichert sie in seinem Unterbewußtsein. Doch jedesmal, wenn sich eine ganz spezifische Belastung wiederholt, steht das dritte, an der Funktion unbeteiligte Rhythmenelement an einer anderen Position im *EK*. Die Wiederholung erfährt jedesmal eine andere oder symmetrische Qualität, Nuance, Beleuchtung durch das dritte Element.
   So gibt es für die je 5 Oppositions- und Konjunktionslagen des Stoffwechselzyklus je 33 verschiedene Erkenntnisqualitäten, für je 10 des Kopffunktionszyklus je 28 verschiedene Gefühlsqualitäten und für je 5 des Kreislaufzyklus je 23 verschie-

dene Willensqualitäten, bevor sich nach 21.252 Tagen (58 Jahre und 67 Tage) das Spiel wiederholt. So wird dieses Lernen nie langweilig – immer passiert etwas Neues in uns! Wenn wir dieses täglich Neue annehmen, uns seiner Nuancen bewußt werden, haben wir mehr Bewältigungschancen als bei unbewußtem Dahinvegetieren und Dagegenstemmen. Gesundheit wird so erlernbar, Störungen werden prognostizierbar.

Dieses dritte Rhythmenelement tritt immer dann besonders in den Vordergrund, wenn die 2 an einer Funktion beteiligten Elemente einander gegenüberstehen (sich aufheben) oder einander schwächen (>/<). Es wird dann praktisch zum „Schiedsrichter" über die beiden anderen oder, wie wir sagen, zum *Leitelement*.

Die Sonderstellung des Atems

Das Atembild eines Menschen ist ein Indiz für seine gesamte Lebenseinstellung: verkrampft oder gelöst, nehmend oder gebend, festhaltend oder loslassend, flach oder tief, natürlich oder künstlich gelenkt.

Der Atem zeigt sich 2 Funktionen zugehörig:

- die Atemsteuerung und somit die Atemfrequenz sowie das Atemvolumen unterliegen $\widehat{MI}$,
- der Sauerstoffaustausch unterliegt $\widehat{WI}$.

Der Atem ist das Verbindungsglied zwischen Innen und Außen. Die Steuerung des Atems erfolgt unbewußt (durch die Elemente unseres Wesens), kann aber auch willkürlich, d. h. bewußt, beeinflußt werden. Lust und Unlust, Willkürlichkeit oder Unwillkürlichkeit und Organempfindungen und Erkenntnisvorgänge, also alle 3 Elemente, sind beim Atmen mehr oder weniger stark beteiligt.

Wird *W* zum „Schiedsrichter" bei $\widehat{MI}$-Belastungen ($\mathscr{E}$, >/<), wird der Einfluß von Gefühlen dominant:

Schreck – der Atem stockt,
Schön – wir atmen tief ein,
Abscheu – die Luft wird ausgestoßen,
Furcht – kurze, heftige Atemstöße.

M als Leitelement bewirkt:

willkürliches Luftanhalten,
Atemrhythmussteuerung.

I als Leitelement führt zu Einflüssen des Informationselementes in stärkerem Maße als sonst:

flacher Atem beim Grübeln,
tiefer, voller Atem in der Atemmeditation.

Die an den Funktionen beteiligten Elemente bestimmen das Gesetz, welches den Funktionen ihren Rahmen verleiht. Die typischen Schwingungen der Funktionen machen deutlich, daß die Einengungen, denen sie unterworfen sind, nämlich das Eingespanntsein zwischen:

Überfunktion und Unterfunktion,

Verstärkung und Schwächung,

aktiver oder passiver Ladung bzw. Entladung

andererseits erst die Möglichkeiten der Wandlung eröffnen, die durch das Pulsieren der Spirale, das uralte Symbol des Lebens, aufgezeigt sind. Aus dem Zentrum kommend, zum Zentrum zurückkehrend, sich immerzu drehend, immer wieder eine Wandlung durchmachend – so zeigt sich das Leben in der Spirale,

in der Zeugung ♂,

in der Jugend 🌀,

im Altern 🌀,

und in der Metamorphose ∽.

Die Zyklusdauer der Funktionen

Genauso wie die biorhythmischen Prinzipien im individuellen Takt den Kreis umschreiben, durchmißt jede Funktion das Qualitätsfeld in einem ganz bestimmten Zeitraum. Nur von Zeit zu Zeit, in ganz exakten Abständen, erfolgen *Phasensprünge* in Oppositionslagen.

Wenn $r_{\overline{MW}}$ pro Tag um rund 14,25° weiterschreitet, dann werden 360° in 25,2549 Tagen durchmessen.

Die 644 Tage eines abgeschlossenen Schwingungsablaufs entsprechen daher genau 25,5 Umdrehungen. Von diesen erfolgen 20 Umdrehungen ohne Sprünge, 5 mit Sprüngen. Diese 5 Sprünge verkürzen oder verlängern jeweils unterschiedlich den Zeitraum, in dem r wiederum den Frühlingspunkt überschreitet – je nachdem, ob r (nach 180°) zurückspringt oder (vor 180°) nach vorne springt. Die restlichen „sprunghaften" 5,5 Umdrehungen werden daher de facto nur zu 5 mehr oder weniger längeren oder kürzeren, wiederholenden oder überspringenden Umdrehungen, so daß zwangsläufig eine halbe Umdrehung doppelt gemacht wird. Diese aus allen 5 Sprüngen resultierende und zusammengesetzte halbe Umdrehung teilt sich im Kreis wie folgt auf:

von 18° bis 54°   (Vergrößerung)
von 90° bis 126° (Fülle)
von 162° bis 198° (Wechsel)
von 234° bis 270° (Leerung)
von 306° bis 342° (Aufnahmebereitschaft)

Alle *Doppelfelder* beginnen und enden jeweils an Wandlungspunkten.

DIE DOPPELFELDER

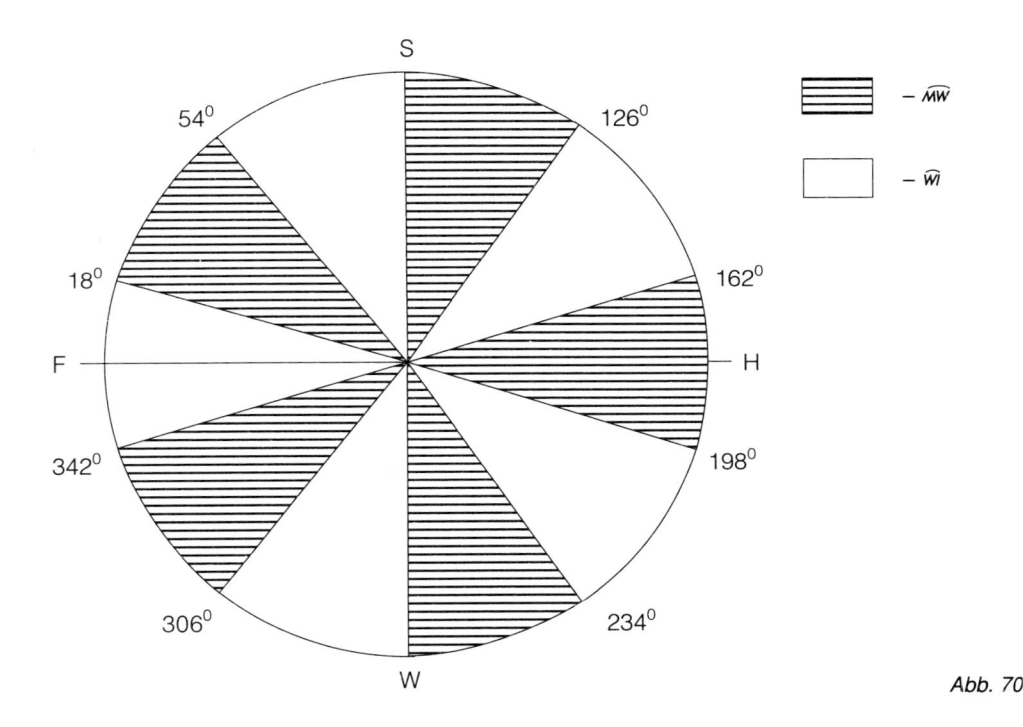

Abb. 70

Beim $\widehat{Wi}$-Rhythmus sind die 5 unstrichlierten Felder Doppelfelder.

Ein Sinn dieser Wiederholungen kann darin gesehen werden, daß diese Felder im laufenden Abschreiten hinsichtlich der Größe von r nicht gleich „gerecht behandelt" werden, sondern durch die Annäherungen an $r = 0$ bei ♂ ein Nachholbedarf eintritt, wobei dieses Manko durch nochmaliges Abschreiten des Feldes aufgehoben wird und so wiederum „Gerechtigkeit", Harmonie gegeben ist. Im Verlaufe von 644 Tagen wird ja jeder Abschnitt des Stoffwechselfunktionskreises mehrere Male, aber jedesmal mit einem anderen Maß von r durchlaufen. Dabei kommen bei ♂ eben die 5 speziellen Felder zu kurz, und erst die Wiederholung bringt Symmetrie, so daß also jedes Feld schließlich eine durchschnittliche r-Größe von $r = ø\ 1{,}333$ pro Umlauf zugeteilt erhält.

Bei den anderen Funktionen ergeben sich ähnliche Überlegungen, so daß wir tabellarisch zusammenfassen können:

ÜBERSICHT ÜBER DIE FUNKTIONSZYKLEN Tab. 29

Funktion	Kompletter Zyklus Tage	φ-Schritt täglich	Dauer in Tagen für eine 360°-Umdrehung	Ganze 360°-Umdrehungen	Sprungumdrehungen	Gesamtumdrehungen im kompl. Zyklus
$\widehat{MW}$	644	14,25°	25,255	20	5	25,5
$\widehat{MI}$	759	13,28°	27,107	23	10 [1]	28,0
$\widehat{WI}$	924	11,88°	30,295	26	5 [2]	30,5

[1] Beim $\widehat{MI}$-Rhythmus sind Wiederholungen und Mankos auf alle 10 Doppelfelder gleichmäßig verteilt.
[2] Beim $\widehat{WI}$-Rhythmus sind genau die Felder Doppelfelder, die zwischen denen des $\widehat{MW}$-Rhythmus gelegen sind. Somit gleicht sich alles wieder aus, und die Doppelfelder beider Funktionen ergänzen einander.

Interessant in diesem Zusammenhang ist, daß eine 360°-Umdrehung von $\widehat{MW}$ gleich lange dauert wie die siderische Eigenumdrehungszeit der Sonne, nämlich 25 $1/4$ Tage, womit ein Gleichlaufen zwischen biorhythmischen und kosmischen Zyklen durchaus gegeben ist, wenn man weiß, wo man sie suchen muß. Auf weitere Zusammenhänge kommen wir noch später zurück.

Die Sonne als Symbol unseres SELBST mit dem ihr zugeordneten Organ *Herz* entspricht also in synchroner Drehung unserer Herzfunktion! Auch im Symbolismus der Einweihungslehre entspricht ja die Sonne als Zentrum des Sonnensystems unserem Zentrum, nämlich dem SELBST mit seinem Sitz im „Herzen" (Chitta).

Inkarnation – Prägung – Geburt

Es ist schon wunderbar zu sehen, wie verschieden die Menschen geartet sind, wie unterschiedlich sie aussehen, wie sehr sich ihre Fähigkeiten voneinander unterscheiden. Es ist die Vielfalt in der Einheit, die uns staunen läßt und deren Gesetze wir aus biorhythmischer Sicht erkennen wollen.

Warum sind Geschwister oft so voneinander verschieden, obwohl sie von denselben Eltern stammen? Warum ähnelt ein Kind z. B. im Mundbereich dem Vater, im Augenbereich aber mehr der Mutter – oder keinem Elternteil besonders?

Warum kommen Kinder auf die Welt, die in vielerlei Hinsicht schon „fertig" sind, also Tugenden aufweisen, während sie in mancher Hinsicht aber noch ziemlich unentwickelt sind? Warum gibt es Kinder, die sich ständig den Kopf anrennen oder die Finger verbrennen müssen, während andere ruhig und gewissenhaft, ja oft weise sind, so daß Erwachsene sich an ihnen ein Beispiel nehmen könnten?

Warum ist die körperliche Konstitution so unterschiedlich – neigen doch manche Kinder von Geburt an zu Krankheiten oder sind gar geschädigt, auch wenn Eltern und Umwelt intakt sind?

Es wäre mehr als merkwürdig, sich vorzustellen, daß hinter all dieser Vielfalt der Erscheinungen kein Gesetz stünde, wo doch alles, was wir erkennen können, naturgesetzmäßig geregelt ist: die Jahreszeiten, Tag und Nacht, die Kristallisation von Mineralien, der Aufbau unseres Organismus nach einem „Programm", das Blühen und Fruchten der Bäume, die Ernährung und Paarung der Tiere, kurzum alles, ob wir die dahinterstehenden Gesetze nun erkennen und wahrhaben wollen oder nicht. Denn alles entspringt der allmächtigen Kraft, und im Ur-Atom sind alle Gesetze des Universums prinzipiell veranlagt; alles im Kosmos ist Schwingung und Zahl (Gesetz).

Die materialistische Wissenschaft hat viele dieser Gesetze, z. B. die Mendelschen Erbgesetze, bereits gründlich erforscht. Doch hinter allem materiellen Geschehen stehen geistige Gesetze, deren Teilausformung die wissenschaftlichen Gesetze sind.

Wenn wir von einer unsterblichen Seele sprechen, die als höheres Selbst (als Triade) eine Mischung der ewig wirkenden Prinzipien unserer Essenz ist, also ihre individuelle Offenbarung, und wenn wir ihr also ebenfalls Zeitlosigkeitscharakter zubilligen, passen Anfang und Ende, Beginn und Tod als zeitliche Abgrenzungen nicht in dieses Bild. Wir waren schon immer, waren ursprünglich eine Idee des unendlichen Geistes, die permanent und rhythmisch zu ihrer Verwirklichung drängt. Im Hinabtauchen wurde die Idee umhüllt, geformt, begrenzt, im Zurückkehren wird die Idee als Seele sich ihrer selbst bewußt und strebt nach Deckung von *Soll* und *Ist*, von Plan und Wirklichkeit. Dazu ist uns in der Beschränkung von Zeit und Raum ein entwicklungsbedingtes Maß gegeben, innerhalb welchem wir Bewußtsein entwickeln können – außer, wir verwandeln unsere blühende Spielwiese schon vorab in einen rauchenden Trümmerhaufen und berauben uns der Möglichkeiten der Weiterentwicklung. Wir erscheinen immer wieder auf einem Erdenplan – und wissen es anfangs nicht, weil sich unser Speicher jedesmal neu aufbaut und beim Verlassen dieser Welt wiederum auflöst. Und doch entnehmen wir aus den alten spirituellen Lehren, von den Berichten von Medien oder „Zurückgeholter", aus den Erfahrungen der Reinkarnationstherapie, aus der religiösen Urerfahrung und schließlich aus logischen Schlußfolgerungen, daß Leben ewig währt, solange 2 Pole, egal in welcher Form oder Dichte, beleuchtet und in Spannung gehalten werden. Könnten Sie sich vorstellen, daß die Erde nur deshalb ihre Drehung um die Sonne einstellt, weil wir die Augen schließen? Wir können mit den Augen nur einen Bruchteil der Wirklichkeit erfassen und sind auf ihre „Reportagen" angewiesen, die aber ihrer dichten Struktur entsprechen. Doch kraft unseres Geistes können wir die Zusammenhänge überblicken, die unseren Sinnen verschlossen sind. Darum – bedienen wir uns doch unseres Geistes, unseres Vorstellungs- und Unterscheidungsvermögens, um über Leben und Tod zu sprechen, denn unsere materiellen Sinne wissen nichts davon, was war, bevor sie sich körperlich manifestierten, und was sein wird, wenn sie ihre Organisation wieder aufgegeben haben. Bedienen wir uns also unserer geistigen Sinne!

Der Mensch baut sich aus Schwingungen auf. Seine Reife als Umfang des Schwingungsspektrums, das er integrieren konnte, entscheidet, wie fein oder dicht seine seelische Organisation ausgelegt ist, wie viele gröbere und dichtere Schichten er mit seinen feinsten noch gerade bewußt durchdringen kann. Alles, was „sterblich" ist, stofflich, also energetisch dicht, hat seine ursächliche Entsprechung in feineren energetischen Aggregatzuständen, die ihm praktisch als Muster, als *Matrize* dienen. Diese Matrize kann als „Vorbild" des Zusammenwirkens der Prinzipien (als Funktion und Prozeß), als *Konstellation* angesehen werden, deren Abdruck ein entsprechendes „Abbild" widerspiegelt. Unsere Matrize enthält genau das Maß und die Qualität unserer Fülle, also unserer Vollkommenheit. Und der Ausdruck dieser Matrize, des Negativs, wird beim Erscheinen in der Welt die materielle Form, das Positiv (eigentlich müßte man diese Begriffe umdrehen!). So entsprechen Aussehen, Konstitution, unser Ebenmaß, unsere Charakterstärken und -schwächen, unsere Fähigkeiten und Talente genau dem Maß an Vollkommenheit der Matrize. Und dieses Maß wird bestimmt durch die Tugenden (als Anteil an Fülle) und Untugenden (als Anteil an Leere) des Menschen. Denn diese geistigen Eigenschaften gehören nicht der materiellen Ebene an, sind daher nicht vergänglich, sondern sind ewige, prinzipienschwangere Eigenschaften, die immerzu vorhanden und in uns latent angelegt sind, die wir aber entwickeln, also auswickeln müssen. Und genau diese unsterblichen Eigenschaften sind es, die in ihrer Anwesenheit und entwickelt für uns als „Himmel", in ihrer Abwesenheit und unentwickelt bzw. zugedeckt als „Hölle" erscheinen.

Der längste Zyklus, dem wir subjektiv unterworfen sind, ist der des aus der Einheit Ausgestoßenseins und wiederum in die Einheit Zurückkehrens, in dem unsere Entwicklung vom Plan bis zur vollendeten Ausführung liegt. Dies bedingt, daß *Vollendung* (als letztes *Zeitmaß*) erst dann gegeben ist, wenn alle Details des Planes verwirklicht worden sind und nichts mehr fehlt, also kein Fehler mehr vorhanden ist. Betrachten wir uns selbst in unserer Mangelhaftigkeit, und wir erkennen, wie weit wir es noch bis zur *Vollkommenheit* (als letztes *Raummaß*) haben! Darum kann die logische Konsequenz auf die Frage, ob wir die einmal begonnene Entwicklung mit dem Tode als abgebrochen betrachten können, wo wir doch gerade so schön mitten drin sind und das Mineral-, Pflanzen- und Tierstadium überwunden haben – nur weil wir nicht weiter sehen können als bis zur Grenze des Übergangs vom flüssigen Zustand bis zum gasförmigen –, nur die sein, daß wir immer wieder neu inkarnieren, daß wir immer wieder das Kreuz auf uns nehmen, „Fleisch werden", so lange, bis wir universal sind.

In den einzelnen Inkarnationen haben wir einen prinzipiell angelegten *und* individuellen Plan zu erfüllen, der sich aus einer Konstellation der am Prozeß beteiligten Prinzipien, aus einer „Momentaufnahme" ablesen läßt (Radixhoroskop, Inkarnationsstempel). Von Inkarnation zu Inkarnation ändert sich aber dieser Plan im zyklischen Weiterschreiten der beteiligten Elemente, bis das ICH alle möglichen Konstellationen durchlebt und gemeistert hat und sich zur Identifikation mit dem SELBST durchgerungen hat.

Als biorhythmische Konsequenz ergibt sich daraus, daß die niederen Attribute sich nach dem Tode auflösen, während die 3 Aspekte als Matrize – mehr oder weniger vollendet bzw. verwirklicht – weiterbestehen. Wir können uns das so vorstellen, daß die *Spindelachse* (siehe *Abb. 54*), die der sogenannten „Silberschnur" der Okkultisten entspricht, sich beim Tode des Menschen schließlich auf die archetypische Ebene zurückzieht, sich also aus den „Tellern" ausklinkt, wodurch diese ihre synchrone Bewegung einstellen. Oder mit anderen Worten: Die 3 Elemente geben ihre raumzeitliche Beziehung auf, die Funktionen werden durch Aufgabe eines Teils des elektrischen Geschehens aufgehoben. Als Prinzipien bleiben sie – je nach Füllungsgrad mehr oder minder vollkommen – in ganz bestimmter Bandbreite elektrischer Frequenzen und in transformierter energetischer Situation bestehen und beschreiben so die neue alte Matrize. Die Bandbreite der Frequenzen hängt ab vom Maß der spirituellen Entwicklung. Je feiner die integrierten Frequenzen sind, desto vollkommener ist die Seele, und desto „höher" bzw. zentrierter ist die durch die energetische Nähe zum Ausgangspunkt bestimmte „jenseitige" Sphäre. All das wird vom Menschen mittels seines vorab latenten, nun aber aktivierten „Jenseits"-Bewußtseins miterlebt.

In diesem Zusammenhang ist es interessant, daß sehr viele Menschen (so sie auch natürlich sterben dürfen) in sogenannten „Minima-Lagen" sterben. Ein Teil in rasant fortschreitenden, ein anderer Teil in rückschreitenden Minima-Lagen. Wir werden später noch näher darauf eingehen. Soviel sei an dieser Stelle gesagt, daß sich der Lebensprozeß bei Menschen, die in rasant fortschreitenden Minima-Lagen „sterben", auf einer höher schwingenden Ebene fortsetzt, während der der Unglücklichen einer längeren Erstarrung unterliegt.

(weiter auf Seite 209)

ZUORDNUNG DER 12 TUGENDBEREICHE ZU DEN 3 PRINZIPIEN (in Schritten gewichtet)

Entwicklungsstufen: 1., 2., 3., 4. ...

M′

1. 1. Mäßigkeit
   2. Genügsamkeit
   3. Entsagung
2. 1. Dienstbereitwilligkeit
   2. Hilfsbereitschaft
   3. Freigebigkeit
   4. Opferwilligkeit
   5. Hingabe
   6. Selbstlosigkeit
3. 1. Beharrlichkeit
   2. Entschlossenheit
   3. Tapferkeit
   4. Mut

W′

4. 1. Nachsicht
   2. Geduld
   3. Langmut
   4. Vergebung
   5. Güte
5. 1. Dankbarkeit
   2. Freundschaft
   3. Treue
   4. Liebe
6. 1. Sanftmut
   2. Demut
7. 1. Mitleid
   2. Mitgefühl
   3. Barmherzigkeit

I′

8. 1. Unterscheidung
   2. Einsicht
   3. Selbstkritikfähigkeit
   4. Weisheit
9. 1. Rechtschaffenheit
   2. Gewissenhaftigkeit
   3. Ehrlichkeit
   4. Gerechtigkeit
   5. Wahrhaftigkeit
10. 1. Glaube
    2. Gottvertrauen
    3. Heiligkeit

MWI′

11. 1. Zufriedenheit
    2. Gleichmut
    3. Gleichgewicht
    4. Friede
    5. Seligkeit
12. 1. Reinheit
    2. Schönheit
    3. Harmonie
    4. Vollkommenheit

Tab. 30

Genauso, wie der Lebensprozeß in eine höhere Sphäre gehoben wurde, mündet er, wenn die Matrize nicht alle Frequenzen umfassen kann, wiederum nach Durchlaufen eines „inneren" Lebensprozesses in das Raum-Zeit-Gefüge ein und nimmt neue Form an.

Wir können also formulieren, daß bei jedem Wechsel in eine andere Dimension unseres Seins auch ein Wechsel der Bewußtseinsdimension vor sich geht oder – noch prägnanter – daß dieser Bewußtseinswechsel erst den Dimensionswechsel ausmacht. Dabei läuft der elementare Rhythmus von M, W und I in seinem jeweils höheren Aspekt weiter, während die niederen Aspekte ihre feste Verbindung und Begrenzung als Funktion beim Tode aufgeben und bei Zeugung wiederum eingehen. Somit sind die Funktionsrhythmen die eigentlichen Träger unseres „Diesseits"-Bewußtseins, aber auch die Begrenzer unseres „Jenseits"-Bewußtseins. Denn mit dem ersten Atemzug und ersten Schrei schrumpft das „Jenseits"-Bewußtsein und macht dem „Diesseits"-Bewußtsein Platz. Hier erklärt sich auch, warum wir normalerweise funktional denken und warum es für uns auch so schwer ist, über diese Funktionalität hinauszublicken.

Die Matrize entspricht je nach Konstellation der beteiligten Elemente ganz gewissen Qualitäten energetischer bzw. magnetischer Art und kann in den verschiedenen „Sprachen" esoterischer Systeme oder wissenschaftlicher Disziplinen gelesen werden:

Durch die Psychoanalyse, die Typologie, die Chirologie (Handdeutekunst), Numerologie, Astrologie, das I-GING und andere mehr, schließlich aber auch durch die Psychorhythmologie (PDR).

Im Kapitel über die 7 Strahlen haben wir die Strahlenzugehörigkeit und ihr Zusammenwirken in den Beziehungen der Menschen behandelt.

So entspricht der Monadenstrahl dem Generalplan, dem Vollendungsziel der Matrize, der Egostrahl dem Individualplan, dem auf eine Inkarnation begrenzten Soll-Zustand der Matrize und der Persönlichkeitsstrahl dem Ist-Zustand der Matrize. Ändert sich die Matrize, dann ändert sich auch ihr Abdruck. Das *Kausalitätsgesetz* besagt, daß jeder Mensch aus der Vielfalt aller Möglichkeiten zur rechten Zeit gerade das anzieht, was er auch irgendwann einmal ausgesendet hatte. Somit erhält er genau die Ernte seiner Aussaat in Gedanken, Gefühlen, Worten und Handlungen. Daher ist jegliche Veränderung – im Guten oder Schlechten – stets die Auswirkung selbstproduzierter Ursächlichkeit. Wird im Menschen daher angesichts der Erkenntnis von etwas ihm Fehlenden ein Wunsch wach und er nährt diesen Wunsch mit leidenschaftlichen Gedanken oder Gefühlen, wird ihn irgendwann einmal, wenn die Zeit dafür die bestimmte Qualität aufweist (wenn die Zeit „reif" ist), die Erfüllung seines einstigen Wunsches einholen – ob er ihn dann noch hat oder nicht. In diesem kosmischen Grundgesetz liegt die Ursache aller individuellen und historischen Veränderungen, allen Schicksals, aller Begegnungen und auch der Partnerschaft. In ihm liegt alles Leid, aber auch die Vervollkommnung des Menschen durch rechte Wunschwahl verborgen.

Das *Affinitätsgesetz* hingegen zeigt den Zusammenhang auf, wodurch Gleiches von Gleichartigem angezogen wird, während das *Polaritätsgesetz* die Verbindung mit dem Gegenpol beschreibt. Schlußendlich besagt das *Finalitätsgesetz*, daß sich alles zu einem Endziel, einer Vollendung hinbewegt.

Es herrscht immer starke Anziehung bei Menschen, die zueinander finden, und zwar in doppelter Hinsicht:

1. **Anziehung der Gleichart** – das Prinzip der Verstärkung, Vermehrung („Gleich und gleich gesellt sich gern") – *Affinitätsgesetz*.
2. **Anziehung des Gegenpols** – das Prinzip der Ergänzung und Neutralisierung („Gegensätze ziehen sich an") – *Polaritätsgesetz*.

Die Affinität ist im biorhythmischen Bereich die Beziehung, die 2 Matrizen hinsichtlich ihrer energetischen und magnetischen Situation haben. Diese Beziehung drückt sich aus als Funktion mit gesetzmäßig geregeltem Aspekt- bzw. Leistungsrahmen. Im Kapitel über Partnerschaftharmonien werden wir genauer darauf eingehen.

Wenn Mann und Frau sich vereinigen, wirkt das Prinzip der Anziehung des Gegenpols. Kommt es zur Manifestation, also zur Befruchtung, wirkt das Prinzip der Anziehung der Gleichart. Tatsächlich ist es ja so, daß Samenfäden und Ei einander als Gegenpole anziehen, während nach der Befruchtung sofort die Zellteilung, die Vermehrung beginnt. Hier kommt es zu sich summierenden magnetischen Ladungen begleitet von elektrischen Energien, die (im Moment der Befruchtung) eine gleichartige Matrize anziehen, wie sie dem Gefüge der beiden Einzelkonstellationen von Mann und Frau als Summe der einzelnen Ladungsqualitäten und -quantitäten entspricht.
Mit anderen Worten:

Konstellation Vater + Konstellation Mutter = Matrize Kind
oder:
$$\left. \begin{array}{l} M_{\text{Vater}} + M_{\text{Mutter}} \approx M'_{\text{angezogene Seele}} \\ W_{\text{Vater}} + W_{\text{Mutter}} \approx W'_{\text{angezogene Seele}} \\ I_{\text{Vater}} + I_{\text{Mutter}} \approx I'_{\text{angezogene Seele}} \end{array} \right\} \text{Matrize}$$

Hierbei sind die Einzelladungen zu addieren oder zu subtrahieren. Die Ladungssummen entsprechen nun qualitativ einer ganz speziellen Matrize, die angezogen wird und inkarniert.

Dazu ein Beispiel:

	M	*W*	*I*
Vater			
sin	+ 0,7309	+ 0,2225	− 0,6182
cos	+ 0,6826	+ 0,9749	− 0,7861
Mutter			
sin	+ 0,8169	− 0,4339	− 0,0950
cos	− 0,5767	+ 0,9010	− 0,9955
Matrize			
$\sum$ Sin´	+ 1,5478	− 0,2114	− 0,7132
$\sum$ Cos´	+ 0,1059	+ 1,8759	− 1,7816
Inkarnierungsstempel			
sin´	+ 0,9977	− 0,1120	− 0,3716
cos´	+ 0,0683	+ 0,9937	− 0,9284

Die zur Verfügung stehende Stärke vom $M´$, $W´$ und $I´$ wird folgendermaßen ermittelt:

$$r´ = \sqrt{\text{Sin}´^2 + \text{Cos}´^2}$$

Die Lage entspricht der Mittellage (Symmetrieachse der jeweiligen Einzelrhythmen von Vater und Mutter.

Wir haben nun die Matrize hinsichtlich ihrer verfügbaren Kraft und Wirkrichtung der einzelnen Prinzipien bestimmt. Um sie in ihrem weiteren Wirken in bezug auf ihre zu erbringenden Leistungen beobachten zu können, klinken wir die Spindelachse in das Raum-Zeit-Gefüge des Einheitskreises ein, d. h., wir machen aus den unterschiedlichen Kraftquanten der 3 Matrizenelemente die prinzipielle Anschauungsgröße $r = 1$. Wir „normen" die Matrize, wir vereinheitlichen bzw. *kollektivieren* sie. Aus der Matrizenberechnung wissen wir aber, wie groß die verfügbaren Kräfte der einzelnen Elemente für das zukünftige diesseitige Leben der inkarnierten Seele sind. Diese prinzipielle *Reduktion* ist aus folgenden Gründen berechtigt und nötig:

Bei jedem Menschen sind die Amplituden von M, W und I im Vergleich zu anderen Menschen und untereinander unterschiedlich groß. So zeigen sie *Individualität*. Genaugenommen müßte man jedem Menschen je nach seinem individuellen Horizont seine individuellen Einheitskreise zeichnen. Diese unterschiedlichen Amplituden führen bei der Zeugung auch zu anderen Größen, als wir sie in der Matrize berechneten. Dadurch können auch geringfügige Winkelabweichungen entstehen, da sich bei ungleich großen Teilkräften auch die Resultante dieser verändert. Diese Winkelabweichungen können wir aber praktisch unberücksichtigt lassen, da das Gesetz der Anziehung der Gleichart bzw. das Gesetz der Anziehung von Vater und Mutter eine größtmögliche Ausgeglichenheit der Kräfte von M, W und I garantiert. Die absoluten „echten" *r*-Werte können selbstverständlich innerhalb einer Schwankungsbreite von 0 bis ∞ variieren, weisen aber zu den von uns berechneten relativen *r*-Werten der Matrize eine *Proportionalität* auf. Somit kann man *Relationen* erkennen, die hinsichtlich ihrer Tendenzen innerhalb eines interpretierbaren Rahmens bleiben. Da man diese Relationen nicht aus den Augen verliert, kann man, um eine weitere Beobachtung zu gewährleisten, wiederum auf die prinzipielle Ebene zurückkehren, wobei sich gewisse Aspekte ja auch proportional zur Matrize zeigen. Im Endeffekt macht man dasselbe auch im Radixhoroskop, indem man alle Planeten im *EK* des Tierkreises entsprechend ihrer Stellung, nicht jedoch entsprechend ihrer wirklichen Entfernung gruppiert.

Die Reduktion ist aber auch noch aus dem Grunde zulässig, da wir unser „Diesseits"-Bewußtsein an den Funktionsaufbau gekoppelt wissen, so daß ohnehin eine neue Situation entsteht, in der das Bisherige immer mehr zurückgedrängt weiterbesteht, während das Neue eben in der Begrenzung und somit Reduktion immer mehr an Bedeutung gewinnt.

Daneben gibt es noch andere Gründe und Zulässigkeiten, die wir etwas später behandeln wollen.

Der Inkarnierungsstempel

Die Rückrechnung in den Einheitskreis erfolgt mit folgender Formel:

$$\sin = \frac{\text{Sin}'}{r'} \qquad \text{und} \qquad \cos = \frac{\text{Cos}'}{r'}$$

Die Matrize, reduziert auf den *EK*, zeigt nun ein prinzipielles Muster, das wir als *„Inkarnierungsstempel"* bezeichnen wollen. Dieser Stempel als dreifacher Interferenzaspekt der elterlichen Elemente zum Zeitpunkt der Befruchtung entspricht einer ersten energetisch-genetischen „Programmierung", die für das ganze Leben bestimmend bleibt.

Stehen nun die einzelnen entsprechenden Elemente von Vater und Mutter bei Zeugung in verschiedenen Sektoren des *EK* und somit in unterschiedlicher Situation oder Tätigkeit, so können die entsprechenden Elemente der angezogenen Seele, wie sie sich im Inkarnierungsstempel zeigen, mehr der Situation oder Tätigkeit der Mutter oder mehr der des Vaters entsprechen oder – wenn beide im selben Sektor liegen – beiden gleichzeitig oder aber auch – wenn beide in einander gegenüberliegenden Sektoren liegen – keiner von beiden. Das Kind gerät in einigen Bereichen „mehr der Mutter nach", in anderen mehr dem Vater, wie es auch in den Vererbungsgesetzen aufscheint.

Die entsprechenden Elemente von Vater und Mutter schwingen im *EK* immer im selben Winkelabstand zueinander (die Aspekte bleiben gleich). Alle Kinder dieses Paares weisen in ihrer Matrize nun in den jeweiligen Elementen prinzipiell das gleiche Maß an $r´$ auf. Hinsichtlich $\varphi´$ sind sie jedoch verschieden. Somit wird $r´$ zur Verwandtschaftskoordinate einer Kindergeneration, zum Prinzip einer *Familiensubstanz*.

$r´$ steht immer auf der Symmetrieachse von r_{Vater} und r_{Mutter} oder anders ausgedrückt:

$$\varphi´ \approx \frac{\varphi_{\text{Vater}} + \varphi_{\text{Mutter}}}{2} \text{ bei Zeugung}$$

Die Eltern als inkarnierte Seelen entstammen für sich wiederum einer bestimmten Aspektsituation ihrer Eltern und so weiter, so daß man einen *Aspektstammbaum* für jedes Element extra aufbauen kann.

DER ASPEKTSTAMMBAUM

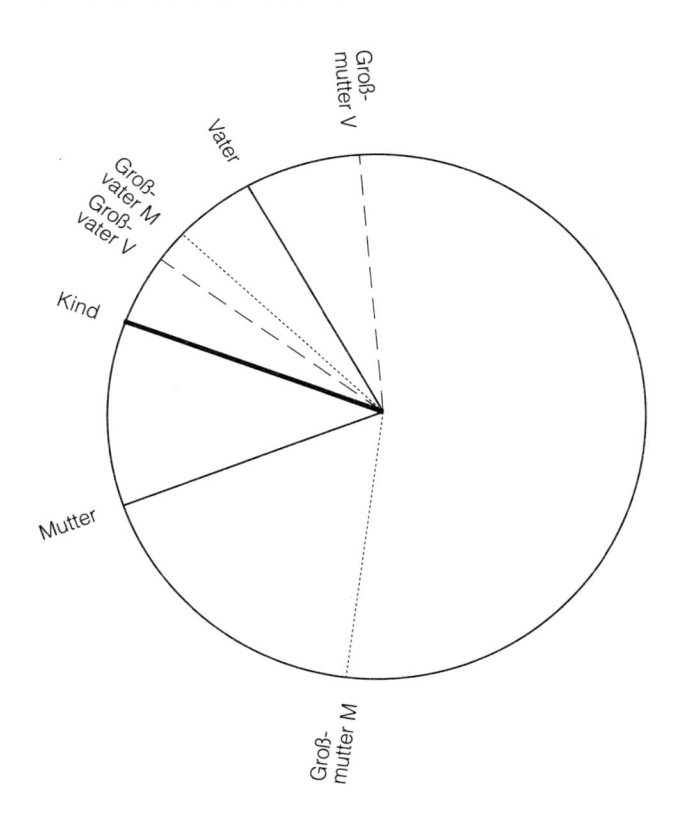

Abb. 71

In unserem Beispiel ist die Nähe zum Großvater väterlicherseits unübersehbar. Aber auch der Großvater mütterlicherseits „vererbt" wesentliche Eigenschaften.

Gleich nach der Befruchtung klinkt die „Spindelachse" bildlich gesprochen in den Tellerebenen ein. Die Mutter ist nun die Trägerin des Lebens. Die in ihr schwingenden Rhythmen wirken nun auf die mit der Befruchtung beginnenden Eigenrhythmen des Embryos in einer ganz speziellen Art und Weise aspekthaft ein. Die so aufgebauten Aspekte können hemmend oder verstärkend wirken; einem Ladungszustand der Mutter kann bei Befruchtung ein Entladungszustand der angezogenen Seele entgegenstehen. In diesem Falle – wenn also mehr hemmende als verstärkende Interferenzen auftreten würden – entsteht keine Schwangerschaft. Hier liegt der Grund, daß Frauen trotz aller „Planungen" nicht befruchtet werden, auch wenn beide Ehepartner fruchtbar sind. Es muß also eine energetische Mindest-Übereinstimmung *(Minimalaspekt)* zwischen Mutter und Seele bestehen, was ohne weiteres einleuchtet. Diese Aspektbandbreite entspringt aber wiederum einem bestimmten Mindestabstand, einer *Kongruenztoleranz* im Rhythmenverlauf von Vater und Mutter, d. h., es müssen ganz gewisse Mindestverstärkungspotenzen der Ladungen von Mann und Frau gegeben sein, daß Befruchtung eintritt. Bei einer *Potenzresultante* $r < 1$ wird die Ausformung, die Materialisierung gehemmt.

Die sexuelle Übereinstimmung beruht weitgehend auf einer Übereinstimmung (Harmonie) im Fühl- und Wollensbereich *(M/W)*. Herrscht auch noch im intellektuellen Bereich Kongruenz oder geringer Abstand, wird auch die diesbezügliche Harmonie zwischen Mutter und Kind gegeben sein:

$$\text{Harmonie} \begin{cases} \text{Vater} \\ \text{Mutter} \end{cases} \longrightarrow \text{Harmonie} \begin{cases} \text{Mutter} \\ \text{Kind} \end{cases} \longrightarrow \text{Harmonie} \begin{cases} \text{Vater} \\ \text{Kind} \end{cases}$$

INKARNIERUNGSSCHEMA

Rhythmische Konstellation Vater + Rhythmische Konstellation Mutter

Grundkonzeption Kind

Reduktion   Inkarnierungsstempel

Schwangerschaftsinterferenzen

Geburtsauslöser

Kollektivierung   Prägung des Kindes

Abb. 72

Geschlechtstendenzen

Was das Geschlecht des Kindes angeht, gibt es ebenfalls grundlegende Zusammenhänge, die sich aus der Rhythmenstellung der Mutter bei Befruchtung ablesen lassen:

$\sin M > \sin W$ = männlich
$\sin W > \sin M$ = weiblich   ca. 90 % der Fälle

Weitere Zusammenhänge:

| GESCHLECHTSTENDENZEN | Abb. 73 |

Funktionsbelastungen der Mutter bei Empfängnis:

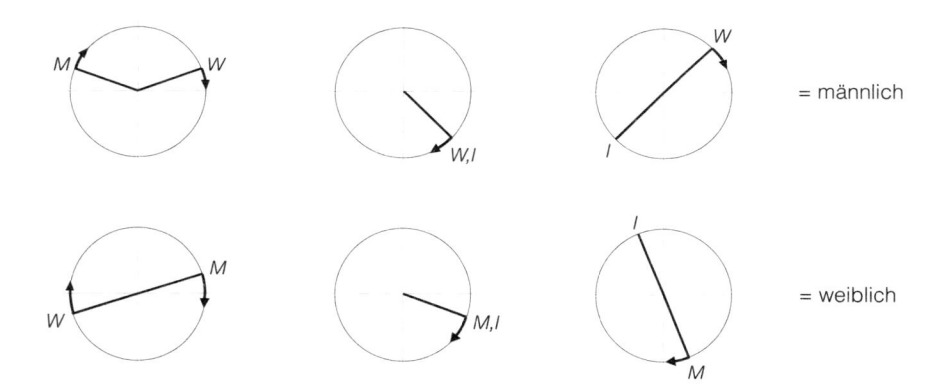

= männlich

= weiblich

männliche Tendenz:

1. $\sin M$ ist größer als $\sin W$
2. M ist in der Ladungsphase, W ist in der Entladungsphase bei gleichzeitiger Spiegelung
3. ♂ $\widehat{Wl}$, wobei W entlädt
4. ♀ $\widehat{Wl}$, wobei W entlädt

weibliche Tendenz:

1. $\sin W$ ist größer als $\sin M$
2. W ist in der Ladungsphase, M ist in der Entladungsphase bei gleichzeitiger Spiegelung
3. ♂ $\widehat{Ml}$, wobei M entlädt
4. ♀ $\widehat{Ml}$, wobei M entlädt.

Es gibt noch andere Tendenzen, die wir etwas später näher betrachten werden.

Die *Interferenzen*, die aus der energetischen Beziehung der Grundkonzeption der inkarnierten Seele zum biorhythmischen Geschehen der Mutter entstehen und somit Funktionen aufbauen, wirken sich nun auf die Entwicklung des Embryos bestimmend aus. Im Inkarnierungsstempel liegt das Geheimnis der Vererbung, da alle äußerlichen und innerlichen Eigenheiten des Kindes auf diese grundsätzliche Festlegung zurückzuführen sind. So wirken Vater und Mutter gemeinsam bei der „Auswahl" der Seele mit, die Mutter aber nochmals modulierend auf die Beschaffenheit der Form ein.

Schwingungsbeginn bei Geburt?

Viele Biorhythmiker sind nun der (ungeprüften) Meinung, daß die Rhythmenschwingungen des Kindes bei Geburt beginnen. Dies kann aus mehreren Gründen nicht stimmen:
1. Die Rhythmen sind nicht nur prinzipieller, sondern in Funktionen gebundener Natur und beginnen daher bei der Manifestation nach ihrem eigenen Programm zu schwingen. Dies ist bei Zeugung gegeben. Anders ist eine Zellteilung nicht möglich.
2. Während der Schwangerschaft schwingen die Eigenrhythmen des Embryos, die in ihren funktionellen Beziehungen nicht immer synchron und harmonisch zu denen der Mutter verlaufen: Herzschlag, Strampelbewegungen, Reaktionen auf äußere Reize wie Schreckbewegungen usw. zeigen ja das Eigenleben und somit die Eigendynamik des Embryos auf, welches ohne Eigenschwingungen nicht möglich wäre. Ungefähr zur Mitte der Schwangerschaft werden die ersten motorischen Bewegungen von der Mutter wahrgenommen: *Primapara* (bei Erstgebärenden) bzw. *Multipara*. Aus dem Embryo wird zu diesem Zeitpunkt der Fötus.
3. Bei Geburt beginnt eine Loslösung aus einer Einheit, eine Metamorphose, die – gleich dem sogenannten „Tode" – einer Wende, einer Umpolung entspricht, einem Sprung in eine neue Dimension. Die Geburt zeigt daher kein Anspringen der Rhythmen, sondern eine Neudimensionierung und Umpolung.
4. Jeder reinkarnationsbewußte Mensch weiß, daß er die Zeugung, die Schwangerschaft und auch die Geburt vollbewußt (für uns jenseits-bewußt) erlebte. Allerdings verliert der materiell orientierte, diesseits-faszinierte Mensch schon im Kleinkindalter dieses Wissen.

Aus diesen 4 Gründen erledigt sich jede Meinung, daß die Lebensrhythmen erst bei Geburt anschwingen, von selbst und entspringt tiefster Unwissenheit über das Leben. Der bis zur Zeugung „jenseitige", für uns Diesseitige „latente", während der Schwangerschaft „innenweltliche", aber dennoch in allen 3 Dimensionen schwingende Mensch beginnt sein neues außenweltliches Leben.

Während der *Schwangerschaft* schwingen die Rhythmen der Mutter in der ihr eigenen Art und Weise, während die des Embryos ihr Eigenleben führen und den zukünftigen Körper unter Förderung der der Grundkonzeption ähnlichen Mutterrhythmen aufbauen. Da aber die Mutterrhythmen in den allerseltensten Fällen exakt denen des Kindes entsprechen (das wäre nur möglich, wenn sie auch genau denen des Vaters entsprechen), kommt es in ganz bestimmten Abständen immer wieder zu gespannten Konstellationen hinsichtlich Ladungssituation bzw. -tätigkeit von Mutter und Embryo. Die graphische Darstellung verdeutlicht diese Spannungen zwischen dem angelegten „Programm" und dem Rhythmenverlauf (siehe *Seite 218, Abb. 74*).

Die Darstellung der Schwangerschaft ist nur tendenziell ausgeführt, da die Eigenrhythmen des Embryos ja alle möglichen Lagen zueinander haben können. Die 0°-Linie entspricht hier der Qualität des Inkarnierungsstempels, den wir der Einfachheit halber als durchlaufende Linie zeichnen. Nun können wir beobachten, daß sich die einzelnen Rhythmen immer wieder von dieser Prägungsqualität entfernen und wiederum annähern.

ABORTUSGEFAHR

Stempel
W´

W

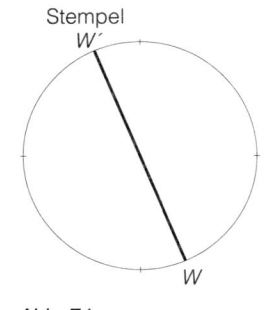

Abb. 74

Kommt *W* nach der Zeugung in eine Oppositionslage zum Inkarnierungsstempel, besteht Abortusgefahr. Diese Lage ist 5mal hintereinander problematisch, zunehmend aber stabiler werdend. Nach 140 Tagen regt sich das Kind zum erstenmal bei Frauen, die schon öfters entbunden haben (Multipara); bei Erstgebärenden wird dieser Zeitpunkt erst 14 Tage später erreicht (Primapara).

Der Fötus entwickelt sich immer mehr zum lebensfähigen Einzelwesen. Während der gesamten Schwangerschaft schwingen die Rhythmen in ihren für diese ausschließlich gebrauchten niederen Aspekten. Alle Kräfte werden auf den Körperaufbau geworfen. Der Fötus ist von der Außenwelt weitgehend isoliert, hat im wesentlichen nur gefühlsmäßigen „Input".

So wird bei normaler Schwangerschaft nach 265 Tagen ein spezieller Rhythmenstand eintreten, der in bezug auf *M* und *W* ziemlich genau entgegengesetzt dem Inkarnierungsstempel liegt und zu einer starken Spannung unter Freisetzen großer Kräfte führt. Gleichzeitig baut sich aber auch eine Oppositionslage beider Grundelemente zu *I* auf, was zu einer starken Spannung im Kreislauf- und Nerven/Gehirnbereich führt. Es werden Hormone ausgeschüttet, die *Geburt* wird eingeleitet.

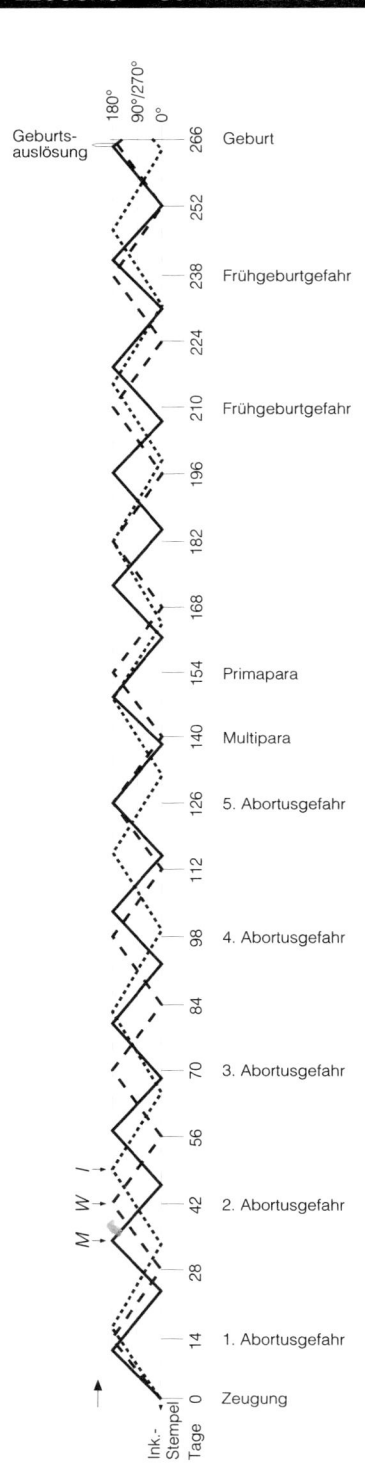

ZEUGUNG – SCHWANGERSCHAFTSVERLAUF – GEBURT　　　　　　　　　　　　*Abb. 75*

180°	
90°/270°	
0°	

Geburtsauslösung — 266 Geburt
252
238 Frühgeburtgefahr
224
210 Frühgeburtgefahr
196
182
168
154 Primapara
140 Multipara
126 5. Abortusgefahr
112
98 4. Abortusgefahr
84
70 3. Abortusgefahr
56
W — 42 2. Abortusgefahr
M —
28
14 1. Abortusgefahr
Ink.-Stempel 0 Zeugung
Tage

0° = Inkarnierungsstempel
180° = entgegengesetzte Ladung

Rhythmenstand bei

Geburt:		Zeugung:
M	entgegengesetzt	M´
W	entgegengesetzt	W´
I	gleich wie	I´

Je größer und stärker nun entsprechend der r-Größen der Matrize der Inkarnierungsstempel ausgefallen ist, desto genauer und stärker geschieht der Spannungsaufbau und desto exakter erfolgt das Termingeschehen. Die Stärke der einzelnen Kräftevektoren der Matrize hängt ja weitgehend zusammen mit der Übereinstimmung der Eltern in biorhythmischer Hinsicht. Kurz vor der Geburt herrscht also eine rhythmische Situation, die zum Inkarnierungsstempel in folgender Beziehung steht:

Inkarnierungsstempel	Geburtslage	
$+M$	$-M$	
$+W$	$-W$	Geburtsauslöser (Prägung)
$+I$	$+I$	

I wird also in seiner Lage im Inkarnierungsaugenblick übernommen, während M und W entgegengesetzt liegen.

POLARE EINHEIT MUTTER / KIND

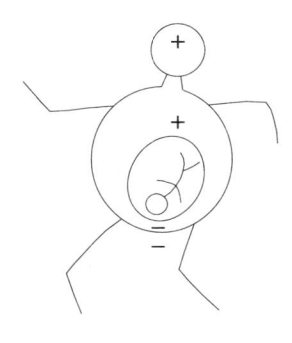

Der Embryo bildet mit der Mutter eine *magnetische Einheit* bis zur Geburt. Er liegt im Normalfall mit dem Kopf nach unten und den Füßen nach oben in der Gebärmutter. Einer positiven Ladung der Mutter im Kopfbereich entspricht eine ebensolche des Embryos im Fußbereich. Einer negativen Ladung der Mutter im Fußbereich entspricht eine ebensolche des Embryos im Kopfbereich. Die Grundkonzeption des zukünftigen Menschen steht aber bei Geburt grundsätzlich in einem *Spannungszustand* zu dem der Mutter. Dieser Spannungszustand in 2facher Hinsicht führt unter Aufbietung aller in den Spannungen angestauten Kräfte zu einer starken Abstoßung zwischen Mutter und Kind, die sich u. a. in Muskelzusammenziehungen (Wehen) zeigt; die Geburt wird eingeleitet.

Abb. 76

GEBURT – ABSTOSSUNG

Abb. 77

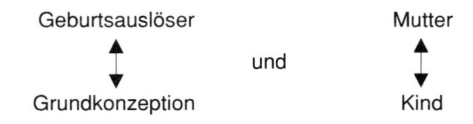

Geburtsauslöser ↕ Grundkonzeption   und   Mutter ↕ Kind

Und jetzt geschieht in rhythmischer Hinsicht Entscheidendes:
1. Losgelöst aus dem Magnetfeld der Mutter baut sich im Kind ein eigenes Magnetfeld auf, das der Ladungssituation bei Geburt entspricht. Der Mensch wird umgepolt, die Füße bekommen den Minuspol, und der Kopf erhält den Pluspol. Symbolisch betrachtet entspricht ja die Geburt dem Schöpfungsvorgang: Die Einheit wird verlassen, Polarität entsteht.

2. Die Spannung im $\widehat{MI}$-Bereich führt zum ersten Atemzug, da die $\mathcal{O}\widehat{MI}$ mit $r = 0$ dem Zustande der Leere entspricht und dieser zur Füllung drängt. Mit dem ersten Schrei wird Sauerstoff in den Lungen zusammengepreßt und verbindet sich mit den roten Blutkörperchen – der „Eisenstab im Magnetfeld" bewegt sich ja –, und elektrische Ströme entstehen,

3. Die Spannung im $\widehat{WI}$-Bereich führt aus der Oppositionslage heraus zur Füllung in Richtung $\mathcal{O}$ – der Kreislauf funktioniert nach der Abnabelung selbständig.

4. Herz und Stoffwechsel sind voll funktionsfähig. $\widehat{MW}$ befindet sich im Füllezustand, der Abgabe- und Abbauprozeß beginnt (der Säugling nimmt in der ersten Zeit nach der Geburt ab).

5. Das Allerwichtigste in biorhythmischer Hinsicht jedoch ist, daß die bisherigen Matrizenprinzipien M', W' und I', welche bis zur Geburt vermittels des durch sie festgeschriebenen Programms den Körperaufbau durch Einflußnahme (Interferenzen) auf die Grundrhythmen der Mutter als „höhere Instanz" (höheres Selbst) ermöglicht bzw. beeinflußt haben, nun ihre niederen Tagesbewußtseins-Aspekte zum Schwingen bringen, die ja bis zum Verlassen der Einheit latent in der Gleichgewichtslage geruht hatten. Der Mensch beginnt nach seinem „In-Erscheinung-Treten" seine Reise in der Zeit (Impuls auf der waagrechten Achse).

Ab der Geburt schwingen die physiologischen und psychologischen Seiten der 3 Prinzipien „getrennt" voneinander und doch synchron, gleichsam als höherer und niederer Aspekt, als interner und externer Teil des Egostrahls, der durch seinen Persönlichkeitsstrahl seine Ausformung durchsetzte.

SCHWINGUNGSABLAUF AB GEBURT

Geburt

Matrize
Inkarnierungsstempel
tatsächl. *M*-, *W*-Rhythm.
Biorhythm. Darstellung
Zeitachse
tatsächl. *I*-Rhythmus

Geburtskonstellation

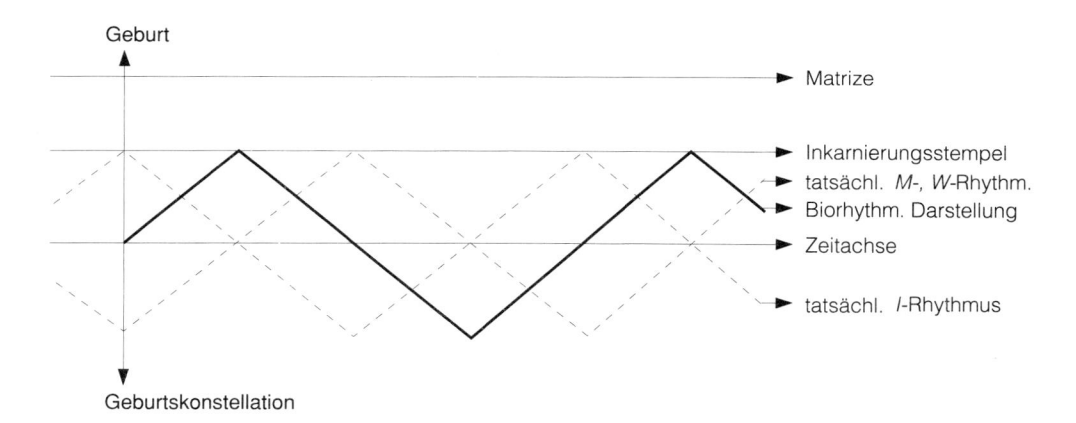

Abb. 78

Start der Schwingungen am Frühlingspunkt?

Beginnen die Schwingungen tatsächlich am Frühlingspunkt, wie es in den Büchern über Biorhythmus immer wieder heißt? Daß sie nicht bei Geburt beginnen können, sondern schon ab Inkarnation zu schwingen anfangen müssen, haben wir bereits geklärt. Fest steht für uns bis jetzt lediglich, daß bei Geburt M und W oppositionell zur Zeugungskonstellation stehen. Diese Stellung entspricht nun in den allerseltensten Fällen einem fixen Frühlingspunkt (den es tatsächlich ja auch gar nicht gibt). Auch sprachen wir davon, daß sich nicht das SELBST in einem Magnetfeld mit dem Vektor r dreht, sondern daß sich umgekehrt das Magnetfeld um das in sich ruhende Selbst dreht. Für unsere Betrachtungen spielt dieser Unterschied freilich keine prinzipielle Rolle. Ebenso ist es auch gleichgültig, ob wir den Frühlingspunkt als Ausgangspunkt einer materialisierenden Schwingung nun bei 0° oder bei 117,6° ansetzen. Im letzteren Falle brauchen wir das Modell eben nur wiederum um die 117,6° zurückzudrehen, und der Impulspunkt liegt wieder da, wo er liegen soll. Ob wir dieses Verfahren nun hinsichtlich eines oder aller 3 Elemente anwenden, ist prinzipiell auch egal. Wir beschreiben mit der gemeinsamen Lage aller 3 Rhythmen bei Geburt, also beim „Start" ins äußere Leben, eine gewisse gespannte Situation, die ganz spezielle Merkmale aufweist, so das äußerste Zusammenwirken aller 3 Elemente gemeinsam zum Wohle des neuen Menschen, aber auch hinsichtlich des Hinausgestoßenwerdens aus der Einheit. Diese typische Konstellation steht in einem ganz speziellen und prinzipiellen Verhältnis zur gesetzgebenden Matrize und beschreibt einen Entwicklungsaspekt unter Schmerzen und Spannungen. Ob wir diese Konstellation im EK so darstellen, wie sie wirklich liegt, und die Schwingungen ab Geburt von dort aus weiterführend betrachten oder ob wir die 3 Rhythmen willkürlich auf den 0-Punkt verschieben und von dort aus starten lassen, bleibt letztendlich egal, wenn wir nur der 0°-Stellung dieselben qualitativen Merkmale zubilligen wie der eigentlichen Stellung bei Geburt. Wir machen nichts anderes, als daß wir den Geburtsstempel am Frühlingspunkt zusammenfassen, ihn also aus der Individualität in eine prinzipielle Lage befreien. Wir bewerten nun alle auftauchenden Ereignisse hinsichtlich ihrer Spannungen und Aspekte zum Frühlingspunkt als Spannungen gegenüber dem Geburtsstempel und daher wieder gegenüber der Matrize. Somit beobachten wir, wenn ein Element den Frühlingspunkt passiert, dieselben Ereignisse, wie sie aufscheinen würden, wenn die tatsächliche Schwingung die Geburtskonstellation F´ passiert. Der Sommerpol S´ entspräche daher einer 90°-Stellung nach rechts zu F´ usw. Es klären sich so auch von einer anderen Warte aus gesehen die stark gespürten Belastungen an den von uns willkürlich positionierten Polen des EK als Induktion bzw. Impuls der Matrize als Prinzipieneinfluß bzw. -aspekt.

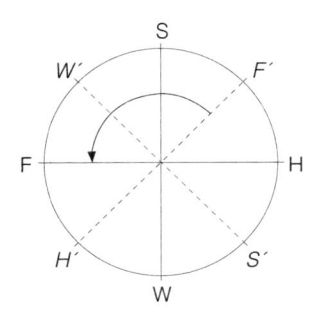

Abb. 79

De facto also bleibt es völlig egal, ob wir weiterbeobachten oder ab einer Null-Lage unsere Beobachtungen beginnen. Die gespannten Situationen bedürften im ersteren Falle allerdings auch einer individuellen Aspektdeutung, einer eigenen Symbolsprache, die von Mensch zu Mensch völlig divergieren würde. Die prinzipiellen Auslösungen von Einflüssen müßten für jeden Menschen individuell als sein Deutungsgesetz gesucht und in Form einer „Musterkarte" beschrieben werden. Zumeist ist die Matrize wegen fehlender Daten ohnehin nicht eruierbar, so daß wir in diesem Falle eben auf einen willkürlich gewählten Beginn angewiesen sind. Dazu kommt, daß die von uns für die Matrizenberechnung hergenommenen Zeugungskonstellationen der Eltern selbst ja auch dieser prinzipiellen Transpositionierung unterzogen wurden, so daß wir ohnehin gezwungen werden, weiterhin prinzipiell zu verfahren. Letztendlich aber bleibt das Prinzipielle des Geschehens von jeder Verschiebung unberührt, und – was für uns noch wichtiger ist – wir können per Festlegung des Starts der Schwingungen bei Geburt vom Frühlingspunkt weg alle individuellen Schwingungen aller Menschen miteinander nun prinzipiell vergleichen und alle individuellen Spannungsaspekte so „normen". Wir führen das Individuelle des Jenseitigen wiederum der Einheit des Diesseitigen zu, wobei es aber nicht verloren geht, da es für uns rekonstruierbar bleibt. Tatsächlich beginnen ja auch die mit dem Atem verbundenen Funktionsrhythmen $\widehat{Mi}$ und $\widehat{Wi}$ ihre volle Tätigkeit und somit den Aufbau unseres funktionalen „Diesseits"-Bewußtseins mit dem ersten Atemzug und dem ersten Schrei. Auch aus diesem Grunde können wir getrost das Anschwingenlassen ab Geburt akzeptieren.

Somit bleiben wir bei der herkömmlichen Methode des Starts bei F. Die Matrize dürfen wir allerdings nicht mehr zu direkten kausalen biorhythmischen Vergleichen mit Tageskonstellationen heranziehen, ohne uns dieser Tatsache bewußt zu sein.

Eine Frage wurde noch nicht geklärt: Wie wirken sich *Frühgeburten* aus?

Gewisse Spannungszustände treten ja schon mit Annäherung an den Geburtstermin stärker in den Vordergrund (siehe *Abb. 74*). Die Grundkonzeption des Kindes stimmt ja in den seltensten Fällen mit der der Mutter genau überein, so daß an diesen Tagen, wo Spannung herrscht zwischen Rhythmenlage von Mutter und Matrize (bzw. Zeugungslage), eine zusätzliche Spannung zur Eigenschwingung des Kindes eine vorzeitige Abstoßung als Frühgeburt eintreten kann. Nun stimmen diese Gegensätzlichkeiten zwischen zu früher Geburtskonstellation des Kindes und dem Inkarnierungsstempel nicht, die Geburt verläuft oft kompliziert. Der „Schubs", den das Baby von seiner Matrize erhalten sollte, stimmt nicht, dadurch auch nicht die oppositionellen bzw. konjunktionellen Lagen der die Funktionen aufbauenden Elemente zueinander, so daß die Funktionen schwerer anlaufen und oftmals schwächer sind.

Dasselbe passiert bei künstlich eingeleiteten Geburten und Spätgeburten. Die Konsequenzen für die Gesellschaft lauten daher:
1. Schwangerschaftsabbruch ist in jedem Falle Tötung von lebenden Menschen.
2. Künstlich eingeleitete Geburten gefährden die normale Entwicklung der Kinder.
3. Während der gesamten Schwangerschaft erlebt der alte neue Mensch alles rund um ihn bewußt mit. Dabei wird manchmal über ihn geurteilt, sein Erscheinen in der Welt

diskutiert und in Frage gestellt. Er wird ersehnt oder auch abgelehnt, und er weiß davon, ohne daß seine Eltern etwas davon wissen. Ist es da ein Wunder, daß so mancher die erste beste Termingelegenheit ausnützt, um seine Entwicklungsmöglichkeiten zu sichern? Oder daß mancher einfach Angst hat und sein Kommen so lange zu verzögern versucht, wie es überhaupt geht?

Daher lautet die dritte Konsequenz, daß solcherart von den Eltern erzeugte Spannungen auch zu solchen im Kind und in der Eltern-Kind-Beziehung führen müssen.

Die Astrologie kann genaue Analogien herstellen zwischen der Geburtssituation, dargestellt als Stellung der Planeten im Radixhoroskop, und der Grundkonzeption des Menschen in Hinblick auf Prägung und typische Ausformungen. Sie verwendet ähnliche Parameter und beurteilt ähnliche Kriterien wie die PDR:

VERGLEICH DER AUSSAGEMÖGLICHKEITEN VON PDR UND ASTROLOGIE

	Astrologie	PDR
Parameter:	Makrokosmische Schwingungen	Mikrokosmische Schwingungen
Aussagespektrum:	Charakter	Anlagen von Bewußtseinskräften
	Karma	Karmische Schiene Weichenstellung
	Lernaufgabe	Kräftehaushalt für die Durchführung der Lernaufgabe
	Körperliche Konstitution	Funktionelle Prägung
	Inkarnierungszeitpunkt	Wunschkinder
Gemeinsames Aussagespektrum:	Partnerschaft Berufseignung Gesundheit / Krankheit Gleichgewichtsmöglichkeiten Zeitpunktprognosen usw.	

Tab. 31

Beide Disziplinen kommen faktisch zu den gleichen Ergebnissen – sie müssen es ja auch, denn Abweichungen würden beweisen, daß eine Methode oder Interpretation falsch wäre.

Immer wieder entstehen Spannungen im Leben zwischen materiellem Genuß und spirituellem Muß, zwischen IST und SOLL, die erst gelöst werden, wenn Vollkommenheit erreicht ist. Mit dem Hinübergehen aus dem „Diesseits" ins „Jenseits" bleiben unerfüllte Lebensaufgaben als *Spannungen* aber weiterhin erhalten.

Die Spannungen im Diesseits werden gespürt als Belastungen, Störungen, Krankheiten, aber auch als Störungen unserer Bewußtseinselemente hinsichtlich Willenseinsatzmöglichkeiten, Gefühlsqualität und Erkenntnishorizont. Schließlich aber auch als Stimme des Gewissens, als Führer und Helfer, welcher uns anstößt zu lernen, zu integrieren, zu harmonisieren. Alle Lernschritte in Richtung Fülle und Tugenden werden in der Matrize gespeichert. Die noch leeren Stellen zeigen sich als Mangel, als Kranken „fehlt uns etwas". *Direktes Karma* wirkt sich in Disharmonie oder Krankheiten direkt aus. Es umfaßt die Diskrepanzen des IST-Zustandes zur für diese Inkarnation maßgebenden SOLL-Programmierung unserer Matrize. Das *indirekte Karma,* das aus vergangenen Existenzen und in zukünftige Leben hineinwirkt, baut sich aus dem Vergleich des IST-Zustandes mit dem Endziel der Fülle auf und baut sich entsprechend der abgehakten Lernschritte ab. Mit der Auflösung der Körperlichkeit des Menschen bei seiner Geburt ins Jenseits löst sich auch das direkte Karma auf. Zuerst gibt der Ätherleib seine Funktionalität auf, der Mensch durchlebt die Speicherinhalte des direkten Karmas, die zu einer Neuprogrammierung der alten neuen Matrize integriert werden. Anschließend werden die gespeicherten Inhalte des Astralbereiches durchlebt und integriert, letztlich die des Mentalbereiches. Die Seele wird in der Kausalwelt, der Sphäre der unvollständigen Matrize, neu organisiert und wird wiederum zur Inkarnation angezogen.

Immer wieder haben wir vom „Ein- oder Ausklinken der Spindelachse" gesprochen. Wir wollen diese bildliche Umschreibung hier etwas näher erläutern. Wie in der Spiralbewegung festgelegt, ändern sich die Tätigkeit und der Zustand unserer Lebenskraft ständig. Einer Periode der Veräußerlichung folgt eine der Verinnerlichung. Einer Periode der Materialisierung folgt eine der Vergeistigung. Dieser Prozeß zeigt sich analog zum Frequenzwechsel der aus allen 3 Rhythmenelementen zusammengesetzten Generalschwingung $\widehat{MW}$ auf eine schneller oder langsamer schwingende Ebene. Unser innewohnendes Lebensprinzip taucht dabei immer wieder abwechselnd in höhere und tiefere Sphären ein und zieht sich wiederum zurück. Dabei werden die zugrundeliegenden Elemente in einer stets geregelten Reihenfolge in den ihnen entsprechenden „Tellerebenen" bzw. Regionen „angetrieben" bzw. „am Funktionieren erhalten". De facto besteht in diesem Falle Synchronität der Drehgeschwindigkeit, wobei die gerade gleich schwingende Ebene auch zur *karmischen Erfüllungsebene* wird.

Sehen wir uns diese Reihenfolge im Laufe eines Menschenlebens in einigen typischen Entwicklungsphasen an:

1. Zeugung. Der Liebesakt entsteht im Kopf *(I)* der Eltern, wechselt dann in den emotionalen Bereich *(W)*, um in einer energetischen Entladung *(M)* zu enden. Die Zeugung unterstand dem Sinne, durch Funktionsaufnahme einen *Körper* für eine inkarnierende Seele aufzubauen, der wiederum über die *Funktionen* zum Träger des Bewußtseins wird, um den *Plan* zu erfüllen.

2. Nach der Befruchtung bildet sich zuerst das Aufbausystem *($\widehat{MW}$)* aus, danach ein rhythmisches *(WI)*, zuletzt ein informatives *(MI)*. Der Kopf des Embryos wiederum wird überproportional, der Brust- und Bauchbereich mittelgroß und der Gliedmaßenbereich *(MW)* unterporportional entwickelt.

3. Nach der Geburt entwickelt sich zuerst die Motorik (zuerst lernt das Kind gehen), anschließend die Kommunikation (das Kind lernt sprechen), zuletzt die Logik (Schulreife).

4. Während der Pubertät zeigt sich zuerst Eigenständigkeit im Denken, anschließend Hingezogenheit zum anderen Geschlecht und zuletzt Einsatz der Fähigkeiten im Berufsleben. Gleichzeitig wachsen zuerst die Gliedmaßen, anschließend erst treten körperliche Veränderungen im Rumpfbereich, zuletzt im Kopfbereich auf.

5. Im Alter schränkt der Mensch zuserst seine körperlichen, später seine emotionellen und zuletzt seine geistigen Tätigkeiten ein.

6. Im Herannahen des Todes verliert der Mensch zuerst die Herrschaft über seine körperlichen Kräfte (bis hin zur Agonie), später stellen die Funktionen ihre Tätigkeit ein (Aussetzen von Atem und Herzschlag), zuletzt das Gehirn (Aufhören der Gehirnströme).

7. Im Augenblick des Todes verläßt das Erkenntniselement zuerst den Körper, anschließend das Fühlelement, zuletzt das Willenselement. Solange die Lebenskraft (in *M*) noch im Körper verankert ist, sind Rückverankerungen von *W* und *I* möglich. Darum erleben sich Sterbende bereits in einer anderen Dimension, erleben zuerst Licht *(I')*, dann Liebe *(W')*, während die Apparate-Mediziner sich verzweifelt um die Aufrechterhaltung der Stoffwechsel- und Rhythmusfunktionen bemühen.

Wir können aus diesen Beispielen nun die sich immer wieder spiegelnde Reihenfolge von Prinzipien- bzw. Funktionsmanifestationen erkennen:

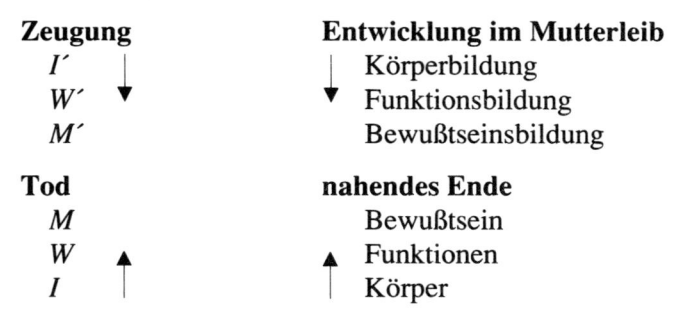

Zeugung   **Entwicklung im Mutterleib**
  I' ↓   ↓ Körperbildung
  W' ▼   ▼ Funktionsbildung
  M'   Bewußtseinsbildung

Tod   **nahendes Ende**
  M   Bewußtsein
  W ▲   ▲ Funktionen
  I ↑   ↑ Körper

Wunschkinder sind planbar

Kann man die Qualität der Matrize bei Zeugung „planen"?

Wunschkinder sind biorhythmisch planbar. Wenn schon nicht starker Gleichlauf (womit ja r bereits festgelegt ist) aller Rhythmen besteht, sollte die Zeugung zu einem Zeitpunkt stattfinden, an dem folgende Kriterien gegeben sind:

M-**Rhythmen** von Vater und Mutter sollten sich in der Aktivphase befinden. Dies führt zu Anziehung einer Seele mit verstärkt aktiver Willensfülle.

W-**Rhythmen** der Eltern sollten ebenfalls aktiv schwingen. Dadurch wird eine Seele mit verstärkt aktivem Gefühlspotential angezogen.

Zur Geschlechtsplanung sollte auf die Stellung von M und W von Vater und Mutter jeweils in der Ladungs- bzw. Entladungsphase geachtet werden (siehe *Seite 215*).

I-**Rhythmen** von Vater und Mutter sollten ebenfalls gemeinsam aktiv schwingen. Mentale Aktivität der angezogenen Seele ist gegeben!

Selbstverständlich sind solche gemeinsamen Lagen oft selten, aber durchaus von Zeit zu Zeit gegeben und daher auch berechenbar. Bei kontroversiellen Rhythmen der Eltern im Bereiche von M und W besteht von vornherein kaum die Möglichkeit der Befruchtung, es besteht kaum physiologische Harmonie, und es gibt kaum das erhoffte Wunschkind.

Allerdings (und das sollte man nie vergessen!) führen solche geplanten Konstellationen häufig zu Oppositionslagen von $\widehat{MI}$ und $\widehat{WI}$ wie auch einer Konjunktionslage von $\widehat{MW}$ der Mutter vor Geburt, was sich wiederum als starke Spannungen im Leben, oftmals als funktionelle Störungen beim Kind zeigen kann. Andererseits kann dies aber auch zu besonderen Leistungen und Fähigkeiten verhelfen. Alles auf einmal kann man eben nicht immer haben!

Die Geburtsprägung

Der Inkarnierungsstempel kann, selbst wenn der Zeugungstag bekannt ist, aus dem Rhythmenstand der Mutter allein nicht abgelesen werden, da die Aspekte zum Rhythmus des Vaters fehlen. Aus ihrer und des Vaters Konstellation zeigt sich bei Zeugung ja die spezielle Art der Matrize, die der Mensch aufweist, wenn er inkarniert. Die Kenntnis des Zeugungstages zur genauen Beschreibung bzw. Charakterisierung des Menschen wäre aus biorhythmischer Sicht unerläßlich. Nur ist dieser alles entscheidende Tag oft unbekannt und läßt sich auch oft nur vage berechnen. Auch kann die Schwangerschaftsdauer variieren. Man müßte also – falls das überhaupt möglich ist – bei den Eltern nachfragen (was oftmals von diesen als unangenehm empfunden wird). In den meisten Fällen bleibt also nichts anderes übrig, als den Rhythmenstand der Mutter bei Geburt zu betrachten. Er steht ja in auf jeden Fall gespannter Lage zum Rhythmenstand bei Zeugung.

Man kann also formulieren:

$$\frac{\text{Matrize}}{\text{Geburtskonstellation}} \text{ Kind} = \frac{\text{Befruchtungskonstellation}}{\text{Gebärkonstellation}} \text{ Mutter}$$

Da man aber das ungefähre Verhältnis von Befruchtungskonstellation zu Geburtskonstellation hinsichtlich seines Spannungsaufbaues kennt, kann man daher indirekte Schlüsse auf die Art der Matrize ziehen.

$$M_{\text{Mutter bei Geburt}} \approx -M'_{\text{Matrize}}$$
$$W_{\text{Mutter bei Geburt}} \approx -W'_{\text{Matrize}}$$
$$I_{\text{Mutter bei Geburt}} \approx +I'_{\text{Matrize}}$$

Es ergibt sich somit eine grobe und tendenzielle Beurteilungsmöglichkeit. Dietziker verwendet diese „Geburtsprägung", die in Wirklichkeit nur ein zum Teil gespiegeltes Zerrbild der Matrize darstellt, als Zuordnungskriterium für gewisse *Erbkreise* und für die damit zusammenhängenden Funktionsschwächen. Wir haben nun früher gesehen, daß der Inkarnierungsstempel ja selbst nur ein Zerrbild der Matrize darstellt und diese wiederum einer individuellen Koordinierung unterliegt, die wir der prinzipiellen Koordinierung des Einheitskreises überführen und somit „kollektivieren". Daher können wir ohne weiteres die Gebärkonstellation der Mutter – allerdings etwa einen Tag vor Geburt – zu unseren Beurteilungen auch heranziehen. Denn alle Spannungen, die zu diesem Zeitpunkt ersichtlich sind, entsprechen zum Teil gegensätzlichen, aber substantiell demselben Bereich angehörenden des Empfängniszeitpunktes. Nach dem Gesetz der Anziehung der Gleichart muß auch die Matrize ähnliche Merkmale aufweisen.

Man muß nur die verkehrte Lage von M und W berücksichtigen. Sonst zeigen sich aber praktisch ganz gewisse Lagen, die Funktionsschwächen bzw. -stärken anzeigen und zeitlebens auch tatsächlich vom Kind gespürt werden. Das Verlassen der Einheit mit der Mutter ist für den Menschen ja ein einschneidendes Geschehen (Geburtstrauma) und entspricht einer Art „zweiten Programmierung", die allerdings in Wirklichkeit nur in einem Zusammenhang mit dem Inkarnierungsstempel gesehen werden kann. Wie wir noch sehen werden, entspricht diese Gebärkonstellation auch dem Prägungsfilter, wodurch unter allen möglichen Funktionsbelastungen nur die individuell notwendigen zugelassen werden.

Die 3 Typen

1. Der stoffwechselbelastete Typ. Er entspricht einer Belastung der Mutter im Bereich von $\widehat{MW}$ etwa 1 Tag vor Geburt. Die typischen Rhythmenstände zeigt *Abb. 80* auf Seite 229.

Ausschlaggebend ist, ob Wollen und Fühlen miteinander korrespondieren oder aber einander bekämpfen oder aber ein starkes Drehmoment (Kippmoment) aufweisen bzw. welcher Rhythmus im passiven Sektor steht und Aktivität des Kindes anzeigt.

Besonders oft findet man unter diesen Menschen einerseits Erfolgstypen, Kraftsportler, Manager, Politiker, andererseits aber kränkliche, schwächliche Typen mit häufiger Suchtneigung. Doppelgeschlechtlichkeit (Androgynismus) resultiert aus neutraler Positionierung von *M* und *W*. In ihrem niederen Aspekt tritt sie in Erscheinung als Zwittertum, in ihrem höheren Sinne bedeutet sie Vollmenschlichkeit, Einheit von Anima und Animus.

2. Der kopfbelastete Typ entspricht einer Belastung $\widehat{MI}$ der Mutter etwa 1 Tag vor Geburt. Die typischen Rhythmenstände zeigt *Abb. 81* auf Seite 230.

„Linkser" sind Menschen mit verstärkt gegengeschlechtlicher Prägung, d. h., beim Manne ist *M* neutral (belastet) und *W* aktiv, bei der Frau ist *W* neutral (belastet) und *M* aktiv bzw. der aktive „Schiedsrichter". Bei Linksern ist die rechte Hirnhälfte dominierend, die u. a. für kreative Belange, für das zeitliche Erfassen der Umwelt zuständig ist, während die linke Hirnhälfte zuständig ist u. a. für die aktive Bewältigung, das gegenständliche Erfassen der Umwelt. (In den 2 Hemisphären finden sich die 2 Rhythmenachsen des *EK* wieder!) Linkser sind sachlicher, weniger emotional, wesentlich suchtgefährdeter als Menschen, bei denen die linke Hirnhälfte dominiert, aber überdurchschnittlich oft intelligenter. Die Hirnhälften wirken „überkreuz" auf die Körperseiten, d. h., die rechte Hirnhälfte steuert überwiegend die linke Körperhälfte. Daher zeigt Linkshändigkeit auch Rechtsdominanz auf. Näher auf dieses typenspezifische Thema einzugehen würde den Rahmen dieses Buches sprengen – es gibt genügend Fachliteratur.

3. Der kreislaufbelastete Typ entspricht einer Belastung $\widehat{WI}$ der Mutter etwa 1 Tag vor Geburt. Die typischen Rhythmenstände zeigt *Abb. 82* auf Seite 231.

Linksern mit Kopfbelastung entsprechen kreislaufbelastete Linkserinnen. Bei ihnen ist jeweils der eigengeschlechtliche Rhythmus belastet. Die Einteilung der Rhythmen in „eigengeschlechtlich" und „gegengeschlechtlich" entspricht vielleicht besser den Begriffen „Anima" (steht für Gefühl, Seele) und „Animus" (steht für Tatkraft) und stammt aus dem Gedankengut der Verfechter des „männlichen" und „weiblichen" Rhythmus.

(weiter auf Seite 232)

STOFFWECHSELBELASTUNGSTYPEN

Rhythmenstand der Mutter und Tendenz des Kindes (umgekehrt):

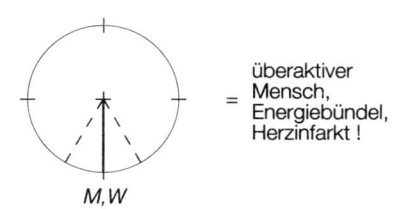

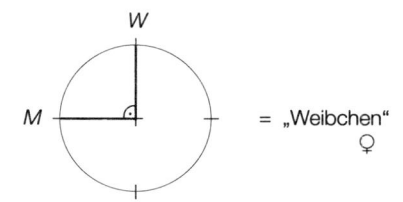

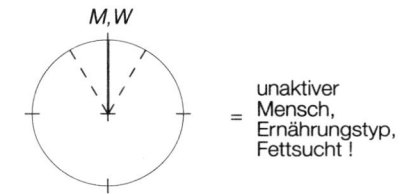

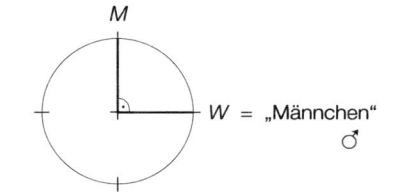

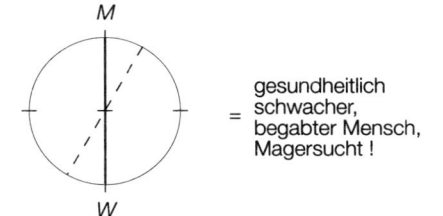

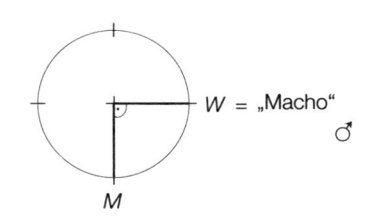

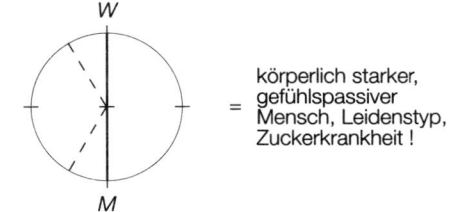

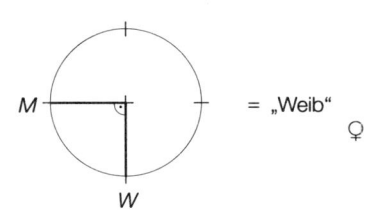

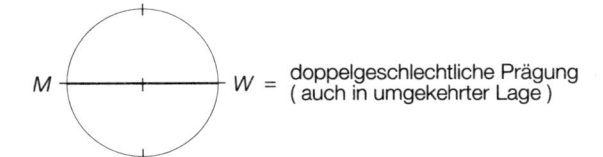

= überaktiver Mensch, Energiebündel, Herzinfarkt!

= „Weibchen" ♀

= unaktiver Mensch, Ernährungstyp, Fettsucht!

= „Männchen" ♂

= gesundheitlich schwacher, begabter Mensch, Magersucht!

= „Macho" ♂

= körperlich starker, gefühlspassiver Mensch, Leidenstyp, Zuckerkrankheit!

= „Weib" ♀

= doppelgeschlechtliche Prägung (auch in umgekehrter Lage)

Abb. 80

KOPFBELASTUNGSTYPEN

Rhythmenstand der Mutter und Tendenz des Kindes (*M* – umgekehrt):

M,I = kreativ, künstlerisch begabt

M = begabter Linkser mit gegengeschlechtlicher Tendenz, viele Genies ♂

M = Denker, Schachspieler, Naturwissenschafter

M = die normale, typisch weibliche, intelligente Frau ♀

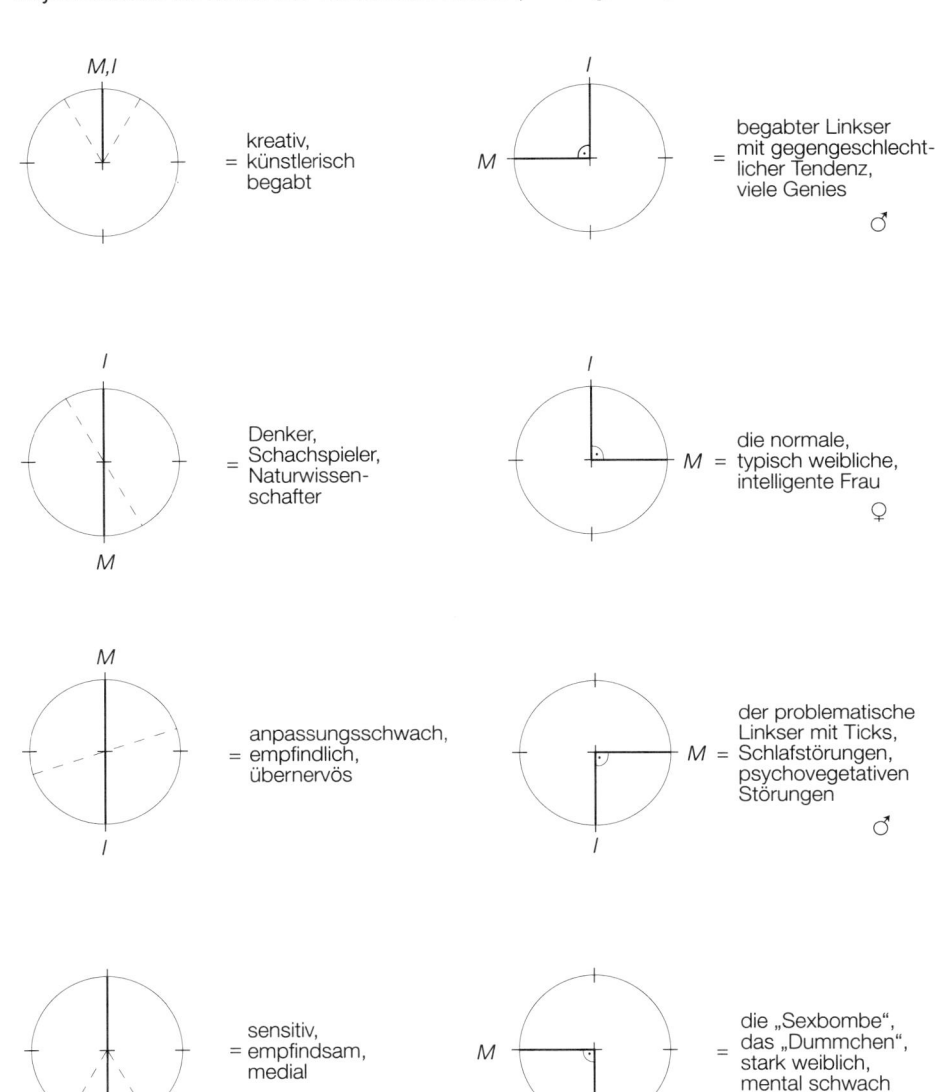

M = anpassungsschwach, empfindlich, übernervös

M = der problematische Linkser mit Ticks, Schlafstörungen, psychovegetativen Störungen ♂

M,I = sensitiv, empfindsam, medial

M = die „Sexbombe", das „Dummchen", stark weiblich, mental schwach ♀

Abb. 81

KREISLAUFBELASTUNGSTYPEN

Rhythmenstand der Mutter und Tendenz des Kindes (*W* – umgekehrt):

= religiöse Menschen, Jogis, Asketen

= begabte Linkserin mit stark gegengeschlechtlicher Tendenz. Oft „Emanzen" ♀

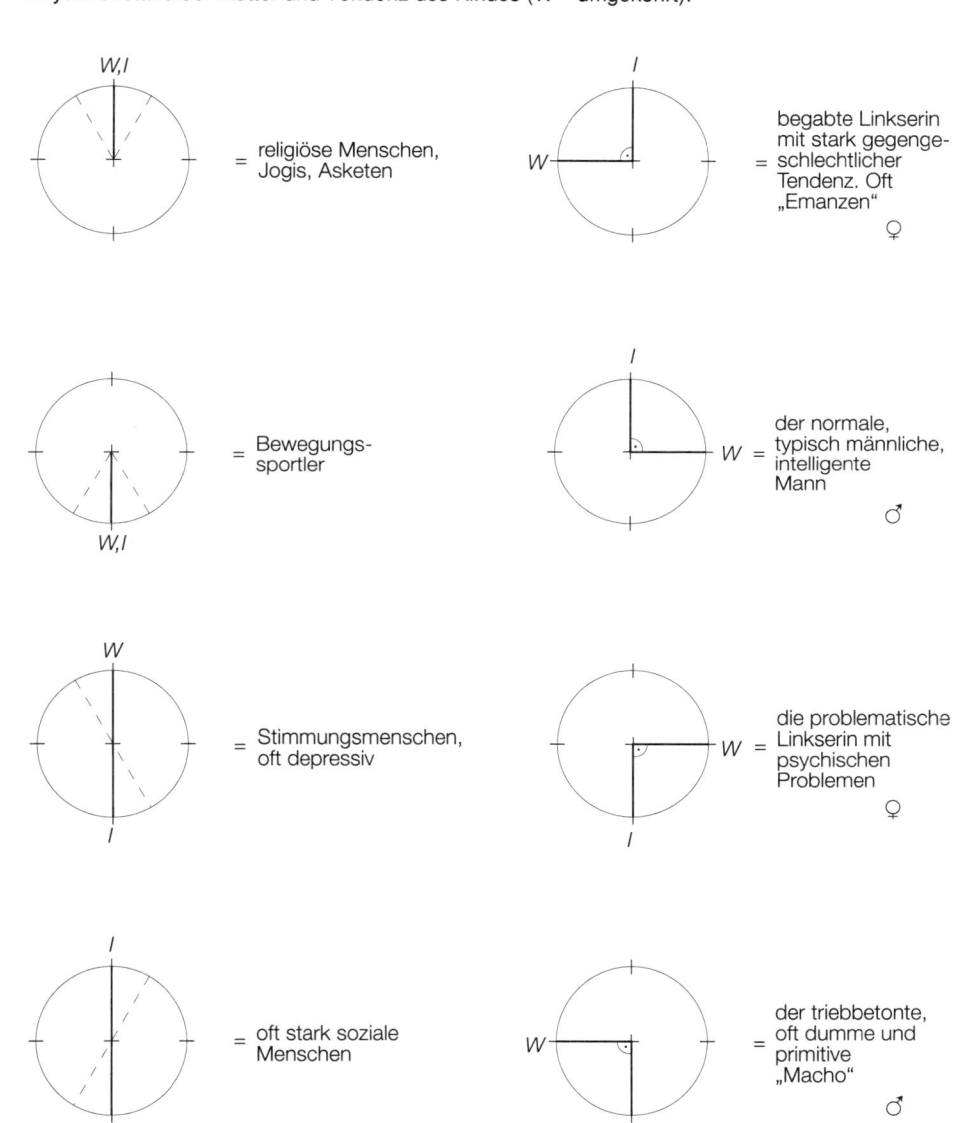

= Bewegungssportler

= der normale, typisch männliche, intelligente Mann ♂

= Stimmungsmenschen, oft depressiv

= die problematische Linkserin mit psychischen Problemen ♀

= oft stark soziale Menschen

= der triebbetonte, oft dumme und primitive „Macho" ♂

Abb. 82

Es ist klar, daß die hier getroffenen Zuordnungen nicht prinzipieller Natur sein können, sondern nur eine Auswahl von „Typen" beschreiben, wie sie uns öfters im Leben begegnen. Die Bandbreite der Möglichkeiten ist in Wirklichkeit ja viel größer. Dies mag an einer Gegenüberstellung der *Beschreibungsmöglichkeiten* gezeigt werden:

Sind Rhythmenstand von Vater und Mutter bekannt und geht man davon aus, daß Frauen ungefähr 30 Jahre, Männer durchschnittlich 50 Jahre befruchtungs- bzw. zeugungsfähig sind, ergibt das eine Kombinationsmöglichkeit von etwa

$(50 \times 365{,}25) \times (30 \times 365{,}25) \approx 200$ Millionen Matrizen,

die an einem einzigen Tag gezeugt werden können. Selbstverständlich wird sich eine Gewichtung der Möglichkeiten in Hinblick auf die realen Gegebenheiten beobachten lassen, da es sicher nicht die Regel ist, daß 65jährige Männer mit 15jährigen Mädchen Kinder zeugen oder 15jährige Knaben mit reiferen Damen.

Kennt man dagegen nur die Geburtsdaten der Mutter, lassen sich lediglich etwa

$30 \times 365{,}25 \approx 10.000$ Möglichkeiten der Matrizen

erfassen, also $1/20.000$ der theoretisch möglichen Eintageskonstellationen. Dabei muß man allerdings beachten, daß alle diese Möglichkeiten bereits hinsichtlich aller Vorfahren „kollektiviert" wurden, also auf den *EK* reduziert worden sind, daß aber jede Matrize für sich ihr individuelles Koordinatensystem hat, so daß die Beschreibungsmöglichkeiten dadurch ins Unendliche wachsen.

Eine Veröffentlichung des Statistischen Zentralamtes in Wien für die Jahre 1980 bis 1986 zeigt auf, wie viele Geburten auf die einzelnen Altersgruppen der Mütter entfallen:

GEBURTENSTATISTIK – ÖSTERREICH 1980 – 1986

Alter der Gebärenden	Geburten in Österreich	Prozentanteile
bis 20 Jahre	65.503	10,34
20 bis 25	239.890	37,87
25 bis 30	195.394	30,84
30 bis 35	91.943	14,53
35 bis 40	32.569	5,14
40 bis 45	7.648	1,21
über 45	463	0,07
Summe (von 1980 bis 1986)	633.410	100,00

Tab. 32

Diese Aufstellung verdeutlicht, wie gering die Chance ist, daß 2 auf den Tag genau gleich alte Mütter am selben Tag entbinden:

CHANCEN GLEICHZEITIGER ENTBINDUNG GLEICHALTRIGER

Alter der Gebärenden	Ø Gleichaltrige	Chancen gleichzeitiger Entbindung
bis 20 Jahre	36	0,02
20 bis 25	131	0,07
25 bis 30	107	0,16
30 bis 35	50	0,03
35 bis 40	18	0,01
40 bis 45	4	- - -
über 45	- -	- - -
Summe	346	Ø 0,03
	12.784 (hochgerechnet)	1,00

Tab. 33

Doch müssen diese schon sehr geringen Chancen (1 : 12.784) nochmals mit den etwa 18.000 Möglichkeiten des Rhythmenstandes des Vaters bei Zeugung dividiert werden, so daß sich – selbst bei größter Überbevölkerung – keine Aussicht ergibt, daß man einmal einem echten *Doppelgänger* über den Weg läuft – außer es handelt sich um den eineiigen Zwillingsbruder.

Hier zeigt sich wiederum die Parallelität mit den Aussagen der Astrologen, daß kaum ein Mensch dem anderen im Radixhoroskop gleichen kann. Er kann ihm höchstens ähneln. Und selbst wenn unter 5 Milliarden Menschen bei 200 Millionen Verschiedenartigkeiten (die aber lediglich die Zeugungsmöglichkeiten-Vielfalt eines Tages, nicht aber einer Stunde oder gar Minute bestimmen) also theoretisch 25 Menschen gleichzeitig auf der Erde herumlaufen, die Matrizenähnlichkeit aufweisen könnten, wird dies dadurch schon unmöglich gemacht, daß ja alle individuellen Rhythmen kollektiviert wurden und die Konstellationen von Vater und Mutter ja selbst in sich eine fast unbegrenzte Bandbreite zulassen. Dazu sind diese 25 theoretisch „Matrizenverwandten" aber selbst wiederum unterschiedlich alt. Jeder für sich hat sein individuelles Maß seines Lebensplanes absolviert, wodurch wiederum jede Matrize für sich individuell moduliert ist. Wer will hier die Vielfalt in der Einheit beschreiben?

Einen speziellen Fall haben wir noch nicht betrachtet:

Was ist, wenn das Kind *verkehrt* in der Gebärmutter liegt, also mit den Füßen nach unten und dem Kopf nach oben? Es zeigt sich, daß solcherart verkehrt gepolte Kinder durchwegs schwierige Geburten durchmachen (die Abstoßung erfolgt umgepolt) und vielfach auch im Leben größere Schwierigkeiten haben als normal gepolte Kinder.

Der Begriff „Pol" steht hier nicht für sexuelle Neigung, sondern mehr prinzipiell für Himmel und Erde, Licht und Dunkel.

Diese verkehrte Lage ist nicht das Resultat eines blinden Zufalles, wie man es uns oftmals weismachen möchte, sondern unterliegt den strengen karmischen Gesetzen, die jede magnetische Polung genauestens „registrieren" und in der Manifestierung des Menschen durch mannigfache Anderspolungen reagieren.

Prädestination?

Manche Astrologen behaupten, daß sich die Seele „hellsichtig" Ort, Stunde und Umfeld der Geburt „aussuchen". Bei Normalgeburten deckt sich hier sicherlich der Plan mit der Ausführung. Was ist aber, wenn ein Baby im Flugzeug gezeugt oder geboren wird und der Ort und die Zeit nicht mehr stimmen? Oder aber, wenn die Gynäkologen im Spital entscheiden, daß schon Freitag geboren wird, weil für Samstag eine Jagdeinladung vorliegt? Hier stimmt der Plan mit der Ausführung nicht mehr überein, der „gewählte" Ort oder Termin steht schief, der Plan wird daher verfehlt.

Die *Prädestinationstheorie*, wonach alles Geschehen vorherbestimmt ist, muß hinsichtlich der Wahl- und Eingriffsmöglichkeiten des Menschen etwas geändert werden. Bestimmte Prinzipien lösen zu ihrer Zeit und an ihrem Ort synchrones Geschehen aus. An diesem Ort Materialisierendes erhält also seine entsprechende Form und Struktur. Wird der Ort in der Materialisierungsphase gewechselt, ändert sich auch die Struktur der Bildekräfte, und eine etwas andere Form entsteht. Wird der Zeitpunkt der Materialisierung hinausgeschoben oder vorverlegt, liegt auch eine Änderung der Organisation vor. Man hat diesbezügliche Versuche mit Kristallen gemacht und geänderte Formen erhalten. Auch aus dem Gartenbau sind die Phänomene bekannt, daß gewisse Pflanzen ihren bestimmten Pflanztag brauchen, um sich entsprechend der Erwartungen zu entwickeln, und pflanzt man sie an einem anderen Tag, entwickeln sie sich z. B. mehr in die Wurzeln oder in die Blätter usw.

Nun könnte man einwenden, daß alle diese Verschiebungen ja wiederum einem bestimmten Prinzipienimpuls, einem nicht erkannten Plan folgend, entsprechen, so daß gar keine andere Wahlmöglichkeit bestand, als Ort und Zeit gemäß dem Gesetz zu manipulieren. Demgegenüber steht aber unsere freie Wahl, Prinzipienimpulse anzunehmen oder abzulehnen, abzuwickeln oder in den Schatten abzuschieben (welches sich ja permanent im Weltgeschehen auch so abspielt). Prädestination besteht somit nur hinsichtlich der *Rahmenbedingungen* eines Geschehens und darf nur dahingehend interpretiert werden, daß zu einem bestimmten Zeitpunkt an einem bestimmten Ort ganz bestimmte *Wahlmöglichkeiten* auftreten.

Das Leben auf niedrigeren Stufen ist hinsichtlich seiner Wahlmöglichkeiten innerhalb der Rahmenbedingungen eingeschränkt. Durch die Vielzahl der Beschränkungen stehen nur gewisse beschränkte Wahlmöglichkeiten offen. Mittels Trieb und Instinkt wird das zu einem bestimmten Zeitpunkt Optimale bzw. Nötige getan. Doch der etwas mehr bewußte Mensch kann sich *willkürlich* für das Richtige oder Falsche entscheiden (Kür = Wahl). Sein Gewissen und das des Kollektivs beurteilt die getroffene Entscheidung. Hätte er diese Freiheit der Wahl nicht, könnte er auch niemals zur Verantwortung gezogen werden. Das Schicksal würde damit aber auch seinen ausgleichenden Charakter verlieren. Schuld stünde nicht mehr in kausalem Zusammenhang mit der Sühne.

Die Häufigkeit und die Bandbreite der Notwendigkeit, wählen zu müssen, werden mit zunehmendem Bewußtsein abnehmen, da immer mehr Polaritäten vom „entweder – oder" zum „sowohl – als auch" vereinigt wurden. Der vollbewußte Mensch ist aller Wahl enthoben, denn er untersteht nicht mehr dem Gesetz, er verkörpert das Gesetz.

Die *Vorhersehung* wird durch die technischen Möglichkeiten der Menschen also empfindlich gestört, die *Vorherbestimmung* kann aber letztendlich doch nicht überlistet werden. Alles durch falsche Entscheidung Versäumte muß irgendeinmal nachgeholt werden.

Die Beschreibung biologischen Geschehens durch die Vererbungslehre einerseits und die astrologischen Aussagen andererseits findet in der PDR ihre Ergänzung und Bestätigung, aber auch Kritik und Widerspruch. Alle Erscheinungen lassen sich ja auf einer beliebigen anderen Ebene, so auch auf der planetaren oder psychischen Ebene beschreiben und müssen gleicherweise in der dahinterstehenden Gesetzlichkeit von Ursache und Wirkung ihr analoges Gesicht zeigen.

Gerade auf dem Gebiete von Geburt und Tod aber tummeln sich Scharlatane verschiedenster Art und mystifizieren die Zusammenhänge. Sie verschleiern sie, nennen sie „geheiligt", betrachten näheres Eingehen als „Entweihung" oder nicht für den Normalsterblichen gedacht. Da sie sich somit als Spezialsterbliche abheben wollen, beweisen sie nur um so mehr ihre Inkompetenz. Dabei handelt es sich doch gerade hier um die entscheidenden Kernfragen des Lebens, deren Beantwortung von höchster essentieller und existenzieller Bedeutung für jeden Menschen ist. Denn nur in der Kenntnis der Zusammenhänge besteht die Grundlage, sich vom Normalsterblichen zum Unsterblichen zu wandeln.

Die modernen Wissenschaften verdrängen diese Fragen überhaupt, die Scharlatane kennen die Antworten nicht, darum schieben sie sie gleichermaßen in ein Tabu-Eck. Innere und äußere Wissenschaft müssen aber kongruent, also deckungsgleich sein und die Wahrheit beschreiben dürfen, jede von einer anderen Seite. Doch im Ergebnis müssen sie sich decken. Wahrheit als permanent gewahrte Eigenschaft jedes Prinzips verweigert sich nicht; sie ist, da das Prinzip ist, immer präsent.

„Doch das Licht leuchtet in der Finsternis, und die Finsternis kann das Licht nicht fassen."

Der Prägungsfilter

Im Kapitel über Funktionsbelastungen wurde kurz erwähnt, daß nicht alle Belastungen gleich stark, manche auch überhaupt nicht durchschlagen. Im Laufe des Lebens treten aber immer wieder Spannungszustände auf, die der Geburtskonstellation ähneln und daher eine mehr oder minder starke Resonanz erzeugen, die deutlich gespürt wird. Diese Spannungen entsprechen ja unerlösten polaren Matrizenqualitäten und drängen nach Erlösung. Sie dringen in unser Bewußtsein ein, zuerst machen sie sich zunehmend stärker im Leibbewußtsein breit. Werden sie schließlich erkannt, richtig gedeutet und durch Neutralisierung erlöst, indem nun zugelassen und integriert wird, was z. B. als „Schatten" nach oben drängte, wird auch die Matrize aufgefüllt, Symptome verschwinden. Hierin liegt der Grund, daß psychosomatische Erkrankungen nach z. B. psychotherapeutischer Behandlung oft wie weggeblasen sind.

Die *Akupunktur* wiederum beeinflußt die energetische Situation des Menschen durch Setzen von Nadeln derart, daß Spannungen abgebaut und Unterfunktionen angeregt werden, worauf die Störungen kurzfristig abklingen können. Letztendlich hilft aber auch sie nur da, wo echte Erkenntnisarbeit, „tätige Reue", „Trauerarbeit" geleistet wird.

Es wird also aus der Fülle von Belastungsmöglichkeiten nur jene Palette zugelassen, die der „Achillesferse" des nichtvollkommenen Menschen entspricht. Diese können nun in der Gebärkonstellation der Mutter (Geburtprägung) ausgemacht werden. Alle übrigen biorhythmisch möglichen Belastungen werden ausgefiltert. Und jede Belastung entspricht einer Mahnung des höheren Selbst, endlich für Planerfüllung, also Selbstverwirklichung im wahren Sinne des Wortes zu sorgen!

Legasthenie

Als spezielle Linksform wirkt sich die Legasthenie in ausgeprägter Lese- und Rechtschreibschwäche bei normaler bis überdurchschnittlicher Intelligenz, aber auch manchmal in schwächerer Gedächtnisleistung bzw. Wiedergabefähigkeit und auch in Sehschwächen aus. Ihr liegt neben einer gegengeschlechtlichen Prägung außerdem noch eine Belastung von *I* zugrunde. Somit sind hier oftmals sogar alle 3 Rhythmenelemente zugleich belastet.

Einige Beispiele:

LEGASTHENIEKONSTELLATIONEN *Abb. 83*

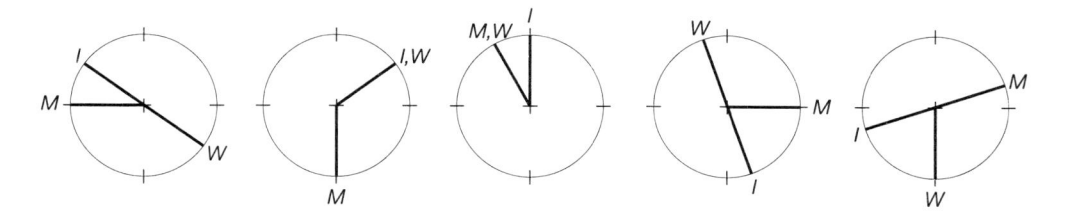

DIE PRÄGUNGSREGEL FÜR LINKSFORMEN					
	Mutter		**Kind**	**Prägung**	**Bemerkungen**
Normal	W	belastet	♂	stark männlich schwach weiblich dominant,	linke Hirnhälfte
	M	belastet	♀	stark weiblich schwach männlich	Rechtshänder
Linkser	W	belastet	♀	starke männliche Prägung dominant	rechte Hirnhälfte
	M	belastet	♂	stärkere weibliche Prägung	Linkshänder
Linkser	+ /	belastet		wie Linkser	Legastheniker

Tab. 34

Rhythmensprung?

Einige Biorhythmiker berichten, daß durch lebensbedrohende Ereignisse oder tiefe Bewußtlosigkeit alle 3 Rhythmen manchmal wieder auf Null zurückspringen und nochmals ihr Spiel beginnen, sich aber alsbald wieder auf den alten Rhythmus einpendeln.

Daß nach Ausklinken des Lebensprinzips aus dem Körper in einigen „Tellerebenen" die Rhythmen aufhören zu schwingen und die Kräfte in einen höheren Aggregatzustand übergehen, ist sicherlich die Ursache für Rhythmenstops.

Auch gibt es inzwischen Tausende Berichte von nach schweren Operationen oder Unfällen bereits „Hinübergegangenen", die bereits als „tot" galten und wieder ins Leben zurückkehrten. Herz- und Hirnströme hatten bereits ausgesetzt – dies gilt als Zeichen des „klinischen Todes".

Nach Wiedereinklinken in die Tellerebenen ist aber für uns Zeit vergangen, während der kurzfristig „Hinübergegangene" sich aus unserem Raum-Zeit-Gefüge verabschiedet hatte und jetzt wieder weitermacht, wo er aufgehört hatte. Diese Zeitverschiebung ist für den Praktiker der PDR immer mitzuberücksichtigen.

Verschiedentlich wird von einigen Biorhythmikern behauptet, daß sich die Rhythmen nach einiger Zeit wiederum in den alten Bahnen einpendeln. Dies wird mit dem Beispiel untermauert, daß Elektromotoren auch Asynchronismus zeigen, vor allem in der Anlaufzeit, bis sie synchron laufen. Doch wird hier vergessen, daß unsere Festlegung des Beginns der biorhythmischen Schwingungen mit Geburt am Frühlingspunkt eine willkürliche war. Eine nochmalige „Anpassung" der Rhythmen an unsere Zeitmaßstäbe würde aber bedeuten, daß wiederum entkollektiviert und somit wiederum individualisiert wird. Wir müssen, wenn wir schon einmal vereinheitlicht haben, nun eben in Kauf nehmen, daß wir den zeitlichen Austritt des „Zurückgeholten" mitzuberücksichtigen haben. Falls wir uns über die Dauer des „Ausgeklinktseins" nicht klar sind, hilft nichts anderes, als über die minutiöse Beobachtung der Spannungen die Zeitdifferenz zu ermitteln. Dafür ist das Führen eines *biorhythmischen Tagebuches* unerläßlich.

PDR und Radiästhesie

Es lassen sich alle biorhythmischen Phänomene und Erklärungen von Pendelkundigen, die über sehr hohe geistige *Pendelkraft* (mindestens 80 %) verfügen, sehr gut nachprüfen.

Radiästhesie zum Aufspüren von Wasser und Erzadern wie auch von archäologischen Fundstätten war und ist heute schon fester Bestandteil der Wissenschaft, wenn auch als Grenzwissenschaft noch immer mißtrauisch beäugt. Vor allem die Russen haben sich eingehend mit wissenschaftlichen Grundlagenforschungen der Radiästhesie beschäftigt. Ein wenig bekanntes Feld ist allerdings das „geistige Pendeln", das Rudolf Mlaker in seinem gleichnamigen überaus informativen Werk beschreibt. Auch Radiästhesie basiert auf der Grundlage von Schwingungen, daher kann der Pendler (so er auch wirklich kann!) die Rhythmenlage an einem bestimmten Tag Element für Element feststellen. Daß sich hier eine Deckung mit den Berechnungen ergeben muß, ist selbstverständlich. Hochentwickelte Pendler sind auch in der Lage, die Matrize auszuloten und genaue Aussagen über den Lebensplan zu treffen.

PDR und andere Disziplinen

Die biorhythmische Deutung von Anlagen ist, wie wir früher gesehen haben, von der Kenntnis des Zeugungstermins und der Geburtsdaten beider Elternteile abhängig. Diese Daten sind oftmals nicht eruierbar, daher ist auf diesem Gebiete die PDR der Astrologie wie auch dem I-GING unterlegen. Andererseits verlangt die astrologische Analyse wesentlich mehr an Aufwand und Erfahrung, während die Urteile des I-GING wiederum eine Selbstversenkungsfähigkeit voraussetzen, die dem Esoterikunkundigen fehlen, um zu prägnanten Aussagen zu kommen bzw. die richtigen Ergebnisse zu erzielen. Die psychodynamische Deutung bedarf selbstverständlich auch einiger Erfahrung und setzt Einfühlungsvermögen voraus, doch ist sie insgesamt relativ einfach durchzuführen. Ihre Aussagebreite ist gegenüber astrologischen Aussagemöglichkeiten wiederum reduziert.

Hinsichtlich der verwendeten Prinzipien unterscheiden sich die Disziplinen untereinander:

VERGLEICH I-GING / ASTROLOGIE / PDR   Tab. 35

	I-GING	Astrologie	PDR
Prinzipien	2	3 x 4	3
Kräfte	4	10 (7)	3
Funktionen (einfach)	8	90	3
Kombinationen	64	→ ∞	64
Wandlungsmöglichkeiten	4.096		6.334 [1]

[1] *Dynamische Wandlungsmöglichkeiten im Laufe eines biorhythmischen Lebens (58 Jahre, 67 Tage):*

> 2 x 644 von I (Passieren von S- und W-Punkt)
> 2 x 759 von W
> 2 x 924 von M
> 2 x 115 von $\overline{WI}$ (♂ und ☍)
> 2 x 165 von $\overline{MW}$
> 2 x 280 von $\overline{MI}$
> 2 x 280 von $\overline{MWI}$ (Maxima / Minima)

Diese Möglichkeiten beschreiben die Wandlungen hinsichtlich ihrer Dynamik, also Tätigkeiten. Darüber hinaus gibt es noch Änderungen des Ladungszustandes der Elemente in F- und H-Lage (insgesamt 4.654) sowie je 4.654 dynamische Wandlungen bzw. Ladungsänderungen der Funktionsresultanten und je 1.548 ebensolche bei der Gesamtfunktionsresultante (Pollagen). Insgesamt ergeben sich dadurch 12.536 Wandlungen und 10.856 Änderungen.

Es ist selbstverständlich ein großer Unterschied, ob die Aussagen bzw. Deutungen von einem Außenstehenden getroffen werden oder ob man imstande ist, sich selbst in das Bild, das einer Aussage zugrunde liegen muß, zu versenken und die „Botschaft" dieses Bildes intuitiv zu erfassen. Hier spielt es dann keine Rolle mehr, ob dieses Bild aus einem Hexagramm beim I-GING, einem Horoskop in der Astrologie, aus Karten beim Tarot oder vielleicht aus gestreuten Knochen oder dem Vogelflug besteht. Jedes dieser Bilder spricht seine eigene Sprache für den, der sie versteht.

Die Gesamtfunktion

Wir haben uns bisher bei der Beschreibung der Funktionen nur mit den Interferenzen, die aus den rhythmischen Schwingungen zweier Elemente entstehen, auseinandergesetzt. Es gibt aber noch eine zusammengesetzte Funktion, an der alle 3 Elemente beteiligt sind. Bis zum heutigen Tage hat sich noch kaum jemand mit dieser wichtigsten Funktion auseinandergesetzt. Hans Genuit beschreibt sie in seinem Werk als „Erfolgskurve", eine Bezeichnung, die der Bedeutung der $\widehat{MWI}$-Funktion keineswegs in all ihrer Bandbreite gerecht wird. Dietziker hat sich in seinen Erbkreisuntersuchungen auch nur mit einigen speziellen Rhythmenstellungen auseinandergesetzt, die in ihrem Zusammenwirken spezielle Störungen bewirken. Doch nicht die pathalogische oder erbbiologische Seite der $\widehat{MWI}$-Funktion ist das Wesentliche, sondern die Bedeutung als Funktion unserer „Mitte", unseres Gleichgewichts, der Harmonie, Ruhe, Schönheit, Gesundheit. Der Grund, warum dieser Aspekt des biorhythmischen Geschehens bisher so vernachlässigt wurde, liegt sicher darin, daß sich diese Seinszustände jeglicher Laboruntersuchung und Reihentests entziehen und als subjektive Erfahrungen nicht das Interesse von ins Detail vordringen wollenden Forschern wecken.

Im Aufbau biorhythmischen Geschehens tritt uns die Schöpfung entgegen:

1. Das ungeoffenbarte Prinzip ruht in dimensionslosem Sein.
2. Die schöpferische Energie strahlt aus, Raum als Basis der Schöpfung entsteht.
3. Diese Emanation wird beleuchtet. Zeit als Basis des Bewußtseins entsteht.
4. Die doppelpolare Anordnung von Zeit und Raum erfährt eine zyklische Schwingung. Bewegung im Raum-Zeit-Kontinuum als Basis der Lebensentfaltung entsteht.
5. Zwei solcherart kreisende Atome gehen eine Beziehung ein. Anorganische Moleküle (Mineralien) entstehen.
6. Mehrere Moleküle gehen eine Verbindung ein. Organische Moleküle (Organismen) entstehen.
7. Organismen gehen eine Beziehung ein, soziales Leben entsteht und somit die Basis für die Entwicklung zur Vollkommenheit.

Wenn wir einmal in Gedanken auf die *chemische Ebene* überwechseln, können wir folgende Analogien bilden:

Biorhythmische Elemente	Chemisch reine Elemente
$M / W / I$	$C / O / H$
Biorhythmische Funktionen	Anorganische Verbindungen
$\widehat{MW} / \widehat{MI} / \widehat{WI}$	$CO_2 / CH_4 / H_2O$
Generalfunktion	Organische Verbindungen
$\widehat{MWI}$	z. B. $C_6H_{10}O_5$

Wir erkennen, daß der Wasserstoff (H) als leichtestes Element und I als feinstes Element zusammengehören, während der Kohlenstoff (C) und M miteinander korrespondieren und der Sauerstoff (O) zu W gehört.

Es besteht also eine Analogie zwischen biorhythmischer Frequenz und dem Atomgewicht der 3 für unsere Existenz wichtigsten Elemente.

Prinzipiell können wir jeder biorhythmisch-energetischen Konstellation eine bestimmte organische Verbindung zuordnen.

Wir haben diese Überlegungen an den Anfang des Kapitels über die Gesamtfunktion $\widehat{MWI}$ gestellt, um die Dimensionsausweitung gegenüber den Elementen und Funktionen ins rechte Licht zu rücken. Die Gesamtfunktion ist in allen Belangen wesentlich komplizierter in ihrem Aufbau, ihrem Ablauf, ihren Dimensionen und in ihrer Gesetzlichkeit und selbstverständlich auch in ihren Aussagekriterien.

Das Zusammenwirken von Denken, Fühlen und Wollen oder Information, Bewegung und Beweggrund führt zu einem Resultat, einer speziellen Verfassung. Dieses Resultat läßt sich beschreiben hinsichtlich Art und Stärke, also hinsichtlich Frequenz und Amplitude und deren Änderungen. Je näher die einzelnen Elemente zusammenstehen, desto mehr sind sie sich hinsichtlich der Richtung einig, um so stärker fällt auch das Resultat aus. Alle ziehen an einem Strang. Je weiter sie auseinanderstehen, je uneiniger sie sich sind, desto mehr hemmen sie einander. Das Resultat fällt mehr oder minder schwach aus. Die Lage der Resultante *(r)* wird von dem Element bestimmt, das noch am nächsten zu den beiden anderen steht (Leitelement).

Es gelten hier die Regeln, wie sie auch in der Mechanik für zusammengesetzte Kräfte gelten:

Zuerst ermittelt man per Kräfteparallelogramm aus 2 Elementen eine beliebige Funktionsresultante, z. B. $r_{\widehat{MI}}$. Dann wird ein neuerliches Kräfteparallelogramm unter Beteiligung der Funktionsresultante und dem 3. Element gebildet, in unserem Beispiel $r_{\widehat{MI}} \times W$.

Die Diagonale vom Mittelpunkt bis zum Schnittpunkt der beiden Parallelen ergibt $r_{\widehat{MWI}}$. Selbstverständlich muß dasselbe Resultat herauskommen, wenn man eine andere Funktion mit dem 3. nichtbeteiligten Element als Grundlage für die Konstruktion verwendet.

DIE ZUSAMMENGESETZTE KRAFT $\widehat{MWI}$

Abb. 84

$\widehat{MWI}$ = $\widehat{MW} \times I$
$\widehat{MI} \times W$
$\widehat{WI} \times M$

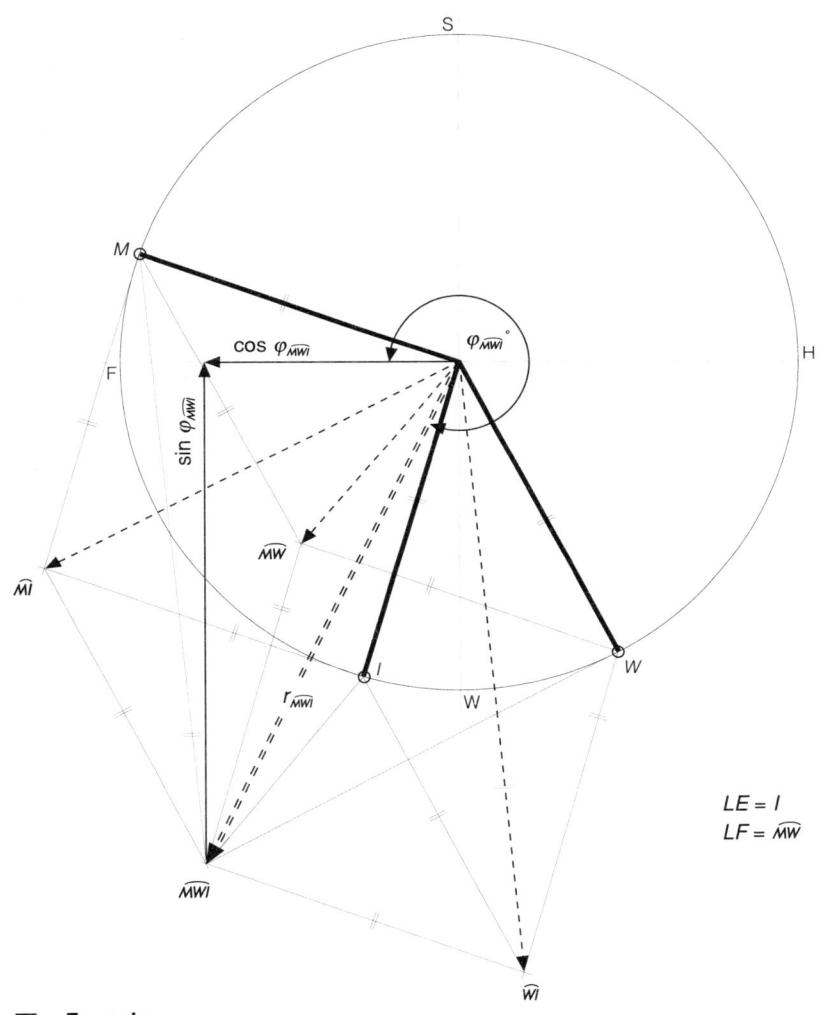

$LE = I$
$LF = \widehat{MW}$

Formeln:

$\sin \varphi_{\widehat{MWI}}$ = $\pm \sin \alpha \pm \sin \beta \pm \sin \gamma$

$\cos \varphi_{\widehat{MWI}}$ = $\pm \cos \alpha \pm \cos \beta \pm \cos \gamma$

$r_{\widehat{MWI}}$ = $\sqrt{(\pm \sin \alpha \pm \sin \beta \pm \sin \gamma)^2 + (\pm \cos \alpha \pm \cos \beta \pm \cos \gamma)^2}$

$\varphi°_{\widehat{MWI}}$ $\begin{cases} \sin \varphi_{EK} = \dfrac{\sin \varphi}{r} \\ \cos \varphi_{EK} = \dfrac{\cos \varphi}{r} \end{cases}$

Die 2 Koordinaten

Die Resultante besteht aus *2 Koordinaten*:

$r_{\widehat{MWi}}$ = die dynamische Koordinate – Energie, Kraftgröße,
$\varphi°_{\widehat{MWi}}$ = die qualitative Koordinate – Kraftrichtung und Art.

Mit diesen 2 Koordinaten ist $\widehat{MWi}$ in prinzipieller Hinsicht definiert. Nun ändern sich aber r und $\varphi°$ bei dieser Funktion von Tag zu Tag in einem anderen Maße. Bei den Normalfunktionen hatten wir einen geregelten Weiterlauf von $\varphi°$, wobei an jedem Tag ein ganz bestimmter, gleichbleibender Winkelschritt zurückgelegt wird. Auch r schwankt dort regelmäßig zwischen $r = 0$ und $r = 2$ hin und her, allerdings verbleibt r länger in seiner Konjunktionslage und verändert sich rasch in seiner Oppositionslage. Doch diese verzögerten Ab- und Zunahmen sind stets gleich und geregelt.

Bei $\widehat{MWi}$ jedoch treten erhebliche Schwankungen in der Geschwindigkeit auf, mit der $\varphi°$ und r sich ändern. Selbstverständlich schwingt auch $\widehat{MWi}$ in Spiralform, allerdings nicht in so regelmäßiger wie bei den Funktionen. In den nachstehenden Tabellen sind die komplizierten Zusammenhänge erkenntlich gemacht.

Betrachten wir nun nacheinander die verschiedenen Abläufe, Situationen und Zusammenhänge:

$r_{\widehat{MWi}}$ schwankt während eines biorhythmischen Lebens zwischen 2 Extremwerten von $r = 3,0$ und $r = 0,037$ in ganz bestimmter Abfolge und mit ganz bestimmten Maximalwerten bzw. Minimalwerten nacheinander in 10 sich wiederholenden Abschnitten (biorhythmische Jahre) auf und ab. Bei Geburt ist $r_{\widehat{MWi}} = 3,000$, nach 49,2 Tagen ist $r = 0,358$, nach weiteren 28,8 Tagen ist $r = 1,276$, danach sinkt der Wert wieder ab usw.

Alle *Extremwerte* über $r = 1,0$ sind *Maxima*, alle unter $r = 1,0$ sind *Minima*. Somit ist $r = 1,0$ eine Grenze, ab der aufwärts stärkeres Kräftezusammenspiel und ab der abwärts stärkere Kräftehemmung auftritt. Der durchschnittliche r-Wert über alle Tage beträgt $r_{\widehat{MWi}} = ø\,1,574$.

In allen 560 Funktions-Oppositionslagen wird das dritte nichtbeteiligte Element zum „Schiedsrichter", dadurch entspricht die $\widehat{MWi}$-Lage stets der des Leitelements mit $r = 1,0$. „Wenn zwei sich streiten, freut sich der Dritte", sagt der Volksmund. Biorhythmisch heißt das, daß die Harmoniefunktion auf dieses dritte Element übergeht. Wir haben in diesem Falle stets eine gespannte Situation.

Alle Werte *über* $r = 1,0$ bedeuten stärkere Orientierung der Kräfte auf die *äußere* Welt und somit Abzug der Kräfte vom inneren Menschen, seinem Zentrum; alle Werte *unter* $r = 1,0$ weisen auf *innere* Wirkungen unter Vernachlässigung äußeren Zusammenspiels hin.

(weiter auf Seite 248)

MAXIMA / MINIMA – ÜBERSICHT ÜBER DIE ERSTEN 2.125,2 TAGE

Abfolge $r_1 \rightarrow r_2$		Diff. $r_1 - r_2$	Diff. Tage	Ø Δr tägl.	von Max. zu Max. Diff. $r_1 - r_2$	Diff. Tage	Ø Δr tägl.	Diff. $\varphi°$	Ø Δφ° tägl.	von Max. zu Max. Diff. $\varphi°$	Ø Δφ° tägl.
3,000	0,358	− 2,642	49,2	0,054				569,3	11,6		
0,358	1,276	+ 0,918	28,8	0,032	3,560	78,0	0,0456	311,9	10,8	881,2	11,3
1,276	0,699	− 0,577	26,4	0,022				411,6	15,6		
0,699	2,599	+ 1,900	45,8	0,041	2,477	72,2	0,0343	681,8	14,9	1.093,4	15,1
2,599	0,988	− 1,611	41,4	0,039				480,0	11,6		
0,988	2,340	+ 1,352	38,2	0,035	2,963	79,6	0,0372	442,4	11,6	922,4	11,6
2,340	0,908	− 1,432	41,4	0,035				616,9	14,9		
0,908	1,592	+ 0,684	30,0	0,023	2,116	71,4	0,0296	456,4	15,2	1.073,3	15,0
1,592	0,633	− 0,959	31,2	0,031				351,0	11,3		
0,633	2,963	+ 2,330	47,6	0,049	3,289	78,8	0,0417	551,7	11,6	902,7	11,5
2,963	0,037	− 2,926	50,0	0,059				577,7	11,6		
0,037	1,050	+ 1,013	26,6	0,038	3,939	76,6	0,0514	266,0	10,0	843,7	11,0
1,050	0,406	− 0,644	24,8	0,026				401,7	16,2		
0,406	2,800	+ 2,394	48,8	0,049	3,038	73,6	0,0413	728,5	14,9	1.130,2	15,4
2,800	0,893	− 1,907	44,2	0,043				513,2	11,6		
0,893	2,036	+ 1,143	35,2	0,032	3,050	79,4	0,0384	404,5	11,5	917,7	11,6
2,036	0,998	− 1,038	36,4	0,029				545,1	15,0		
0,998	1,927	+ 0,929	34,8	0,027	1,967	71,2	0,0276	522,2	15,0	1.067,3	15,0
1,927	0,842	− 1,085	34,2	0,032				390,6	11,4		
0,842	2,852	+ 2,010	45,0	0,045	3,095	79,2	0,0391	523,3	11,6	913,9	11,5
2,852	0,298	− 2,554	49,4	0,052				739,4	15,0		
0,298	1,013	+ 0,715	25,0	0,029	3,269	74,4	0,0439	409,6	16,4	1.149,0	15,4
1,013	0,075	− 0,938	25,8	0,036				437,1	16,9		
0,075	2,934	+ 2,859	50,0	0,057	3,797	75,8	0,0501	747,8	15,0	1.184,9	15,6
2,934	0,711	− 2,223	46,6	0,048				541,3	11,6		
0,711	1,704	+ 0,993	32,4	0,031	3,216	79,0	0,0407	366,4	11,3	907,7	11,5
1,704	0,953	− 0,751	31,4	0,024				475,1	15,1		
0,953	2,243	+ 1,290	39,8	0,032	2,041	71,2	0,0287	593,8	14,9	1.068,9	15,0
2,243	0,967	− 1,276	37,2	0,034				429,8	11,6		
0,967	2,673	+ 1,706	42,4	0,040	2,982	79,6	0,0375	492,2	11,6	922,0	11,6
2,673	0,608	− 2,065	47,0	0,044				700,6	14,9		
0,608	1,186	+ 0,578	25,6	0,023	2,643	72,6	0,0364	403,1	15,7	1.103,7	15,2
1,186	0,254	− 0,932	27,8	0,034				297,3	10,7		
0,254	2,996	+ 2,742	49,6	0,055	3,674	77,4	0,0475	570,7	11,5	868,0	11,2
2,996	0,456	− 2,540	48,8	0,052				565,8	11,6		
0,456	1,376	+ 0,920	29,6	0,031	3,460	78,4	0,0441	325,0	11,0	890,8	11,4
1,376	0,780	− 0,596	27,4	0,022				422,7	15,4		
0,780	2,519	+ 1,739	44,6	0,039	2,335	72,0	0,0324	664,0	14,9	1.086,7	15,1
2,519	0,999	− 1,520	40,2	0,038				466,2	11,6		
0,999	2,433	+ 1,434	39,2	0,037	2,954	79,4	0,0372	453,7	11,6	919,9	11,6
2,433	0,850	− 1,583	43,2	0,037				643,4	14,9		
0,850	1,482	+ 0,632	28,6	0,022	2,215	71,8	0,0308	437,6	15,3	1.081,0	15,1
1,482	0,548	− 0,934	30,4	0,031				338,1	11,1		
0,548	2,983	+ 2,435	48,2	0,051	3,369	78,6	0,0429	559,0	11,6	897,1	11,4
2,983	0,147	− 2,836	49,8	0,057				574,2	11,5		
0,147	1,110	+ 0,963	27,2	0,035	3,799	77,0	0,0493	282,1	10,4	856,3	11,1
1,110	0,510	− 0,600	25,0	0,024				398,4	15,9		
0,510	2,740	+ 2,230	48,2	0,046	2,830	73,2	0,0387	719,4	14,9	1.117,8	15,3
2,740	0,935	− 1,805	43,2	0,042				501,5	11,6		
0,935	2,141	+ 1,206	36,2	0,033	3,011	79,4	0,0379	417,1	11,5	918,6	11,6
2,141	0,983	− 1,158	38,2	0,030				571,1	15,0		
0,983	1,816	+ 0,833	33,0	0,025	1,991	71,2	0,0280	496,8	15,1	1.067,9	15,0
1,816	0,781	− 1,035	33,2	0,031				377,8	11,4		
0,781	2,897	+ 2,116	45,8	0,046	3,151	79,0	0,0399	531,9	11,6	909,7	11,5
2,897	0,187	− 2,710	50,0	0,054				751,0	15,0		
0,187	1,000	+ 0,813	25,2	0,032	3,523	75,2	0,0468	417,2	16,6	1.168,2	14,8
Summe Ø		83,754 **1,496**	2.125,2 37,95	0,0394	biorhythmischer „Atem"			27.864,0 **497,6**	**13,11**	biorhythmischer „Atem"	

Σ 21.252,0 Tage = 837,540 r-Einheiten
Ø r über alle Tage = **1,574**

278.640,0° = **774 x 360°**

Tab. 36

MAXIMA / MINIMA - ÜBERSICHT DER TAGE IN DEN BIORHYTHMISCHEN JAHREN

	$r_{\overline{MWI}}$	Biorhythmisches Jahr				Tag						Reihung
		1	2	3	4	5	6	7	8	9	10	
	3,000		4.250,4		8.500,8		12.751,2		17.001,6		21.252,0	1 Wiederholung
	2,996	1.290,0	2.960,4	5.540,4	7.210,8	9.790,8	11.461,2	14.041,2	15.711,6	18.291,6	19.962,0	35
	2,983	1.670,2	2.580,2	5.920,6	6.830,6	10.171,0	11.081,0	14.421,4	15.331,4	18.671,8	19.581,8	45
	2,963	380,0	3.870,4	4.630,4	8.120,8	8.880,8	12.371,2	13.131,2	16.621,6	17.381,6	20.872,0	11
	2,934	910,2	3.340,2	5.160,6	7.590,6	9.411,0	11.841,0	13.661,4	16.091,4	17.911,8	20.341,8	25
	2,897	2.050,4	2.200,4	6.300,4	6.450,4	10.550,8	10.701,2	14.801,2	14.951,6	19.051,6	19.202,0	55
	2,852	760,0	3.490,4	5.010,4	7.740,8	9.260,8	11.991,2	13.511,2	16.241,6	17.761,6	20.492,0	21
	2,800	530,2	3.720,2	4.780,6	7.970,6	9.031,0	12.221,0	13.281,4	16.471,4	17.531,8	20.721,8	15
	2,740	1.820,4	2.430,0	6.070,8	6.680,4	10.321,2	10.930,8	14.571,6	15.181,2	18.822,0	19.431,6	49
	2,673	1.140,0	3.110,4	5.390,4	7.360,8	9.640,8	11.611,2	13.891,2	15.861,6	18.141,6	20.112,0	31
	2,599	150,2	4.100,2	4.400,6	8.350,6	8.651,0	12.601,0	12.901,4	16.851,4	17.151,8	21.101,8	5
	2,519	1.440,4	2.810,0	5.690,8	7.060,4	9.941,2	11.310,8	14.191,6	15.561,2	18.442,0	19.811,6	39
	2,433	1.519,8	2.730,6	5.770,2	6.981,0	10.020,6	11.231,4	14.271,0	15.481,8	18.521,4	19.732,2	41
	2,340	229,8	4.020,6	4.480,2	8.271,0	8.730,6	12.521,4	12.981,0	16.771,8	17.231,4	21.022,2	7
	2,243	1.060,4	3.190,0	5.310,8	7.440,4	9.561,2	11.690,8	13.811,6	15.941,2	18.062,0	20.191,6	29
	2,141	1.899,8	2.350,6	6.150,2	6.601,0	10.400,6	10.851,4	14.651,0	15.101,8	18.901,4	19.352,2	51
	2,036	609,6	3.640,8	4.860,0	7.891,2	9.110,4	12.141,6	13.360,8	16.392,0	17.611,2	20.642,4	17
	1,927	680,8	3.569,6	4.931,2	7.820,0	9.181,6	12.070,4	13.432,0	16.320,8	17.682,4	20.571,2	19
	1,816	1.971,0	2.279,4	6.221,4	6.529,8	10.471,8	10.780,2	14.722,2	15.030,6	18.972,6	19.281,0	53
	1,704	989,2	3.261,2	5.239,6	7.511,6	9.490,0	11.762,0	13.740,4	16.012,4	17.990,8	20.262,8	27
	1,592	301,2	3.949,2	4.551,6	8.199,6	8.802,0	12.450,0	13.052,4	16.700,4	17.302,8	20.950,8	9
	1,482	1.591,6	2.658,8	5.842,0	6.909,2	10.092,4	11.159,6	14.342,8	15.410,0	18.593,2	19.660,4	43
	1,376	1.368,4	2.882,0	5.618,8	7.132,4	9.869,2	11.382,8	14.119,6	15.633,2	18.370,0	19.883,6	37
	1,276	78,0	4.172,4	4.328,4	8.422,8	8.578,8	12.673,2	12.829,2	16.923,6	17.079,6	21.174,0	3
	1,186	1.212,6	3.037,8	5.463,0	7.288,2	9.713,4	11.538,6	13.963,8	15.789,0	18.214,2	20.039,4	33
Maxima	1,110	1.747,2	2.503,2	5.997,6	6.753,6	10.248,0	11.004,0	14.498,4	15.254,4	18.748,8	19.504,8	47
	1,050	456,6	3.793,8	4.707,0	8.044,2	8.957,4	12.294,6	13.207,8	16.545,0	17.458,2	20.795,4	13
	1,013	834,4	3.416,0	5.084,8	7.666,4	9.335,2	11.916,8	13.585,6	16.167,2	17.836,0	20.417,6	23
	1,000	2.125,2		6.375,6		10.626,0		14.876,4		19.126,8		57 Spiegelung
	0,999	1.480,4	2.769,8	5.731,0	7.020,2	9.981,4	11.270,6	14.231,8	15.521,0	18.482,2	19.771,4	40
	0,998	646,0	3.604,4	4.896,4	7.854,8	9.146,8	12.105,2	13.397,2	16.355,6	17.647,6	20.606,0	18
	0,988	191,6	4.058,8	4.442,0	8.309,2	8.692,4	12.559,6	12.942,8	16.810,0	17.193,2	21.060,4	6
	0,983	1.938,0	2.312,4	6.188,4	6.562,8	10.438,8	10.813,2	14.689,2	15.063,6	18.939,6	19.314,0	52
	0,967	1.097,6	3.152,8	5.348,0	7.403,2	9.598,4	11.653,6	13.848,8	15.904,0	18.099,2	20.154,4	30
	0,953	1.020,6	3.229,8	5.271,0	7.480,2	9.521,4	11.730,6	13.771,8	15.981,0	18.022,2	20.231,4	28
	0,935	1.863,6	2.386,8	6.114,0	6.637,2	10.364,4	10.887,6	14.614,8	15.138,0	18.865,2	19.388,4	50
	0,908	271,2	3.979,2	4.521,6	8.229,6	8.772,0	12.480,0	13.022,4	16.730,4	17.272,8	20.980,8	8
	0,893	574,4	3.676,0	4.824,8	7.926,4	9.075,2	12.176,8	13.325,6	16.427,2	17.576,0	20.677,6	16
	0,850	1.563,0	2.687,4	5.813,6	6.937,8	10.063,8	11.188,2	14.314,2	15.438,6	18.564,6	19.689,0	42
	0,842	715,2	3.535,4	4.965,4	7.785,8	9.215,8	12.036,2	13.466,2	16.286,6	17.716,6	20.537,0	20
	0,781	2.004,2	2.246,2	6.254,6	6.496,6	10.505,0	10.747,0	14.755,4	14.997,4	19.005,8	19.247,8	54
	0,780	1.395,8	2.854,6	5.646,2	7.105,0	9.896,6	11.355,4	14.147,0	15.605,8	18.397,4	19.856,2	38
	0,711	956,8	3.293,6	5.207,2	7.544,0	9.457,6	11.794,4	13.708,0	16.044,8	17.958,4	20.295,2	26
	0,699	104,4	4.146,0	4.354,8	8.396,4	8.605,2	12.646,8	12.855,6	16.897,2	17.106,0	21.147,6	4
	0,633	332,2	3.918,0	4.582,6	8.168,4	8.833,2	12.418,8	13.083,6	16.669,2	17.334,0	20.919,6	10
	0,608	1.187,0	3.063,4	5.437,4	7.313,8	9.687,8	11.564,2	13.938,2	15.814,6	18.188,6	20.065,0	32
	0,548	1.622,0	2.628,4	5.872,4	6.878,8	10.122,8	11.129,2	14.373,2	15.379,6	18.623,6	19.630,0	44
	0,510	1.772,2	2.478,2	6.022,6	6.728,6	10.273,0	10.979,0	14.523,4	15.229,4	18.773,8	19.479,8	48
	0,456	1.338,8	2.911,6	5.589,2	7.162,0	9.839,6	11.412,4	14.090,0	15.662,8	18.340,4	19.913,2	36
	0,406	481,4	3.769,0	4.731,8	8.019,4	8.982,2	12.269,8	13.232,6	16.520,2	17.483,0	20.770,6	14
	0,358	49,2	4.201,2	4.299,6	8.451,6	8.550,0	12.702,0	12.800,4	16.952,4	17.050,8	21.202,8	2
Minima	0,298	809,4	3.441,0	5.059,8	7.691,4	9.310,2	11.941,8	13.560,6	16.192,2	17.811,0	20.442,6	22
	0,254	1.240,4	3.010,2	5.490,8	7.260,4	9.741,2	11.510,8	13.991,6	15.761,2	18.242,0	20.011,6	34 Schleife 3
	0,187	2.100,4	2.150,4	6.350,4	6.400,8	10.600,8	10.651,2	14.851,2	14.901,6	19.101,6	19.152,0	56
	0,147	1.720,2	2.530,4	5.970,4	6.780,8	10.220,8	11.031,2	14.471,2	15.281,6	18.721,6	19.532,0	46 Schleife 2
	0,075	860,2	3.390,2	5.110,6	7.640,6	9.361,0	11.891,0	13.611,4	16.141,4	17.861,8	20.391,8	24
	0,037	430,0	3.820,4	4.680,0	8.070,8	8.930,8	12.321,2	13.181,2	16.571,6	17.431,6	20.822,0	12 Schleife 1
	77,484											
	Ø 1,384											

Tab. 37

MAXIMA / MINIMA - ÜBERSICHT ÜBER DIE LAGE IN DEN BIORHYTHMISCHEN JAHREN

Nr.	r_{MWI}	Biorhythmisches Jahr				Winkelstellung $\varphi°$						$\Delta\varphi°$	Reihg.
		1	2	3	4	5	6	7	8	9	10		
1	3,000		288,0		216,0		144,0		72,0		0,0	13,1	1 W. P.
2	2,996	30,0	258,0	318,0	186,0	246,0	114,0	174,0	42,0	102,0	330,0	13,1	35
3	2,983	225,5	75,5	153,5	350,5	81,5	278,5	9,5	206,5	284,5	134,5	13,1	45
4	2,963	193,0	95,0	121,0	23,0	49,0	311,0	337,0	239,0	265,0	167,0	13,1	11
5	2,934	199,7	88,3	127,7	16,3	55,7	304,3	343,7	232,3	271,7	160,3	13,1	25
6	2,897	55,8	232,2	343,8	160,2	271,8	88,2	199,8	16,2	127,8	304,2	13,1	55
7	2,852	25,8	262,2	313,8	190,2	241,8	118,2	169,8	46,2	97,8	334,2	13,2	21
8	2,800	6,9	281,1	294,9	209,1	222,9	137,1	150,9	65,1	78,9	353,1	13,2	15
9	2,740	39,6	248,4	327,6	176,4	255,6	104,4	183,6	32,4	111,6	320,4	13,2	49
10	2,673	218,3	69,7	146,3	357,7	74,3	285,7	2,3	213,7	290,3	141,7	13,2	31
11	2,599	174,6	113,4	102,6	41,4	30,6	329,4	318,6	257,4	246,6	185,4	13,2	5
12	2,519	207,5	80,5	135,5	8,5	63,5	296,5	351,5	224,5	279,5	152,5	13,2	39
13	2,433	47,4	240,6	335,4	168,6	263,4	96,6	191,4	24,6	119,4	312,6	13,3	41
14	2,340	17,0	271,0	305,0	199,0	233,0	127,0	161,0	55,0	89,0	343,0	13,3	7
15	2,243	16,3	271,7	304,3	199,7	232,3	127,7	160,3	55,7	88,3	343,7	13,3	29
16	2,141	238,2	49,8	166,2	337,8	94,2	265,8	22,2	193,8	310,2	121,8	13,3	51
17	2,036	204,6	83,4	132,6	11,4	60,6	299,4	348,6	227,4	276,6	155,4	13,3	17
18	1,927	191,9	96,1	119,9	24,1	47,9	312,1	335,9	240,1	263,9	168,1	13,4	19
19	1,816	226,1	61,9	154,1	349,9	82,1	277,9	10,1	205,9	298,1	133,9	13,4	53
20	1,704	27,4	260,6	315,4	188,6	243,4	116,6	171,4	44,6	99,4	332,6	13,4	27
21	1,592	10,3	277,7	298,3	205,7	226,3	133,7	154,3	61,7	82,3	349,7	13,5	9
22	1,482	48,4	239,6	336,4	167,6	264,4	95,6	192,4	23,6	120,4	311,6	13,5	43
23	1,367	200,8	87,2	128,8	15,2	56,8	303,2	344,8	231,2	272,8	159,2	13,5	37
24	1,276	161,2	126,8	89,2	54,8	17,2	342,8	305,2	270,8	233,2	198,8	13,6	3
25	1,186	242,0	46,0	170,0	334,0	98,0	262,0	26,0	190,0	314,0	118,0	13,6	33
26	1,110	1,8	286,2	289,8	214,2	217,8	142,2	145,8	70,2	73,8	358,2	13,7	47
27	1,050	316,7	331,3	244,7	259,3	172,7	187,3	100,7	115,3	28,7	43,3	13,7	13
28	1,013	94,8	193,2	22,8	121,2	310,8	49,2	238,8	337,2	166,8	265,2	13,7	23
29	1,000	144,0		72,0		0,0		288,0		216,0		13,7	57 W. P.
1	0,999	313,7	334,3	241,7	262,3	169,7	190,3	97,7	118,3	25,7	46,3	8,1	40
2	0,998	29,7	258,3	317,7	186,3	245,7	114,3	173,7	42,3	101,7	330,3	17,6	18
3	0,988	294,6	353,4	222,6	281,4	150,6	209,4	78,6	137,4	6,6	65,4	8,1	6
4	0,983	89,3	198,7	17,3	126,7	305,3	54,7	233,3	342,7	161,3	270,7	17,7	52
5	0,967	86,1	201,9	14,1	129,9	302,1	57,9	230,1	345,9	158,1	273,9	8,0	30
6	0,953	142,5	145,5	70,5	73,5	358,5	1,5	286,5	289,5	214,5	217,5	17,7	28
7	0,935	181,1	106,9	109,1	34,9	37,1	322,9	325,1	250,9	253,1	178,9	7,9	50
8	0,908	273,9	14,1	201,9	302,1	129,9	230,1	57,9	158,1	345,9	86,9	17,9	8
9	0,893	160,1	127,9	88,1	55,9	16,1	343,9	304,1	271,9	232,1	199,9	7,6	16
10	0,850	330,8	317,2	258,8	245,2	186,8	173,2	114,8	101,2	42,8	29,2	18,2	42
11	0,842	222,5	65,5	150,5	353,5	78,5	281,5	6,5	209,5	294,5	137,5	7,4	20
12	0,781	243,9	44,1	171,9	332,1	99,9	260,1	27,9	188,1	315,9	116,1	7,0	54
13	0,780	263,5	24,5	191,5	312,5	119,5	240,5	47,5	168,5	335,5	96,5	18,6	38
14	0,711	21,0	267,0	309,0	195,0	237,0	123,0	165,0	51,0	93,0	339,0	6,5	26
15	0,699	212,8	75,2	140,8	3,2	68,7	291,3	356,8	219,2	284,8	147,2	19,2	4
16	0,633	1,3	286,7	289,3	214,7	217,3	142,7	145,3	70,7	73,3	358,7	5,9	10
17	0,608	198,9	89,1	126,9	17,1	54,9	305,1	342,9	233,1	270,9	161,1	20,0	32
18	0,548	26,5	261,5	314,5	189,5	242,5	117,5	170,5	45,5	98,5	333,5	4,9	44
19	0,510	40,2	247,8	328,2	175,8	256,2	103,8	184,2	31,8	112,2	319,8	21,2	48
20	0,456	235,8	52,2	163,8	340,2	91,8	268,2	19,8	196,2	307,8	124,2	3,4	36
21	0,406	358,4	289,6	286,4	217,6	214,4	145,6	142,4	73,6	70,4	1,6	23,2	14
22	0,358	209,3	78,7	137,3	6,7	65,3	294,7	353,3	222,7	281,3	150,7	1,1	2
23	0,298	45,2	242,8	333,2	170,8	261,2	98,8	189,2	26,8	117,2	314,8	26,7	22
24	0,254	179,3	108,7	107,3	36,7	35,3	324,7	323,3	252,7	251,3	180,7	− 3,5	34
25	0,187	86,8	201,2	14,8	129,2	302,8	57,2	230,8	345,2	158,8	273,2	34,8	56
26	0,147	79,7	208,3	7,7	136,3	295,7	64,3	223,7	352,3	151,7	280,3	− 14,8	46
27	0,075	171,9	116,1	99,9	44,1	27,9	332,1	315,9	260,1	243,9	188,1	64,3	24
28	0,037	50,7	237,3	338,7	165,3	266,7	93,5	194,7	21,3	122,7	309,3	− 75,6	12
Symmetrien		1	2	1 − 72°	2 − 72°	3 − 72°	4 − 72°	5 − 72°	6 − 72°	7 − 72°	8 − 72°		
		1 + 2	= 288,0°	3 + 4	= 144,0°		360° − 5	360° − 4	360° − 3	360° − 2	360° − 1		
			2 + 3	= 216,0°	4 + 5	= 72,0°							

Tab. 38

Hinsichtlich der Entwicklungsstufe des Menschen ist ein wesentlicher Unterschied im Erleben der unterschiedlichen r-Größen zu erkennen. Der unentwickelte Mensch empfindet eine stark außenweltliche Situation im übereinstimmenden Zusammenwirken aller 3 Elemente als Hochzustand. Er kann bewußter handeln, hat alle seine Sinne beisammen, er kann bestimmen und agieren. Eine innenweltliche Situation bedeutet für ihn ein Abgleiten in mehr unbewußtes Getriebenwerden.

Der entwickelte Mensch hingegen empfindet $r_{\widehat{MWI}} > 1$ als ein „Der-Welt-ausgeliefert-Sein", während für ihn eine innenweltliche Situation entweder bedeutet, daß sein höheres Selbst Regie führt, oder aber, daß er einer Prüfung ausgesetzt ist. Es besteht ein ständiges Pendeln zwischen weltlichem Wirken und innerer Zuwendung bzw. ein „Dialog" zwischen bewußtem Handeln und innerer Verarbeitung mit damit verbundener Veränderung.

Dieser Vorgang symbolisiert den steten Wechsel zwischen Schaffen und Zerstören, Aufbau und Abbau als dynamisches Geschehen innerhalb der Pole Fülle/Leere, Leistung/Schwäche, Diesseits/Jenseits und Leben/Tod. Dieser Tod ist aber niemals ein Auflösen im Nichts, wie wir noch sehen werden.

Hatten wir bei den Funktionen in Oppositionslagen die 180°-Sprünge, so treten an deren Stelle in bestimmten Extremlagen beim Harmonierhythmus sogenannte „Schleifen", die um so größer sind, je kleiner $r_{\widehat{MWI}}$ wird. Doch nicht bei allen zentrumsnahen Minimawerten entstehen Schleifen, sondern nur bei dreien:

Typ 3 $r = 0{,}254$ kleine Schleife
Typ 2 $r = 0{,}147$ mittlere Schleife
Typ 1 $r = 0{,}037$ große Schleife.

Bei diesen Schleifen verläuft die Spiralbewegung von $\widehat{MWI}$ nun nicht durch das Zentrum, sondern wendet sich gegen die bisherige Laufrichtung (Rechtsdrehung) nach innen und zurück, nähert sich seinem Minimawert und wendet sich schließlich im neuerlichen Anwachsen wiederum der Spiralbewegung, diesmal von innen nach außen, zu.

EINE „SCHLEIFE"

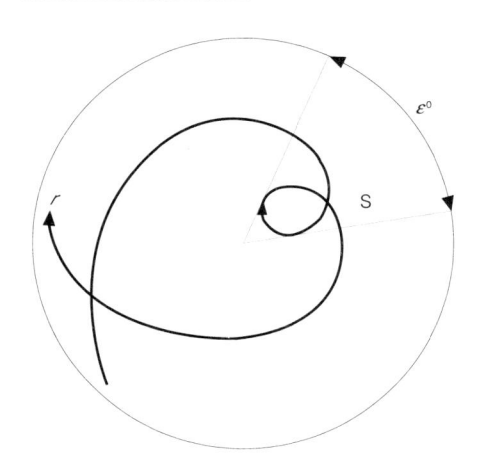

Abb. 85

Es kommt dabei (wie bei den Funktionsoppositionen) zu einer Wiederholung im Abschreiten gewisser Kreissektoren. Man kann hier auch von einem „*Rückschritt*" sprechen.

Nur 1,4 % aller Tage eines biorhythmischen Lebens (genau 300) entfallen auf Schleifen, davon sind 110 wirklich rückschreitende Tage.

ZEITANTEILIGE VERTEILUNG DER $r_{\overline{MWI}}$ - WERTE in % Abb. 86

12,9 % der Tage
11,4
9,2
8,2
7,3
6,9
6,6
6,6
6,4
6,2
5,9
5,7
5,5
4,0
3,3
2,2
2,0
1,1
0,7

0,0 0,2 0,4 0,6 0,8 1,0 1,2 1,4 1,6 1,8 2,0 2,2 2,4 2,6 2,8 3,0 → r

Schleifen
Hemmung
Innenwelt → ← Außenwelt

☐ Fortschritt
▨ Stagnation

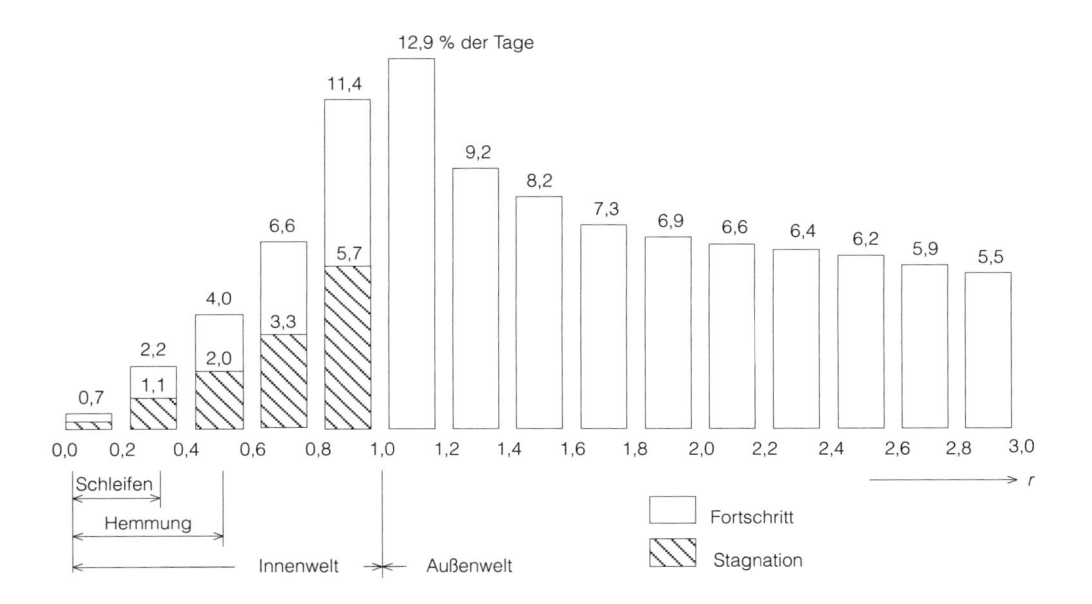

ZEITLICHE VERTEILUNG DER $r_{\overline{MWI}}$ - WERTE kumuliert in % Tab. 39

3,0 – 2,8	5,5 %	ø Fortschritt			
– 2,6	11,4 %	↓			
– 2,4	17,6 %				
– 2,2	24,0 %				
– 2,0	30,6 %				
– 1,8	37,5 %				
– 1,6	44,8 %				
– 1,4	53,0 %				
– 1,2	62,2 %				
– 1,0	75,1 %	Außenwelt			
– 0,8	80,8 %	Innenwelt	5,7 %		
– 0,6	84,1 %		9,0 %		
– 0,4	86,1 %	↓	11,0 %	↓	
– 0,2	87,2 %	rasanter	12,0 %	Stagnation	0,1 % ↓
– 0,037	87,5 %	Fortschritt			0,5 % Rückschritt

DIE SCHLEIFEN in einem biorhythmischen Leben

Nr.	Tag	Abstand in Tagen	Min. $\varphi°$	Schleifen- weite $\varepsilon°$	Wiederho- lungsdauer in Tagen	Davon Rückschritt in Tagen	r	Typ
1	430,0		50,7	102,2	12,8$\dot{3}$	3,0	0,037	1
		810,4						
2	1.240,4		179,3	8,0	6,8$\dot{3}$	3,5	0,245	3
		479,6						
3	1.720,0		79,3	36,8	10,3$\dot{3}$	4,5	0,147	2
		810,4						
4	2.530,4		208,3	36,8	10,3$\dot{3}$	4,5	0,147	2
		479,6						
5	3.010,0		108,7	8,0	6,8$\dot{3}$	3,5	0,245	3
		810,4						
6	3.820,4		237,3	102,2	12,8$\dot{3}$	3,0	0,037	1
		860,0						
7	4.680,4		338,7	102,2	12,8$\dot{3}$	3,0	0,037	1
		810,4						
8	5.490,8		107,3	8,0	6,8$\dot{3}$	3,5	0,245	3
		479,6						
9	5.970,4		7,7	36,8	10,3$\dot{3}$	4,5	0,147	2
		810,4						
10	6.780,8		136,3	36,8	10,3$\dot{3}$	4,5	0,147	2
		479,6						
11	7.260,4		36,7	8,0	6,8$\dot{3}$	3,5	0,245	3
		810,4						
12	8.070,8		165,3	102,2	12,8$\dot{3}$	3,0	0,037	1
		860,0						
13	8.930,8		266,7	102,2	12,8$\dot{3}$	3,0	0,037	1
		810,4						
14	9.741,2		35,3	8,0	6,8$\dot{3}$	3,5	0,245	3
		479,6						
15	10.220,8		295,7	36,8	10,3$\dot{3}$	4,5	0,147	2
		810,4						
16	11.031,2		64,3	36,8	10,3$\dot{3}$	4,5	0,147	2
		479,6						
17*	11.510,8		324,7	8,0	6,8$\dot{3}$	3,5	0,245	3
		810,4						
18	12.321,2		93,3	102,2	12,8$\dot{3}$	3,0	0,037	1
		860,0						
19	13.181,2		194,7	102,2	12,8$\dot{3}$	3,0	0,037	1
		810,4						
20	13.991,6		323,3	8,0	6,8$\dot{3}$	3,5	0,245	3
		479,6						
21	14.471,2		223,7	36,8	10,3$\dot{3}$	4,5	0,147	2
		810,4						
22	15.281,6		352,3	36,8	10,3$\dot{3}$	4,5	0,147	2
		479,6						
23	15.761,2		252,7	8,0	6,8$\dot{3}$	3,5	0,245	3
		810,4						
24	16.571,6		21,3	102,2	12,8$\dot{3}$	3,0	0,037	1
		860,0						
25	17.431,6		122,7	102,2	12,8$\dot{3}$	3,0	0,037	1
		810,4						
26	18.242,0		251,3	8,0	6,8$\dot{3}$	3,5	0,245	3
		479,6						
27	18.721,6		151,7	36,8	10,3$\dot{3}$	4,5	0,147	2
		810,4						
28	19.532,0		280,3	36,8	10,3$\dot{3}$	4,5	0,147	2
		479,6						
29	20.011,6		180,7	8,0	6,8$\dot{3}$	3,5	0,245	3
		810,4						
30	20.822,0		309,3	102,2	12,8$\dot{3}$	3,0	0,037	1
		860,0						
1	430,0		50,7	102,2	12,8$\dot{3}$	3,0	0,037	1

Tab. 40

MINIMA - LAGEN DER SCHLEIFEN in einem biorhythmischen Leben
nach Nummern (siehe *Seite 247*)

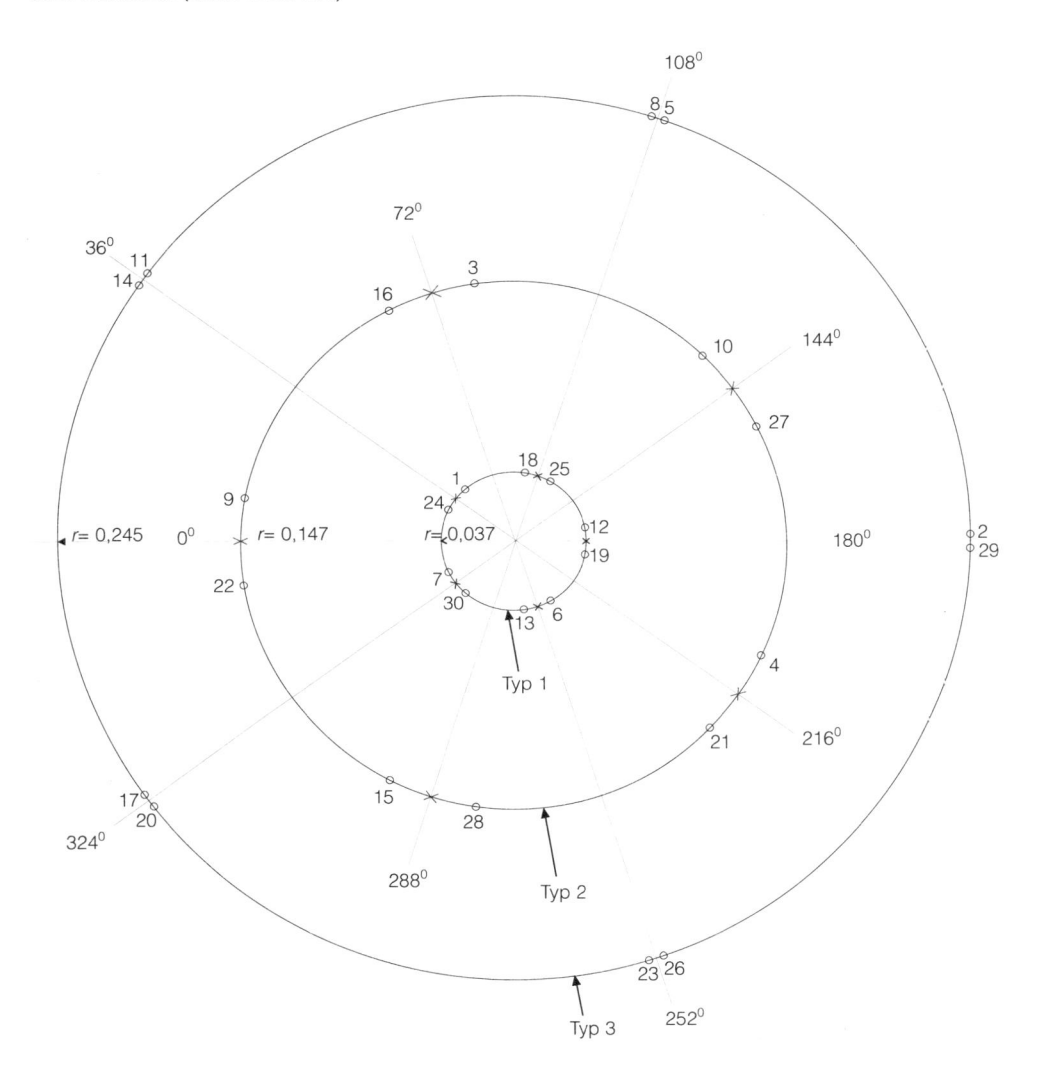

Abb. 87

Wie sich die *r*-Werte über das biorhythmische Leben zeitanteilig verteilen, zeigt Abb. 86. Hier wird ersichtlich, daß $\widehat{MWI}$ die meiste anteilige Zeit, nämlich 12,9 %, einen *r*-Wert zwischen 1,0 und 1,2 aufweist. Rund ³/₄ der Zeit ist r > 1,0 und nur ¹/₄ der Zeit ist *r* innerweltlich, davon die Hälfte wiederum mit *rasantem* Entwicklungstempo.

Hinsichtlich der zeitlichen Abstände der einzelnen Schleifen voneinander und ihrer Reihung als Typen können wir spezielle Gesetzmäßigkeiten erkennen *(Tab. 40)*. Zeichnen wir die Lage der einzelnen Schleifen (im Minimum) in 3 konzentrischen Kreisen ein *(Abb.87)*, erkennen wir die Symmetrie des Geschehens: Je ein Schleifenpaar spiegelt sich um eine Achse, die je 2 unserer Wandlungspunkte im *EK* verbindet.

Ein Rückschritt, wie er in den Schleifen auftritt, ist natürlich auch als Wandlung anzusehen, in der sich der Fortschritt spiegelt. Wir finden hier wiederum die *Fünf* als Zahl des sich entwickelnden Menschen bei den 5 Spiegelachsen.

Die anderen zentrumsnahen Minimagrößen $r_{\widehat{MWI}}$ = 0,075 / 0,187 / 0,298 hingegen zeichnen sich durch großen Winkelzuwachs, rasanten Fortschritt aus.

Somit haben wir hier ein symbolisches Abbild von innerem Fortschritt oder innerem Rückschritt, Wandel zum Guten oder Wandel zum Schlechten. Doch ist jeder Rückschritt nur von kurzer Dauer und mündet stets nach einiger Zeit der Besinnung wieder in ein Weiterschreiten.

Die Hohlspindel

In der Abb. 88 sehen wir das *Seelenmodell* als senkrecht aufgeschnittenen, an seinem oberen und unteren Ende aber aus Darstellungsgründen stark zusammengedrückten Körper. Oben und unten ist der Hohlkörper offen und zeigt so die Verbindung zu höchsten und niederen Sphären auf. Die Form erinnert stark an eine Wurzel, die sich sowohl in der Tiefe als auch in der Horizontalen, unserer Mitte, verankert hat und mit ihrem Stamm nach oben zum Licht strebt. Auch die Kreuzform wird sichtbar. Wenn wir ein Bild aus dem Alten Testament verwenden wollen, erkennen wir hier den Baum der Erkenntnis des Guten und des Bösen, dessen Früchte denjenigen, der sie ißt (biorhythmisch durchlebt), aus dem Paradiese (Einheit) in die Polarität treibt. Die „Schlange" entspricht der auf- und abgleitenden Drehbewegung von $\widehat{MWI}$ zwischen Maxima- und Minima-Lagen.

Zugleich haben wir hier das Modell unseres Wesens vor uns. Immer wieder nähert sich der Mensch seiner zentralen Wesensachse, umkreist sie und wendet sich wieder der Welt zu. Dabei steigt sein Bewußtsein einmal in Richtung „Himmelspol" auf, um sich anschließend wieder dem „Erdpol" zu nähern.
(weiter auf Seite 255)

DIE $\overline{MWI}$-SPINDELACHSE IN DER RÄUMLICHEN DARSTELLUNG

Der Wandlungskörper als Modell der Seele

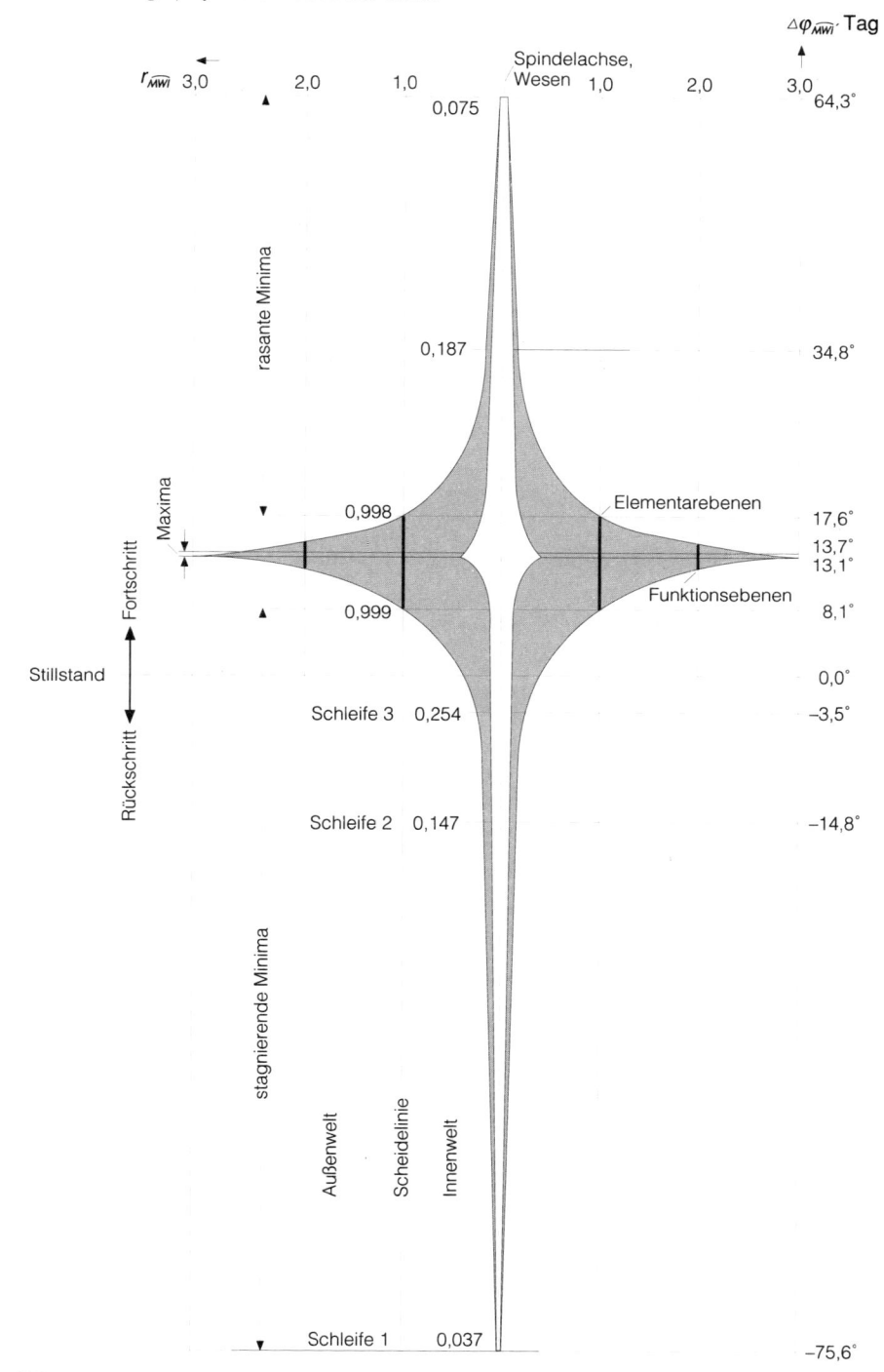

$\Delta\varphi_{\overline{MWI}}$ · Tag

$r_{\overline{MWI}}$ 3,0   2,0   1,0   Spindelachse, Wesen   1,0   2,0   3,0

0,075   64,3°

rasante Minima

0,187   34,8°

Maxima

0,998   Elementarebenen   17,6°
13,7°
13,1°

Fortschritt

0,999   Funktionsebenen   8,1°

Stillstand   0,0°

Rückschritt

Schleife 3   0,254   −3,5°

Schleife 2   0,147   −14,8°

stagnierende Minima

Außenwelt   Scheidelinie   Innenwelt

Schleife 1   0,037   −75,6°

Abb. 88

DIE HOHLSPINDEL UND DIE LAGE DER TELLEREBENEN

Das $\widehat{MWI}$-Seelenmodell

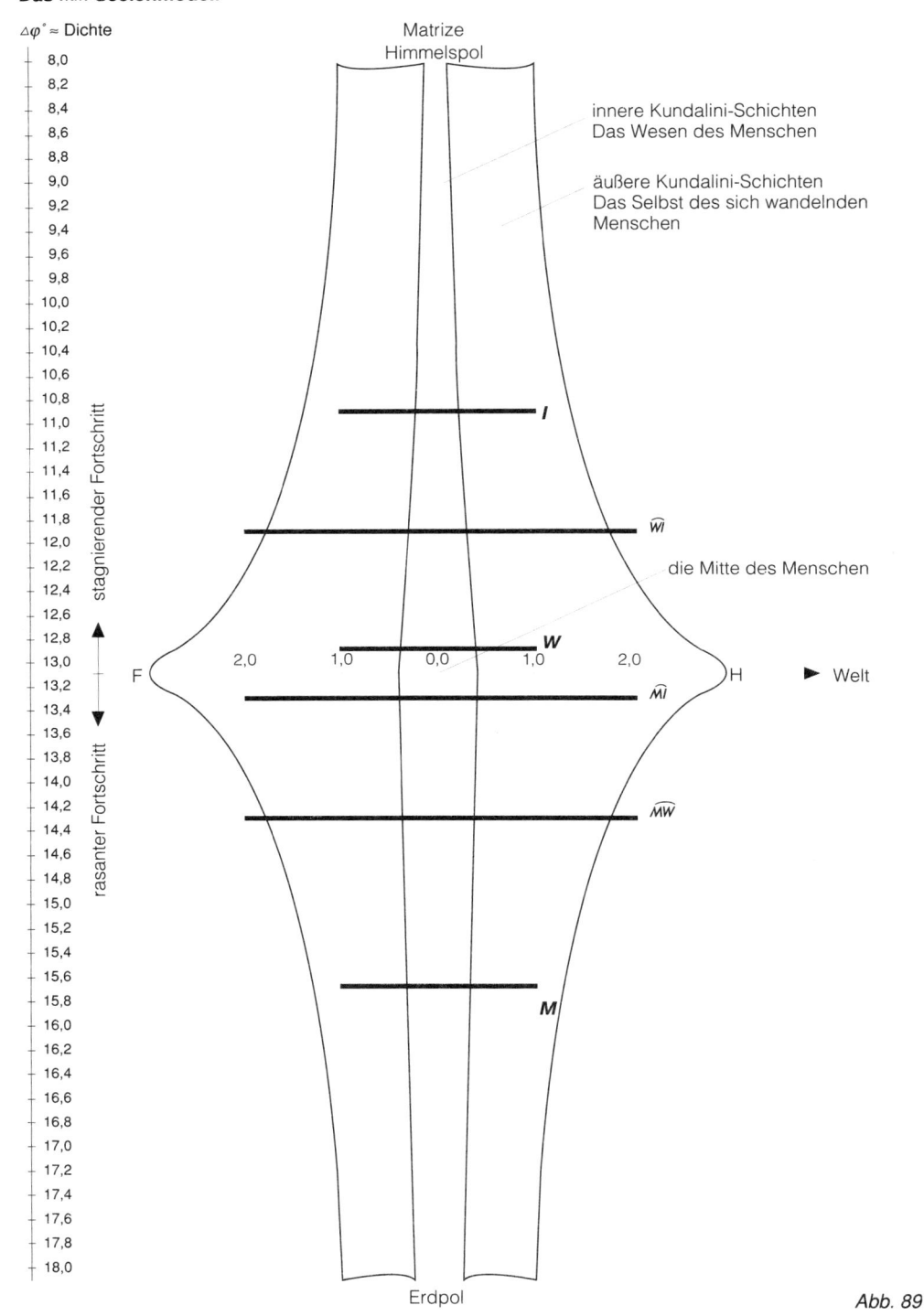

$\Delta\varphi° \approx$ Dichte

Matrize
Himmelspol

innere Kundalini-Schichten
Das Wesen des Menschen

äußere Kundalini-Schichten
Das Selbst des sich wandelnden Menschen

stagnierender Fortschritt

rasanter Fortschritt

I

$\widehat{WI}$

die Mitte des Menschen

W

F 2,0 1,0 0,0 1,0 2,0 H ▶ Welt

$\widehat{MI}$

$\widehat{MW}$

M

Erdpol

Abb. 89

Der Ablauf von $\widehat{MWi}$ erscheint auch wie das „Abspulen des Lebensfadens". Unsere Sprache verwendet hier bildhaft eine Redewendung für einen Vorgang, der sonst nirgendwo so gut paßt wie gerade für die Hohlspindel des Seelenmodells.

Alle „Zurückgeholten" berichten auch übereinstimmend, daß sie beim Übertritt in eine andere Dimension durch eine gedrehte Röhre gezogen wurden, durch einen spiralförmig und immer enger werdenden Tunnel.

Auch im Märchen begegnet uns immer wieder die Spindel. Manchmal sticht sich auch die Prinzessin und fällt dadurch in tiefen Schlaf. Hier werden bildhaft das Berühren der Kundalini-Kernschichten und die Gefahr, die damit für den unentwickelten Menschen verbunden ist, beschrieben.

Wir erkennen die pulsierende Bewegung von $\widehat{MWi}$ als analoges Abbild des Lebensprozesses, als pulsierendes Aktivmolekül *(Abb. 37)*. Das Modell auf Seite 245 *(Abb. 57)* hingegen zeigt die Organisation des Menschen, seiner Chakras und Körper.

$\widehat{MWi}$ entspricht seiner räumlichen Lage nach dem 4. Chakra, dem Herz-Chakra als Verbindungszentrum zwischen niederer und höherer Organisation des Menschen. Den 12 Speichen des Herz-Chakras entsprechen die 12 *Wirkfelder (Abb. 106, Seite 300)* bzw. der Tierkreis.

Seiner Bedeutung nach aber kann als Sitz des niederen Aspektes von $\widehat{MWi}$ (Gesundheit und Schwerpunkt) das Nabel-Chakra gelten. Die östlichen Disziplinen positionieren auch im Nabelzentrum die Erdmitte des Menschen *(Hara)*. Zudem besteht ein Zahlenzusammenhang: Das Nabel-Chakra hat 10 Speichen (Blätter), die von den Kräften abwechselnd unter- bzw. überlaufen werden. Das biorhythmische Leben als $\widehat{MWi}$-Zyklus gliedert sich in 10 biorhythmische Jahre in abwechselndem Erleben und Überwinden. Es zeigt in seiner Symmetrie auch 10 Wandlungsachsen, die je 2 Wandlungspunkte miteinander verbinden und die den 10 Speichen des Nabel-Chakras entsprechen.

Zum Milz-Chakra steht $\widehat{MWi}$ in Entsprechung seiner 7fachen Wirkung: 7 Strahlen strömen aus dem Milz-Chakra, während $\widehat{MWi}$ in Synthese 7 Rhythmen umfaßt. Tatsächlich steht der Solarplexus in engster Verbindung mit biorhythmischem Geschehen.

Im Wurzel-Chakra zeigt sich wiederum der *EK* mit seinen 4 Quadranten.

Den für unser körperliches Leben wichtigen Bereich hinsichtlich der Größen von $r_{\widehat{MWi}}$ zwischen den Werten von 3,0 und 1,0 zeigt die Abb. 89 in stark vertikal vergrößertem Maßstab. Je dichter die Sphäre, desto größer ist hier die „Antriebsübersetzung" $\Delta\varphi°$. Hinsichtlich der *Fortschrittsdynamik* $\Delta\varphi°$ müßte man richtigerweise die Spindel umdrehen. Innerhalb der äußeren und inneren Umwandung des Spindelkörpers bewegt sich in ewigem, auf- und abströmendem drehenden Fließen der Lebensstrom. Der Hohlraum ganz innen wird von $\widehat{MWi}$ nicht berührt. Er ist für die Kernschichten der aufsteigenden Kundalini reserviert, wenn der Mensch Herr über das Leben geworden ist, und steht mit dem Plan, dem SOLL, mit $\widehat{MWi}'$ in Verbindung.

Eine spezielle Lage tritt jedoch *nie* auf: $r \neq 0,0$ (das Symbol des Nichts, des Todes, des Ungeoffenbarten). Dies entspräche einer genauen 120°-Lage der einzelnen Elemente zueinander, wodurch sich alle Funktionen und Bewußtseinselemente im

Aufgehen im Zentrum aufheben würden. Nicht beherrschtes materielles, psychisches und mentales Leben würde sofort verlöschen und ins Nichts zurücksinken. Wie weise doch die Lebensentwicklung geregelt ist!

Im Zeitraum eines *biorhythmischen Lebens* von 21.252 Tagen (58 Jahre und 67 Tage) gibt es 5 Zeitpunkte, an denen $r = 3,0$, und 5 weitere, an den $r = 1,0$ als Maxima aufscheinen. Diese 10 Maxima liegen genau auf Wandlungspunkten. An diesen Tagen wird die bisherige Entwicklung spiegelbildlich weitergeführt:
1. Die $r_{\overline{MWT}}$-Maxima-Minima-Reihenfolge läuft genau symmetrisch zum bisherigen Geschehen ab, und
2. das Abschreiten der Qualitätssektoren läuft hinsichtlich des Entwicklungstempos $\Delta\varphi°$ symmetrisch vom entsprechenden Wandlungspunkt aus weiter.

Die Lebensabschnitte

Somit können wir das biorhythmische Leben in 5 große Abschnitte einteilen, wobei jeder Abschnitt gleich lang ist und denselben Ablauf im Auf- und Abbau von Frequenz und Amplitude zeigt. Aber jeder neue Abschnitt startet gegenüber dem vorhergehenden von einer um 72° in rückläufiger Richtung gelegenen Position aus, die sich mit einem der uns schon von den Funktionen her bekannten 20 Wandlungspunkte deckt. Bezeichnend ist in diesem Zusammenhang, daß die Astrologie äußere Entwicklungen im Tierkreis rechtsdrehend, spirituell-innenweltliche aber ebenfalls linksdrehend beschreibt. Auch das I-GING kennt diese unterschiedlichen Drehrichtungen in bezug auf den „Frühen" und „Späten Himmel".

Jeder der 5 Abschnitte aber teilt sich wiederum in 2 symmetrische Hälften auf, wobei man den ersten als *Aktion,* den zweiten als *Reaktion* betrachten kann oder als *Bearbeiten* und *Aufarbeiten.* Somit haben wir in uns eine Art von „Entwicklungsuhr", die unser Leben in Lernschritte und Wiederholungsschritte einteilt.

Das biorhythmische Leben aber zeigt in seiner Wiederholung ab dem 21.252. Tag selbst einen doppelten Ablauf:

Das biologische *Lernen* und das biologische *Wiederholen* umfassen gemeinsam das theoretische Grenzalter des Menschen von bis zu 120 Jahren. Die Tabelle 41 zeigt uns die näheren Zusammenhänge.

DER ENTWICKLUNGSKALENDER DES MENSCHENLEBENS

Abschnitt (biorh. Jahr)		Jahre	Phase	10 Äußerungen	
	Geburt	0,0			
	1		Kleinkindphase	spielen	
Kind		5,8			
	2 ▲		Überwindung von 1		
		11,6			
	3 ▼		Pubertätsphase	lernen ⟶	Pubertätskrisis (SEIN)
Pubertät		17,5			
	4 ▲		Überwindung von 3		
		23,3			
	5 ▼▲		Vorerwachsenenphase	binden	– Ehe – Beruf
junger Erw.		29,1			
	5′ ▲▼		Überwindung von 5		
		34,9			
	4′ ▼		Karrierephase	schaffen	– Erfolg – Karriere
voll erw.		40,7			
	3′ ▲		Überwindung von 4′		
		46,5			⟶ Midlife-crisis (SINN)
	2′ ▼		Sicherungsphase	sichern, festigen	– Wohlstand
reifer Erw.		52,4			
	1′ ▲		Überwindung von 2′		
		58,2			
	1 ▼		Reflexion von 1′	sich umstellen	
Älterer		64,0			
	2 ▲		Reflexion von 2′		
		69,8			
	3 ▼		Reflexion von 3′	sich (ab-) finden	
Senior		75,6			
	4 ▲		Reflexion von 4′		
		81,5			⟶ Handelnskrisis (WOLLEN)
	5 ▼▲		Reflexion von 5′	loslassen	
Alter		87,3			
	5′ ▲▼		Reflexion von 5		
		93,1			
	4′ ▼		Reflexion von 4	hergeben	
Greis		98,9			
	3′ ▲		Reflexion von 3		
		104,7			
	2′ ▼		Reflexion von 2	warten	
Uralter		110,6			
	1′		Reflexion von 1		
	Tod	116,4			Funktionskrisis (KÖNNEN)

Tab. 41

Die *alten Inder* kannten eine Einteilung in 4 *Lebensabschnitte:*

bis 25 Jahre = lernen
bis 50 Jahre = arbeiten, Familie gründen
bis 75 Jahre = meditieren, sich lösen
ab 75 Jahre = lehren

Diese Einteilung entspricht in groben Zügen der biorhythmischen Einteilung, wie sie im Entwicklungskalender des Menschen angelegt ist.

Die *Antroposophie* und die *Astrologie* teilen das Leben in 7 Abschnitte ein:

DIE 7 LEBENSABSCHNITTE

nach der Einteilung der Antroposophen und Astrologen

Antroposophie	Planet	Astrologie
1 – 7	Mond	1 – 4
7 – 14	Merkur	5 – 10
14 – 21	Venus	11 – 18
21 – 42	Sonne	19 – 37
42 – 49	Mars	38 – 52
49 – 56	Jupiter	53 – 64
56 – 63	Saturn	ab 65

Tab. 42

Diese beiden Einteilungen decken einander nicht. Die 10 tatsächlichen Planeten (siehe *Tab. 8)* bzw. Prinzipien finden ihre bessere Entsprechung in der PDR-Einteilung *(Tab. 41).*

Die Dauer in Tagen, bis $r_{\overline{MWi}}$ von einer Maximagröße zu einer Minimagröße und wieder zurück zur nächsten Maximagröße schwingt, pendelt zwischen 71,2 und 79,6. Sie entspricht einem Erfahrungsschritt, dem *biorhythmischen Atem:*

Biorhythmischer Atem
- 79,6 Tage   maximal
- 75,9   Ø
- 71,2   minimal

Das „Ein-" bzw. „Ausatmen" dauert daher durchschnittlich 37,95 Tage und entspricht somit der beobachteten Frequenz von 38 Tagen eines „feinsinnlichen" Rhythmus. Da in den Minima-Lagen Kontaktaufnahme zum höheren Selbst erfolgt, können die Beobachtungen feinsinnlicher Schwankungen nun erklärt und richtig zugeordnet werden.

Die Geschwindigkeit, mit der sich $r_{\overline{MWi}}$ auf- bzw. abbaut, ändert sich ständig. Der größte Wert liegt bei $\Delta r = \pm 0,083$ Radiuseinheiten (des *EK*) pro Tag, manchmal erreicht Δr als *dynamische Änderungsgröße* oder *Änderungsbeiwerte* von r als Maximalwert nur $\Delta r = \pm 0,034$ Radiuseinheiten pro Tag.

Δr = Dynamik der Kräfteentwicklung
- $\pm 0,083$ größter Maximalwert
- $0,000$ Umkehrpunkt
- $\pm 0,034$ geringster Maximalwert

In Maxima- bzw. Minima-Lagen ist $\Delta r = 0,0$, die Dynamik wendet sich dann in ihr Gegenteil. Manchmal baut sich Δr sehr rasch zu seinem Maximalwert auf bzw. Minimalwert ab, manchmal erfolgt der Auf- oder Abbau wieder zögernd, manchmal bleibt Δr längere Zeit hindurch stabil in seiner Veränderung. Der Auf- bzw. Abbau folgt dem Prinzip nach dem von C. W. Leadbeater hellsichtig beobachteten Aktivmolekül.

Die graphische Darstellung des Maxima/Minima-Verlaufes von $r_{\overline{MWi}}$ *(Abb. 90)* während der ersten 2.125,2 Tage zeigt wiederum 5 in sich geschlossene *symmetrische Abschnitte*, die 2mal in ein rasantes Minimum und 3mal in eine Schleife münden. Die Schleifen stellen eine Art „Krise" oder „Prüfung" dar, aber auch eine innere Wende, indem der Mensch sich wiederum dem äußeren Geschehen zuwendet.

Die Größe von $r_{\overline{MWi}}$ ist zu 75 % aller Tage über 1, d. h. extravertiert, weltzugewandt und nur zu 25 % introvertiert. In den 2 Extrem-Minima-Möglichkeiten nimmt der Mensch mit höheren bzw. niederen Innenwelten stärkeren Kontakt auf, je nachdem, ob er voran oder zurück schreitet. Die niedrigsten r-Werte zeigen an, daß die inneren (Kern-)Schichten der Kundalini berührt bzw. angeregt werden. Es sind dies für unentwickelte Menschen oft sehr gefährliche Momente. Für den reifen Menschen sind es jene unbeschreiblichen Momente höchster Seinsfühlung.

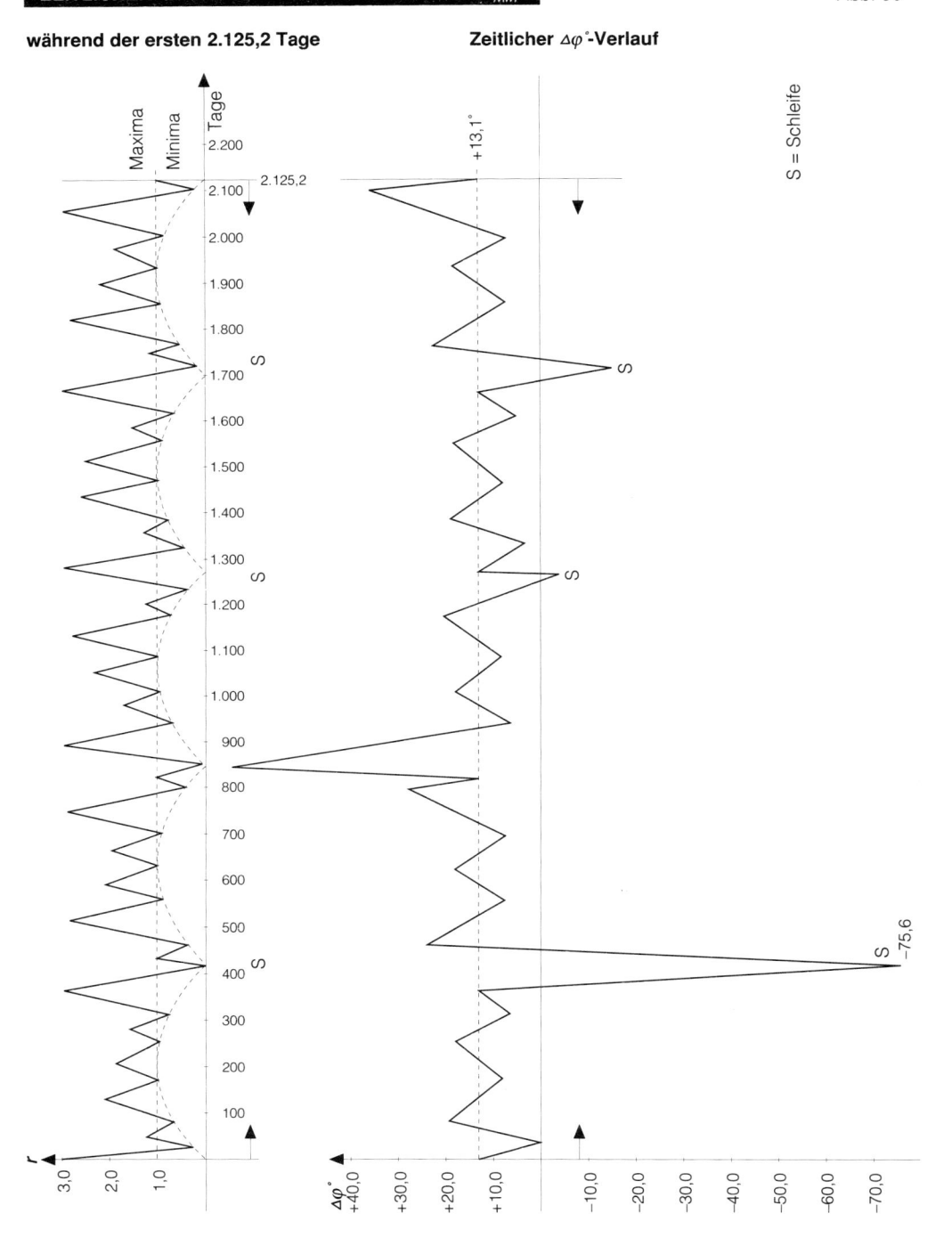

ZEITLICHER MAXIMA / MINIMA-VERLAUF VON $r_{\overline{MWI}}$ Abb. 90

während der ersten 2.125,2 Tage **Zeitlicher $\Delta\varphi°$-Verlauf**

S = Schleife

260

Die Qualität der Zeit $\varphi°$

Das Abschreiten der einzelnen Sektoren zeigt unterschiedlichen Zeitcharakter, $\varphi°_{\widehat{MWi}}$ ist ein *Maß der Zeitqualität* des Lebens. Jedem quantitativen Maß von Kraft ist im Fortschreiten der Entwicklung jedesmal eine andere Qualität beigegeben, und jede spezifische Qualität verfügt zu verschiedenen Zeiten über ein unterschiedliches Maß an Kraft. Innerhalb eines biorhythmischen Lebens verfügen so alle möglichen Zeitpunkte über unterschiedliche Kraft und Entwicklungsrichtung bzw. -tempi, alle Möglichkeiten werden aber in gesetzmäßiger Reihung gehalten, die durch die Hohlspindelform gegeben ist.

Die Geschwindigkeit, mit der die einzelnen Sektoren nacheinander durchschritten werden, ändert sich ständig.

$\triangle\varphi°$ gibt das Maß an, in welchem Tempo sich die Entwicklung ändert. Es ist der *dynamische Entwicklungstempo-Beiwert,* welcher in der Winkeldifferenz von einem Tag zum nächsten ausgedrückt wird.

$\triangle\varphi°$ ist proportional zur Dichte der Ebene und umgekehrt proportional zur Frequenz, mit der in senkrechter Anordnung die „Tellerebenen" schwingen:

SYNCHRONITÄT MIT DEN TELLEREBENEN

	Drehwinkel pro Tag	
$\widehat{MWi}$	Erde	
M	15,7°	Der $\triangle\varphi°$-Wert zeigt an, ob
$\widehat{MW}$	14,3°	und mit welchem „Teller" ge-
$\widehat{Mi}$	13,3°	rade Synchronität besteht
W	12,9°	*(siehe Abb. 89).*
$\widehat{Wi}$	11,9°	
I	10,9°	
$\widehat{MWi}'$	Himmel	

Tab. 43

Interessant ist in diesem Zusammenhang auch die Parallele zur kreisförmigen Anordnung der 64 Hexagramme des I-GING nach Schau Yung *(Abb. 20)*. In dieser ändern sich die Yang- und Yin-Striche im äußeren Kreis ständig, weisen also hohe Frequenz auf *(M)*, während der innerste Kreis nur einen einzigen Wechsel in der Kreisanordnung von Yang zu Yin erfährt (entspricht der *I*-Ebene).

| ENTSPRECHUNG DER HEXAGRAMMEBENEN MIT DEN TELLEREBENEN |

Hexagrammebenen des I-GING	Wechsel (Frequenz)	Biorhythmische Tellerebene
1. innerster Kreis	1 Wechsel	I
2. Kreis	4	$\widehat{WI}$
3. Kreis	8	W
4. Kreis	16	$\widehat{MI}$
5. Kreis	32	$\widehat{MW}$
6. äußerer Kreis	64 Wechsel	M

Tab. 44

Die mittlere Entwicklungsgeschwindigkeit beträgt 13,1° pro Tag:

$$\Delta\varphi° = \emptyset \; \frac{(360:23) + (360:28) + (360:33)}{3} = 13{,}1° \text{ täglich}$$

$\Delta\varphi°$
- $< 13{,}1°$ – gehemmte Entwicklung, Stagnation
- $= 13{,}1°$ – normales Entwicklungstempo
- $> 13{,}1°$ – rasante Entwicklung

ein negativer Wert entspricht einer rückläufigen Entwicklung, einer Krise.

Jedem Maxima/Minima-Wert von $r_{\widehat{MWI}}$ ist ein ganz bestimmtes Entwicklungstempo zugeordnet. So z. B. weist max. $r = 1{,}592$ einen Tempobeiwert von $\Delta\varphi = 13{,}5°$ auf, min. $r = 0{,}633$ einen von $\Delta\varphi = 5{,}9°$. max. $r = 3{,}0$ entspricht dem durchschnittlichen Wert von $\Delta\varphi = 13{,}1°$ *(siehe Tab. 38)*.

Alle übrigen r-Werte, die *nicht* Maxima/Minima-Positionen entsprechen, weisen hingegen einmal stärkeren, dann wieder schwächeren Fortschritt auf.

Je mehr die Maximawerte von $r_{\widehat{MWI}}$ als Wendepunkte sich dem niedrigsten Wert von $r = 1{,}0$ nähern, desto größer wird auch die Entwicklungsgeschwindigkeit $\Delta\varphi°$. Dies entspricht auch genau unserer Erfahrung: Je veräußerlichter ein Mensch ist, desto starrer ist er und desto langsamer verläuft seine Entwicklung. Je ausgeglichener und harmonischer ein Mensch ist, desto flexibler ist er auch. Seine Entwicklungsgeschwindigkeit vergrößert sich zusehends, je näher er seinem Ursprung ($\widehat{MWI}'$) kommt.

Ist aber $r_{\widehat{MWI}} = 1{,}0$, beträgt die Entwicklungsgeschwindigkeit $\Delta\varphi = 13{,}7°$ pro Tag (dieser Wert entspricht nicht der Drehgeschwindigkeit einer der Elementar- oder Funktionsebenen). Bei dieser „Schiedsrichterlage" fühlt sich der materielle Mensch disharmonisch, so mancher „steht daneben" oder „rastet aus".

Hinsichtlich der Minimawerte jedoch tritt eine merkwürdige *Spaltung* ein: Ein Teil der Minima weist eine zunehmend rasantere Entwicklungstendenz auf, die schließlich bei min. $r = 0{,}075$ mit $\Delta\varphi_{\widehat{MWI}} = 64{,}3°$ ihren höchsten Wert erreicht, der andere, jeweils benachbarte Minimawert weist hingegen eine zunehmend gehemmte Entwicklungstendenz auf, die schließlich bei min. $r = 0.037$ mit $\Delta\varphi = -75{,}6°$ ihren höchsten rückläufigen Wert erreicht.

Hier scheiden sich also die Geister – es gibt hemmende und fördernde. Sowohl die Astrologie als auch das I-GING beschreiben hemmende und fördernde Konstellationen, Fortschritt und Rückschritt.

Die folgende Aufstellung zeigt, wie viele Zeitanteile in % auf die unterschiedlichen $\Delta\varphi°$-Größen entfallen:

ZEITLICHE AUFTEILUNG DER VERSCHIEDENEN $\Delta\varphi$ - BEREICHE

$\Delta\varphi°$			Zeitanteile in %
über		20,0°	4,0
15,0°	bis	20,0°	16,1
10,0°	bis	15,0°	72,3
5,0°	bis	10,0°	6,0
0,0°	bis	5,0°	1,1
negative Werte (Rückschritt)			0,5
⌀	13,1°		8,0

Tab. 45

Rund 50 % der Zeit herrscht ein Fortschrittstempo zwischen $\Delta\varphi° = 12,2°$ und $14,0°$ pro Tag.
Nur 0,5 % der Zeit entfällt auf einen Rückschritt.

Bei einem durchschnittlichen Entwicklungstempo von $\Delta\varphi = ⌀\ 13,1°$ täglich werden 360° in durchschnittlich 27,4 Tagen durchlaufen; die Umlaufzeit des siderischen Mondes entspricht fast genau diesem Wert.

$\Delta\varphi°_{MW}$, die Fließgeschwindigkeit des Lebens, verweilt die meiste Zeit in seinem Mittelwert von 13,1°, nämlich 8,0 % aller Tage, ändert zunehmend schneller bei Annäherung an ein Maximum/Minimum seine Geschwindigkeit, erfährt dort seinen Maximal- oder Minimalwert und kehrt, zunehmend langsamer oder schneller werdend, auf seinen Mittelwert zurück, wo es wiederum länger verweilt.

Ein kompletter biorhythmischer Atemzug (von Maximum zu Maximum) umfaßt eine Drehung von zwischen 843,7° und 1.184,9° bei einem Mittelwert von ⌀ 995,14°, d. h., er umspannt zwischen 2,3436 und 3,2914 Umdrehungen à 360° (bei einem Mittelwert von ⌀ 2,764 Umdrehungen).
Während eines biorhythmischen Lebens (21.252 Tage) werden genau 774 Umdrehungen à 360° vollzogen.
Nach Ablauf der ersten 58 Jahre und 67 Tage wurden alle möglichen biorhythmischen Erfahrungen gesammelt. Nun wiederholt sich das Geschehen spiegelbildlich (oder auch von Anfang an, je nachdem, wie man es betrachtet). Der Eroberung der Welt folgt der Abschnitt des Rückzuges aus der Welt, der *retrospektiven Betrachtung*.

Am 21.254. Tag ist $r_{\widehat{MWI}}$ gleich groß wie am 21.250. Tag, nämlich 2,993 RE (Radiuseinheiten), $\varphi_{\widehat{MWI}}$ ist am 21.254. Tag mit 26,3° genau 360° minus 333,7° ($\varphi_{\widehat{MWI}}$ vom 21.250. Tag).

Parallelen zum I-GING

Interessant ist hier die Parallele zum I-GING:

Mittels der I-GING-Hexagramme lassen sich die 20 biorhythmischen Wandlungspunkte beschreiben (siehe *Tab. 46*). Es entsprechen diesen bestimmten Wandlungspunkten im *EK* in analoger Hinsicht die 20 Aminosäuren, die die organischen Substanzen aufbauen, oder die 20 Konsonanten, die die Sprache aufbauen. Somit deklarieren sie sich als bestimmten wirkenden Prinzipien unterstehend.

Das I-GING kennt 64 Hexagramme, die die Wirklichkeit beschreiben. Ihnen entsprechen 64 Möglichkeiten, wie *M, W* und *I* an den 4 Polen bzw. in den 4 Quadranten positioniert sein können *(Abb. 91)*.

Die Biologie kennt 64 Kombinationsmöglichkeiten, wie jeweils 3 von 4 „Buchstaben" des genetischen Codes zusammengesetzt sein können. In den unendlich vielen Kombinationsmöglichkeiten der Reihung dieser Kombinationsmöglichkeiten wiederum liegt die Vielfalt aller Lebenserscheinungen verborgen.

DIE 64 KOMBINATIONSMÖGLICHKEITEN der Stellung der 3 Elemente in den 4 Quadranten

M	W	I	M	W	I	M	W	I	M	W	I
F	F	F	F	F	S	F	F	H	F	F	W
S	F	F	S	F	S	S	F	H	S	F	W
H	F	F	H	F	S	H	F	H	H	F	W
W	F	F	W	F	S	W	F	H	W	F	W
F	S	F	F	S	S	F	S	H	F	S	W
S	S	F	S	S	S	S	S	H	S	S	W
H	S	F	H	S	S	H	S	H	H	S	W
W	S	F	W	S	S	W	S	H	W	S	W
F	H	F	F	H	S	F	H	H	F	H	W
S	H	F	S	H	S	S	H	H	S	H	W
H	H	F	H	H	S	H	H	H	H	H	W
W	H	F	W	H	S	W	H	H	W	H	W
F	W	F	F	W	S	F	W	H	F	W	W
S	W	F	S	W	S	S	W	H	S	W	W
H	W	F	H	W	S	H	W	H	H	W	W
W	W	F	W	W	S	W	W	H	W	W	W

Abb. 91

Auch das Schachspiel mit seinen schwarzen (Yin) und weißen (Yang) Figuren hat 64 Felder und 16 Umwandlungsfelder, die den 16 nichtpolaren Umwandlungspunkten des *EK* entsprechen. Wenn man von den 64 Hexagrammen des I-GING die 8 verdoppelten Urzeichen ausklammert, verbleiben 56 zusammengesetzte Kombinationen. In einem biorhythmischen Jahr von 2.125,2 Tagen werden jeweils 28 Maxima und 28 Minima an gewissen Stellen, also zusammen genau 56 Wandlungen, durchschritten. Der größte Teil davon ist „fördernd", der kleinere Teil ist „nicht fördernd", wie es in der Sprache des I-GING heißt.

Von allen Maxima/Minima sind nur 15, also 26,8 %, gehemmt und von diesen nur 3, also 5,4 %, rückschreitend. Diese Parallelen sind nicht zu übersehen.

Wenn man die biorhythmischen „Jahrestage" in die Sprache des I-GING übersetzt und entsprechende Hexagramme aufbaut, ergibt das folgende Übersicht:

ENTSPRECHUNG DER BIORHYTHMISCHEN JAHRESTAGE Tab. 46
mit den zugehörigen Hexagrammen

Tag	$\varphi°$	r	Hexagramm Nr.	Bezeichnung	Biorh. Jahr
21.252,0 }	360	3,0	64 ↓	Vor der Vollendung	10
0,0	0		1	Das Schöpferische	0
2.125,2	144	1,0	17	Die Nachfolge	1
4.250,4	288	3,0	64	Vor der Vollendung	2
6.375,6	72	1,0	61	Innere Wahrheit	3
8.500,8	216	3,0	2	Das Empfangende	4
10.626,0	0	1,0	18	Die Arbeit am Verdorbenen }	5
			61 ↓	Innere Wahrheit	5
12.751,2	144	3,0	63	Nach der Vollendung	6
14.876,4	288	1,0	18	Die Arbeit am Verdorbenen	7
17.001,6	72	3,0	1	Das Schöpferische	8
19.126,8	216	1,0	2	Das Empfangende	9
21.252,0	360	3,0	64	Vor der Vollendung	10

Die Übereinstimmung von Hexagrammbezeichnung und biorhythmischen Schritten der Entwicklung in der Spiegelung der „Jahre" ist faszinierend.

Zur Technik der „Übersetzung" kommen wir etwas später zu sprechen.

Auch die Sonne vervollständigt nach dem I-GING in 60 Jahren alle Hexagrammzeichen. Dies entspricht in etwa der Dauer eines biorhythmischen Lebens.

Sowohl im I-GING in Hinblick auf ihre Numerierung als auch im biorhythmischen Geschehen ist die Reihenfolge der Hexagramme und die der biorhythmischen Wandlungszustände (als Maxima/Minima) nicht nach ihrem Yin-Yang-Verhältnis bzw. ihrem *r*-Wert auf- oder absteigend gegliedert. Die Reihenfolge ist vielmehr „zufällig", entspricht aber dem Lebensprozeß.

Nach der Anordnung des „Frühen Himmels" kann man die 8 Zeichen den biorhythmischen Elementen hinsichtlich ihrer Betätigungsart zuordnen:

MODELL DER ABFOLGE VON BEWUSSTSEINSPROZESSEN   *Abb. 92*

Schöpferisch
$\widehat{MWI}'$
≡≡≡

Passive Sinnesempfindung
$-I$ ☷

Gefühlhaftes Werten
☱ $+W$

$\widehat{MW}$
treten
Bewußt werden

Verstand, Erkennen
$+I$ ☰

Wahrnehmen ←→ $\widehat{WI}$

Intuitives Ahnen
☴ $-W$

Bewirken, betätigen
In Erscheinung
$\widehat{MI}$

Wille, Tat
$+M$ ☳

Stillehalten
☶ $-M$

☷
$\widehat{MWI}$
Empfangend

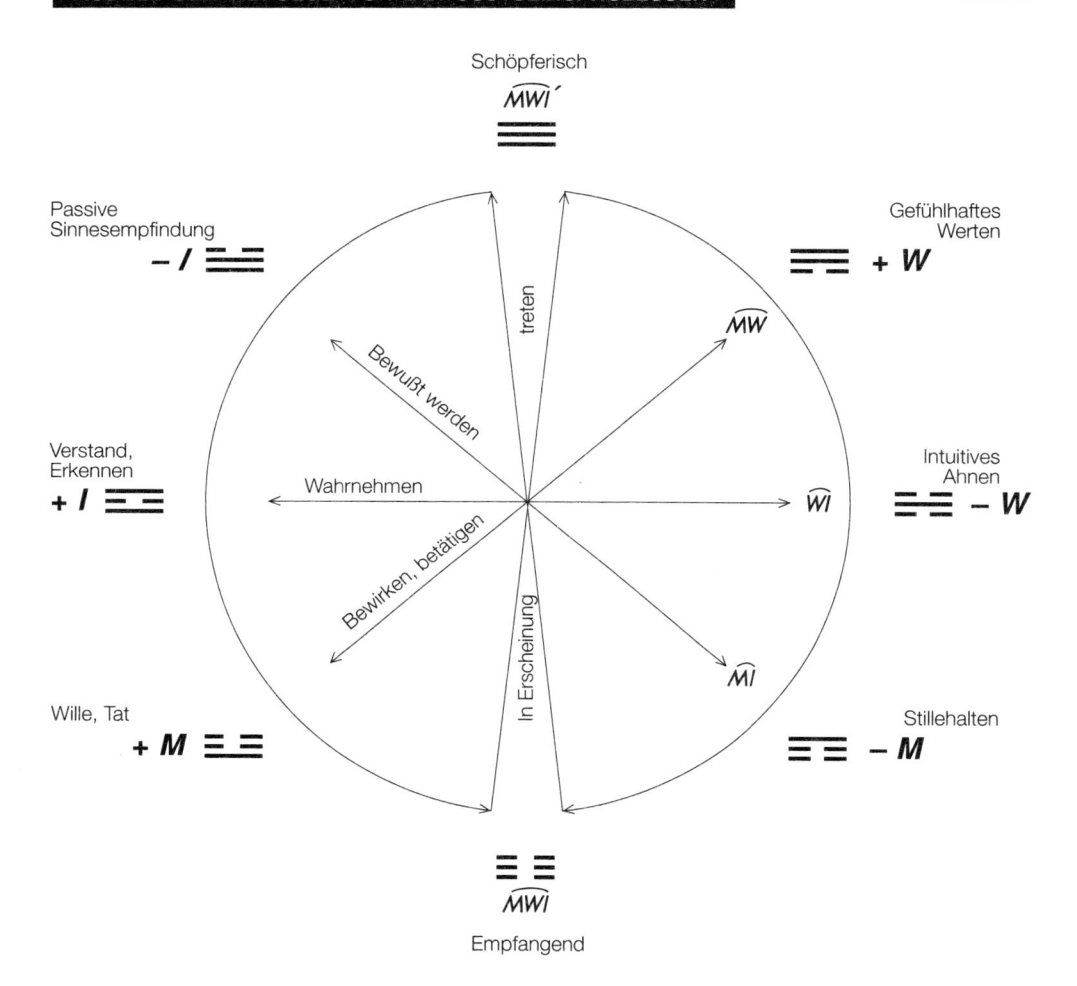

Wir sehen hier im Modell, wie sich die Bewußtseinsprozesse abspielen: Unser Gleichgewicht $(\widehat{MWI})$ wird durch einen Reiz $(-I)$ gestört. Nach seiner verstandesmäßigen Einordnung $(+I)$ erfolgt eine Handlung $(+M)$, welche mit der Soll-Instanz $(\widehat{MWI}',$ Gewissen) verglichen wird, worauf das Resultat gefühlt $(+W)$ wird. Im darauffolgenden Zurückziehen weicht die Aktivität $(+I \rightarrow +M \rightarrow +W)$ der Passivität, die Harmonie wird zuerst intuitiv $(-W)$, dann im Stillehalten $(-M)$ wiederum gesucht, bis ein neuerlicher Reiz $(-I)$ das Gleichgewicht stört und zur Aktion überleitet.

Wir haben hier abwechselnd 3 aktive und 3 passive Schritte vor uns, die in ihrer Reihenfolge genau dem Auf- und Abschreiten der Tellerebenen einmal nach oben und dann wieder nach unten von $\widehat{MWi}$ in der Hohlspindel entspricht und die Abfolge der Maxima/Minima erkennen läßt.

Weiters können wir in der diagonalen Positionierung der Elemente die 4 Achsen der Beziehungen (Funktionen) ausmachen: Die Harmonie zeigt sich in der senkrechten Schöpfungsachse. Jede Betätigung bedarf der Stoffwechselfunktion als Energiefunktion, im rhythmischen Auf und Ab von Atem und Puls liegt die Quelle der Wahrnehmungen, während unser Bewußtsein im Diesseits abhängt von den Sinnen und Nervensystemen.

Weiters erkennen wir, daß die Achse des Wahrnehmens senkrecht zur Schöpfungsachse steht, wie es auch der beleuchtenden Tätigkeit von Chit hinsichtlich der durch Ananda hervorgerufenen 4 Vorstellungen entspricht. Die Achse des Bewußtwerdens steht senkrecht zu der des Agierens, da Bewußtsein ja der Spannweite des Abschreitens von 2 Polen bedarf. Haben wir im senkrechten Kreuz das himmlische, prinzipielle Vorbild, so entspricht das diagonale Kreuz dem irdischen, menschlichen Weg.

Prinzipiell sind 2 Möglichkeiten bei Minimapositionen von $\widehat{MWi}$ gegeben: Wandlung zum „Guten" oder Wandlung zum „Schlechten", wie es eben auch im Text des I-GING beschrieben wird: Immer wieder lesen wir von Heil und Unheil, Reue und Beschämung, Makel, förderlichem Gelingen, Beharrlichkeit, Wandel, Fortschritt und Ruhe.

R. Wilhelm schreibt in seinem Kommentar zur Übersetzung des I-GING (S.16): „Soviel steht fest, daß aus dem Wandel und Übergang dieser Kräfte (Yin und Yang, d. V.) das Dasein sich aufbaut, wobei denn der Wandel teils ein dauernder Umschlag von einem ins andere ist, teils ein kreisförmig geschlossener Ablauf von in sich zusammenhängenden Ereigniskomplexen wie Tag und Nacht, Sommer und Winter. Dieser Wandel aber ist nicht sinnlos, sonst könnte es kein Wissen davon geben, sondern eben dem durchgehenden Gesetz, dem SINN (Tao) unterworfen."

Dasselbe Gesetz wirkt aber auch im biorhythmischen Geschehen als dauernder Umschlag von Überfunktion und Unterfunktion, Fortschritt und Rückschritt, Veräußerlichung und Verinnerlichung, Maxima und Minima usw. und dem kreisförmig geschlossenen Ablauf von in sich zusammenhängenden Ereigniskomplexen wie Fülle und Leere, Laden und Entladen usw.

Die *einzelnen Plätze* der Hexagramme haben eine bestimmte Bedeutung, wobei jeder Platz Yang oder Yin sein kann:

6. Platz	Himmel	dunkel	Yin-Platz	Platz des Endes
5. Platz		licht	Yang-Platz	Platz des Herrschers
4. Platz	Mensch	dunkel	Yin-Platz	Platz des Ministers
3. Platz		licht	Yang-Platz	Übergangsplatz
2. Platz	Erde	dunkel	Yin-Platz	Platz des Beamten
1. Platz		licht	Yang-Platz	Platz des Anfangs

Das *lichte* Prinzip ist das der Liebe, das *dunkle* das der Gerechtigkeit. Überträgt man diese Prinzipien auf den Einheitskreis, entspricht der Sinus als Maß der Fülle oder Leere dem lichten Prinzip, der Cosinus als Art der Betätigung des Ladens oder Entladens in der Zeit dem Prinzip der Gerechtigkeit, des Ausgleichs, also dem dunklen Prinzip.

DIE 4 KRÄFTE DES I-GING   als Entsprechung von Sinus und Cosinus

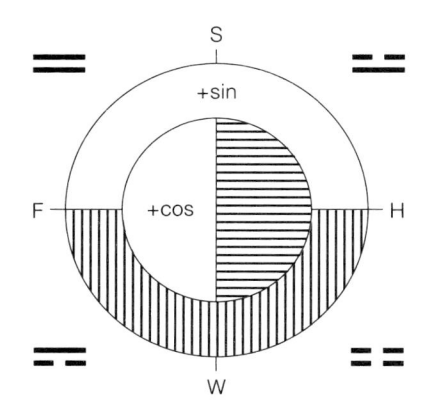

Abb. 93

An den 4 Polen des Einheitskreises erfolgen Umwandlungen von Yin in Yang bzw. umgekehrt von Yang in Yin und die Umwandlungen der Tätigkeit. In Polnähe befinden sich daher das „Alte Yang" bzw. das „Alte Yin", das jeweils in sein Gegenteil umkippt.

Die 4 Pole:				
	0° F	cos	Junges Yang (Zahl 7)	+ 1
		sin	Altes Yin (Zahl 6)	– 0 +
	90° S	cos	Altes Yang (Zahl 9)	+ 0 –
		sin	Junges Yang (7)	+ 1
	180° H	cos	Junges Yin (Zahl 8)	– 1
		sin	Altes Yang (9)	+ 0 –
	270° W	cos	Altes Yin (6)	– 0 +
		sin	Junges Yin (8)	– 1

Die Sektoren zwischen den Polen sind ruhend, sich nicht wandelnd. So kann man den EK (entsprechend der Entwicklung des T'ai-Chi-Symbols aus der Wandlung von Yin und Yang im Frühen Himmel) in 8 Sektoren einteilen, wobei bei den Polsektoren jeweils 22,5° vor dem jeweiligen Pol einen Zustand vor der Wandlung und jeweils 22,5° nach dem Pol einen Zustand nach der Wandlung bedeutet.

ENTSPRECHUNG BIORHYTHMISCHE KONSTELLATION – KRAFT (I-GING)   Tab. 47

Winkel in °	M Tag	W Tag	I Tag	Kraft
0 – 22,5	1, 2	1, 2	1, 2	⚊→ ←⚊
22,5 – 67,5	3, 4	3, 4, 5	3, 4, 5, 6	⚌
67,5 – 112,5	5, 6, 7	6, 7, 8, 9	7, 8, 9, 10	⊖
112,5 – 157,5	8, 9, 10	10, 11, 12	11, 12, 13, 14	⚏
157,5 – 202,5	11, 12, 13	13, 14, 15, 16	15, 16, 17, 18, 19	⊖
202,5 – 247,5	14, 15, 16	17, 18, 19	20, 21, 22, 23	⚏
247,5 – 292,5	17, 18, 19	20, 21, 22, 23	24, 25, 26, 27	→←
292,5 – 337,5	20, 21, 22	24, 25, 26	28, 29, 30, 31	⚏
337,5 – 360,0	23	27, 28	32, 33	→←

ANORDNUNG DER DIAGRAMME IM EK   Abb. 94

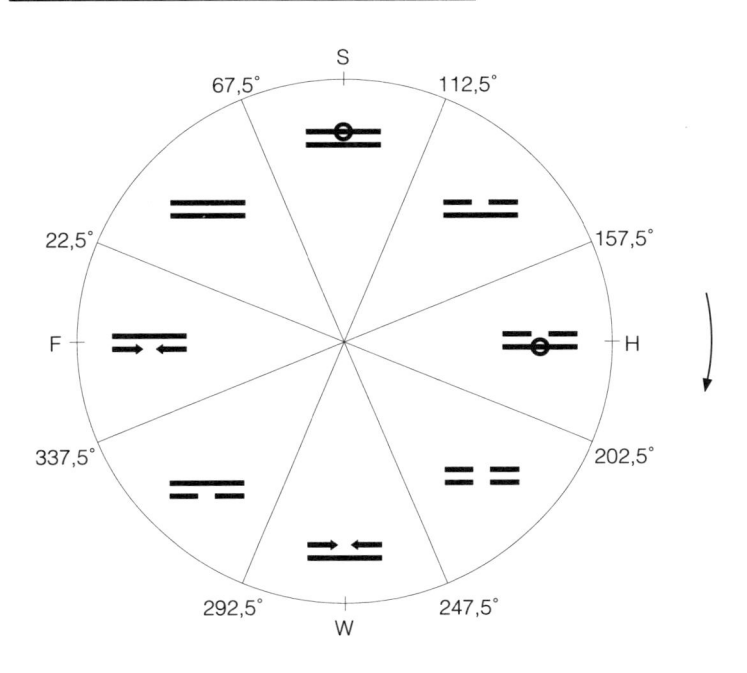

269

Bei dieser Anordnung *(Abb. 94)* fällt auf, daß die Zeichen in der linken bzw. rechten Hälfte des Einheitskreises spiegelverkehrt gegenüber der Anordnung der Jahreszeiten des I-GING liegen. Dies ergibt sich dadurch, daß wir beim biorhythmischen Modell die Windrichtungen ja gegenüber der östlichen Anordnung vertauscht anlegten. Wenn wir aber die obere und untere Linie bei den einzelnen Diagrammen die Plätze tauschen lassen, sie also umdrehen, erscheint wieder die alte Ordnung des I-GING. Dem Prinzip nach ist es aber egal, ob wir die östliche Anordnung mit ihrer Linksdrehung oder die westliche mit ihrer Rechtsdrehung als Basis unserer Betrachtungen ansehen.

Aus der Charakteristik der einzelnen Sektoren kann man nun bestimmte Punkte im biorhythmischen *EK* von $\widehat{MWI}$ durch ein Hexagramm beschreiben. Diese Beschreibung ist aber nur für bestimmte „Plätze" von $\widehat{MWI}$ hinsichtlich ihrer *energetischen Gesamtsituation* zulässig, keinesfalls für das Lebensgeschehen oder gar für ein Orakel.

Es geht ganz einfach darum, daß die Resultante von $\widehat{MWI}$ sich aus 3 genau definierten Kräften aufbaut, wobei die je 2 Winkelfunktions-Koordinaten der 3 Kräfte bestimmten Plätzen des Hexagramms zugeordnet werden können:

6. Platz	} Mentaler Bereich	cos }	I
5. Platz		sin }	
4. Platz	} Emotionaler Bereich	cos }	W
3. Platz		sin }	
2. Platz	} Physiologischer Bereich	cos }	M
1. Platz		sin }	

Vermittels dieser Anordnung lassen sich die 20 Wandlungspunkte bzw. die Punkte der Spiegelungen am *EK* vor und nach Ablauf eines biorhythmischen Jahres von 2.125,2 Tagen charakterisieren *(Tab. 46)*. Diese Charakteristik ergibt sich aus der Bezeichnung des entsprechenden Hexagramms. Weitere Auslegungen sind nach dieser Methode nicht zulässig.

Entsprechung der 8 Zeichen des I-GING mit spezifischen Bewußtseinszuständen *(Tab. 48)*:

Zum Unterschied von der auf Seite 268 *(Abb. 92)* erfolgten prinzipiellen Betrachtung entspricht diese Übersicht den subjektiv erlebbaren Bewußtseinszuständen, die ja immer alle 3 Elemente gleichzeitig in aktiver oder passiver Tätigkeit aufweisen.

Weitere Zuordnungsmöglichkeiten der biorhythmischen Konstellation zu den I-GING-Hexagrammen bzw. deren Aufbaumöglichkeiten:

Die höhere Dreiheit *(M´, W´, I´)*. stellt sich für uns erkennbar dar aus der Konstellation, die die Matrize bei Zeugung aufwies. Sie bestimmt eine Inkarnation lang das
(weiter auf Seite 272)

| ENTSPRECHUNG DER 8 ZEICHEN DES I-GING | Tab. 48 |
| MIT SPEZIFISCHEN BEWUSSTSEINSZUSTÄNDEN | |

Die 3 Plätze: 3 – I = Denken
 2 – W = Fühlen } das Bewußtsein
 1 – M = Wollen

Die 2 Möglichkeiten: ▬▬▬ aktiv = Yang
 ▬ ▬ passiv = Yin

Die 8 Zeichen:

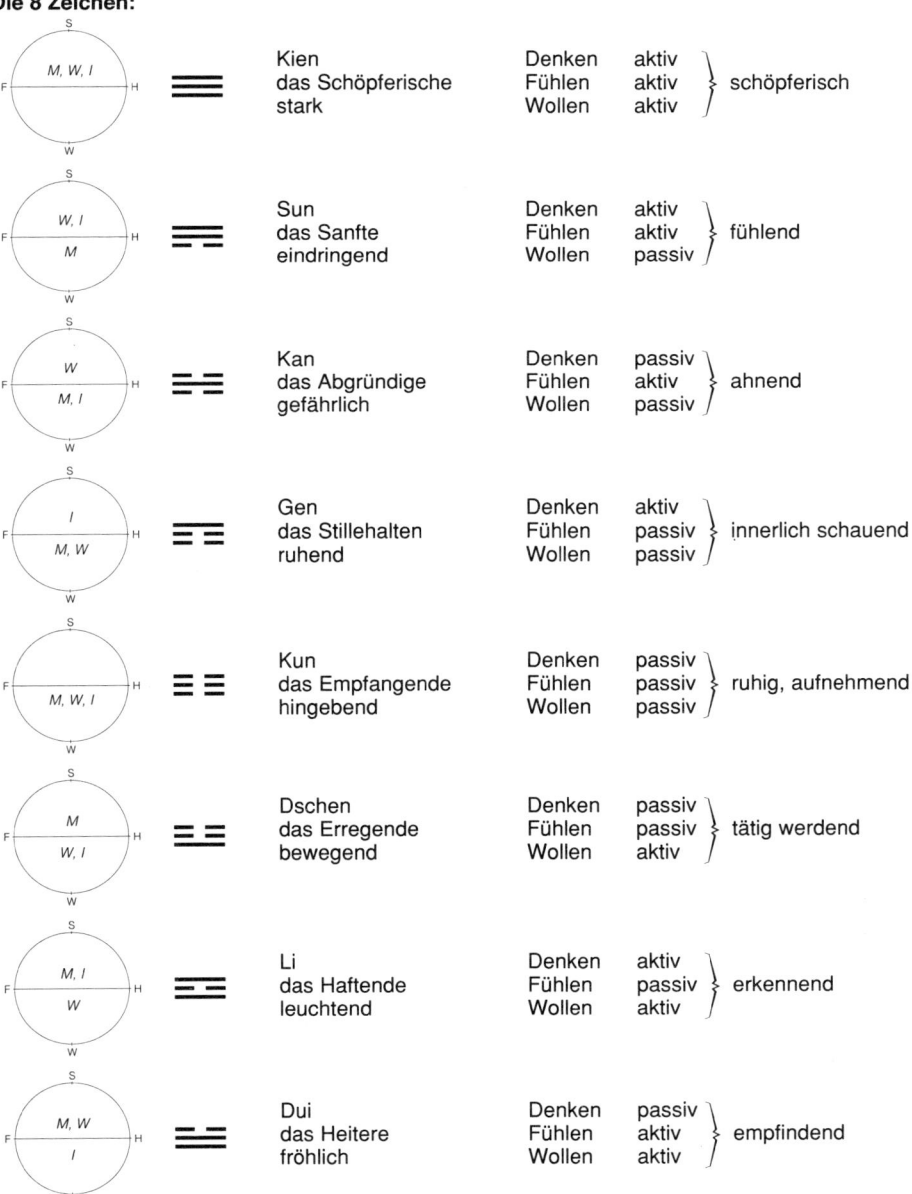

		Kien	Denken aktiv	
	☰	das Schöpferische	Fühlen aktiv	} schöpferisch
		stark	Wollen aktiv	

(M, W, I oben)

		Sun	Denken aktiv	
	☴	das Sanfte	Fühlen aktiv	} fühlend
		eindringend	Wollen passiv	

(W, I oben; M unten)

		Kan	Denken passiv	
	☵	das Abgründige	Fühlen aktiv	} ahnend
		gefährlich	Wollen passiv	

(W oben; M, I unten)

		Gen	Denken aktiv	
	☶	das Stillehalten	Fühlen passiv	} innerlich schauend
		ruhend	Wollen passiv	

(I oben; M, W unten)

		Kun	Denken passiv	
	☷	das Empfangende	Fühlen passiv	} ruhig, aufnehmend
		hingebend	Wollen passiv	

(M, W, I unten)

		Dschen	Denken passiv	
	☳	das Erregende	Fühlen passiv	} tätig werdend
		bewegend	Wollen aktiv	

(M oben; W, I unten)

		Li	Denken aktiv	
	☲	das Haftende	Fühlen passiv	} erkennend
		leuchtend	Wollen aktiv	

(M, I oben; W unten)

		Dui	Denken passiv	
	☱	das Heitere	Fühlen aktiv	} empfindend
		fröhlich	Wollen aktiv	

(M, W oben; I unten)

Geschick, die Anlagen und das zu seiner Zeit mögliche Auftreten von Harmonie und Disharmonie im Menschen. In ihr liegen Temperament, Wesensart und spirituelle Entwicklungshöhe des Menschen, aber auch die Möglichkeit zur Wandlung gegründet.

Im Hexagramm des I-GING entspricht die höhere Dreiheit dem inneren Triagramm, die niedere Dreiheit dem äußeren Triagramm.

Somit ergeben sich hinsichtlich eines unterschiedlichen Aufbaues einige Möglichkeiten analoger Deutungen:

1. Zeugungs-/Geburts-Hexagramm

$$\left.\begin{array}{l} 6 - I \\ 5 - W \\ 4 - M \end{array}\right\} \text{Konstellation der Mutter}$$

$$\left.\begin{array}{l} 3 - I' \\ 2 - W' \\ 1 - M' \end{array}\right\} \text{Matrize des Kindes}$$

Situations-Hexagramm

$$\left.\begin{array}{l} 6 - I \\ 5 - W \\ 4 - M \end{array}\right\} \text{momentane Konstellation}$$

$$\left.\begin{array}{l} 3 - I' \\ 2 - W' \\ 1 - M' \end{array}\right\} \text{eigene Matrize}$$

Alle Entsprechungen bzw. Verbindungen von niederem und höherem Triagramm geben im jeweiligen Hexagramm Auskunft über Harmonie bzw. Disharmonie (im I-GING: „Heil/Makel").

Das untere, innere Triagramm bleibt während einer Inkarnation immer dasselbe (außer es ist in der Matrize durch eine 0°- bzw. 180°-Nähe eines oder mehrerer Elemente ein Wandel angezeigt), während sich das obere, äußere Triagramm ständig ändert. Es sind also mit gegebener Matrize 8 sich ständig abwechselnde Hexagramme verbunden, die das Leben in seinem Ablauf bestimmen. Hier zeigt sich wiederum ein Zusammenhang mit dem im Sinuskurvenmodell beschriebenen Organisationsfeld, das aus 8 in bestimmtem Verhältnis zueinander stehenden Punkten am *EK* gebildet wird (siehe *Seite 131*). Diese Art des Aufbaues eines Hexagramms berücksichtigt auch die Qualität der Plätze bzw. die Beziehungen der Plätze als die des Entsprechens oder Zusammenhaltens, wie es im I-GING heißt.

So entsprechen *M* und *M'* einander im Sinne der Entsprechung von 1. und 4. Platz, *W* und *W'* entsprechen dem 2. und 5. Platz, *I* und *I'* dem 3. und 6. Platz.

Jeweils 2 benachbarte Plätze (Sphären) halten zusammen und wirken aufeinander ein.

Der 5. Platz als der Platz des Herrschers wird von *W* eingenommen (als das herrschende Gefühl), der 4. Platz als der des Ministers gehört *M* (als bestimmender Wille).

2. Die unter 1. beschriebene Art des Aufbaues eines Hexagramms folgt nicht der üblichen Einteilung der Ebenen bzw. Sphären, wie sie uns der 7armige Leuchter oder die Aufstellung der 7 Chakras verdeutlicht. Es müßte nach der spiegelbildlichen Systematik folgendermaßen aufgebaut werden:

1 – M´	innen	
2 – W´		
3 – I´		
4 – I	↑	
5 – W		
6 – M	außen	

Diese Anordnung entspräche in ihrem Aufbau Schau Yungs kreisförmiger Anordnung der Hexagramme (Früher Himmel, Zeit), wobei Ebene 6 dem äußersten Kreis, Ebene 1 dem innersten Kreis entspräche. Für die von uns gewohnte „Lesbarkeit" müßte das so erhaltene Hexagramm allerdings umgedreht werden, woraus sich dann eine Aussagemöglichkeit in bezug auf zeitliche Entwicklung (Orakel) ergibt:

6 – M	außen	
5 – W		
4 – I		
3 – I´		
2 – W´		
1 – M´	innen	

Die Berechtigung des Umdrehens eines Hexagramms ergibt sich aus den zwei Möglichkeiten, etwas zu betrachten: von innen her, von der Ursache her, oder von außen her, von der Wirkung her. Beide Betrachtungsweisen gehören zusammen. Während die äußere, analysierende Betrachtung der Symptome den Stand der steckengebliebenen exoterischen Disziplinen widerspiegelt, entspricht die innere, synthetisierende Sichtweise esoterischem Muster. Das I-GING verwendet selbst beide Lesarten (Früher und Später Himmel), wobei ein Hexagramm mit seinem umgekehrten Spiegelbild ein zusammengehörendes Paar bildet.

Diese unter 1. und 2. beschriebenen 2 Arten, das Hexagramm aus biorhythmischem Geschehen aufzubauen, unterscheiden sich grundsätzlich voneinander.
Im ersten Fall werden die niedere und höhere Dreiheit des Menschen einfach übereinandergesetzt, um eine Aussagemöglichkeit über die Kongruenz (Deckungsgleichheit) bzw. Inkongruenz von höherem und niederem Selbst zu erhalten.
Stellen wir die 2 Triagramme als Dreiecke dar, erhielten wir das folgende Bild:

KONGRUENZ HÖHERE UND NIEDERE TRIADE *Abb. 95*

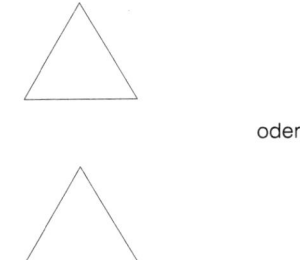

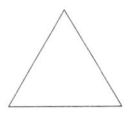

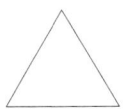

△
   oder   △ △
△

Es geht hier also nur darum, Spannungen, Disharmonien oder aber Harmonien aufzuzeigen. Eine andere Aussagekraft liegt nicht ihm Rahmen dieses Aufbaues.

Ist die Matrize bekannt, kann man sie ohnehin im *EK* bildlich darstellen und mit den jeweiligen Konstellationen der 3 Elemente an einem bestimmten Tag vergleichen. Es ergibt sich daraus die Möglichkeit, rasch zu einer Aussage über die Harmoniebeziehung zwischen höherem und niederem Selbst zu gelangen (durch Vergleich der 2 Bilder), wenn man die Vergleichsregeln beachtet.

Eine Zuordnung der biorhythmischen Konstellation zur räumlichen Anordnung der Hexagramme (Welt der Erscheinungen, Später Himmel) im Kreis nach Schau Yung ist direkt nicht möglich. Man könnte meinen, daß die Resultante des niederen Selbst $(r_{\overline{MWI}})$ bzw. höheren Selbst $(r_{\overline{MWI}'})$ selbst durch ihre Stellung im Kreis auf ein entsprechendes Triagramm (in der kreisförmigen Anordnung) hinweisen würde, doch ist dabei zu beachten, daß die Richtung der Resultante durch die Stellung der 3 Elemente angezeigt wird, wobei es für die Lage $(\varphi_{\overline{MWI}})$ unerheblich ist, ob *M, W* oder *I* an einem bestimmten Platz stehen, oder ob die 3 Elemente ihre Plätze wechseln (dabei gibt es 6 verschiedene Möglichkeiten). Die Aussagekraft von $\varphi°_{\overline{MWI}}$ ist eben beschränkt und erfährt erst eine Erweiterung dadurch, daß man die Lage der 3 Elemente zueinander mitberücksichtigt. Erst dann läßt sich aber auch ein Triagramm aufbauen.

Die Kombination von Matrize △ und einer beliebigen Tageskonstellation ▽ ergibt dann als Hexagramm richtig aufgebaut die Zuordnung von biorhythmischem Geschehen zur Aussagemöglichkeit des I-GING.

HEXAGRAMMAUFBAU *Abb. 96*

```
6 - M
5 - W
4 - I

3 - I´
2 - W´
1 - M´
```

Es erhebt sich jetzt die Frage, ob eine Konstellation überhaupt mit der Matrize in Bezug gebracht werden darf, da sie ja einer Reduktion unterzogen wurde (siehe *Seite 211 ff.).* Wir müssen hier aber unterscheiden zwischen einer *funktionalen Beziehung*, die sich in Spannungen, Disharmonien oder deren Gegenteil äußert, und einer mehr prinzipiellen Aussage über die *Art der Konstellation,* die sich in Gleichartigkeit oder Divergenz zeigt.

Bei einer funktionalen Beobachtung entspricht ja (bei normaler Schwangerschaftsdauer) folgende Tageskonstellation der Matrizenkonjunktion:

SPANNUNG MATRIZE – TAGESKONSTELLATION Abb. 97

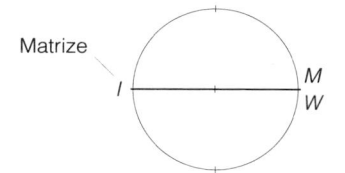

Bei einer meditativen Betrachtung treten die funktionalen Beziehungen zurück und machen einer prinzipiellen qualitativen Bewertung Platz. Dabei werden die ursprünglich einengenden und reduzierenden Beschränkungen der Vergleichbarmachung überschritten, transzendiert. Wir dürfen also die wissenschaftlich-analytische Beziehungsbetrachtung nicht mit der meditativen Entsprechungsbetrachtung von Prinzipiellem verwechseln.

Ein Beispiel:

KONGRUENZ MATRIZE – TAGESKONSTELLATION Abb. 98

Matrize:

$M'\quad \alpha' = 52°$
$\quad\quad r' = 1{,}7$
$W'\quad \beta' = 217°$
$\quad\quad r' = 0{,}8$
$I'\quad \gamma' = 98°$
$\quad\quad r' = 2{,}3$

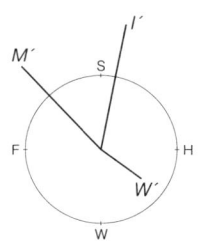

Tageskonstellation:

$M = 3,\quad \alpha = 47{,}0°$
$W = 17,\quad \beta = 218{,}6°$
$I = 9,\quad \gamma = 98{,}2°$

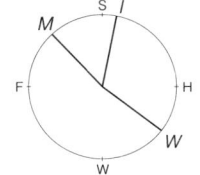

Es herrscht Kongruenz bei allen 3 Elementen, somit also Deckung von höherem und niederem Selbst.

Die dazugehörigen Hexagramme bauen sich folgendermaßen auf:

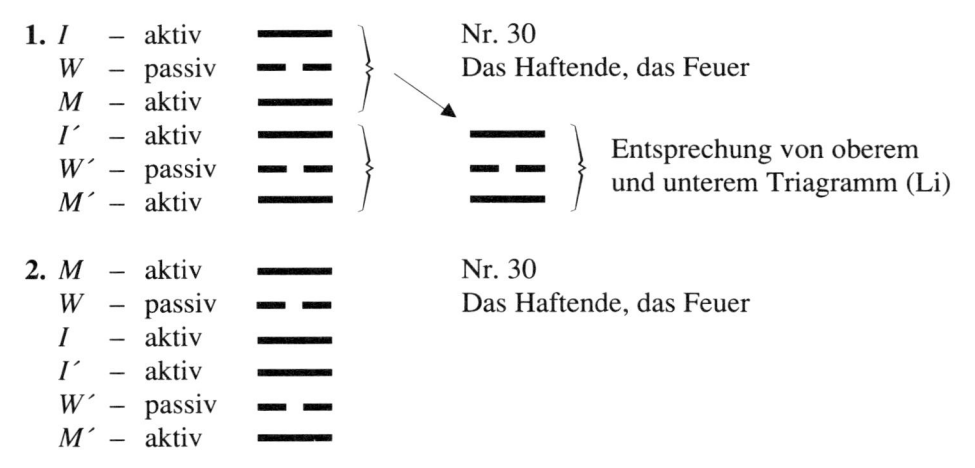

1. I – aktiv ▬▬▬ ⎫
   W – passiv ▬ ▬ ⎬ Nr. 30
   M – aktiv ▬▬▬ ⎭ Das Haftende, das Feuer
   I' – aktiv ▬▬▬ ⎫   ▬ ▬ ⎫ Entsprechung von oberem
   W' – passiv ▬ ▬ ⎬   ▬ ▬ ⎬ und unterem Triagramm (Li)
   M' – aktiv ▬▬▬ ⎭   ▬ ▬ ⎭

2. M – aktiv ▬▬▬
   W – passiv ▬ ▬   Nr. 30
   I – aktiv ▬▬▬   Das Haftende, das Feuer
   I' – aktiv ▬▬▬
   W' – passiv ▬ ▬
   M' – aktiv ▬▬▬

In diesem Falle decken sich die beiden Arten des Hexagramms. Statt der Ordnung der beiden Triagramme übereinander im Aufbau nach 1. erscheint ein Nebeneinander der beiden Triagramme sinnvoller, um nicht falsche Aussagen zuzulassen.

Ein weiteres Beispiel:

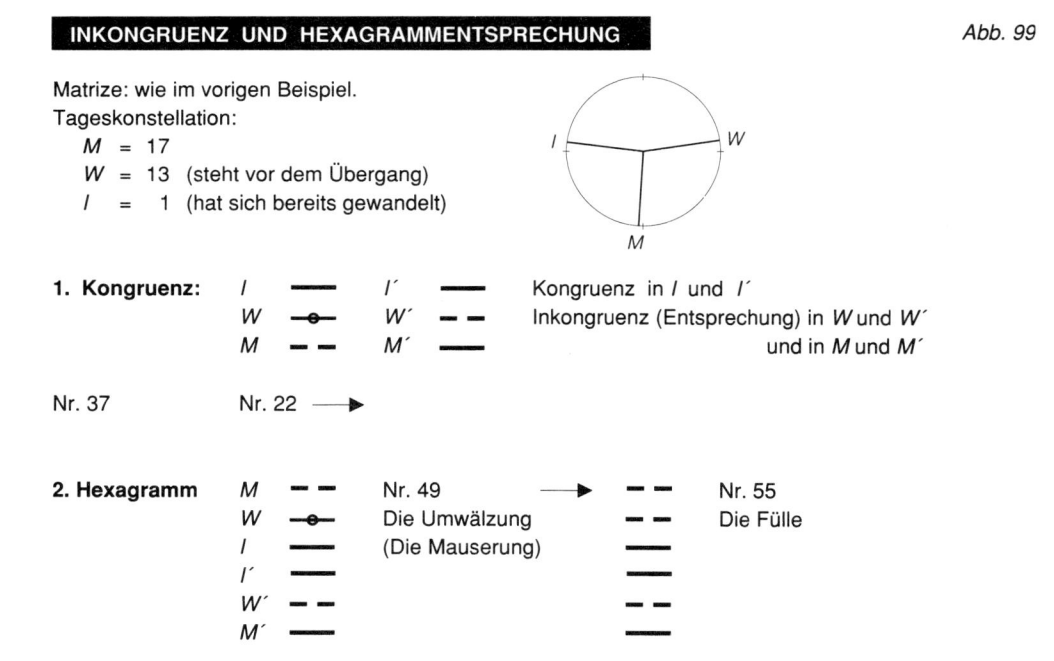

INKONGRUENZ UND HEXAGRAMMENTSPRECHUNG   *Abb. 99*

Matrize: wie im vorigen Beispiel.
Tageskonstellation:
  M = 17
  W = 13 (steht vor dem Übergang)
  I = 1 (hat sich bereits gewandelt)

1. **Kongruenz:** I ▬▬▬ I' ▬▬▬   Kongruenz in I und I'
   W ▬●▬ W' ▬ ▬   Inkongruenz (Entsprechung) in W und W'
   M ▬ ▬ M' ▬▬▬   und in M und M'

Nr. 37   Nr. 22 ➔

2. **Hexagramm** M ▬ ▬   Nr. 49   ➔ ▬ ▬   Nr. 55
   W ▬●▬   Die Umwälzung   ▬ ▬   Die Fülle
   I ▬▬▬   (Die Mauserung)   ▬▬▬
   I' ▬▬▬   ▬▬▬
   W' ▬ ▬   ▬ ▬
   M' ▬▬▬   ▬▬▬

Während also der folgerichtige Aufbau des Hexgramms (2.) die inneren Zusammenhänge und Entwicklungen in der Zeit aufdeckt, ist dies beim Nebeneinanderstellen von oberem und unterem Triagramm nicht möglich (1. Aufbauvariante). Wohl aber zeigt uns diese Anordnung, inwieweit Plan und Ausführung in einer gewissen Situation miteinander harmonieren. Zeigt die Matrizenkonstellation, die ja auf den 0°-reduzierten vereinheitlichten Schwingungen der Eltern „beruht", eine prinzipielle Aspekthaftigkeit zur 0°-Lage an (als α', β', γ'), so zeigt die Tageskonstellation nun ebenfalls eine prinzipielle Aspekthaftigkeit zur 0°-Lage und somit zum *gemeinsamen Ursprung* an. Somit sind beide wiederum qualitativ vergleichbar.

Man könnte nun meinen, daß Deckungsgleichheit von äußerem und innerem Triagramm günstig wäre. Sie zeigt aber nur Verdoppelung des in den Anlagen gegebenen Charakters, Summierung von Gleichartigem. Prinzipiell ist aber jedem Charakter zur Vervollkommnung auch die Aufgabe gestellt, das ihn ergänzende Prinzip zu integrieren, Weiches mit Hartem auszugleichen, Hartes durch das Weiche zu harmonisieren. Diese Aufgabe findet man in der Astrologie dadurch bestätigt, daß ein Sternbild der Ergänzung des gegenüberliegenden Sternbildes im Tierkreis bedarf, um ausgeglichen zu sein (z. B. die Ergänzung von Widder und Waage).

Das Hexagramm Nr. 11 (Der Friede) symbolisiert diesen Zusammenhang:

☷☰ ↓↑

Im Hexagramm Nr. 12 (Die Stockung) allerdings ist diese Konträrität nicht so günstig, da die beiden Triagramme auseinanderstreben:

☰☷ ↑↓

Prinzipiell ist hinsichtlich Variante 1. zu sagen, daß in den entsprechenden Ebenen der beiden Triagramme, nämlich den Ebenen 1 und 4,
2 und 5,
3 und 6, kongruente Striche einander verstärken, inkongruente einander ergänzen. Die Verstärkung mag bei schwacher Veranlagung förderlich sein, während bei starker Veranlagung das Gegengewicht eine größere Bandbreite des Lebens ermöglicht (siehe Kapitel, „Rhythmenverwandtschaft – Partnerschaftsharmonie", *Seite 323 ff.*).

Kongruenzen

Stellt man die höhere bzw. niedere Dreiheit als *Dreiecke* dar, die durch Verbindungslinien der Lage der 3 Elemente entstehen, sind tiefere Einblicke in die Zusammenhänge der 3 Elemente untereinander und der beiden Komplexe zueinander möglich:

a) Die Beziehungen der 3 Elemente zueinander

ARTEN VON KONGRUENZDREIECKEN

Abb. 100

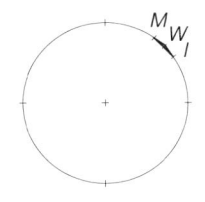

Kleine Fläche: Konjunktionen, max. $r_{\widehat{MWI}}$, große Wirkung im Äußeren, Stabilität.

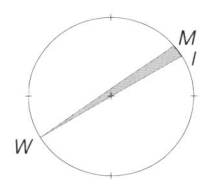

Schmale, diagonale Fläche: Spannungen, $r_{\widehat{MWI}} = 1$, einer Konjunktion stehen 2 Oppositionen gegenüber.

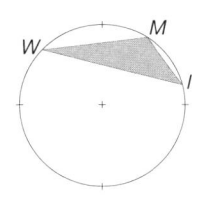

Schmale Fläche, in einem Halbsektor positioniert (aktiv oder passiv, ladend oder entladend): Betonung der konjunktiven Lage zweier Elemente durch das dritte hinsichtlich seiner Ladungsart oder Betätigungsart.

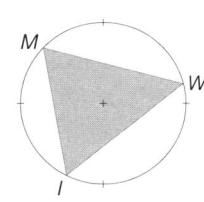

Große Fläche: min. $r_{\widehat{MWI}}$, geringe äußere Handlungskraft bei gleichzeitiger starker Verinnerlichung.

Die Fläche des Dreieckes ist proportional zum *Sein*, aber umgekehrt proportional zum äußeren *Existieren*.

Man kann auch sagen: Je größer die Dreiecksfläche der Matrize, desto größer das integrierbare Schwingungsspektrum.

b) Kongruenzen von höherem zu niederem Selbst

DIE DECKUNGSARTEN VON HÖHEREM ZU NIEDEREM SELBST

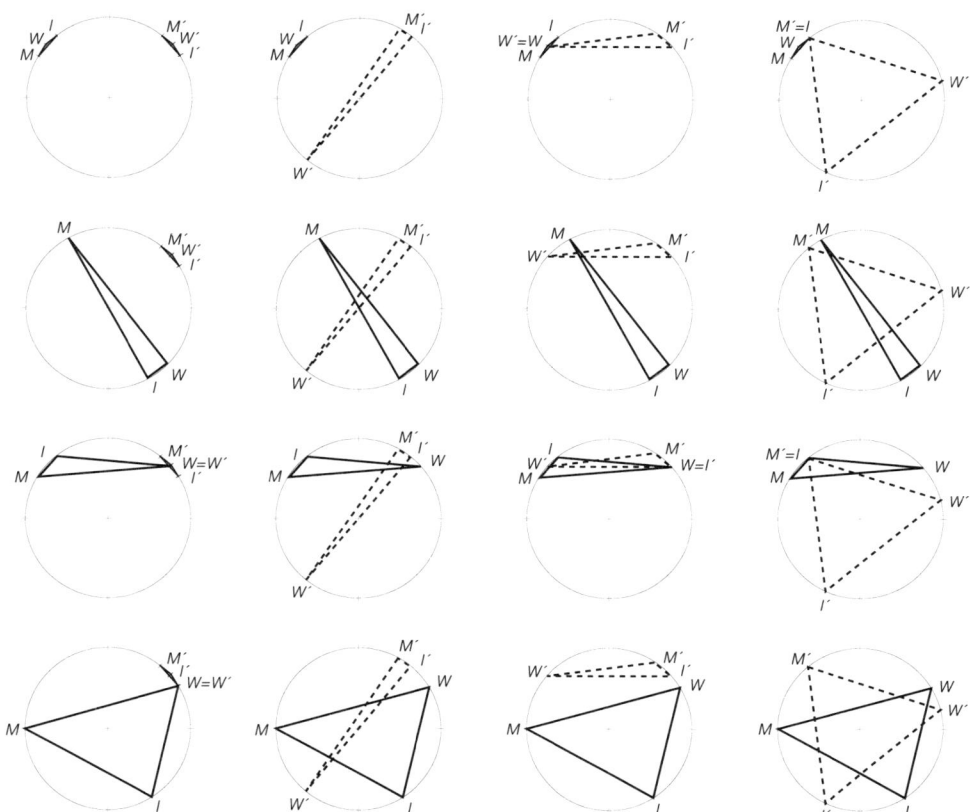

Abb. 101

In Konjunktionslage der jeweiligen 3 Elemente einer Dreiheit ist die Dreiecksfläche sehr klein, die Wirkung im Äußeren aber um so größer. Je veräußerlichter daher ein Mensch ist (sowohl von der Anlage als auch von der jeweiligen Tagessituation her), desto geringer ist die Chance, daß die beiden Dreiecke einander durchdringen und so einander harmonisch entsprechen.

DER 6 - STERN (SALOMONSIEGEL)

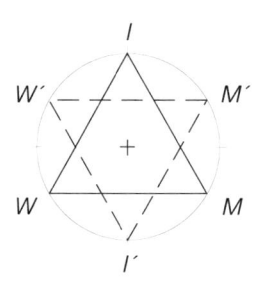

Abb. 102

Die vollkommene Konstellation zeigt sich im 6-Stern, dem auf niederen Ebenen nie erreichbaren Ideal: M und W´ bzw. W und M´stehen einander diametral gegenüber und ergänzen einander (entsprechen einander).

W´ und W = 60°-Aspekt als Spiegelung um F
M´ und M = 60°-Aspekt als Spiegelung um H
I und I´ stehen in ☍ zueinander, wobei I aktiv und I´ passiv ist (alle Polaritäten sind aufgefüllt). W´ und M = ☍, M´ und W = ☍, d. h., die Liebe siegt über die Aggressionen und der gerichtete Wille über die Emotionen.

Das Dreieck der niederen Dreiheit *(M, W, I)* ändert sich permanent im zyklischen Geschehen und überschneidet immer wieder das des höheren Selbst, tritt aber auch immer wieder aus ihm heraus und verliert so seine Verbindung zu ihm. Die Abb. 89 veranschaulicht diesen Vorgang aus anderer Sichtweise: $\widehat{MWI}$ bewegt sich auf der senkrechten „Spindelachse" von $\widehat{MWI}$´ weg abwärts. Der Mensch koppelt sich aus der Verbindung mit seinem höheren Selbst aus, indem er ihm den Rücken zuwendet und sich mit der Welt befaßt.

Je kleiner nun $r_{\widehat{MWI}´}$ und $r_{\widehat{MWI}}$, desto größer die Dreiecksflächen und daher die Überdeckung im *EK*. Und um so eigenständiger stehen die 3 Elemente zueinander, um so mehr stehen sie aber auch zueinander in innerer harmonisch-funktionaler Beziehung (△).

Je größer die gemeinsam bedeckte Fläche, desto mehr Ergänzung und Einflußnahme zwischen beiden Komplexen ist vorhanden.

c) Die Kongruenz zwischen 2 Menschen

Prinzipiell gelten hier die gleichen Regeln wie bei den Betrachtungen von höherem und niederem Selbst.

Man kann 3 Ebenen der Beziehungen aufbauen:

1. Äußere Beziehung: *(M,W, I)$_1$* ◄────► *(M,W,I,)$_2$*

Die zeitlich begrenzte Deckung der 2 Dreiecke der beiden sich ständig ändernden niederen Dreiheiten zeigt kurzfristige gegenseitige Verstärkung an.

Dabei ist besonders zu berücksichtigen, ob M_1 sich mit M_2, W_1 sich mit W_2 und I_1 sich mit I_2 deckt. In diesem Falle sind die Verstärkungen permanent, da gleiche Elemente gleiche Drehgeschwindigkeit aufweisen. Wir haben hier den berühmten „Doppelgänger" vor uns.

Decken sich hingegen kurzfristig 2 ungleiche Elemente der beiden Partner, verstärkt sich vorübergehend eine partnerschaftliche „Funktion":

$M_1 = W_2$ Produktionsfunktion
$M_1 = I_2$ Informationsfunktion
$W_1 = I_2$ Bewegungsfunktion

2. Innere Beziehung: *(M´, W´, I´)$_1$* ◄────► *(M´, W´, I´)$_2$*

Die Deckung der 2 Dreiecke der beiden höheren Dreiheiten zeigt tiefe Beziehung an („Ehen werden im Himmel geschlossen", sagt der Volksmund). Diese Kongruenzen sind stabil und ändern sich nur bei vorgesehener Wandlung des inneren

Kerns des Menschen. Auch hier ist zu beachten, ob sich jeweils 2 gleichnamige Elemente als elementare Dauerbeziehung oder 2 ungleiche Elemente zu einer in der nächsten Inkarnation veränderlichen, für diese aber dauerhaften Partnerschaftsfunktion decken.

3. **Abhängige Beziehungen:** $(M', W', I')_1 \longleftrightarrow (M, W, I)_2$
Ein Dreieck ist stabil, das des Abhängigen labil bzw. flexibel.

In der Deckung kommen Verstärkung (Förderung) wie auch Ergänzung (Verselbständigung, unerlöst auch Behinderung) zum Ausdruck. Alle Beziehungen der Abhängigkeit zeigen in bezug auf die sich stets wandelnde niedere Dreiheit Änderungstendenzen.

Sowohl die schematische Darstellung als Hexagramm oder als auf- und absteigende Spindelachse mit ihren Tellerebenen als auch die bildliche Kongruenzdarstellung vermitteln – jeweils von einer anderen Seite her – tiefere Einblicke in die Zusammenhänge von „Himmel" und „Erde" einerseits wie auch von I-GING und PDR andererseits.

Obwohl es sich im Aufbau und in der Deutung um völlig selbständige und unterschiedliche Disziplinen handelt, kann ein innerer Zusammenhang nicht geleugnet werden. Man sollte aber keineswegs direkt von biorhythmischen Konstellationen auf I-GING-Aussagen überwechseln, sondern jede Möglichkeit getrennt betrachten und erst danach die analogen Zusammenhänge und Entsprechungen suchen.

Interessant ist auch die Parallele zum *Wettergeschehen:*
Hoch- und Tiefdruckgebiete (max./min. $r_{\overline{MWI}}$) erscheinen aus der Satellitenperspektive in Spiralenform, wobei das Tiefdruckgebiet ein wolkenerfülltes Zentrum ($r \rightarrow 0$) zeigt, das Hochdruckgebiet aber Wolken an seiner Peripherie ($r \rightarrow 3$). Beide schreiten im Normalfall von West nach Ost weiter, manchmal rascher, manchmal langsamer, manchmal bleiben sie stationär, manchmal schreiten sie auch rückwärts in Richtung Westen. Dabei ändert sich einmal der Luftdruck kaum, dann wieder einmal rasant.

Eine Parallele wollen wir noch in Hinblick auf das *Quark-Modell* kurz streifen: Wenn man die 3 biorhythmischen Elementeladungsmöglichkeiten (+ = ●, – = ○) nebeneinander setzt, entsteht die Quark-Systematik der SU_3-Theorie (nach Gell-Mann), aus welchen man sich die Atomkernbedingungen zusammengesetzt denken kann. Man könnte nun prinzipiell zuordnen:

Quark	Name		el. Ladung	biorhythm. Geschehen	
○○●	n	Neutron	0	Schiedsrichter,	$r = 1$
○●●	p	Proton	+ 1	Funktion	
○○○	∆ –	Delta minus	– 1	Rückschritt,	$r = 0$
●○○	∆ ○	Delta Null	0	Stillstand	
●●○	∆ +	Delta plus	+ 1	Fortschritt	
●●●	∆ ++	Delta doppelplus	+ 2	rasanter Fortschritt,	$r = 3$

Das Leitelement

Hinsichtlich der Lage von $\widehat{MWI}$ sowohl in der horizontalen Kreisdarstellung als auch im vertikal-räumlichen Seelenmodell weist $\varphi°_{\widehat{MWI}}$ stets eine besondere Nähe zu einem der 3 Elemente bzw. Funktionen auf. Nur bei r = 3,0 ist die Nähe zu allen 3 Elementen in der Draufsicht gleichzeitig gegeben, während es $r_{\widehat{MWI}}$ = 0,0 ja niemals gibt.

Dieses nahe Element übernimmt nun eine überragende Rolle im Gleichgewichtshaushalt, d. h., es bestimmt wesentlich den Bereich, über den Harmonisierung möglich ist, aber auch Karma sich auswirken kann. Die 2 entfernter stehenden Elemente nehmen dabei oftmals eine hemmende oder auch kippende (◳), d. h. auch negative Rolle an.

Auch eine nahe Funktion kann als *Leitfunktion* auftreten, wobei Hemmungen oder Störungen der Harmonie sich auch verstärkt über diese Funktion auswirken können.

$r_{\widehat{MWI}}$ als Maßstab der Zusammenarbeit oder Gegeneinanderarbeit der Elemente zeigt, wie wir wissen, entweder mehr ins Bewußte oder mehr ins Unbewußte. Dies haben wir bei der Bewertung des Leitelements mitzuberücksichtigen. Ist $r_{\widehat{MWI}}$ = 1,0 , heißt das, daß 2 Elemente einander aufheben und das dritte in der Einheit (des Bewußtseins) dominiert. Es deckt sich bei gleichzeitiger ☍ zweier Elemente mit $\widehat{MWI}$. In diesem Falle ist das Leitelement identisch mit dem Schiedsrichter.

PDR und spiritueller Kalender

Während der gebremsten introvertierten Zeit ($r_{\widehat{MWI}}$ < 1,0 , △ $\varphi°$ < 13,1°) gelingen weltliche Unternehmungen nicht so gut wie während der krafterfüllten Zeit ($r \rightarrow 3$). Die dynamisch zentrierte Zeit dient wiederum der Meditation, der inneren Einkehr und der Beachtung der sich vollziehenden inneren Wende. Nähert sich $r_{\widehat{MWI}}$ dem Zentrum, ist die meditative Versenkung besonders leicht, weil die Kraftresultante durch willentliche Konzentration relativ leicht neutralisiert werden kann, so daß $r_{\widehat{MWI}}$ für eine gewisse Zeit 0,0 werden kann (Austreten aus dem Körper, Ausklinken der Spindelachse aus einer oder mehreren Tellerebenen, Aufsteigen in höhere Regionen). Allerdings sind *Schleifenminima* hierfür *unbedingt zu meiden!* Die weiße Magie wendet sich stets hohen, lichten Frequenzen zu, während sich nur der Schwarzmagier mit dem dunklen Prinzip verbindet. Im Zustand der Zentrierung erfolgt keine äußere Bewegung, die Sinne sind eingezogen, Atem und Puls sind automatisiert, das höhere Selbst übernimmt die Funktionen, reguliert sie und erfüllt sie mit Harmonie. Es sind diese Zentrierungsmomente selbst kaum beschreibbar, und doch haben es viele in ihrer Sprache auszudrücken versucht. Gemeinsames Merkmal vieler „Austritte" ist das „Spiraltunnelerlebnis", das in ein „Licht-Erlebnis" mündet. Diese Erlebnisse entsprechen einer „Entrückung", und wer sie erlebt hat, fürchtet nie mehr den Tod.

Es bedarf meist nur eines kleinen Willens-(Konzentrations-)aktes, um von $r_{\widehat{MWI}}$ = 0,075 zu 0,000 zu gelangen, während diese Anstrengungen bei r = 3,000 kaum fruchten! (Man kann eben nicht gleichzeitig 2 Herren dienen!)

Im Ablauf von $\widehat{MWi}$ zeigt sich also ein *Spiritueller Kalender*, eine Uhr mit vorgegebenem Programm! Wer diese Möglichkeiten versäumt, versäumt innere Entwicklung.

Aus biorhythmischer Sicht sind alle „Austritte" zeitmäßig zu berücksichtigen (wir sprachen bereits im Kapitel über Rhythmensprünge darüber). Umgekehrt aber sind diese Erlebnisse auch geeignet, zu überprüfen, ob der individuelle Biorhythmus auch tatsächlich zeitlich richtig läuft oder berechnet wurde oder ob er vielleicht „nachgeeicht" werden muß.

Wenn jemand imstande ist, die Ebene des Ur-Atoms willentlich zu durchbrechen, endet für ihn auch jedes Unterworfensein unter biorhythmisches Geschehen.

Im Ablauf und Schwingen von $\widehat{MWi}$ zeigt sich auch ein *Kalender der Lebenskraft*, wobei die Zeichen der Zeit als bestimmte Qualität berücksichtigt werden müssen unter Bedachtnahme darauf, welches Element und welche Funktion dominiert bzw. in welcher inneren Höhe man sich gerade befindet. Im Programm von $\widehat{MWi}$ zeigt sich das Wirken der 3 Aspekte der Gottheit im Entwicklungsgang des Menschen. Eingespannt in den Tag- und Nachtrhythmus und den Ablauf der Jahreszeiten einerseits und in das Kreisen der Planeten um die Sonne andererseits, wird das eigenständige Schwingen von $\widehat{MWi}$ zum Programm der Bewußtwerdung und zur karmischen Schaltzentrale, zum Regler für Lernen und Wiederholen, zum Steuerer für hemmende und fördernde Entwicklung, für äußeres und inneres Leben.

Der Mensch, der sich nur mit seinem Körper identifiziert, bedarf der Krisen und Störungen, Krankheiten und Niederlagen, um nach dem *Warum nur?* zu fragen. Eine Antwort darauf bietet ihm die Psychodynamische Rhythmenlehre mit ihrem Aufzeigen innerer Zusammenhänge. Die Frage nach dem *Wozu?*, die Sinnfrage also, muß sich jeder selbst beantworten. Und wenn er es nicht kann, bleiben ihm viele Wege und Richtungen für seine Nachforschungen offen. Auch die Reinkarnationstherapie bietet ihm Antworten auf so manche Frage, die ihn quält und die er gelöst haben möchte.

Die Symmetrie im biorhythmischen Geschehen ist faszinierend. Sie zeigt sich
 im Einheitskreis,
 im Auf- und Abbau der Funktionssteuerung,
 im Entwicklungsgeschehen von $\widehat{MWi}$ auf mehreren Ebenen,
 alle 2.125,2 Tage als Umkehrung des Bisherigen,
 alle 4.250,4 Tage als Wiederholung des Bisherigen aus einer anderen Sicht,
 alle 10.626 Tage als Spiegelung des Bisherigen
 und nach 21.252 Tagen als Neubeginn.

Die 20 Spiegelungspunkte (Wandlungspunkte) im biorhythmischen Leben:
An diesen Tagen verkehrt sich der Rhythmus nicht in sein Gegenteil, sondern er bewegt sich weiter vorwärts, aber in spiegelbildlicher Abfolge wieder seinem Ausgangspunkt zu. Dabei wird das zuletzt Erlebte zuerst gespiegelt, dann das Nächstzurückliegende usw. (hier findet sich eine Entsprechung zu den Berichten „ins Leben Zurückgekehrter", die ebenfalls eine „Rückspulung" ihres Lebens wie in einem Film

bewußt miterlebten). Es scheint so, als ob der „Meister in uns" zu verschiedenen Zeitpunkten alles Erlebte wiederholen läßt, wobei jede Entwicklung von einer anderen Seite betrachtet wird – als Überprüfung des Gelernten. In der nächsten Runde wird wieder von vorne begonnen, auf Gelerntem und Geprüftem aufgebaut, wobei aber jeweils eine andere Konstellation vorherrscht, da der nächste Zyklus um 72° gegenüber dem vorherigen zurückgedreht beginnt. So erfolgt das neuerliche Lernen unter anderen Voraussetzungen – der Mensch lernt, sein Leben und jedes Ding von allen Seiten zu betrachten.

Somit ist $\widehat{MWI}$ das *Gesetz*

1. der *Bewußtwerdung* durch ständige Wiederholung unter immer etwas anderen Voraussetzungen,
2. der *energetischen* raum-zeitlichen *Steuerung* des Körpers und seiner Funktionen durch das Selbst vermittels unbewußter und bewußter Beteiligung der 3 Elemente,
3. der *Harmonie* und *Gesundheit*. Solange wir den Code nicht kennen, arbeiten wir oft gegen das Gesetz. Erst Wissen gibt uns Macht, wie es in einem Sprichwort heißt.
4. des *Karmas*. Wir entscheiden selbst, ob wir die rhythmisch bedingten Prüfungen und Schwierigkeiten nutzen oder verwerfen, ob wir uns weiterentwickeln oder immer weiter verwickeln.
5. unserer *spirituellen* Möglichkeiten.

Wenn wir die 20 *Wandlungspunkte* hinsichtlich ihrer Tätigkeit (Cosinus) und ihres Ladungszustands (Sinus) untersuchen, können wir ganz gewisse Zusammenhänge erkennen (siehe *Tab. 49*).

Hinsichtlich der *Vorzeichen* sind 2 Möglichkeiten gegeben:
    cos   sin
+ aktiv   gefüllt
− passiv geleert

3 Sinus/Cosinus-Paarungen ergeben 3 bestimmte *Wirkgrößen:*
  0,0000 ←→ 1,0000   −   0,0000
  0,3090 ←→ 0,9511   −   0,2939
  0,5878 ←→ 0,8090   −   0,4755

Es entstehen 3 Arten der *Wandlung:*
  2 Wandlungen des Ladungszustandes (0°, 180°)
  2 Wandlungen der Tätigkeit (90°, 270°)
  4 unterschiedlich starke und aktive Wandlungen: diese 4 Wirkgrößen kann man klassifizieren als:
      0,0000 ↓   − kritische Wirkung
      0,2939 ↓   − kardinale Wirkung
      0,4755 ▼   − fixe Wirkung
      0,2939 ▼   − bewegliche (labile) Wirkung

DIE VERHÄLTNISSE DER 20 WANDLUNGSPUNKTE

Tab. 49

Lage	Sin	Cos	Quantitative Wirksamkeit [1] sin × cos	Qualitatives Verhältnis [1] sin : cos	
0°	0,0000	+ 1,0000	0,0000	0	⎫
18°	+ 0,3090	+ 0,9511	+ 0,2939	+ 0,0325	
36°	+ 0,5878	+ 0,8090	+ 0,4755	+ 0,7266	wachsen
54°	+ 0,8090	+ 0,5878	+ 0,4755	+ 1,3763	
72°	+ 0,9511	+ 0,3090	+ 0,2939	+ 3,0780	⎭
90°	+ 1,0000	0,0000	0,0000	+ ∞	⎫
108°	+ 0,9511	− 0,3090	− 0,2939	+ 3,0780	
126°	+ 0,8090	− 0,5878	− 0,4755	+ 1,3763	reifen
144°	+ 0,5878	− 0,8090	− 0,4755	+ 0,7266	
162°	+ 0,3090	− 0,9511	− 0,2939	+ 0,0325	⎭
180°	0,0000	− 1,0000	0,0000	0	⎫
198°	− 0,3090	− 0,9511	− 0,2939	− 0,0325	
216°	− 0,5878	− 0,8090	− 0,4755	− 0,7266	ernten
234°	− 0,8090	− 0,5878	− 0,4755	− 1,3763	
252°	− 0,9511	− 0,3090	− 0,2939	− 3,0780	⎭
270°	− 1,0000	0,0000	0,0000	− ∞	⎫
288°	− 0,9511	+ 0,3090	+ 0,2939	− 3,0780	
306°	− 0,8090	+ 0,5878	+ 0,4755	− 1,3763	ruhen
324°	− 0,5878	+ 0,8090	+ 0,4755	− 0,7266	
342°	− 0,3090	+ 0,9511	+ 0,2939	− 0,0325	⎭

[1]) Die Vorzeichengebung ist hier nicht ganz logisch: Da die Wirksamkeit eine Größe ist, die der Tätigkeit des Ladens bzw. Entladens zugeordnet ist, folgt die Vorzeichengebung der des Cosinus. Das Verhältnis wiederum entspricht subjektivem Empfinden von Fülle oder Leere und folgt daher dem Sinusvorzeichen.

Die 6 *Verhältnisse* werden unterschiedlich verspürt:
als aktiv oder passiv
als stark oder schwach
als rational oder irrational (0, ∞)
So gesehen erhält jede Wandlung und Spiegelung ihren inneren Sinn, je nachdem, ob mehr das Maß an Fülle oder die Art der Tätigkeit bzw. deren Verhältnis oder auch Produkt in den Vordergrund tritt.

Das I-GING unterscheidet 3 *Arten* von *Wandlungen:*
Nichtwandlung = feste Größe, Prinzip
Lineare Wandlung = ewig weiterlaufender Prozeß, der niemals an den Ausgangspunkt zurückkehrt (Generation auf Generation)
Zyklische Wandlung (aller Natur).

Die Wirksamkeit von $\widehat{MWI}$
als Beurteilungskriterium

Zum Unterschied von energetischer Potenz im Ruhezustand (potentielle Energie) bedarf die Lebenskraft ihrer Wirksamkeit in Zeit und Raum.

Die Wirksamkeit hängt ab von 2 *Komponenten:*

1. der vorhandenen Energie als positive oder negative *Ladungsmenge,*
2. der Stärke der ladenden oder entladenden *Tätigkeit.*

Die Lebenskraft zeigt sich als geoffenbarte Resultante der schöpferischen Kraft in Vermählung mit der Schlangenkraft. Sie erscheint auf den verschiedenen Ebenen mit unterschiedlicher Wirkung (siehe *Tab. 3,* die Chakras). Wir können sie mit anderen Worten beschreiben als:

Flexibilität, Anpassungsfähigkeit, Mobilität, Entwicklungskraft.

Im biorhythmischen Geschehen können wir die Wirkkraft auf 3 Ebenen betrachten:

1. Auf der elementaren Ebene als Produkt des einem Winkel zugeordneten Sinus mit dem Cosinus. Dabei lassen sich 3 *Phasen* erkennen:

a) Aufbauphase   – von   0° bis 30° = kardinale Wirksamkeit
b) Erhaltungsphase – von 30° bis 60° = fixe Wirksamkeit
c) Abbauphase   – von 60° bis 90° = labile Wirksamkeit

Wir haben hier das analoge Zuordnungskriterium für die Tierkreiszeichen in bezug auf die 4 Elemente gegeben. Auch die indischen Religionen kennen diese 3 Wirkungen in den verschiedenen Aspekten Brahmas als Schöpfer, Erhalter und Zerstörer (siehe *Tab. 50* und *Abb. 103).*

2. Im Bereich der Funktionen tritt uns die Wirksamkeit als Produkt von r und Δr (als tägliche Änderungsgröße von r) entgegen.

Aus der Aufstellung *(Tab. 51)* kann man unschwer erkennen, daß Über- bzw. Unterfunktion sich negativ auswirken. Die größte Wirksamkeit ist bei einem r-Wert von 1,3̇ mit einem zugeordneten Δr-Wert von 0,036 gegeben und beträgt 0,048. Hinsichtlich des zeitlichen Ablaufes liegt ja dieser r-Wert genau zwischen ♂ und ♃.

(weiter auf Seite 288)

DIE WIRKSAMKEIT IM ELEMENTAREN BEREICH

α, β, γ	sin x cos
0°	0,0000
10°	0,1710
20°	0,3214
30°	0,4330
40°	0,4924
45°	0,5000
50°	0,4924
60°	0,4330
70°	0,3214
80°	0,1710
90°	0,0000

Tab. 50

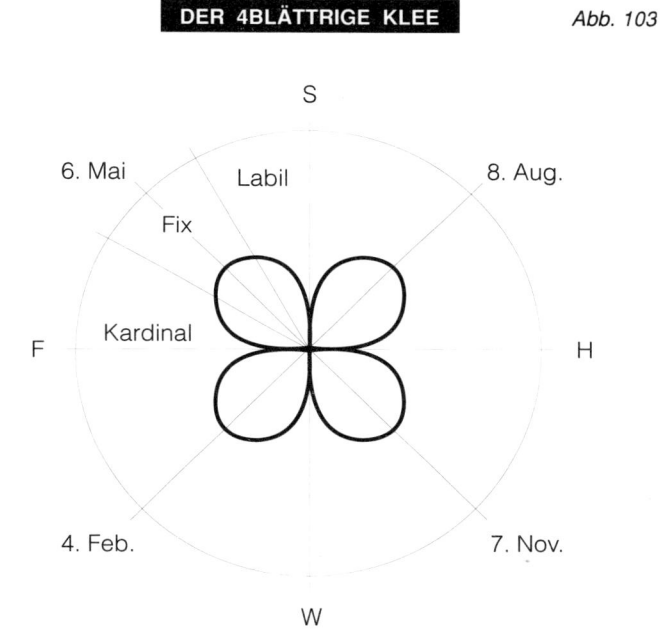

DER 4BLÄTTRIGE KLEE

Abb. 103

Das Wurzel-Chakra
Glückssymbol,
Blütenform der Kreuzblütler

6. Mai	= voller Schub in der Natur, stärkstes Wachstum. In der esoterischen Astrologie entspricht dieser Punkt der „Macht zu wagen".
8. August	= Hochsommer, größte Reifung („Die Macht zu tun").
7. November	= stärkster Verfall („Die Macht des Schweigens").
4. Februar	= stärkster Frost, Hochwinter („Die Macht zu wissen").

Die 4 Pole erscheinen als kritische Punkte, da in ihnen entweder die Ladung oder die Tätigkeit wechselt.

DIE WIRKSAMKEITSZUSAMMENHÄNGE BEI $\widehat{MW}$ Tab. 51

$r_{\widehat{MW}}$	Δr	Wirksamkeit $r \times \Delta r$
2,000	0,000	0
1,750	0,024	0,042
1,500	0,032	0,0475
1,250	0,038	0,0475
1,000	0,042	0,042
0,750	0,045	0,03375
0,500	0,047	0,0235
0,250	0,048	0,01175
0,000	0,049	0

3. Die Wirksamkeit im $\widehat{MW}$-Bereich

Im Lebensprozeß kann man 3 Bereiche unterscheiden:

a) Die *Wirksamkeit* als Produkt von r und Δr, wie wir sie eben bei den Funktionen beschrieben.
b) Die *Leistungsfähigkeit* als Produkt von Amplitude (r) und Frequenz $(\Delta \varphi °)$.
c) Die *Flexibilität* (Mobilität) als Produkt der 2 Variablen $\Delta r \times \Delta \varphi °$.

Sehen wir uns die Zusammenhänge an einigen Beispielen an, wie sie uns in Tab. 52 gezeigt werden:

Man kann deutlich erkennen, daß die Leistungsfähigkeit im Bereich der größten Amplitude (r = 3,0) bzw. der veräußerlichten Maxima am größten ist, im Unterschreiten von r < 1,0 deutlich abnimmt und in den Stagnationsminima annähernd Null wird. In Schleifenlagen wird Negativität erkennbar, während in den dynamischen Minima-Lagen Leistungsfähigkeit bewahrt bleibt.

Hinsichtlich der Flexibilität kann man erkennen, daß diese im Nahbereich der dynamischen Minima am größten ist, in Maxima-Lagen gegen Null schrumpft und in den Schleifenminima ihre größte Negativität erfährt.

Die Wirksamkeit ist bei einer r-Größe um $r = 2,15$ *nach* einem $r = 3,0$-Maximum mit 0,148 am größten. Generell kann man nur sagen, daß sie in der Nähe von Maximawerten größer ist als in der Nähe von Minimawerten.

DIE WIRKSAMKEIT IM $\overline{MWi}$ - BEREICH

Tab. 52

Tag	$r_{\overline{MWi}}$	Δr	$\Delta \varphi °$	Wirksamkeit $r \times \Delta r$	Leistungsfähigkeit $r \times \Delta \varphi °$	Flexibilität $\Delta r \times \Delta \varphi °$
0	3,000	0 (Max.)	+ 13,10	0,000	39,30	0,00
5	2,957	− 0,0175	+ 13,10	0,052	38,75	0,23
10	2,829	− 0,0335	+ 13,10	0,095	37,06	0,44
15	2,623	− 0,0490	+ 13,10	0,129	34,36	0,64
20	2,347	− 0,0615	+ 13,00	0,144	30,51	0,80
25	2,013	− 0,0715	+ 12,90	0,144	25,95	0,92
30	1,637	− 0,0785	+ 12,65	0,129	20,71	0,99
35	1,237	− 0,0810	+ 12,25	0,100	15,15	0,99
40	0,839	− 0,0770	+ 10,80	0,065	9,06	0,83
45	0,493	− 0,0560	+ 6,35	0,028	3,13	0,36
50	0,362	+ 0,0115	+ 1,60	0,004	0,58	0,02
55	0,547	+ 0,0505	+ 8,75	0,028	4,79	0,44
60	0,803	+ 0,0490	+ 11,65	0,039	9,35	0,57
65	1,023	+ 0,0375	+ 12,60	0,038	12,88	0,47
70	1,180	+ 0,0240	+ 13,05	0,028	15,40	0,31
75	1,263	+ 0,0085	+ 13,40	0,011	16,94	0,11
80	1,270	− 0,0065	+ 13,70	0,008	17,40	0,09
85	1,204	− 0,0205	+ 14,15	0,025	17,04	0,29
90	1,077	− 0,0300	+ 14,80	0,032	15,94	0,44
95	0,912	− 0,0340	+ 15,95	0,031	14,55	0,54
100	0,757	− 0,0245	+ 17,80	0,019	13,47	0,44
430	0,037	− 0,0480	− 46,20	0,002	− 1,71	− 2,22
9.360	0,075	− 0,0550	+ 33,00	0,004	2,48	1,82

Somit kann man folgende Aussagen treffen:

Die Leistungsfähigkeit ist am größten – in Maxima-Lagen
  ist schwach – in dynamischen Minima-Lagen
  ist am kleinsten – in gehemmten Minima-Lagen
  ist negativ – in Schleifenlagen

Die Flexibilität ist am größten – in dynamischen Minima-Lagen
  ist am kleinsten – in Maxima-Lagen und in stagnierenden Minima-Lagen
  ist negativ – in Schleifenlagen.

In Maxima-Lagen ist $\Delta r \rightarrow 0,0$
  $\Delta \varphi °$ zwischen 13,1° und 13,7°

In Minima-Lagen ist $\Delta r \rightarrow$ max.
  $\Delta \varphi °$ abwechselnd max. (dynamische Minima), anschließend min. (gehemmte Minima).

Maxima-Lagen weisen also stets große Leistungsfähigkeit bei geringer Flexibilität auf.

Dynamische Minima-Lagen zeichnen sich durch schwache Leistungsfähigkeit bei maximaler Flexibilität aus.

Gehemmte Minima-Lagen sind stets unflexibel bei gleichzeitig schwacher Leistungsfähigkeit.

Optimal hinsichtlich Wirksamkeit, Leistungsfähigkeit und Flexibilität sind stets die Zeiten *zwischen Maxima- und Minima-Lagen* und da vor allem jene mit großer Amplitude ($r_{\overline{MWI}} \rightarrow 3{,}0$).

Maxima/Minima-Verteilung

Die Verteilung der Maxima/Minima in den 4 Quadranten des *EK* bzw. in- und außerhalb desselben zeigt einige Besonderheiten: Nicht in jedem Abschnitt à 2.125,2 Tage, einem biorhythmischen Jahr, liegen die Wendepunkte gleichmäßig in allen 4 Quadranten (Frühjahr, Sommer, Herbst, Winter) verteilt – ja, es bestehen sogar krasse Bevorzugungen einzelner Sektoren.

So liegen beispielsweise während der ersten knapp 6 Jahre 12 Maxima und 11 Minima im Frühlingssektor, 11 Maxima und 8 Minima im Herbstsektor, aber nur 4 Maxima und 4 Minima im Sommersektor und gar nur 1 Maximum und 5 Minima im Wintersektor.

Die prozentmäßige Aufteilung sieht dann so aus:

DIE MAXIMA / MINIMA - VERTEILUNG IM ERSTEN BIORHYTHMISCHEN JAHR

Sektor	Maxima		Minima		Gesamt	
Frühling	12	42,9 %	11	39,9 %	23	41,1 %
Sommer	4	14,3 %	4	14,3 %	8	14,3 %
Herbst	11	39,3 %	8	28,6 %	19	33,9 %
Winter	1	3,5 %	5	17,8 %	6	10,7 %
Summe	28	100,0 %	28	100,0 %	56	100,0 %

Tab. 53

(weiter auf Seite 293)

DIE MAXIMA / MINIMA - VERTEILUNG
im ersten biorhythmischen Jahr (2.125,2 Tage)

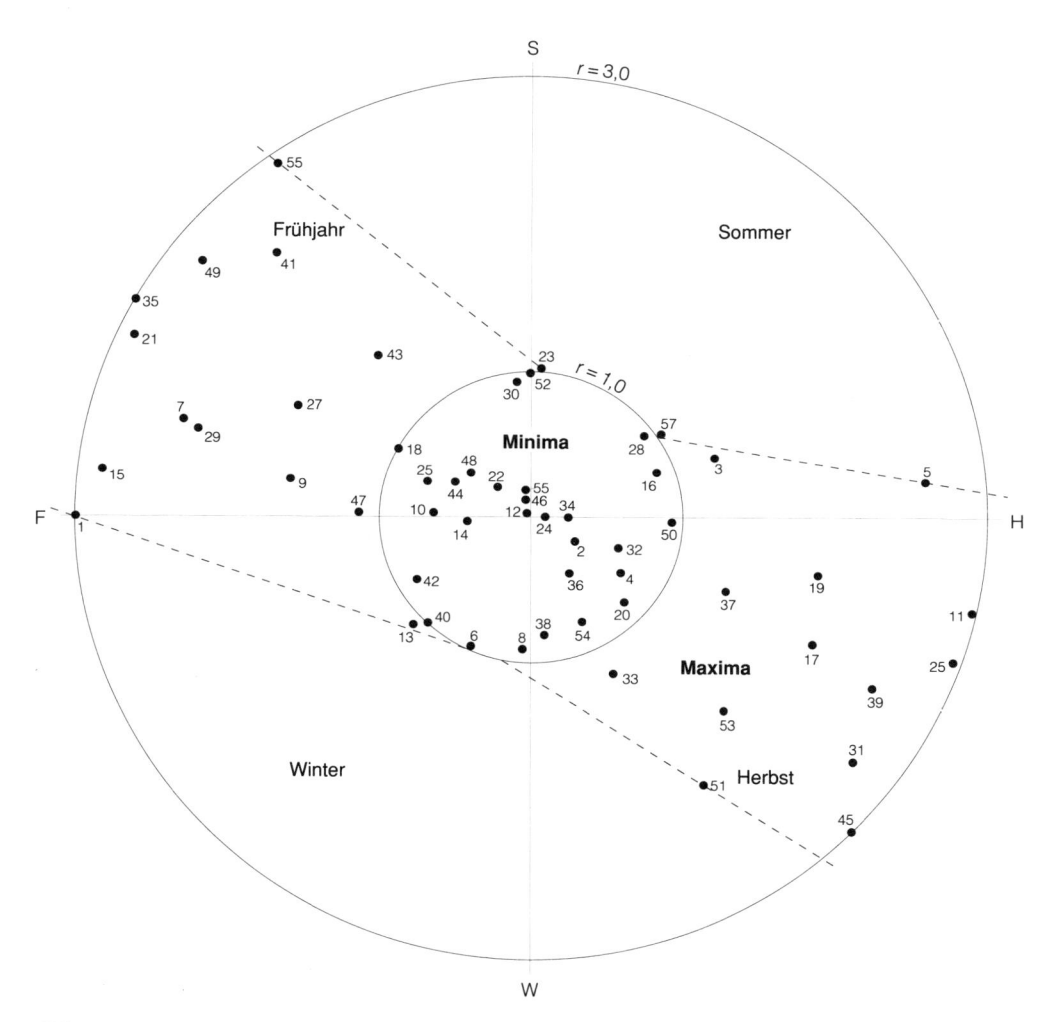

Abb. 104

DIE MAXIMA / MINIMA - VERTEILUNG   nach ihrer Lage in den 4 Quadranten

	Sektor	1	2	3	4	5	1–5	6	7	8	9	10	6–10	1–10
Maxima	F	12	9	3	8	12	44	2	5	13	6	2	28	72
	S	4	4	12	5	3	28	12	9	1	8	11	41	69
	H	11	8	1	10	11	41	3	5	12	5	3	28	69
	W	1	7	12	5	2	27	11	9	2	9	12	43	70
Minima	F	11	8	6	8	8	41	5	6	8	5	5	29	70
	S	4	5	9	7	6	31	9	7	5	10	8	39	70
	H	8	10	5	7	9	39	6	6	9	5	4	30	69
	W	5	5	8	6	5	29	8	9	6	8	11	42	71
Summe	F	23	17	9	16	20	85	7	11	21	11	7	57	142
	S	8	9	21	12	9	59	21	16	6	18	19	80	139
	H	19	18	6	17	20	80	9	11	21	10	7	58	138
	W	6	12	20	11	7	56	19	18	8	17	23	85	141
														560

Gruppierungen (1–10):
- Maxima: H+S = 138, F+W = 142
- Minima: H+S = 139, F+W = 141
- Summe: H+S = 277, F+W = 283

Biorhythm. Jahr	Tage
1 =	0,0 – 2.125,2
2 =	2.125,2 – 4.250,4
3 =	4.250,4 – 6.375,6
4 =	6.375,6 – 8.500,8
5 =	8.500,8 – 10.626,0
6 =	10.626,0 – 12.751,2
7 =	12.751,2 – 14.876,4
8 =	14.876,4 – 17.001,6
9 =	17.001,6 – 19.126,8
10 =	19.126,8 – 21.252,0

- F = 0° – 90°   Aufbau
- S = 90° – 180°   reifen
- H = 180° – 270°   Abbau
- W = 270° – 360°   warten

Tab. 54

Wie weise zeigt sich hier das Gesetz, das die Wandlung der Kräfte sosehr dem Auf- und Abbau (Frühling und Herbst) während der ersten Jahre des Lebens zuteilt, während in der Zeit der Pubertät mehr das Reifen (Sommer) durch das Warten (Winter) ergänzt wird!

Auch zeigt sich, daß die Maximaverteilung insgesamt wesentlich schwankender ist, während die der Minima doch etwas regelmäßiger ausfällt.

In der ersten Hälfte des biorhythmischen Lebens (bis 29 Jahre) überwiegt der Auf- und Abbau (Wachstum des Körpers), während die zweite Hälfte dem Reifen und der Sammlung gewidmet ist. Nach Vollendung des biorhythmischen Lebens vollzieht sich die Entwicklung auf einer erfahreneren, retrospektiven Ebene. Das neue erste Jahr entspricht einer Umkehrung des 10. Jahres.

Noch eine Ungleichheit in der Verteilung fällt auf: Die Ladungsphase (Winter + Frühling) ist hinsichtlich der Wandlungen gegenüber der Entladungsphase (Sommer und Herbst) bevorzugt. Insgesamt stehen hier einander gegenüber:

DIE VERTEILUNG DER MAXIMA / MINIMA HINSICHTLICH IHRER TÄTIGKEIT				Tab. 55
	Maxima	Minima	Gesamt	
Ladung	142	141	283	50,5 %
Entladung	138	139	277	49,5 %
	280	280	560	100,0 %

Wir können hieraus erkennen, daß alle Wendungen unseres Lebens doch einen kleinen, aber unmerklichen Zug zum Prinzip der Fülle (entspricht in unserem Falle dem Sommerpunkt), zum Prinzip des Lichten aufweisen, daß also alle Rückschritte letztendlich doch zu einem Fortschritt gelangen. Hier offenbart sich das Wirken der Heimholungskraft.

Eine ähnliche Abweichung der Symmetrie hat man vor einigen Jahren in der „ungerechten" Verteilung von Materie und Antimaterie auf dem Gebiet der Kernteilchenforschung ausgemacht. Dabei überwiegen die Anteile der Materie geringfügig gegenüber denen der Antimaterie, was zum bemerkenswerten Ausspruch führte, daß der Schöpfer „schiele".

Diese Asymmetrie hat aber wiederum zur Folge, daß das Yang-Yin-Verhältnis etwas aus dem Gleichgewicht ist und dadurch die Ewigkeit der Schöpfung einer unvorstellbar großen Endlichkeit weicht, womit – für uns Geschaffene tröstlich – Vollendung möglich, weil „vorprogrammiert" ist.

Wer angesichts der überzeugenden Parallelen des Ablaufs von $\overline{MWI}$ mit unserem Lebensprozeß noch immer von „netten Spielereien einiger Phantasten" spricht, muß diesen einräumen, daß ihre Phantasien, die sie gar nicht bis in letzte Konsequenz hinein durchleuchtet haben, plötzlich so viel hergeben, daß sie von Genies stammen müssen.

Um wieviel überzeugender ist es, das eigene Leben zu analysieren und mit den Ergebnissen der PDR zu vergleichen! Auch wenn sich spirituelle Rhythmen nicht fassen lassen, erkennt man doch eine bis in letzte Details ausgetüftelte Systematik, einen genialen Plan, der unser Leben steuert.

Uns fällt auf, daß Kirschbäume in gleichen Lagen gleichzeitig blühen, daß Bienen zur selben Zeit schwärmen, daß sich Blüten zu ihrer Zeit öffnen, daß Tiere und Vögel wissen, wann sie sich paaren oder gegen Süden aufbrechen müssen. Und genauso steuert uns auch das Unbewußte in uns zur rechten Zeit und treibt uns vorwärts – ob es uns bewußt ist oder nicht!

Absolute Gerechtigkeit bewirkt, daß alles nach einer gewissen Zeit in sein Gegenteil umschlägt; Leid oder Schwäche werden irgendwann wieder in Freude und Kraft verwandelt, wenn wir es nur zulassen! Und dazu kommt dieser kleine Zug zum positiven Pol, das unmerkliche Wirken einer Instanz, eines „Gnadenaspektes". Wie wunderbar wirkt das Gesetz des TAO!

Ein Hauptangriffspunkt der Chronobiologen gegenüber der Fließschen Rhythmenlehre war immer, daß Lebensrhythmen nie völlig konstant sind, also nie im Takt schwingen. Sie wenden ein, daß die Zeitpunkte der höchsten und niedrigsten Werte schwanken und die Schwingungsbreite beträchtlich variieren kann. *Prof. Dr. med. Ole D. Laerum* als Vertreter der Chronobiologen spricht in seinem Buch „Natürlicher Zeitgeber Biorhythmus" diese Kritik offen aus. Nun kannte Fließ nur *M* und *W*, und auch heute noch sind führenden Chronobiologen die Zusammenhänge der Funktionsrhythmen mit den Interferenzschwingungen der 3 Rhythmenelemente unbekannt. Keinerlei Notiz aber nehmen sie vom alles entscheidenden $\widehat{MWi}$-Rhythmus. Und gerade er zeigt, was die Chronobiologen in der bisherigen Biorhythmenlehre vergeblich gesucht hatten: Schwankungen von Amplitude und Frequenz, Auf- und Abbau in (geregelter) Unregelmäßigkeit, Fortschritt, Rückschritt, Wende in erkennbarem Gesamtzusammenhang eines prozessualen Geschehens.

$\widehat{MWi}'$ ist nicht das zufällige Resultat dreier schwingender Prinzipien, sondern der Entwicklungsplan, der sich dreier schwingender Elemente zur Ausführung bedient.

Das Verhältnis von Plan zu Ausführung = $\widehat{MWi}'$: $\widehat{MWi}$ = Maß der Harmonie. Die verschiedenen Perioden in ihrem symmetrischen Ablauf sind daher Perioden der Ausführung und anschließenden Kontrolle. Große Abweichungen vom Plan können krisenhaften Charakter annehmen, können zu Krankheiten und sogar zum frühzeitigen Tode führen.

Gliederung der PDR

Eine Gliederung der Psychodynamischen Rhythmenlehre hinsichtlich der *Beobachtungsebenen* mit zunehmend komplizierteren Zusammenhängen und detaillierteren Aufgaben kann man nun folgendermaßen vornehmen:

1. **Elementare Ebene** – prinzipielle Beobachtungsebene
2. **Funktionsebene** – Körper- und Seelenfunktionen
3. **Prozessuale Ebene** – Lebensprozeß.

Die wichtigste Beobachtungsebene ist die des Lebensprozesses und somit die von $\overline{MWi}$.

Alle Ereignisse, Störungen, Wirkungen haben im analogen Ablauf dieser Generalfunktion ihre auslösende Ursache, nicht jedoch ihre karmische. $\overline{MWi}$ wird somit zum „Fahrplan" des karmischen Zuges.

Die Generalfunktion umfaßt in Synthese die Funktionen, diese wiederum die Prinzipien.

Die Beobachtung von $\overline{MWi}$ entspricht ganzheitlicher Denkweise, während die Beobachtung der Elemente für sich allein kaum zur Erkenntnis eines Zusammenhanges führt und somit wertlos bleibt.

Hinsichtlich der *Entwicklungsaufgabe* lassen sich 3 *Perioden* unterscheiden:

1. **Körperliche Entwicklung** – Beziehung zum ICH
2. **Seelische Entwicklung** – Beziehung zum DU
3. **Spirituelle Entwicklung** – Beziehung zum ALL.

Die körperliche Entwicklung enthält in hohem Maße unbewußte Anteile. Dieser Periode des verstärkten Auf- und Abbaus im Wachstum folgt eine des Reifens und Sammelns seelischer Werte, wie es in der Maxima/Minima-Verteilung angelegt ist. Die Körperlichkeit wird in dieser zweiten Periode nun mehr bewußt erfahren. Die spirituelle Entwicklung hingegen bedarf der abgeschlossenen seelischen Entwicklung, will sie vollbewußt vorangetrieben werden. Zwischen ihr und körperlicher Entwicklung liegt das große Feld zwischenmenschlicher und sozialer Entwicklung. Das ICH bedarf des DU als Spiegel, um sich erkennen zu können. Den Abschluß bildet die Erkenntnis des DU und ICH in ALLEM, im Kleinsten und Größten.

Jede *spirituelle Entwicklung* vollzieht sich selbst wiederum in 3 Etappen:

1. **Durchleben der Disharmonie** – Frage nach den Ursachen
2. **Streben nach Harmonie** – Klärung der Ursachen und Erkenntnis des Ziels
3. **Halten der Harmonie** – im Ziel, am Weg.

Für diese Aufgaben sind wir bestens gerüstet. Auf allen 3 biorhythmischen Ebenen verfügen wir an $2/3$ der Tage über mehr als 50 % unseres Entwicklungspotentials im äußeren Leben:

Elementarebene — Sinus zwischen 30° und 150° sowie zwischen 210° und 330°
Funktionsebene — r zwischen 1,0 und 2,0
Prozessualebene — $r_{\overline{MWI}}$ zwischen 1,0 und 3,0

Die *Gegensätze,* die zur *Bewußtwerdung* beitragen, zeigen sich im wesentlichen auf diesen 3 Ebenen:

1. **Elementarebene** — elektromagnetische Polaritäten:
   Fülle/Leere
   laden/entladen
2. **Funktionsebene** — Beziehung der Elemente untereinander:
   Überfunktion/Unterfunktion
   Aufbau/Abbau
   Änderung/Wandel
3. **Prozeßebene** — Beziehung von höherem zu niederem Selbst:
   äußeres Leben/inneres Leben
   Fortschritt/Rückschritt
   Aufbau/Abbau
   Kraft/Schwäche
   Aufstieg/Abstieg
   Leistungsfähigkeit/Flexibilität
   Lernen/Wiederholen.

Schlußendlich sind es alle 3 *Arten* von *Disziplinen,* die sich mit rhythmischen Abläufen befassen:

1. **Wissenschaftliche Disziplinen:**
   Biologie, Chronobiologie, Physik, Medizin, Chemie, Mathematik, aber auch die Musikwissenschaft, die Geschichtswissenschaft und die Philosophie.
2. **Grenzwissenschaftliche Disziplinen:**
   Herkömmliche Biorhythmik, Radiästhesie, einige psychologische Randdisziplinen, die Psychodynamische Biorhythmik (PDR).
3. **Geheimwissenschaftliche Disziplinen** (Esoterik):
   Astrologie, Kabbala, I-GING u. a.

Immer mehr Zweige der modernen Wissenschaften erstrecken sich heute über 2, manchmal sogar über alle 3 Bereiche. Die geheime Wissenschaft von gestern wird zur Grenzwissenschaft von heute und zum Allgemeinwissen von morgen.

Die qualitative Komponente von $\widehat{MWI}\ \varphi°$

Haben wir uns bisher mit mehr grundsätzlichen Fragen auseinandergesetzt, geht es im Folgenden um die Beantwortung der Frage, ob die Stellung von $r_{\widehat{MWI}}$ in einem gewissen Sektor gewisse Qualitäten aufweist und wie man zu Aussagen in bezug auf die Harmonie gelangen kann.

Hier muß man grundsätzlich unterscheiden zwischen:
– gegebener Situation (IST-Zustand) und
– angestrebter Situation (SOLL-Zustand).
Deren Deckung entspricht Harmonie.

Der *Tierkreis* gibt uns Anhaltspunkte über das Bestehen gewisser Qualitätsprinzipien in jedem Sektor, die sich im 12er Modell niederschlagen. Auch das 8er und 4er Modell sind für das prinzipielle Aufzeigen von Qualitäten bestens geeignet.

Die *Qualität* eines Winkels ist ja abhängig von seinem Verhältnis seiner beiden Koordinaten zueinander (Sinus und Cosinus). Dabei zeigt der Sinus als statische Komponente ein Yang-Yin-Verhältnis, ein Verhältnis von Fülle und Leere an, während der Cosinus die dynamische Komponente der Tätigkeit in der Zeit als auf- oder abbauend darstellt.

Dieses Verhältnis wird ausgedrückt durch eine Einteilung des *EK* hinsichtlich der herrschenden Wirkkraft (sin x cos), wie sie in Abb. 103 dargestellt ist.

Die Tierkreisprinzipien bauen sich neben der Wirkkraftkoordinate noch aus der Elementekoordinate auf. Hier wird die Sache für uns schon schwieriger, da biorhythmisches Geschehen nicht nur elementefixiert ist, wie wir mittlerweile wissen.

Wir können die *astrologischen Elemente* z. B. nach 3 *Gesichtspunkten* anordnen:

ANORDNUNG DER ELEMENTE

1. innenweltlich:

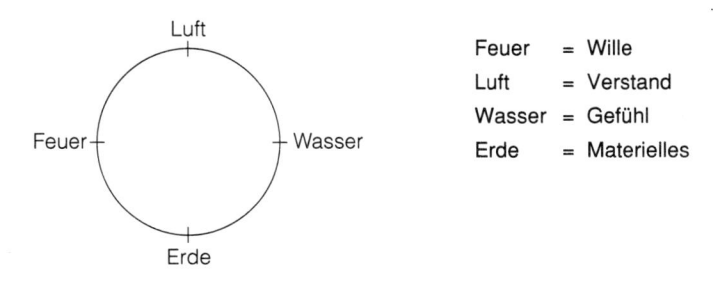

Feuer = Wille
Luft = Verstand
Wasser = Gefühl
Erde = Materielles

Abb. 105 a

2. außenweltlich:

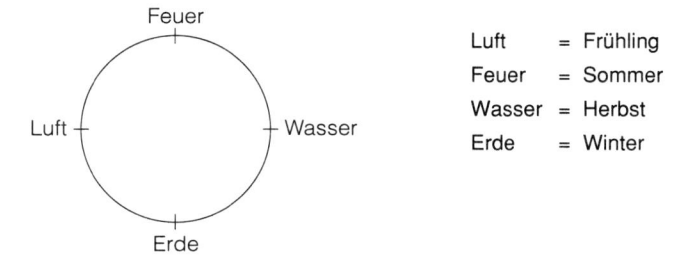

```
         Feuer
          |
   Luft --+-- Wasser
          |
         Erde
```

Luft = Frühling
Feuer = Sommer
Wasser = Herbst
Erde = Winter

Abb. 105 b

3. als Bewußtseinsmodell:

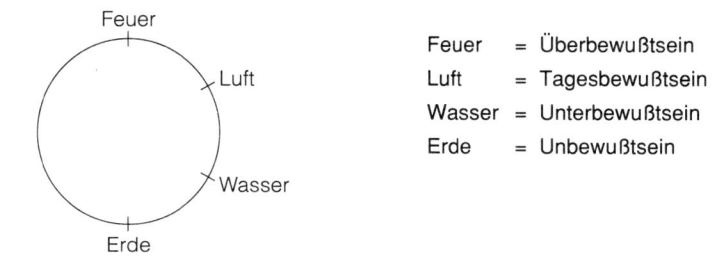

```
         Feuer
          |
           \ Luft
            \
             \
              \ Wasser
          |
         Erde
```

Feuer = Überbewußtsein
Luft = Tagesbewußtsein
Wasser = Unterbewußtsein
Erde = Unbewußtsein

Abb. 105 c

Im Tierkreis werden die Elemente in wechselnder Reihenfolge geordnet, entsprechen daher nicht den biorhythmischen Quadranten (siehe *Tab. 10* und *11*).

So einfach, daß man im biorhythmischen Geschehen durch die Winkelstellung in den einzelnen (Tier-)Kreisabschnitten eine direkte Zuordnung zu den Aussagemöglichkeiten der Astrologie erhält, ist die Sache nun doch nicht. So ohne weiteres lassen sich die 12 Prinzipien des Tierkreises nicht auf den biorhythmischen *EK* übertragen. Eine Parallele ist gegeben hinsichtlich des Tagesablaufs und der Jahreszeiten, wie es im 12er Modell aufscheint. Wenn wir den 4 Elementen, die in ihrer unterschiedlichen Wirkkraft die 12 Tierkreisprinzipien aufbauen, die im Tierkreis festgelegten Plätze nun auch im *EK* zuteilen, dann hat der Schütze (♐ 240°–270°) als bewegliches Feuerzeichen im Herbstsektor des Einheitskreises nichts verloren. Nur wenn wir das Schützen-Prinzip von seiner Zuordnung zu den Feuerzeichen willkürlich loskoppeln und die Qualität des Feldes allein betrachten, wie es uns das Häusersystem nahelegt, kommen wir zu richtigen Aussagen. Damit steht aber der Schütze nicht mehr so recht für das ihm innewohnende Prinzip, und infolgedessen müssen wir hier vom 9. Haus sprechen. Die Tierkreisprinzipien lassen wir bei biorhythmischen Betrachtungen daher künftig außer acht. Zudem ist der Tierkreis ja, wie wir aus der kurzen Betrachtung über die Zeitalter entnommen haben, nicht relativ für den Beobachter fixiert, sondern entspricht einer absoluten Einteilung der Himmelsabschnitte, unabhängig davon, welche gerade für uns sichtbar sind. Das Häusersystem bedient sich hingegen der Einteilung des Raumes über uns, wie wir ihn – jeder für sich – individuell als von Nadir und Zenit, Aszendent und Deszendent eingespannt erleben. Es ist daher eine für uns brauchbare räumliche Einteilung, die uns in ihrem Mittelpunkt beläßt und die relativ ist, wobei jedes Individuum sein eigenes Häusersystem hat.

Hier zeigen sich auch Parallelen in den 4 fixen, wirkungsstarken Feldern:

45° – die Macht zu wagen – Füllung
135° – die Macht zu tun – Abgabe
225° – die Macht zu schweigen – Leerung
315° – die Macht zu wissen – gefüllt werden.

Zum anderen aber besteht ein Zusammenhang zwischen der räumlichen Wirksphäre der biorhythmischen Elemente einerseits und den 5 Tattwas andererseits, nicht aber eine Entsprechung, wie wir bereits im Kapitel über die 3 Elemente besprochen haben:

TATTWAS UND BIORHYTHMISCHE HAUPTWIRKEBENEN

Tattwa	Element	Biorhythm. Hauptwirkebene	
Prithivi	Erde	$\widehat{MWI}$	
Apas	Wasser	$\widehat{WI}$	die 4 astrologischen
Tejas	Feuer	$\widehat{MW}$	Elemente
Vayu	Luft	$\widehat{MI}$	
Akasha	Äther	$\widehat{MWI}'$	

Tab. 56

In der Grundrißsicht biorhythmischen Geschehens stehen uns 3 *Beurteilungskriterien* zur Verfügung, die wir aus der Stellung eines Elementes im *EK* direkt erkennen können:

Zustand, Polung – Sinus
Tätigkeit – Cosinus
Wirksamkeit – sin x cos

Wenn wir den Einheitskreis auf die Beobachtung der Funktionen und des Lebensprozesses ausdehnen wollen, ist dementsprechend auch der Radius des *EK* von 1,0 auf 2,0 bzw. 3,0 auszudehnen. Die Stellung $\varphi°$ zeigt uns dann jeweils die Gesamtsituation hinsichtlich Zustand und Tätigkeit, nicht aber hinsichtlich der funktionalen Wirksamkeit der beteiligten Elemente an. Für die Wirksamkeit der Funktionen und des Lebensprozesses gelten ja die auf Seite 286 ff. besprochenen Berechnungen. Ein einfaches Beispiel mag dies verdeutlichen:

M α = 45° – fixe Wirkung
W β = 135° – fixe Wirkung.

$\varphi_{\widehat{MW}}$ liegt daher auf 90°, dies würde auf elementarer Ebene einer hinsichtlich des

Tätigkeitswechsels kritischen Wirksamkeit entsprechen. Tatsächlich aber ist $r_{\widehat{MW}} =$ 1,414 und mit einer Funktionswirksamkeit von 0,048 ausgestattet, was einem Maximalwert entspricht.

$\varphi_{\widehat{MW}}$ zeigt uns aber in diesem Beispiel eine Spiegelung um 90° an (∨), eine hinsichtlich ihrer Lage „füllige", aber wechselnde Situation. Ebenfalls kann man hier den 90°-Aspekt (□) als disharmonische Situation erkennen.

Somit können wir die *Aussagekriterien der Kreisdarstellung* zusammenfassen:
1. **Elemente:** Zustand, Tätigkeit, Wirksamkeit
2. **Funktionen:** Stärke *(r)*, Lage (Spiegelungen), Aspekte
3. **$\widehat{MWi}$:** Amplitude *(r)*, Lage (Pol-Lagen), Leitelement/Leitfunktion (analog), Wirktiefe (innen-/außenweltlich).

DER WIRKFELDKREIS

Abb. 106

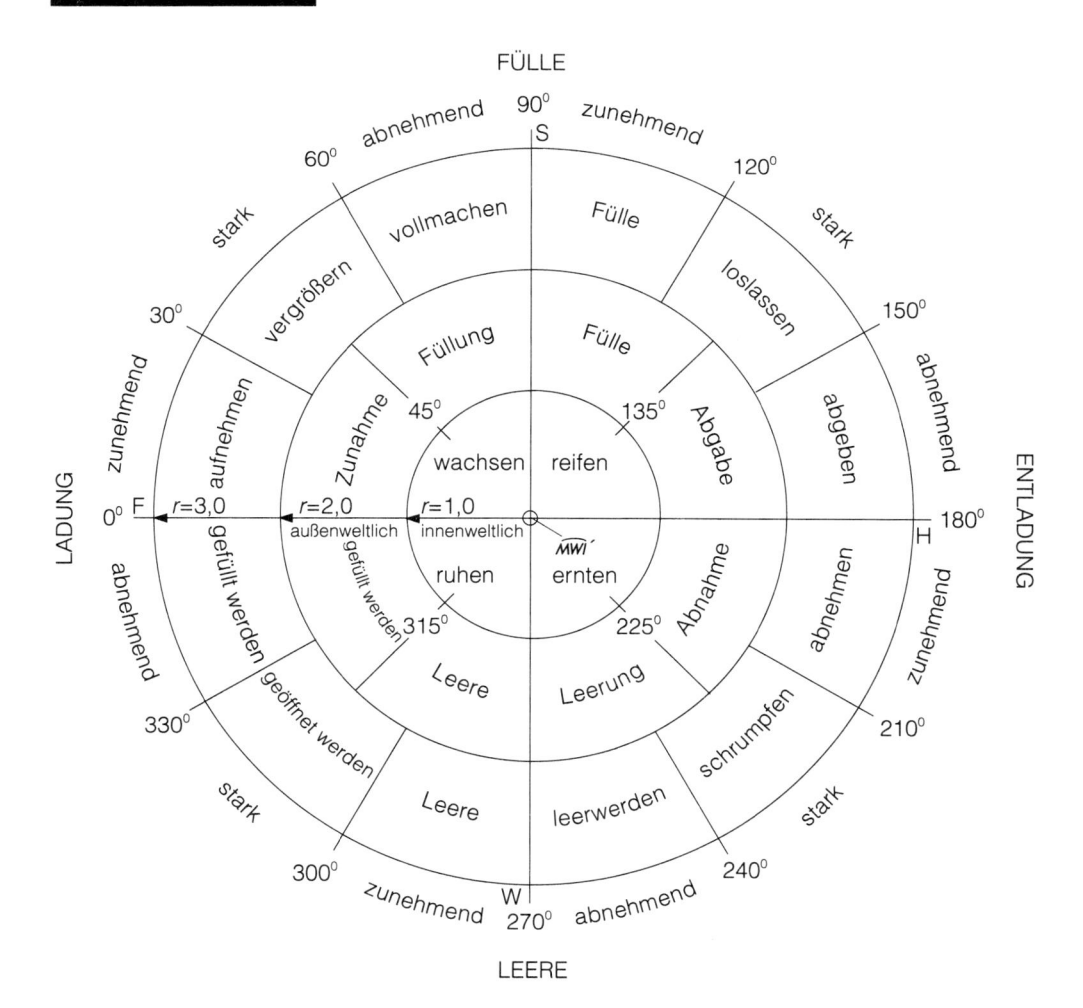

Nun wissen wir, daß der Lebensprozeß hinsichtlich seiner Frequenzänderungen auch eine *vertikale* Bewegung durchläuft. Korrespondiert die Frequenz von $\widehat{MWI}$, ausgedrückt durch $\Delta\varphi°$ (Winkeländerung pro Tag), mit der eines Prinzips oder einer Funktion, wirkt sich das Geschehen spürbar auf dieser Ebene aus.

Synchronität

Wir haben nun unseren Betrachtungen über das Leitelement bzw. die Leitfunktion eine wesentliche Komponente hinzuzufügen: *Die synchrone Drehgeschwindigkeit.*

Somit können wir 2 *Übereinstimmungsarten* feststellen:
1. Die Übereinstimmung hinsichtlich der $\varphi°$-Lage im *EK*. Sie kann in der Grundrißbetrachtung festgestellt werden und zeigt die Entsprechung hinsichtlich Ladungssituation und Tätigkeit an. In ihr herrscht Gleichheit hinsichtlich der Qualität der Zeit, wie sie im Wirkfeldkreis dargestellt ist *(analoge Lage)*.
2. Die Übereinstimmung hinsichtlich der Sphäre, wie sie durch die Frequenz bestimmt ist. Sie kann im Aufriß festgestellt werden und zeigt die Entsprechung hinsichtlich der Ebene des Geschehens *(synchrone Lage)*.

Die Elemente können die hinsichtlich ihrer Frequenz festgelegten Ebenen nicht verlassen, ihre Verbindung gelingt nur über die eingegangenen Funktionen. Doch auch diese sind in ihrem Kreisen stabil, außer im Augenblick des 180°-Sprunges. Daher ist allein der $\widehat{MWI}$-Drehung senkrechter Synchronitätswechsel vorbehalten.

Das Übereinstimmungsverhältnis zwischen $\widehat{MWI}$ und den 6 Ebenen kann unterschiedlich sein:

DIE ÜBEREINSTIMMUNGSARTEN			Tab. 57

Übereinstimmung hinsichtlich	Lage $\varphi°$	Frequenz $\Delta\varphi°$
1. keine Übereinstimmung		
2. analoge Übereinstimmung	X	
3. totale Übereinstimmung	X	X
4. Synchronität		X

Sehen wir uns diese Verhältnisse etwas näher an:

1. Zu Zeiten, in denen keine Übereinstimmung herrscht, wirken sich spezielle Situationen nicht verstärkt auf einer speziellen Ebene aus, andererseits haben auch karmische Einflüsse keine Bezugsebene, auf der sie speziell wirken können. Störungen im funktionellen Bereich wiederum wirken sich schwächer auf den Lebensprozeß aus.

2. In Zeiten analoger Übereinstimmung wirken sich qualitative bzw. energetische Situationen analog auf der entsprechenden Ebene aus. Man kann sagen, daß ein „Funke überspringt" oder daß eine Situation „abfärbt", daß sich „Einflüsse geltend machen" oder ihre „Schatten werfen".

3. In Zeiten totaler Übereinstimmung spielt sich der Lebensprozeß in energetischer und wirkender Hinsicht auf der „überdeckten" Ebene aus. Karma kann sich auswirken, Krankheiten können entstehen, andererseits aber auch günstige Aspekte bzw. Situationen von dieser Ebene her auf den gesamten Lebensprozeß positiv einwirken.

4. In Zeiten synchronen Ablaufs wirken sich Entwicklungen bzw. Ereignisse auf dieser Ebene je nach dem Aspekt, den $\widehat{MWI}$ zum jeweiligen Element oder zu der jeweiligen Funktionslage einnimmt, positiv oder negativ, hemmend oder fördernd, günstig oder ungünstig, harmonisch oder disharmonisch aus. Synchronität kann man als karmische Schiene betrachten, vermittels derer karmischer Einfluß und Programmierung stattfinden. Der Lebensprozeß und die jeweilige Ebene sind miteinander „verzahnt".

Die *übrigen Beurteilungskriterien* des Geschehens sind rechnerisch zu ermitteln:

Funktionen:	Änderungsgröße	Δr	
	Änderungsrichtung	$+\Delta r$	= aufbauend
		$-\Delta r$	= abbauend
	Wirksamkeit	$r \times \Delta r$	
zudem bei $\widehat{MWI}$ noch zusätzlich:			
	Entwicklungstempo	$\Delta\varphi °$	
	Änderungsrichtung	$+\Delta\varphi$	= fortschreitend
		$-\Delta\varphi$	= rückschreitend
	Leistungsfähigkeit	$r \times \Delta\varphi$	
	Flexibilität	$\Delta r \times \Delta\varphi$	

Die Übereinstimmung einer gewissen Situation an einem bestimmten Tag mit der Matrize in senkrechter bzw. waagrechter Betrachtung schließlich gibt Aufschluß über die *äußere Harmonie*. Diese wechselnde Kongruenz äußert sich vor allem im gesundheitlichen Bereich. Über sie können die durch den Inkarnierungsstempel bzw. die Geburtsprägung bestimmten Funktionsstörungen wirksam werden.

Die *innere Harmonie* hingegen beschreibt das Verhältnis zwischen Matrize und Soll-Zustand, wie es sich in Tugenden und Untugenden ausdrückt.

Die harmonische Situation an einem gewissen Tage kann nun bildlich betrachtet werden. Hier ist besonders auf extreme Diskrepanzen (oppositionelle Lagen oder extrem auseinanderliegende Werte) zu achten, aber auch auf Übereinstimmungen oder günstige oder ungünstige Aspekte.

Noch ein Kriterium sollte bei allen Auswertungen mitberücksichtigt werden: das biorhythmische Jahr, in dem man sich befindet, bzw. die lernende oder wiederholende Situation des jeweiligen Lebensabschnittes.

Die besten Ergebnisse bei Analysen erzielt man immer wieder, wenn man die bildlichen Darstellungen auf sich einwirken läßt. Lebensprozesse lassen sich sehr schwer analysieren, aber sehr leicht und blitzschnell intuitiv erfassen. Wie soll man auch einen harmonischen Zustand in Formeln, Ziffern und Tabellen zerpflücken, wo er doch ohne Mühe erlebt werden kann?
Die analytische Durchdringung dient letztendlich nur der Bewußtmachung der Zusammenhänge und Gesetze, die einen harmonischen Zustand auslösen.

Bei allen bisherigen Betrachtungen könnte der Eindruck entstehen, daß sich der Lebensprozeß nach einem starren Schema unter zwanghaftem Ablauf von Ursache und Wirkung abspielt. Wir dürfen analoge Einflüsse aber nicht mit kausalem Geschehen verwechseln. Wenn ein Bahnwärter die Weichen für einen Zug umlegt, dann wird dieser zwangsläufig der Weichenstellung folgen. Wenn wir aber eine hinsichtlich unserer Harmonie synchrone Lage zur Denkebene mit positivem Aspekt aufweisen, entstehen positive Wirkungen nicht zwangsläufig. Es obliegt uns selbst, ob wir aus der positivträchtigen Neigung auch eine positive Wirkung erzielen. Umgekehrt führen auch Tage mit negativen Aspekten nicht zwangsläufig zu Unglück und Elend. Wenn wir aber an diesen Tagen die negative Neigung zu einer positiven Wirkung umgestalten, zählt dies mehr als an positivträchtigen Tagen.

Harmonisierung

Für uns taucht irgendwann einmal die Frage auf, wie oder wo Harmonie gesucht werden kann und soll.

Der Grund aller Probleme liegt stets in der grundsätzlichen Diskrepanz zwischen Realität und Ideal.

Jede systematische Problemlösung geschieht nach demselben zyklischen Muster:

DAS PROBLEMLÖSUNGSMODELL

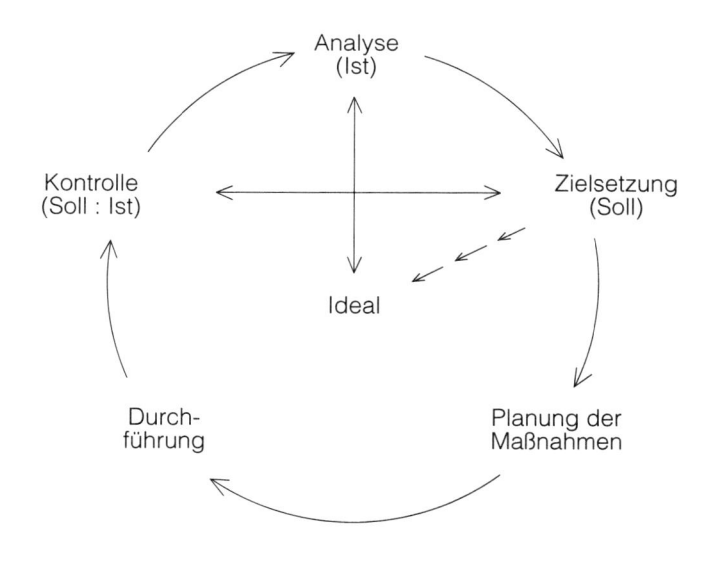

Abb. 107

Man stützt sich in der Analyse auf die Vergangenheit, vergleicht IST und IDEAL und richtet seine Ziele auf ein zukünftiges SOLL aus, plant kurz- oder langfristig, arbeitet unermüdlich, um das Ziel zu erreichen, und kontrolliert laufend die Ergebnisse, um die Abweichungen von der Zielsetzung und den neuen Abstand vom Ideal einer weiteren Analyse zuzuführen. In diesem Sinne ist es sicherlich angebracht, vergangenes Geschehen zu durchleuchten. (Im Gegensatz dazu steht die Neigung vieler Biorhythmiker, alles und jedes Geschehen im nachhinein einer passenden biorhythmischen Erklärung zuzuführen, um dadurch mehr Ansehen und „Beweiskraft" für so manche Theorie zu erhalten!)

Falsch wäre es, wenn man am Morgen sein Orakel nimmt, in die Tabellen guckt und nachsieht, was man heute so alles an Schwierigkeiten und unangenehmen Dingen zu erwarten hat. Dazu genügen auch Zeitschriftenhoroskope und das beliebte Zinngießen zu Silvester.

Die richtige Analyse gründet auf einer permanenten Aufzeichnung in Form eines Tagebuches. Im nachhinein soll gefragt werden, wie der Tag gelaufen ist, wie das Wollen, Fühlen und Denken auf Leib und Seele gewirkt haben, wie der Stoffwechsel, der Kreislauf, der Atem oder der Herzschlag funktioniert haben, ob man nervös oder gehemmt war, verspannt, verstimmt oder harmonisch mit sich selbst, mit den Mitmenschen und mit der Natur. Danach erst sollte man die subjektive Erfahrung zu objektivieren versuchen.

Im Aufsuchen der Harmonisierungsmöglichkeiten liegt Planungsarbeit; der nächste Tag verlangt die Durchführung, wobei man aber bereits bewußt kontrolliert, ob auch alles so läuft wie geplant.

Der *therapeutische Wert* der PDR liegt darin, daß sie aufzeigen kann, in welchem Bereich Störungen ausgelöst werden (können) und welche Elemente bzw. Seelenfunktionen nach ihrer Harmonisierung verlangen. Wenn man sich im Wirkfeldkreis die Stelle anschaut und sich nach der Synchronitätsberechnung mit sich selbst kritisch genug auseinandersetzt, kommt man allen Problemen auf die Schliche. Man kann sagen, daß die gezeichnete Konstellation zum „Medium" wird, das zum Fragenden „spricht". Jeder erlernt den Umgang mit seinem Medium ganz individuell, daher sind generelle Regeln wenig zielführend.

Soll man nun *gegen* oder *mit* den Gegebenheiten schwingen? Oder, anders gefragt: Ist es richtig, die Harmonie im jeweiligen Kreissektor ($\varphi_{\overline{MWi}}$) zu suchen oder im entgegengesetzt liegenden ($\varphi_{\overline{MWi}} + 180°$)?

Die Ursachen von Disharmonien liegen auf mehreren Ebenen:

1. Diskrepanz zwischen Ideal und Matrize. Alle unsere Mängel beruhen auf dieser Diskrepanz. Die Beseitigung dieser bedarf unzähliger Inkarnationen, bis sie endlich erkannt und aufgelöst sind.

2. Diskrepanz zwischen Inkarnierungsstempel und dem jetzigen Zustand. Die oppositionellen und konjunktionellen, sich täglich ändernden Lagen der einzelnen Elemente zu unserer Zeugungslage zeigen auslösende Tendenz von Störungen verschiedenster Art. Ihre Beseitigung bedarf der Willensschulung eines langen Lebens, verbunden mit ausreichender Erkenntnishöhe.

3. Disharmonische Aspekte der einzelnen Elemente zueinander oder zu einzelnen Funktionen. Die täglich sich ändernde energetische Situation ist gestört oder gehemmt.

Alle 3 Möglichkeiten können getrennt oder gleichzeitig als direktes oder indirektes Karma auf uns einwirken. Und diese Disharmonien gilt es aufzuspüren, zu erkennen und voneinander zu trennen, bevor wir darangehen, sie neutralisieren zu wollen.

Das niedere ICH will keine Änderung, es ist träge. Das höhere SELBST will ein harmonisches Verhältnis aller 3 Kräfte. Daher sind die Fragen zu stellen:
1. Was will bzw. braucht meine Natur? = IST-Zustand.
2. Was will mein höheres Selbst? = SOLL-Zustand.

Der Soll-Zustand bedeutet aber prinzipiell eine $\widehat{MWi}$-Lage im Zentrum, also in der Einheit. Es ist der nie ganz erreichte Zustand der inneren Harmonie.

Harmonisierung bedeutet also, der Hemmung eine gleich große Kraft auf einer anderen Ebene, auf der harmonische Verhältnisse herrschen, entgegenzusetzen. Der Weg dazu führt über das Leitelement in den dem hemmenden Element entgegengesetzten Sektor des Kreises. (Der willkürliche Frequenzsprung ist ja dem „normalen" Menschen verwehrt.)

Ein Beispiel soll das verdeutlichen:

HARMONISIERUNG Abb. 108

Disharmonie

Harmonie

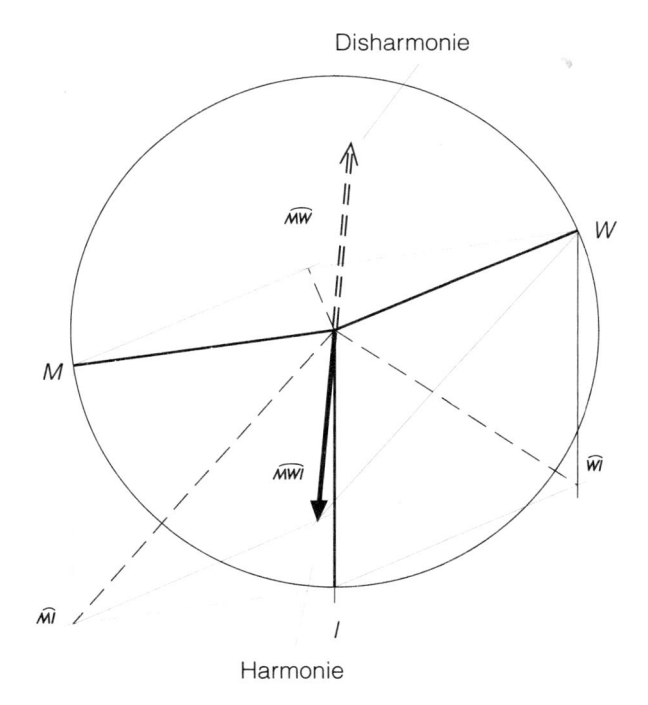

W und $\widehat{MW}$ zeigen sich disharmonisch. Die Harmonisierung erfolgt über I als Leitelement. Beim Denken muß der Hebel angesetzt werden. I weist einen günstigen $*$-Aspekt zu $\widehat{Wi}$ sowie einen ebenfalls günstigen $\triangle$-Aspekt zu W auf. Auch die Kopffunktion spielt bei der Harmonisierung eine Rolle.

Das Dagegenangehen bedeutet Energieaufwand. Somit steht die Harmonisierung gegen die biorhythmischen Gegebenheiten der die Disharmonie auslösenden Elemente bzw. Funktionen.

| Disharmonische Gegebenheit | + | entgegengesetzter Energieeinsatz auf anderer Ebene | = | Harmonisierung |

Analog dazu kann man sagen:

Die Lebensaufgabe erfüllen heißt, daß man zuerst einmal den Gegebenheiten ins Gesicht schaut, die es umzukehren gilt.

ÜBERWINDUNG EINES HEMMNISSES Abb. 109

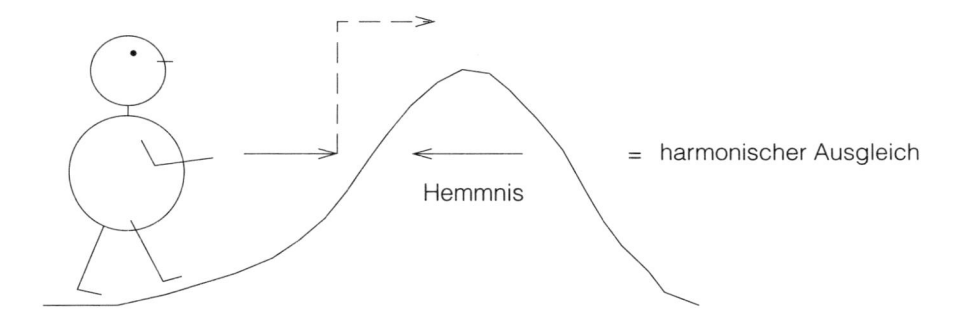

So manche Disharmonie besteht darin, daß für unsere Arbeits- und Berufswelt nur der aktive Mensch zählt. Der sich erholende, ausruhende, kräftesammelnde Mensch, der manchmal ein gutes Buch liest oder gar ein paar Tage faulenzt, ist nicht produktiv und paßt nicht in dieses Bild. Aus dieser Diskrepanz entstehen so manche Konfliktsituationen.

Die Harmonisierungsmöglichkeit besteht nun darin, daß man diesem von unserer Gesellschaft geforderten Postulat kritisch ins Gesicht blickt und seine Ziele entsprechend neu formuliert. Keineswegs besteht sie darin, daß man – wie es manche Biorhythmiker praktizieren – einträchtig mit den Wölfen heult und unproduktive Tage, Tage der Erholungsphasen als „Tief-Tage" oder „schlechte Tage" abqualifiziert und damit das Vokabular der Leistungsgesellschaft benutzt und ihre disharmonisierenden Wirkungen nur verstärkt.

Harmonisierung heißt somit:

Annehmen der objektiven Rahmenbedingungen, aber *Angehen* gegen die subjektiven Auswirkungen auf einer anderen Ebene durch Änderung der Einstellung.

Eine etwas andere Situation ist die, daß wir oftmals aufgefordert sind, alle unsere Kräfte für eine Sache einzusetzen, auch wenn die biorhythmische Konstellation z. B.

gerade einer stagnierenden Minima-Lage entspricht. Hier heißt es, das hemmende Element zu neutralisieren, indem man die jeweilige Gegenlage aufsucht und willentlich einnimmt. Dies bedarf aber eines gebündelten Einsatzes von Aufmerksamkeit und Konzentration.

AUFBIETUNG ALLER KRÄFTE *Abb. 110*

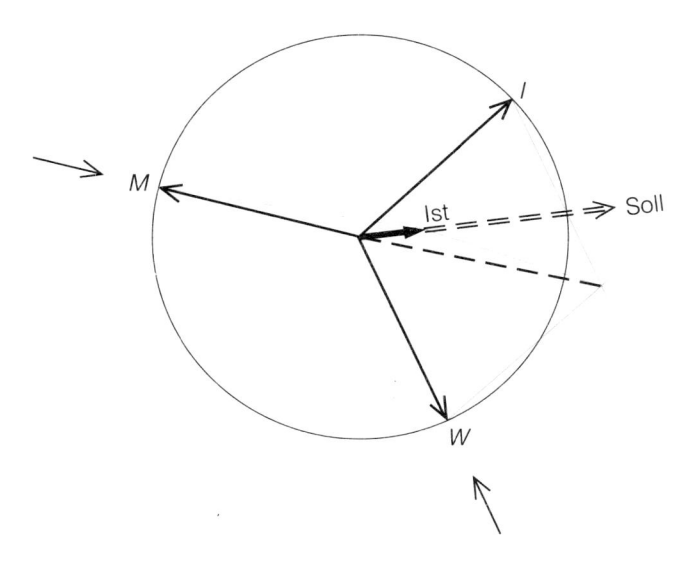

In unserem Beispiel ist *M* zum Gegeneinsatz vorgesehen. Wenn wir daher den sich stürmisch füllenden Willen zurücknehmen, werden wir die fördernde Richtung von *I* durch ihn nicht mehr hemmen.

Gegengesetzter Einsatz unserer Kräfte ist also angezeigt, wenn eine disharmonische Extremsituation (Maxima/Minima-Lage) vorliegt und die Erfordernisse in der anderen Richtung liegen.

Keinesfalls dürfen wir den Kräfteeinsatz zur Harmonisierung mit dem Annehmen aller Schicksalsereignisse verwechseln. Die Schicksalsannahme setzt erst die Möglichkeit zur Schicksalsbewältigung und somit zur Harmonisierung,

Dabei zeigt sich folgendes *biorhythmische Karmagesetz:*
  1. Das $\widehat{MWI}$ entgegengesetzte Element (Funktion) zeigt in Richtung Verinnerlichung und somit auf innerliche Soll-Harmonie: Es wirkt somit als *Karma-Bringer*.
  2. Das Leitelement (Leitfunktion) zeigt die Ebene (synchron) und Richtung (analog) der Schicksalsbewältigung und Harmonisierung an: Es wird somit zum *Karma-Löscher,* wenn die nötige Ursachenerkenntnis vorliegt.

Wie und wo zeigt sich Harmonie?

Wenn die drei Wünsche des Gemütes – Wissen, Macht, Glück – befriedigt sind, besteht innerliche Harmonie.

Es ist der Gleichklang aller Töne, aller Bewegungen mit den entsprechenden, im Laufe vieler Inkarnationen integrierten, das ganze Spektrum umfassenden Frequenzen. Sie bedeutet Übereinstimmung im Ganzen und in ihren Teilen.

Sie bedarf der beherrschten Wechselwirkung von Leib und Seele sowie der Übereinstimmung mit deren Inbild und Plan. Sie zeigt sich in erlangten Tugenden, im Denken, Sprechen und Handeln.

Harmonie heißt: Frei sein von Spannungen, Diskrepanzen, Wünschen und Bestrebungen. Sie entsteht durch die freudige Entfaltung des durch die Vernunft gelenkten Willens.

Harmonie zeigt sich in der Breite und in der Tiefe, waagrecht und senkrecht in der gesamtmenschlichen Organisation, wie sie uns die Abb. 111 zeigt.

DIE GESAMTMENSCHLICHE ORGANISATION   Abb. 111

                                                 Das Ideal
                                                    |
                                                   $\widehat{MWI}'$ Matrize

ICH-Organisation

Tugenden, Einheit,   } Liebe
Gesetz,   } Weisheit
innere Harmonie   } Macht

                                         M' W' I' Inkarnie-
                                                                  rungs-
                                                                  stempel

der 3fache Seelenleib M W I Tageskon-
                                                                  stellation

Schicksal ▼   } Denken
Seelenfunktionen   } Fühlen
Bewußtsein ▲   } Wollen

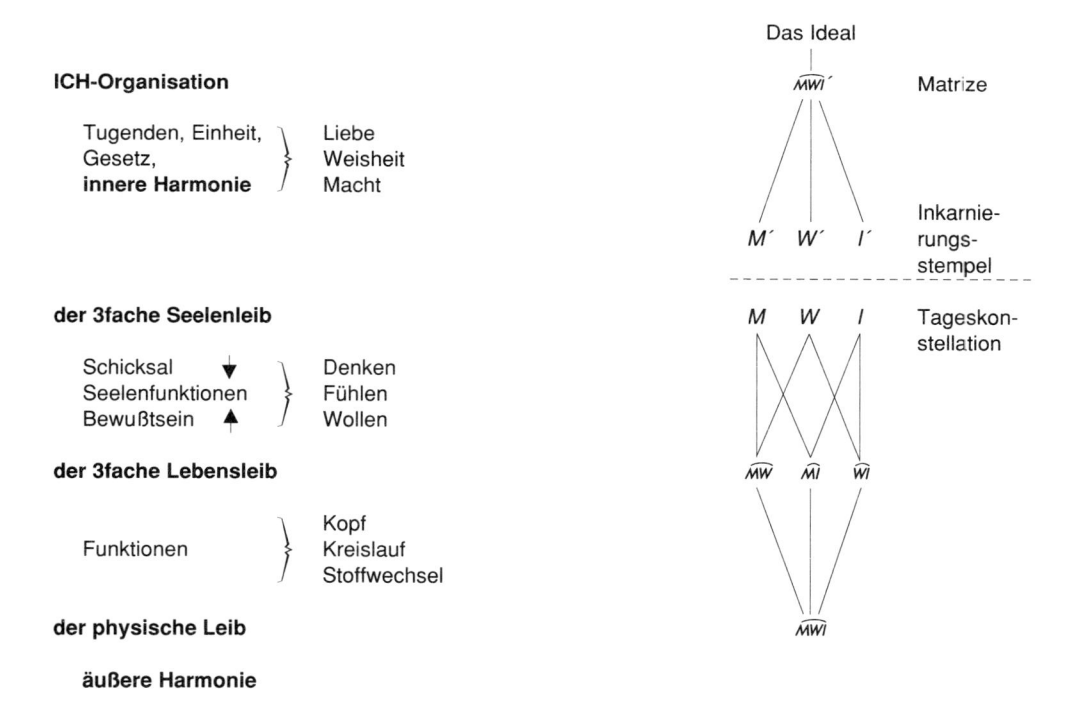

der 3fache Lebensleib $\widehat{MW}$ $\widehat{MI}$ $\widehat{WI}$

                       } Kopf
Funktionen   } Kreislauf
                       } Stoffwechsel

der physische Leib $\widehat{MWI}$

äußere Harmonie

Während und nach der Geburt zeigt das Baby Spannungen höchster Stärke, die ja zur Entspannung drängten. Der Gesichtsausdruck des Babys ist alles andere als harmonisch und entspannt – es schreit. Die Extremwerte von r bei den Funktionen und bei $\widehat{MWI}$ zeigen einen extremen Mangel an innerer Harmonie an, während alle Kräfte auf das äußere Leben gerichtet sind.

Harmonie zeigt sich im Gleichlauf, im Gleichklang, im Maß, in der Mitte, nie im Extrem. Sie zeigt sich in der Verbindung polarer Gegensätze, nicht in extremer Polarität. Man fühlt sich nicht wohl, wenn Ladungswechsel vorliegen, wenn Funktionen sich in Polen spiegeln, wenn Über- oder Unterfunktion herrscht, wenn im Lebensprozeß Hektik oder Hemmung herrscht. Alle diese Disharmonien zeigen extreme, polare Zustände.

Harmonie im Äußeren, im Alltag, bleibt dann erhalten, wenn man seine Kräfte genauso einsetzt, wie und in welchem Ladungszustand sie vorhanden sind. Ein Dagegen-Angehen führt zu Raubbau an den Kräften und zur Disharmonie. Nur ein Narr wird sich in einer Regenerationsphase voll ausgeben, wenn es sich vermeiden läßt. Die Ich-Natur zwingt uns ohnehin ein ständiges Herausfallen aus der Harmonie auf. Wir müssen sie daher täglich neu zu erringen suchen. Disharmonie führt unweigerlich zur Bewußtwerdung. Unser höheres Selbst strebt zur Harmonie und wirkt als ständiger Mahner.

Harmonie im Äußeren führt zu Gesundheit und Schönheit.

ÄUSSERE HARMONIE Abb. 112

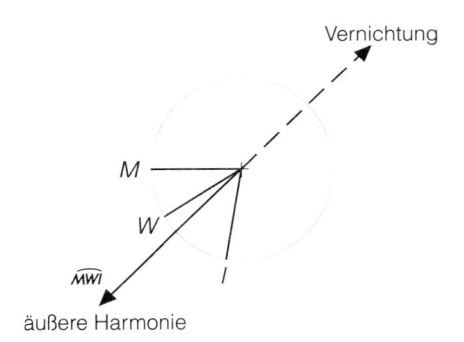

Harmonie im Inneren führt zu Frieden, Glück, Freiheit und innerer Kraft. Harmonie im Äußeren ohne gleichzeitige Harmonie im Inneren ist zur anschließenden Disharmonie verurteilt. Harmonie im Inneren hingegen führt automatisch zur Harmonie im Äußeren.

Unser Karma wirkt sich negativ aus, wenn wir unseren Willen gegen die eingetretenen Ereignisse einsetzen, wenn wir ihnen mit dem Gefühl der Unlust entgegentreten und sie mit negativen Bewußtseinsinhalten behaften. Nehmen wir aber alle Ereignisse, so wie sie uns äußerlich entgegentreten, innerlich als Schick-Sal (Sende-Heil), als Geschenk an, so wirkt es sich nicht störend, sondern erlösend aus. Wir können im Gleichgewicht bleiben, Inneres und Äußeres bleibt ge-löst.

Harmonie im astrologischen Sinne besteht auch bei günstigen Aspekten der archetypischen Kräfte (repräsentiert durch die Planeten) zueinander. Ihrem Prinzip nach sind alle archetypischen Elemente in der Einheit frei und ohne Spannung zueinander. Geoffenbart aber, also in der Welt der Erscheinungen, verbinden sie sich miteinander zu harmonischen oder disharmonischen *Relationen.*

Dies zeigt sich beispielsweise in stabilen oder instabilen chemischen Verbindungen: H_2O, NH_3, CH_4 usw.

Nur wenige Elemente kommen in der Naur *rein* vor: Edelgase, Edelmetalle.

Solange wir daher veräußerlicht sind, sind wir *gebunden*. Solange wir gebunden sind, unterliegen wir dem Gesetz von Ursache und Wirkung. Solange auch wirken die Funktionsgesetze von Zeit und Raum. Wir müssen sie daher beachten, um frei werden zu können. Sie entwickeln sich für uns erst dann in jeder Beziehung harmonisch, wenn wir sie erkennen, durchschauen und meistern lernen.

Harmonie zeigt sich auch im *gesellschaftlichen Bereich* analog zu den Funktionen:

Produktion der Mittel — $\widehat{MW}$ Stoffwechselfunktion
   Landwirtschaft
   Handwerk
   Industrie
   Energiewirtschaft usw.

Planung der Mittel — $\widehat{Mi}$ Kopffunktion
   Budgetpolitik
   Gesetzgebung
   Parteien
   Interessenverbände usw.

Verteilung der Mittel — $\widehat{Wi}$ Kreislauffunktion
   Transportwesen
   Handel
   Freizeitindustrie
   Fremdenverkehr
   Bankwesen usw.

Gewichtung der Mittel — $\widehat{MWi}$ ausgleichende Funktion
   Kultur
   Kunst
   Kirche
   Familienleben usw.

Biorhythmische Typologie

Man kann eine einfache „*biorhythmische Typologie*" als Ausdruck bestehender Disharmonien nach dem Inkarnierungsstempel erstellen:

BIORHYTHMISCHE TYPOLOGIE

Abb. 113

Karma
Ist

Harmonie
Soll

Harmonisie-
rungsmöglkt.

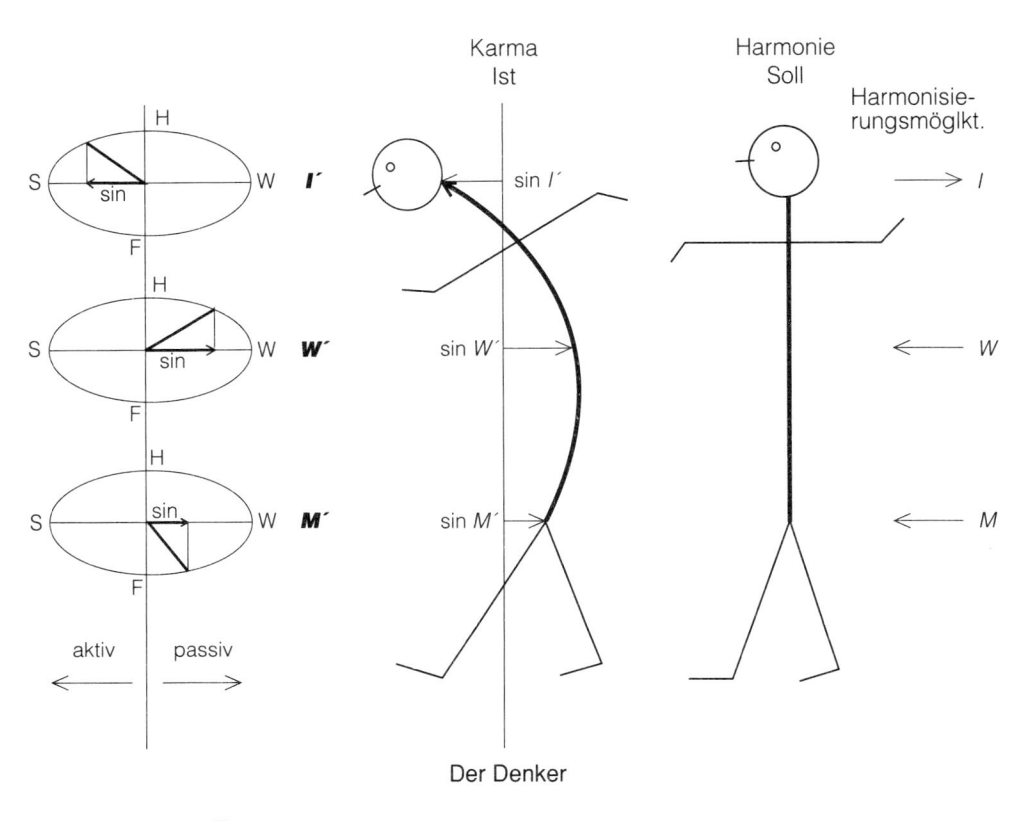

Der Denker

aktiv ← passiv →

Verschiedene Typen:

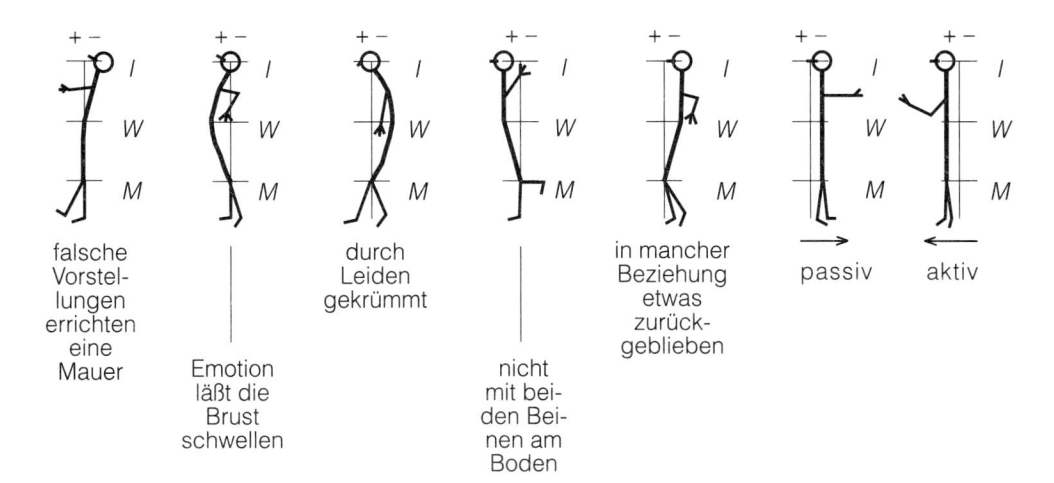

| falsche Vorstellungen errichten eine Mauer | Emotion läßt die Brust schwellen | durch Leiden gekrümmt | nicht mit beiden Beinen am Boden | in mancher Beziehung etwas zurückgeblieben | passiv | aktiv |

Harmonisierung gelingt dadurch, daß alles Zuviel abgebaut und alles Zuwenig aufgefüllt wird.

DIE ASPEKTE ALS KRITERIEN DER HARMONIE

0°	–	☌ Konjunktion	=	energiegeladen, Kräftekonzentration, Eifer, begeisterungsfähig, selbstsicher;
60°	–	✶ Sextil	=	lebhaft, mitteilungsfähig, wißbegierig, kreativ, kommunikativ, flexibel;
90°	–	☐ Quadrat	=	spannungsgeladen, disharmonisch, frustrierend, Prüfungen, Krisen;
120°	–	△ Trigon	=	kann negativen Eindrücken entgegenwirken, sie abschwächen; stützend, schöpferisch;
	–	⌔ Doppeltrigon	=	Apathie und Gleichgültigkeit gegen Verpflichtungen, schwierig (Rückschrittskonstellation);
180°	–	☍ Opposition	=	Konflikt gegensätzlicher Kräfte, Spannungen, bewirkt Unbehagen (dritte Kraft wird zum Schiedsrichter).

Tab. 58

Harmonie zeigt sich auch in geometrischen Figuren und Verhältnissen:

DER GOLDENE SCHNITT

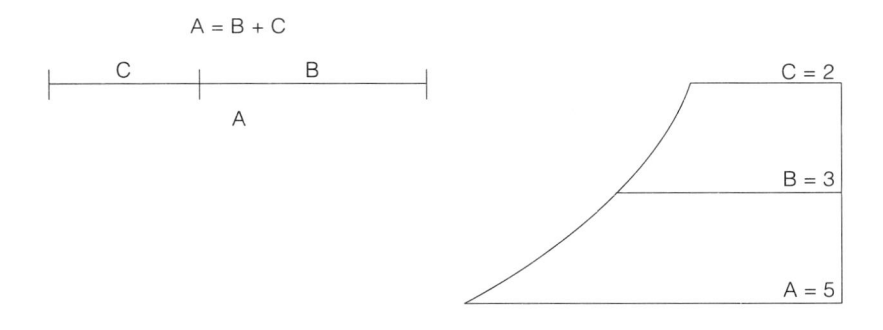

$A = B + C$

Abb. 114

DIE HARMONIE IM 5-STERN *Abb. 115*

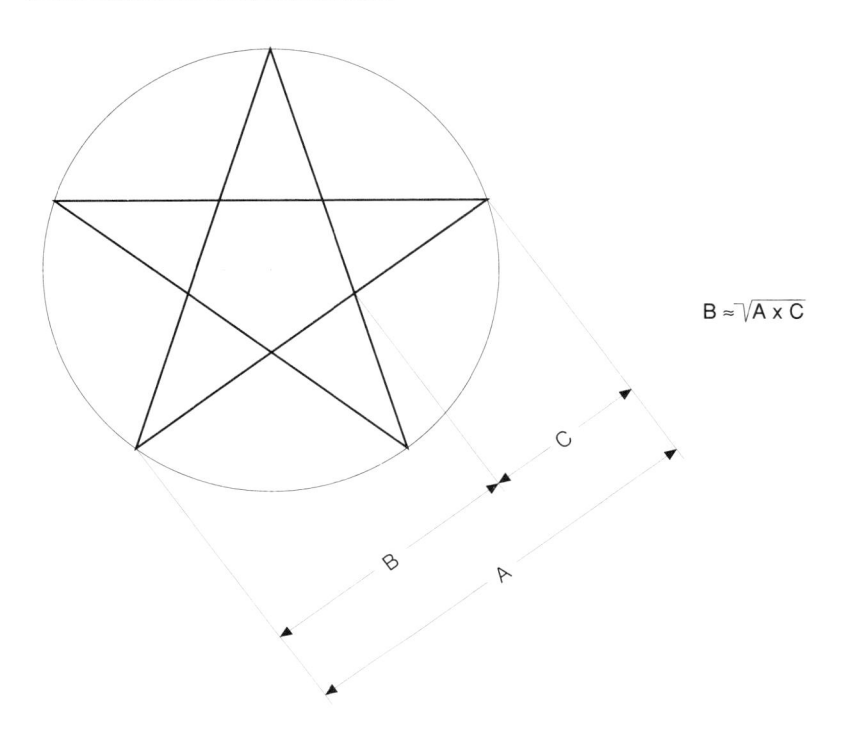

$$B \approx \sqrt{A \times C}$$

Die 7 Kategorien der Harmonie

Wie wir in der keineswegs vollständigen Aufzählung dessen, was wir mit dem Attribut der Harmonie bezeichnen, unschwer erkennen konnten, gibt es *7 prinzipielle Kategorien von Harmonie:*

	Formel	Ergebnis
1. Das Gleichmaß	$A = B$	Friede
2. Das Gleichgewicht	$A + B = 0$	Ruhe
	$M + W + I = 0$	
3. Das harmonische Verhältnis	$A^2 + B^2 = C^2$	Schönheit

	Formel	Ergebnis
4. Die Gleichgerichtetheit ⟶ M ⟶ W ⟶ I	M + W + I = 3	Kraft
5. Die Identität A ∞ A	A = A	Wahrheit
6. Der Gleichlauf ⟶ ⟳	A, A, A, A, …	Ewigkeit, Unendlichkeit
7. Der Ausgleich A ⟶ ⟵ B	A + B = 1 A + B + C + … = ∞	Liebe, Einheit Vollkommenheit

Wir erkennen in der Harmonie die göttlichen Eigenschaften als höchste Ausformung der 7 Strahlen. Harmonie zeigt sich als die höchste Qualität von Verhältnissen, die intuitiv gefühlt und als Seinszustand erlebt werden kann.

Harmonische Mehrklänge

In Anlehnung an Johannes Keplers Erkenntnisse über die ausgezeichneten harmonischen Verhältnisse, wie sie durch Teilungen des Kreises und in bestimmten Aspekten gegeben sind, kann man folgende Proportionen mit konsonanten Intervallen bzw. darauf aufbauende harmonische Mehrklänge darstellen:

DIE HARMONISCHEN ASPEKTE Tab. 59

Proportion		Aspekt		r	konsonantes Intervall	Am Beispiel C-Dur/Moll
1/1	☌	Konjunktion	0°	2,000	Grundton	c
5/6	✶	Sextil	60°	1,732	kleine Terz	eis
4/5		Quintil	72°	1,618	große Terz	e
3/4	☐	Quadrat	90°	1,414	Quart	f
2/3	△	Trigon	120°	1,000	Quint	g
5/8	⌐	Trioktil	135°	0,762	kleine Sext	ais
3/5		Biquintil	144°	0,618	große Sext	a
1/2	☍	Opposition	180°	0,000	Oktave	c′

315

Am Einheitskreis liegen somit 14 konsonante Punkte verteilt. In der Stellung der 3 biorhythmischen Elemente zueinander an einem bestimmten Tage kann man an den Größen der Funktionsresultanten (r) harmonische Aspekte und somit konsonante bzw. dissonante Klänge erkennen. (Der Einfachheit halber bauen wir diese auf C-Dur/Moll auf. Dem am Kreis zuerst positionierten biorhythmischen Element wird der Grundton – in unserem Falle c – zugeteilt, auf den sich die entsprechenden Intervalle aufbauen.)

Einige Beispiele:

354. Tag	α =	140,9°	c	$\beta - \alpha$ = 90,5°	Quart	– gespannte Konsonanz	$\widehat{MW}$
	β =	231,4°	f	$\gamma - \alpha$ = 120,9°	Quint	– Konsonanz	$\widehat{MI}$
	γ =	261,8°	g	$\gamma - \beta$ = 30,4°	Ganzton	– Dissonanz	$\widehat{WI}$
708. Tag	α =	281,7°	c´	$\alpha - \beta$ = ☍	Oktave		
	β =	102,9°	c	$\alpha - \gamma$ = △	Quint	} Konsonanz	$\widehat{MWI}$
	γ =	163,6°	eis	$\gamma - \beta$ = ✳	kleine Terz		
1.063. Tag	α =	78,3°	f				
	β =	347,1°	c	Doppelbetonung von f		} gespannte Konsonanz	$\widehat{MWI}$
	γ =	76,4°	f				
1.417. Tag	α =	219,1°	c				
	β =	218,6°	c	Doppelbetonung von c		} Konsonanz	$\widehat{MWI}$
	γ =	338,2°	g				

Im ständigen Auf und Ab zwischen den Funktionsextrema ☌ und ☍ einerseits und der fließenden Stellung aller 3 biorhythmischen Elemente zueinander andererseits bauen sich innerhalb der Grenzwerte einer Oktave 3 unterschiedlich schnell schwingende Melodienfolgen auf, die zu ganz gewissen Zeiten Wohlklänge aufweisen und deren seelische Resonanzen wir vernehmen können.

Anzahl der Tage mit Konsonanzen innerhalb eines biorhythmischen Lebens:

extreme Aspekte (☌ und ☍):	$\widehat{MW}$	– je 165
	$\widehat{MI}$	– je 280
	$\widehat{WI}$	– je 115
alle übrigen Aspekte:	$\widehat{MW}$	– je 330
	$\widehat{MI}$	– je 560
	$\widehat{WI}$	– je 230

Die Chance, daß sich zu einem harmonischen Aspekt einer Funktion das jeweilige dritte biorhythmische Element ebenfalls harmonisch gesellt, läßt sich somit berechnen. Im Einheitskreis sind jeweils immer 2 Stellungen des dritten Elementes als harmonisch aspektiert möglich, je nachdem, ob dieses vor oder nach den beiden anderen gelegen ist.

Gehen wir beispielsweise von der kleinen Terz (*) $\widehat{MW}$ aus, die an 330 Tagen des biorhythmischen Lebens erklingt, so ergibt sich der harmonische c-Moll-Dreiklang (c – eis – g) an 330 dividiert durch 33 Tagen, also an 10 Tagen, und der ebenso harmonische a-Moll-Dreiklang (a – c – e) ebenfalls an 10 Tagen. Einmal baut sich die ergänzende Quint von unten nach oben, das anderemal von oben nach unten auf (z. B. am 215. und am 1.910. Tag).

Somit kann man formulieren:

Bestimmte harmonisch proportionierte Dreiklänge ergeben sich innerhalb eines biorhythmischen Lebens je 10mal bei $\widehat{MW}$ und $\widehat{WI}$ bzw. je 20mal bei $\widehat{MI}$, also in jedem biorhythmischen Jahr zumindest an einem bestimmten Tag n. Am jeweils symmetrisch gespiegelten Tag (2.125,2 minus n Tage) ergibt sich der entsprechend gespiegelte harmonische Dreiklang. Dabei zeigen sich im (auf einem Musikinstrument nachvollziehbaren und vernehmbaren) Wohlklang des entsprechenden Dreiklanges jeweils gespannte oder auch entspannte Resonanzen unseres Seelenlebens, die sich biorhythmisch bemerkbar machen.

Die PDR als Eintrittsdisziplin zu spiritueller Entwicklung

Vorab 2 Zitate von *Karlfried Graf Dürckheim* aus seinem Werk: „Der Ruf nach dem Meister":

„Auf dem Weg wird der ewige Umschwung von Yin und Yang ins Bewußtsein gehoben und in den Willen aufgenommen. Der Mensch lernt, jede gewordene Form wieder zu lassen und neue Form zuzulassen. Es ist ein harter Weg, bis aus dem Gegeneinander von Yin und Yang der polare Rhythmus wird, in dem Tao sich ungehindert darlebt." (S. 84)

„Der initiatische Weg hat keinen linearen, sondern einen spiraligen Charakter, die Form einer zugleich zentripetalen und zentrifugalen Spirale. Es ist die Bewegung aus der Peripherie in die Mitte und aus der Mitte in die Peripherie. Er führt aus der Oberfläche in das Zentrum, aus unendlichen Weiten in die Tiefe des Kernes, und aus diesem wieder in die Peripherie. Immer wieder fühlen wir uns zur Mitte hingezogen, getrieben und gerufen, zugleich aber aus ihr entlassen und hinausgesandt in die Weite. Das Ganze, das wir selber sind, atmet in dieser Bewegung in der Spiegelung unserer Einmaligkeit. Wir werden, was wir im Wesen sind, nur im Aus und Ein des Atems, in der Schwingung, die uns über uns hinaus und wieder zurückträgt in unsere Mitte." (S. 90)

Es scheint, als ob Dürckheim in diesen Zitaten gleichzeitig auch eine Kurzbeschreibung des biorhythmischen Wirkens mitgeliefert hätte. Diese Zitate zeigen jedenfalls in die Richtung, welche die PDR als Selbsterkenntnisdisziplin und Möglichkeit zur spirituellen Schulung und Entwicklung hat. Die Entwicklung des Menschen kann man prinzipiell in 2 große Schritte unterteilen: Involution (Verwicklung) und Evolution (Entwicklung).

Entwicklung in der Welt

Alle Fähigkeiten werden nacheinander entwickelt, um in der Welt bestehen zu können. Diese Entwicklung hat polaren Charakter und entspricht der Tätigkeit von Ida (weibliche Schlange) und Pingala (männliche Schlange) in der Chakra-Tätigkeit. Der „Merkurstab" symbolisiert dieses Wirken *(Abb. 116)*. Die einzelnen Chakras sind

Wirkfeldern des Tierkreises und Planetenprinzipien zugeordnet. Sie können blockiert oder geöffnet sein, erlöst oder unerlöst. Hier heißt „erlöst" das Erreichen einer Tugend. Solange der Mensch die Polarität nicht überwunden hat oder, um die Sprache der indischen Heiligen zu gebrauchen, den Schleier von Maya nicht zerreißen konnte und die Vorstellungen, die das Ur-Atom ausmachen, nicht durchschaut hat, fürchtet er den Tod. Denn der Tod ist Bestandteil seiner polaren Sicht. Saturn wird hier zum „Hüter der Schwelle". Ist diese Schwelle überwunden, ist die Todesangst überwunden, erfolgt die „Neugeburt". Der Mensch wendet sich nun mit all seinen Kräften der Einheit zu.

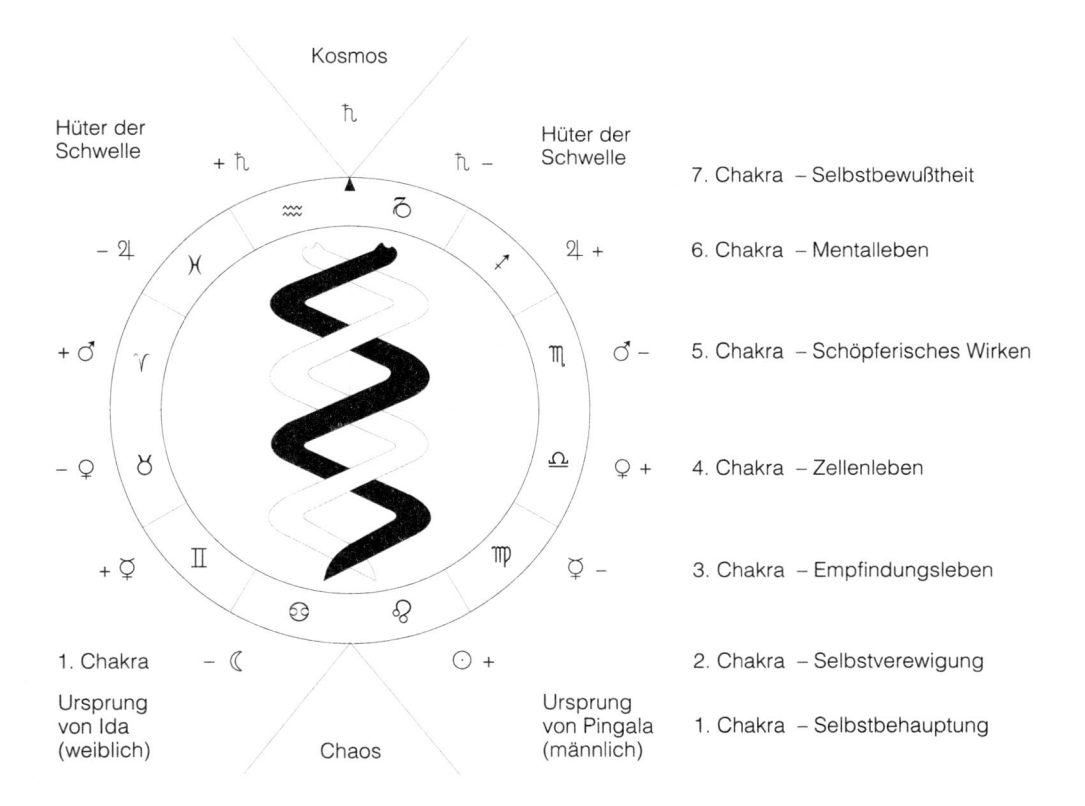

DIE ENTWICKLUNG IN DER WELT   *Abb. 116*

Entwicklung in die Einheit

Statt nur in den 2 links und rechts der Wirbelsäule gelegenen Strömen steigt nun die erweckte Kundalini nacheinander die einzelnen Chakras hoch, wobei jeweils eine tiefere (d. h. innere) Schicht wirksam wird und jeweils andere innere Kräfte freilegt. Diese können wiederum unerlöst oder erlöst wirken (schwarzmagisch oder weißmagisch). Am Ende der Entwicklung geht der Mensch endgültig in der Einheit auf (Unio mystica).

Blockierte bzw. geöffnete Chakras finden ihre Entsprechung in Oppositionen bzw. Konjunktionen der Funktionen, wie sie sich im Inkarnierungsstempel zeigen. Unerlöste bzw. erlöste Wirkung entspricht dem Stand der spirituellen Reife. Entwicklung in der Welt entspricht einer $\widehat{MWi}$-Maximasituation, Entwicklung in die Einheit einer Minimasituation mit stagnierendem (blockiertem) oder fortschreitendem (geöffnetem) Charakter.

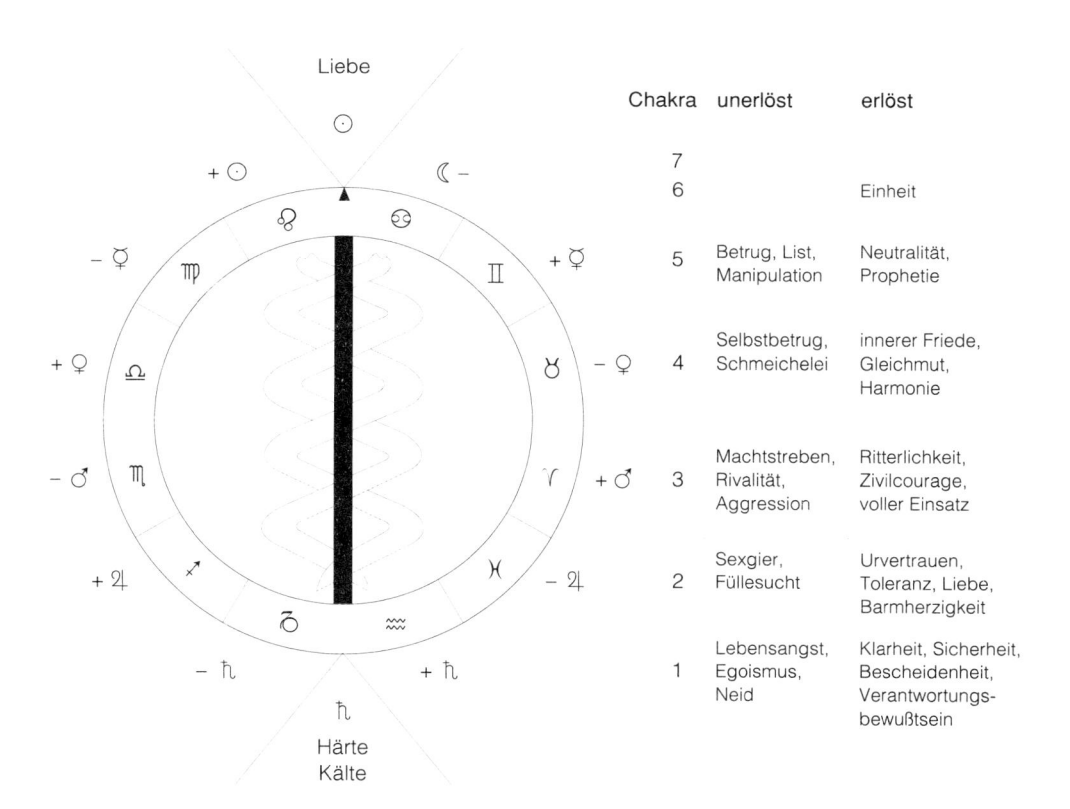

DIE ENTWICKLUNG IN DIE EINHEIT *Abb. 117*

Chakra	unerlöst	erlöst
7		
6		Einheit
5	Betrug, List, Manipulation	Neutralität, Prophetie
4	Selbstbetrug, Schmeichelei	innerer Friede, Gleichmut, Harmonie
3	Machtstreben, Rivalität, Aggression	Ritterlichkeit, Zivilcourage, voller Einsatz
2	Sexgier, Füllesucht	Urvertrauen, Toleranz, Liebe, Barmherzigkeit
1	Lebensangst, Egoismus, Neid	Klarheit, Sicherheit, Bescheidenheit, Verantwortungsbewußtsein

Wenn wir die 7 biorhythmischen Möglichkeiten (3 Aspekte und 4 Attribute) nach ihrer Frequenz ordnen, entsteht folgende Reihung, wie sie die Entwicklung des Menschen zeigt:

ENTSPRECHUNG DER FREQUENZEN der 7 biorhythmischen Möglichkeiten mit den 7 Chakras

I	33,0	Tage	Scheitel-Chakra	
$\widehat{WI}$	30,295		Stirn-Chakra	
W	28,0		Hals-Chakra	
$\widehat{MWI}$	27,398	(ø)	Herz-Chakra	
$\widehat{MI}$	27,107		Nabel-Chakra	
$\widehat{MW}$	25,255		Milz-Chakra	
M	23,0		Wurzel-Chakra	Tab. 60

Die entsprechenden Chakras kann man analog zuordnen. Diese Reihung entspricht auch der Koppelung der Seele zwischen Zeugung und Geburt, wie umgekehrt dem Verlassen des Körpers beim Tode; nicht aber entspricht sie der Zentrierung im 7armigen Leuchter (siehe *Abb. 25*).

Das Geheimnis starker, energiegeladener Menschen besteht nicht nur darin, daß sie viel essen, arbeiten oder trainieren – das sind nur Kräfte, die sich schnell verbrauchen und nicht hoch genug reichen. Es besteht im Loslassen, im *Nicht*-Binden von Kräften:

Im Willensbereich. Der Mensch ist Herr über seine Triebe und muß nicht mehr alles haben. Er muß den Besitz nicht mehr mit beiden Händen festhalten. Dieses Festhalten bindet seine Kräfte. Wenn der Mensch in beiden Händen etwas trägt, kann er nicht gleichzeitig telefonieren. Er muß loslassen und hat jetzt beide Hände frei.

Im Gefühlsbereich. Mit Lust und Unlust, Sympathie und Antipathie behaften wir die Welt. Ständig erhalten diese Gefühle neue Nahrung, müssen verteilt und verteidigt werden, bilden eine Sym- und eine Anti-Welt. Dieses Einteilen bindet unsere Gefühle, läßt sie nicht gelöst über allem frei stehen, so wie die Sonne sich nicht darum kümmert, was sie bescheint. Unsere Aggressionen vergeuden unsere Kräfte, unsere Unlust läßt Freude nicht zu, unsere Antipathie blockiert das Rückströmen von Sympathie.

Im Mentalbereich. Falsche Vorstellungen blockieren die Erkenntnis der Wirklichkeit. Trauer um Verlorenes oder Vergangenes läßt uns im Jetzt und Hier scheitern. Das Festhaltenwollen an Dogmen verhindert den freien Blick. Die Bindung an Althergebrachtes läßt das Neue nicht zu, läßt unsere schöpferischen Kräfte ungenützt verkümmern. Das Gestern, das man nicht lassen kann, wird zum Programm für die Gestaltung des Morgen.

Am Anfang aller Wende steht das Lassen des Bisherigen, Alten, Fesselnden. Lassen wir los, erlangen wir Leistungsfähigkeit und Flexibilität in immer stärkerem Maße. Das Geheimnis gelösten Mitschwingens besteht im rechtzeitigen Erkennen einer Entwicklung. Dabei spielt es keine Rolle, ob wir uns der Wissenschaft, der Astrologie, des Tarot, des I-GING und anderer Systeme – oder aber der PDR bedienen.

Das Wissen um die Zusammenhänge läßt uns erst das Geschehen wirklich meistern. Ohne dieses Wissen bleibt jedes Handeln nur ein Probieren, ein halbbewußter Versuch. Dieses Wissen läßt uns im Lebensprozeß locker und gelöst mitschwingen, wie es uns der Tag bringt: einmal nach außen, einmal nach innen, einmal nach oben, einmal nach unten. Die Meisterung des Lebens besteht nicht darin, es bei den Hörnern zu packen und gewaltsam in eine andere Bahn zwingen zu wollen, gegen den (Lebens-)Strom schwimmen zu wollen. Jesus drückte diese Wahrheit mit den Worten aus: „Wer nicht für mich ist (für das Leben, so wie es ist), der ist gegen mich."

Die Meisterung besteht im rechten Gebrauch der uns zu einer gewissen Zeit zur Verfügung stehenden Fähigkeiten und Kräfte. Sie besteht aber auch darin, in Zeiten der Krise oder Not alle Kräfte zu vereinigen. Wunderschön zeigen uns z. B. die analogen Urteile des I-GING die Erfordernisse der Zeit, etwas zu unternehmen oder nicht zu handeln.

Ständige Beobachtung des äußeren und inneren Geschehens, gerichtete und programmierte Aufmerksamkeit sowie ständiges Analysieren führen unweigerlich zum Erfolg. Will der Ritter zum Kampf gerüstet sein, darf er nicht schlafen!

Die Psychodynamische Rhythmenlehre als geistiges „Mikroskop, Röntgengerät und Fernrohr" ist eine Stütze zur Befreiung, sie wird zur Eintrittsdisziplin auf dem Weg in die Einheit. Selbsterkenntnis und Lebenserkenntnis, Selbstbewußtsein und Lebensbewußtsein sind identisch. Denn unser SELBST ist dieses Leben. Das Christuswort: „Ich bin das Leben ○, der Weg + und die Wahrheit (•)" ist Ausdruck dieser Identität. Lebenserkenntnis unter Außerachtlassen der Lebensrhythmen ist nicht möglich.

Daher ist die PDR eine wesentliche Säule der Selbsterkenntnis. Disziplinierung ohne Beständigkeit und gezieltes Training ist nicht möglich. Das Know-how liefert u. a. auch die PDR.

In letzter Konsequenz geht es daher nicht darum, mit den Thesen der Biorhythmik Geschehenes nachzuweisen, sondern mit dem Wissen um die psychodynamischen Rhythmen den vorgewiesenen und karmisch programmierten Weg ohne Reibungsverluste und in Harmonie zu gehen.

Ein „Biorhythmiker" sagte zu seinem Kollegen anläßlich des Begräbnisses eines gemeinsamen Bekannten: „Vor 30 Jahren habe ich ihn schon immer wieder gewarnt, daß er, wenn er so weitermacht, bald sterben wird. Doch er hat nicht auf mich gehört, und ich habe recht behalten. Uns würde so etwas nie passieren!"

Diese mißbräuchliche Einstellung zu den Möglichkeiten der Psychodynamischen Rhythmenlehre wollen wir ebenfalls in den Sarg legen und endgültig begraben.

Rhythmenverwandtschaft – Partnerschaftsharmonie

Wie für alle Lebensbereiche gelten auch für zwischenmenschliche Beziehungen die Gesetze von Schwingung und Zahl. Die biorhythmischen Forschungen haben sich ziemlich bald und eingehend mit dem Phänomen von *Sympathie* und *Antipathie* befaßt.

Viele „Biorhythmiker" sind der (ungeprüften) Meinung, daß für eine starke Bindung einer Partnerschaft die Abstände der 3 Grundrhythmen voneinander ausschlaggebend seien. Sie verlegen das Ursachenfeld von Sympathie und Antipathie daher allerhöchstens auf die Bewußtseinsebene und sonst auf die physiologische hormonelle Ebene. So einfach ist die Sache aber nicht. Sympathie und Antipathie beruhen ausschließlich auf polaren, d. h. magnetischen Verhältnissen und nicht auf elektrischem Strömen. Dieses schafft in seiner ausgleichenden Bewegung zwischen den Polen ja erst die Voraussetzung für die ausgleichende Harmonie.

Es ist das Maß an Unvollkommenheit, welches uns das uns Ergänzende suchen läßt. Freilich mag das auf niederem Niveau in der Vielzahl von Fehlendem ein einziges Ergänzendes sein, das uns für einen kurzen Augenblick lang ins Auge springt. Daneben aber registriert das Unbewußte in uns alle polaren Verhältnisse ganz genau und meldet sich zu gegebener Zeit im Bewußtsein. Aus so mancher kurzlebiger oberflächlicher Sympathie entwickelt sich allmählich zutiefste Antipathie – oder auch umgekehrt.

Das partnerschaftliche Auswahlverfahren spielt sich stets und größtenteils im uns nicht bewußten Bereich ab. Manche Menschen sind uns sympathisch, einige unsympathisch, viele aber völlig gleichgültig. Wir beachten sie nicht, sie treten in unserem Leben nicht auf.

Alle Begegnungen – ob sie uns nun sympathisch oder unsympathisch gefärbt erscheinen – unterstehen in ihrer Auswirkung auf uns dem Gesetz von Ursache und Wirkung, von Säen und Ernten, also dem Kausalitätsgesetz, weiters dem Affinitätsgesetz und dem Polaritätsgesetz. Die zeitliche Auslösung aller schicksalhaften Begegnungen unterliegt zyklischem Geschehen, wenn die Zeit dazu „reif" ist, wenn eine bestimmte Zeitqualität herrscht. Die Biorhythmiker sind nun der Meinung, daß der Blick auf die Rhythmen diese Kausalität und Affinität enträtselt. Dabei kann die

Ursache der Anziehung aus einer Zeit stammen, da die energetische Lage der Beteiligten gänzlich anders war und mit der jetzigen nicht verglichen werden kann (z. B. aus einem der vielen Vorleben). Wir müssen uns darüber klar sein, daß alle schicksalhaften Begegnungen – so auch die eingegangenen Partnerschaften – Erfüllungs- oder Lernschritte für uns darstellen, daß in der Partnerschaft bestimmte karmische Inhalte aufgelöst werden müssen, deren Ursachen lange vor unserem jetzigen Leben entstanden sein können.

Die biorhythmischen Untersuchungen können uns lediglich Aufschluß darüber geben, unter welchen energetischen bzw. magnetischen Aspekten die Partnerschaft steht, ob diese günstig oder disharmonisch sind. So gesehen geben sie auch Aufschluß über die *Partnerschaftsfunktionen*. Der Bereich von Sympathie oder Antipathie wird davon nicht berührt.

Im normalen Biorhythmogramm sind diese Unterschiede bzw. Hinweise auch nicht ersichtlich. Denn viele der uns Gleichgültigen haben mit uns gleichlaufende Rhythmen im einen oder anderen Bereich, und wir beachten sie nicht. Und die, mit denen wir verkehren, und auch gerne verkehren, haben oftmals wenig Übereinstimmung mit unseren Rhythmen. Umgekehrt aber müßte sich der Menschenfeind mit allen Gleichschwingenden vertragen – und er tut es trotzdem nicht!

Wie wir bereits anfangs bei den 7 Strahlen gelesen haben, entscheiden grundsätzlich der Monadenstrahl (SOLL) und der Egostrahl ($\widehat{MWI}'$ = Matrize) über Sympathie und Antipathie, in untergeordneter Beziehung erst und stetem Wandel unterworfen die jeweilige Tageskonstellation.

Natürlich ist auch der Persönlichkeitsstrahl (reduzierter Inkarnierungsstempel) maßgebend, wobei die Beziehungen zum Nächsten sich mit dem angelegten Persönlichkeitswandel ändern.

Das Miteinanderschwingen von
M zeigt sich *im Persönlichkeitsbereich* in einer Triebgemeinschaft oder Arbeitsgemeinschaft,
W in einer Stimmungsgemeinschaft und
I in einer Einstellungsgemeinschaft, Ansichtengemeinschaft.

Alle 3 Bereiche sind aber durch die bestehende Spannung zwischen SOLL *($\widehat{MWI}'$)* und IST *($\widehat{MWI}$)* einem langsamen, aber stetigen Wandel unterworfen, und eine solche Gemeinschaft ist auf Dauer daher immer auf Sand gebaut.

Wir können daher die Rhythmenverwandtschaft bzw. die Partnerschaftsharmonie auf 3 Ebenen betrachten:

prinzipielle Ebene	– Aspekte der beiden Matrizen zueinander
Persönlichkeitsebene	– Aspekte der beiden Inkarnierungsstempel zueinander
Alltagsebene	– Aspekte der Tageskonstellationen zueinander

Die Betrachtung der ersten, prinzipiellen Ebene ist uns aufgrund der Unkenntnis der tatsächlichen nichtkollektivierten Konstellationen verwehrt, doch wissen wir, daß die Menschen in geistiger, daher prinzipieller Hinsicht eine Einheit sind und diesem

Bereiche Sympathie und Antipathie nicht angehören. Daher verbleiben uns für die weiteren Betrachtungen nur die letzten 2 Ebenen.

Die Berechtigung der Beurteilung von Aspekten nach Kollektivierung liegt, wie wir bereits festgestellt haben, darin, daß ja alle demselben Kollektiv „Mensch" angehören, daß für alle dieselbe Prinzipialisierung gilt, daß sie alle in ihren Aspekten zum Frühlingspunkt einem Aspektschema unterliegen, das für ihre Matrizen vor Kollektivierung auch galt, daß sie alle demselben Zeitrahmen unterstehen und schließlich, daß sie alle das EINE LEBEN verkörpern, in ihm aber individuelle Aspekte einnehmen, die zur Beurteilung herangezogen werden können.

Im Leben zeigt sich oftmals, daß gleichschwingende Kräfte zweier Menschen – wie auch bei den Funktionen – sich verstärken oder bei Deckung sogar verdoppeln können, während sich gegeneinander schwingende Kräfte aufheben oder zumindest schwächen können. Es sind die Interferenzerscheinungen, die wir auch in Hinblick auf die Möglichkeit einer Schwangerschaft nach Zeugung beleuchtet haben.

Der der Welt zugewandte Mensch erzielt mit einem gleichschwingenden Partner eine verstärkte Wirkung im Alltag, z. B.

als **Arbeitsgemeinschaft** $(M_1 + M_2 = 2\,M)$, im Sport (Fußballmannschaft), in der Bauwirtschaft usw.
als **Stimmungsgemeinschaft** $(W_1 + W_2 = 2\,W)$, im Musikchor, im Gartenverein, im Gebetskreis usw.
als **Einstellungsgemeinschaft** $(I_1 + I_2 = 2\,I)$, im Wirtschaftsleben, im Forschungsteam, in den politischen Parteien usw.

Der der Einheit zugewandte Mensch sucht sich hingegen (und findet auch manchmal) den ihn auf prinzipieller Ebene ergänzenden, erfüllenden Partner, wobei der eine die dem anderen fehlenden Eigenschaften hinsichtlich der Ladungszustände der Matrize aufweist. Sicherlich ist es wunderschön, gemeinsam himmelhoch zu jauchzen oder zu Tode betrübt zu schluchzen, doch auch die Ergänzung bietet Trost und Neutralisierung und letztlich Harmonisierung.

Somit können wir formulieren:

$\widehat{MWI}_1 + \widehat{MWI}_2 = 2\,\widehat{MWI}$ = Stärkung Schwacher, *gleichgerichtete Harmonie*, und

$\widehat{MWI}'_1 + \widehat{MWI}'_2 = 1$ = Ergänzung zur Einheit, *ausgleichende Harmonie*

PARTNERSCHAFTLICHE VERSTÄRKUNG *Abb. 118 a*

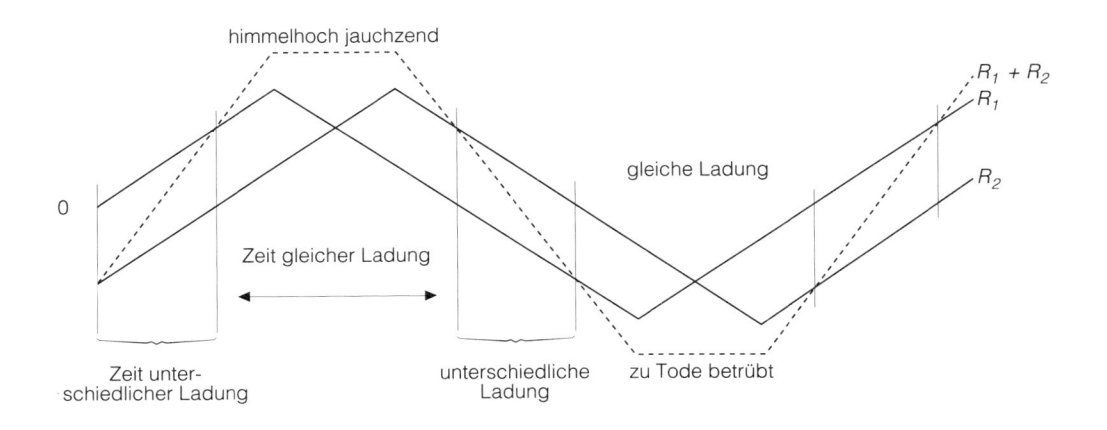

- himmelhoch jauchzend
- $R_1 + R_2$
- R_1
- gleiche Ladung
- R_2
- Zeit gleicher Ladung
- 0
- Zeit unterschiedlicher Ladung
- unterschiedliche Ladung
- zu Tode betrübt

PARTNERSCHAFTLICHE ERGÄNZUNG *Abb. 118 b*

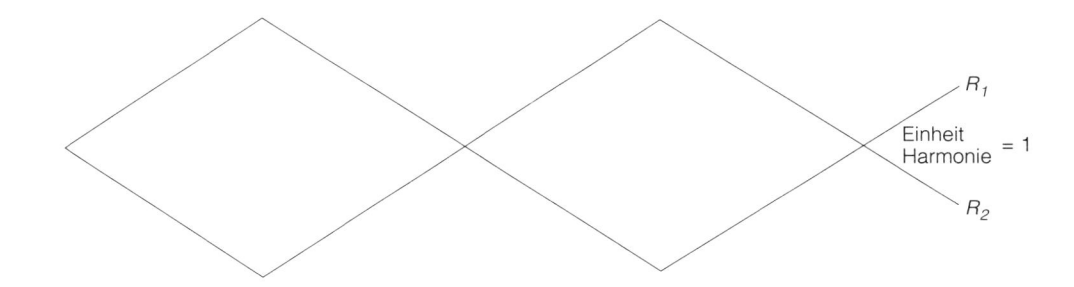

- R_1
- $\dfrac{\text{Einheit}}{\text{Harmonie}} = 1$
- R_2

In manchen Büchern über Biorhythmik kann man lesen, daß Rhythmenfremdheit mangelndes Einfühlungsvermögen und Verständnislosigkeit des einen gegenüber der temporären Verfassung des anderen „Kontrahenten" hervorrufe. Dies würde, wenn es wahr wäre, heißen, daß diese Untugenden nur einem bestimmten Personenkreis gegenüber auftreten und gelten, daß sie daher einerseits zielgruppenorientiert und dort unverrückbar festgelegt sind, andererseits nicht durch die entgegengesetzten Tugenden ersetzbar sind. Solche Ansichten sind schlichtweg falsch. Rhythmenverwandtschaft mag bei 2 Personen, die sich kennenlernen, eine Facette von vielen Gemeinsamkeiten sein, wenn man diese auf die orthodoxe Betrachtungsweise der herkömmlichen Rhythmenlehre beschränkt. Einfühlungsvermögen und Verständnis für den anderen basieren aber auf Seelenreife und kommen gerade bei Ergänzungsgemeinschaften zum Tragen. Nur bei unreifen Menschen kommt bei Rhythmenfremdheit Intoleranz und Verständnislosigkeit auf, doch macht sie auch nicht vor Rhythmenverwandten halt.

Eine interessante Facette dieser Betrachtungen liefert die Bevölkerungsexplosion in der „dritten" Welt.

Wir haben im Kapitel über Schwangerschaft und Geburt festgestellt, daß eine Mindest-Rhythmenverwandtschaft bei Vater und Mutter vorhanden sein muß, damit überhaupt Befruchtung möglich ist. Nun zeigt sich, daß gerade unentwickelte Völker enormen Bevölkerungszuwachs aufweisen, da auf niederer Bewußtseinsstufe Trieb-, Stimmungs- und Gesinnungsgemeinschaften wesentlich mehr Bedeutung haben als bei hochentwickelten Menschen. Die materielle Not zwingt sie geradezu, ihre Kräfte durch Suche nach gleichschwingenden Partnern zu verdoppeln. Große Fruchtbarkeit ist die unmittelbare Folge.

In Mitteleuropa hingegen schrumpft die Bevölkerungszahl, während die Anzahl der echten Ergänzungsgemeinschaften wächst. Nun könnte man einwenden, daß durch den Einsatz der „Pille" ja der Bevölkerungszuwachs in der zivilisierten Welt gestoppt wurde. Tatsächlich aber wurde die Pille durch eine geänderte Einstellung gegenüber ungehemmter Vermehrung überhaupt erst erfunden. Trotz der Möglichkeit ihres Einsatzes bei sich rasch vermehrenden Völkern wird sie aber von jenen nicht angenommen, da sie Kinderreichtum als Existenzsicherung betrachten, womit sich der vorher aufgezeigte Zusammenhang bestätigt. Wir wissen auch aus dem Geschichtsunterricht, daß geistig hochstehende Kulturen regelmäßig im wahrsten Sinne des Wortes ausgestorben sind.

Ein anderer Zusammenhang bestärkt diese Tatsachen:

Gerade bei geistig hochstehenden Eltern inkarnieren häufig sogenannte „Problemkinder", sei es in bezug auf Eignung in körperlicher, seelischer oder geistiger Hinsicht (Behinderte, Psychopathen oder Debile), sei es in bezug auf ihre Neigungen. Es zeigt sich oft der Wechsel in den Generationen kontroversiell: Der Herr Sohn wirft das sauer verdiente Geld des Vaters zum Fenster hinaus; der Gammlertyp als Sohn des Akademikers, die Rechts- oder Linksradikale als Tochter eines Politikers oder Priesters ist keine Seltenheit.

Die Ergänzungsgemeinschaften führen ja geradezu zur Anziehung äußerst schwacher „Matrizen", da ihre prinzipielle Stellung zueinander oftmals und in mehreren Bereichen einer Opposition nahekommt. Dafür aber sind geistig hochstehende Eltern diesen schwierigen Aufgaben besser gewachsen, reifen selbst daran und helfen dabei, ein sonst schwaches Kind emporzuziehen und zu stärken.

Partnerschaftsfunktionen

Wie bei den Körperfunktionen bilden 2 entsprechende Rhythmenelemente zweier Partner gemeinsam eine stabile *Funktion,* deren Maß dem Ausmaß der Interferenzen entspricht. Man spricht von einem „Funktionieren" einer Partnerschaft auf körperlicher, seelischer oder „geistiger" Ebene.

Prinzipiell gelten hier dieselben Berechnungsgrundlagen wie bei den Funktionen:

$$\widehat{r_{M_1+M_2}} = \sqrt{(\sin \alpha_1 \pm \sin \alpha_2)^2 + (\cos \alpha_1 \pm \cos \alpha_2)^2} = Quantität$$

$$\widehat{\varphi_{M_1+M_2}} = \frac{\alpha_1 + \alpha_2}{2} = Qualität \text{ der Funktion der Wollensgemeinschaft}$$

Sinngemäß gilt die Formel auch für die Funktion der Stimmungs- bzw. Gesinnungsgemeinschaft.

Liegen die entsprechenden Einzelrhythmen $(M_1/M_2, W_1/W_2, I_1/I_2)$ näher zusammen, sind die Zeiten unterschiedlicher Ladungssituationen relativ kurz:

Zeit (in Tagen) **unterschiedlicher Ladungssituation:**

$$t = (\varphi_2 - \varphi_1) : \frac{360°}{2R} = \frac{2R}{360°} \times (\varphi_2 - \varphi_1)$$

R ist bei $M = 23$, bei $W = 28$ und bei $I = 33$. φ steht hier für α, β oder γ.

Besteht aber mehr Rhythmenfremdheit *(Rhythmendistanz)*, sind die Zeiten unterschiedlicher Ladungssituationen relativ länger. Bei *Rhythmengleichlauf* $(\varphi_1 = \varphi_2)$ besteht ständige ♂. Bei *Rhythmengegenlauf* $(\varphi_1 + \varphi_2 = 360°)$ besteht permanente ♀. Bei relativer *Rhythmendistanz* $(\varphi_1 \neq \varphi_2)$ entstehen in Pollagen von $\varphi_{(1+2)}$ Rhythmenspiegelungen um die waagrechte (>/<) oder senkrechte (∨/∧) Achse. Diese Zeiträume werden entweder als verstärkend oder als hemmend in bezug auf die Situation oder Tätigkeit, jedenfalls aber hinsichtlich der Leistungsfähigkeit als kritisch empfunden. So gesehen bedeuten Spiegelungen um die senkrechte Achse, daß ein Partner in der Ladungsphase, der andere in der Entladungsphase schwingt.

Interessant sind auch Beobachtungen hinsichtlich des individuellen Ablaufs des Lebensprozesses *($\widehat{MWI}$)* der einzelnen Partner. Schwingen die einzelnen Elemente beider Partner stets im selben Aspekt bzw. Abstand zueinander ($\varphi_2 - \varphi_1 =$ stabil), so laufen die beiden Generalfunktionen meist völlig dissynchron zueinander sowohl in Hinsicht auf r und Δr als auch in Hinsicht auf φ und $\Delta \varphi$ (wie eintönig wäre sonst der Alltag!). Nur bei Gleichaltrigkeit besteht analoger und synchroner Gleichlauf.

Gerade in der Partnerschaft sind die Aspekte $(\varphi_2 - \varphi_1)$ der einzelnen Rhythmen zueinander von ausschlaggebender Bedeutung. So verlaufen Partnerschaften im Alltag mit Aspekt:

♂, ∗, △   entsprechender Elemente zueinander harmonisch,
♂, □   meist disharmonisch.

Ein 90°-Winkel weist ein starkes Kippmoment auf (eine Beziehung kann aus den „Angeln gehoben" werden).

Während *gleich und gleich sich gerne gesellen, ziehen sich Gegensätze* im Entwicklungszwang *an*. Dabei wird der eine des anderen Reibstein, so daß letztendlich beide zu Edelsteinen geschliffen werden.

Noch ein Gesichtspunkt ist entscheidend: die *Führerschaft*. Ein Partner ist dem anderen immer hinsichtlich eines oder mehrerer Elemente zeitlich voraus. Er hat die energetische Situation, in die der andere gerade eintritt, bereits hinter sich gebracht und gemeistert. Es ist immer wieder interessant, diese Führerschaft im Alltag zu beobachten (sie darf aber nicht verwechselt werden mit Autorität, die dem Reifegrad des Menschen entspringt). Führerschaft zeigt sich auch abwechselnd im räumlichen (synchronen) als auch zeitlichen (analogen) Voranschwingen von $\overline{MWI}$.

PARTNERSCHAFTLICHE HARMONIEN IN %

Tab. 61

Schwingungsdistanz in Tagen

Tage	Verstärkung (nieder)			Ergänzung (höher)		
	M	W	I	M	W	I
0	100,0	100,0	100,0	0,0	0,0	0,0
1	91,3	92,9	93,9	8,7	7,1	6,1
2	82,6	85,7	87,9	17,4	14,3	12,1
3	73,9	78,6	81,8	26,1	21,4	18,2
4	65,2	71,4	75,8	34,8	28,6	24,2
5	56,5	64,3	69,7	43,5	35,7	30,3
6	47,8	57,1	63,6	52,2	42,9	36,4
7	39,1	50,0	57,6	60,9	50,0	42,4
8	30,4	42,9	51,5	69,6	57,1	48,5
9	21,7	35,7	45,5	78,3	64,3	54,5
10	13,0	28,6	39,4	87,0	71,4	60,6
11	4,3	21,4	33,3	95,7	78,6	66,7
12		14,3	27,3		85,7	72,7
13		7,1	21,2		92,9	78,8
14		0,0	15,2		100,0	84,8
15			9,1			90,9
16			3,0			97,0

Berechnung: Rhythmenstand 1 (in Tagen) des einen Partners minus
              Rhythmenstand 2 des anderen Partners

Statt in Prozent können wir die partnerschaftlichen Funktionsgrößen auch als r-Werte ansetzen, die sich aus den ja immer gleichbleibenden Aspekten der jeweiligen Rhythmen ergeben. Prinzipiell ist diese Aspektbeschreibung einer Partnerschaft richtiger als die Prozentbeschreibung, da 2 Kräfte miteinander ja stets eine Resultante ergeben, die man hinsichtlich ihrer Größe mit r beschreibt, hinsichtlich ihrer Richtung mit $\varphi°$.

PARTNERSCHAFTLICHE ASPEKTE Tab. 62

Diff. Tage	M Aspekt°		r	W Aspekt°		r	I Aspekt°		r
0	0,0	♂	2,000	0,0	♂	2,000	0,0	♂	2,000
1	15,7		1,981	12,9		1,987	10,9		1,991
2	31,3		1,926	25,7		1,950	21,8		1,964
3	47,0		1,834	38,6		1,888	32,7		1,919
4	62,6	✱	1,709	51,4		1,802	43,6		1,857
5	78,3		1,551	64,3	✱	1,693	54,5		1,778
6	93,9	□	1,365	77,1		1,564	65,5	✱	1,682
7	109,6		1,153	90,0	□	1,414	76,4		1,572
8	125,2	△	0,920	102,9		1,247	87,3	□	1,448
9	140,9		0,670	115,7	△	1,064	98,2		1,310
10	156,5		0,407	128,6		0,868	109,1		1,160
11	172,2	☍	0,136	141,4		0,661	120,0	△	1,000
12				154,3		0,445	130,9		0,831
13				167,1		0,224	141,8		0,654
14				180,0	☍	0,000	152,7		0,472
15							163,6		0,285
16							174,5	☍	0,095

Wie wenig Schwingungsnähe mit Sympathie oder Antipathie und auch mit Harmonie zu tun hat, mag an 2 Beispielen gezeigt werden. (Aus: Walter A. Appel, Das ist Ihr Tag. © 1984 bei Wilhelm Goldmann Verlag GmbH, München.)

ÜBEREINSTIMMUNGEN BEI ROMY SCHNEIDER UND CAROLINE V. MONACO

	Übereinstimmung in %				
Romy Schneider	M	W	I	F	
– Harry Meyen	39	14	27	68	Scheidung
– Alain Delon	30	0	64	27	Entlobung
– Daniel Biasini	22	86	88	58	Scheidung
Caroline v. Monaco					
– Philippe Junot	57	36	9	74	Scheidung
– Roberto Rosselini	48	93	64	95	Trennung
– Guillermo Vilas	13	71	82	27	Trennung
– Stefano Casiraghi	13	43	76	66	

Tab. 63

Die Ziffern bedeuten die Rhythmenverwandtschaft in %, F = „feinsinnlicher Rhythmus".

Was hier als Beweis für Disharmonien gewertet wird, wird geradezu zum Gegenbeweis. Denn die Grundlage jeder dieser Beziehungen war in erster Linie stets vorhandene Sympathie bzw. Harmonie, und Übereinstimmung entsprechender Rhythmen führte keineswegs zu dauerhafter Verbindung.

Wohl kann man hinsichtlich synchroner und analoger Kongruenz von $\widehat{MWI}_1$ und $\widehat{MWI}_2$ zu gewissen Zeiten sehr genau die karmischen Auslösungen bei Partnern erkennen.

Die *partnerschaftlichen Gesetze* lauten daher:

1. Das Gesetz biorhythmischer Sympathie

$$\begin{array}{c} \text{Matrize 1 = Matrize 2} \\ \widehat{MWI'}\text{-Vater} \\ \widehat{MWI'}\text{-Mutter} \end{array} \widehat{MWI'}_1 = \widehat{MWI'}_2 \begin{array}{c} \widehat{MWI'}\text{-Vater} \\ \widehat{MWI'}\text{-Mutter} \end{array}$$

2. Das Gesetz partnerschaftlicher Ergänzung zur Einheit

$$\begin{array}{c} \text{Matrize 1 + Matrize 2 = 1} \\ \widehat{MWI'}\text{-Vater} \\ \widehat{MWI'}\text{-Mutter} \end{array} \widehat{MWI'}_1 + \widehat{MWI'}_2 \begin{array}{c} \widehat{MWI'}\text{-Vater} \\ \widehat{MWI'}\text{-Mutter} \end{array} = 1$$

Wie wir also gesehen haben, ist die biorhythmische Distanz kein Maßstab für den Beginn oder das Bestehen einer partnerschaftlichen Beziehung.

Wohl aber gibt sie Aufschluß über die Aspekte, über das Funktionieren einer Partnerschaft in Hinblick auf die Bereiche des Denkens, Fühlens und Wollens.

Wie oft lesen wir über Menschen, die nicht voneinander loskommen, obwohl ihre Beziehung keineswegs in allen Bereichen auch funktioniert – eher funkt es ständig! Auch wenn wir selbst erleben, daß es zwischen uns und dem Partner beim ersten Blick „gefunkt" hat, erkennen wir das Wirken der Gesetze der Anziehung von Gleichartigem und Ergänzendem.

Biorhythmus und Zahlen

Bei biorhythmischen Durchleuchtungen kann man selbstverständlich nicht an der Tatsache vorbeigehen, daß ein enger Zusammenhang zwischen Zahlen und biorhythmischem Geschehen besteht. Die Verwendung von Zahlen wie auch die mathematische Darstellung der Gesetzmäßigkeiten zwingen geradezu, den Beziehungen nachzugehen. Schon im Kapitel über die Schwingungsarten haben wir eine Zuordnung von immer komplizierter werdenden Schwingungen zu entsprechenden Zahlen vorgenommen.

Alle esoterischen Systeme verwenden Zahlen und ordnen sie bestimmten Prinzipien zu. Wiederum ist es besonders das I-GING wie auch die Kabbala, die besondere Zusammenhänge von Zahl und Geschehen erkennen lassen. Daneben gibt es noch die sogenannte „Kabbalistik", die sich mit Zuordnung und Deutung von Zahlen beschäftigt. Die esoterische Lehre von den Zahlen wurde unter dem Begriff „Numerologie" zusammengefaßt.

Wir beschäftigen uns im Rahmen dieses Buches nur insofern mit den esoterischen Bedeutungen der Zahlen, als sie für das tiefere Verständnis des biorhythmischen Geschehens notwendig sind.

Die Bedeutung der einzelnen Zahlen:

1 = Einheit. Quelle aller Kraft und Macht, Quelle des Lebens, Quelle des Lichts. Erstes Gebot. Männlicher Aspekt der Gottheit. Sat.
☰ – Das Schöpferische, Vater, Himmel, männlich, Yang.
Kabbala: Kether, die Krone – Wille.
Astrologie: ♈ – Ur-Anfang, ☉ – Sonne, Subjekt.

2 = Zweiheit. Polarität, Gegensätze. Weiblicher Aspekt der Gottheit. Zweites Gebot. Ananda.
☱ – Das Heitere. Weitergabe von Wissen und Erkenntnis, menschliche Intelligenz.
Kabbala: Weisheit, Wissen.
Astrologie: ♉ – Verzweigung (Wurzelbildung), ☽ – Mond. Zahl des Objektes, Widerspiegelung.

3 = **Dreiheit.** Heilige Zahl. Vater/Mutter = Sohn, allwissende Liebe. Drittes Gebot. Chit.
Trismegistos: Die Welt besteht durch Schicksal, Notwendigkeit und Ordnung.
☲ – Feuer, das Haftende, Verbindung von Yang und Yin. Das Physische eingeschlossen vom Spirituellen = Bewußtsein. Intuition.
Kabbala: Verstehen, Schönheit; Gemeinschaft, Ehe.
Astrologie: ♊ – Vermittlung im Zwilling durch ☿ Merkur als Herrscher.
♃ – Jupiter – Bezug zu Dynamik und Synthese.

4 = **Quadrat.** Rahmenzahl. Zahl der Materie, 4 Elemente. Das tierhafte Selbst. Maya – die 4 Tiere, das Ur-Atom. Viertes Gebot.
☳ – Donner, das Erregende. Belebende Energie. Geburt der Lebewesen auf Erden.
Kabbala: Gnade; Tat.
Astrologie: ♋ – Empfängnis der Materie im Mutterleib: Krebs. ♅ – Uranus, ♄ – Saturn (Kreuz der Materie).

5 = **Pentagramm.** Bewegung, Erweiterung, Erfahrung. Fünftes Gebot. Tattwas.
☴ – Das Sanfte, der Wind. Zahl der Wandlung. Erneuerung des Lebens. Verbindung zwischen Körper und Geist, Erde und Himmel. Atem.
Kabbala: Strenge; Religion.
Astrologie: Zahl der Mitte. ♌ – Zeichen der Mitte. Die Sonne als Herrscher im Löwen ist Mittelpunkt unseres Planetensystems und symbolisiert unser Herz.
☿ – Merkur: Planet der Quintessenz, Mittler.

6 = **Sechsstern** ✡. Geist und Materie durchdringen einander. Zahl der Liebe, Streben des Materiellen zum Licht. Sechstes Gebot.
☵ – Wasser, das Abgründige, Dunkelheit, Gefahr, Scheideweg. Treue zur Pflicht. Das Unbewußte, Unwissende, Instinktive.
Kabbala: Versuchung; Schönheit.
Astrologie: Steht für Ökonomie – ♍. Zahl der Harmonie zwischen oben und unten. ♀ (Venus).

7 = **magische, kosmische Zahl.** Zahl der Vollkommenheit, der Mystik. Die Vier (Materie) hat sich mit der Drei (Himmel) verbunden. Siebentes Gebot.
☶ – Berg, das Stillhalten, Meditation, Gebet, Zwiesprache mit Gott. Lebensende.
Kabbala: Sieg, Befreiung.
Astrologie: Harmonie von Statik (4) und Dynamik (3). ♎ Waage, ♆ – Neptun, ♀ – Venus.

8 = **Zahl der Gerechtigkeit.** Verdoppelung und Gleichgewicht der Materie. Inspiration. Achtes Gebot. Karma. Vor der Vollendung.
☷ – Das Empfangende, Erde, Yin. Widerstand, die irdische Seite der menschlichen Natur.
Kabbala: Glanz; Gerechtigkeit.
Astrologie: ♏ (8. Haus = Todeshaus) ∞, ♄ – Saturn, Hüter der Schwelle.

9 = Zahl des Heils, Symbol geistiger Wiedergeburt, höchster Vollkommenheit. Neuntes Gebot. Bedingungslose Liebe.
Jakob Böhme: Zahl der „Tinktur".
I-GING: Zahl der Nichtwandlung, Zahl des Frühen Himmels, des Stetigen.
Kabbala: Grundlage, Basis; Weisheit.
Astrologie: Die am weitesten entwickelte Grundzahl. Größtmögliche individuelle Entfaltung im ♐, ♂, ☾. 9 ist die potenzierte Dynamik (3^2).

Die 2 üblichen Rechnungsarten mit den Zahlen im esoterischen Gebrauch sind:

Die theosophische Reduktion. Dabei werden die einzelnen Ziffern einer Zahl über 10 (wenn nötig auch mehrmals) zusammengezählt. Die Ziffernsumme wird der Grundzahl in ihrer Bedeutung zugeordnet. Somit ist 10 die erste Erweiterung von 1, die 19 deren zweite Erweiterung usw.

DIE THEOSOPHISCHE REDUKTION Tab. 64

Zahl	1. Erw.	2. Erw.	3. Erw.	4. Erw.	5. Erw.	usw.
1	10	19	28	37	46	
2	11	20	29	38	47	
3	12	21	30	39	48	
4	13	22	31	40	49	
5	14	23	32	41	50	
6	15	24	33	42	51	
7	16	25	34	43	52	
8	17	26	35	44	53	
9	18	27	36	45	54	

Daneben gibt es noch die **theosophische Addition,** die darin besteht, alle vor einer Zahl sich befindlichen kleineren Zahlen zur Zahl selbst hinzuzuzählen:
4 = 1 + 2 + 3 + 4 = 10 = 1 + 0 = 1
7 = 1 + 2 + 3 + 4 + 5 + 6 + 7 = 28 = 2 + 8 = 10 = 1 + 0 = 1

Somit ergibt sich, daß die 1, die 4, die 7 und die 10 sowie deren Erweiterungen alle der Zahl 1 zugehören.

Die 1, die 2 und die 3 bilden somit die 3 Grundzahlen, auf denen sich alles – jeweils auf einer nächsten Ebene – aufbauen läßt:

AUFBAU ALLER ZAHLEN AUF DEN 3 GRUNDZAHLEN					Tab. 65
1	2	3	1		
4	5	6	2	I	
7	8	9	3		
10	11	12	4		
13	14	15	5	II	
16	17	18	6		
19	20	21	7		
22	[23]	24	8	III	
25	26	27	9		
[28]	29	30	10		
31	32	[33]	11	IV	
34	35	36	12		
usw.					

Wenn wir die 3 biorhythmischen Zahlen nun hier aufsuchen, sehen wir, daß die Zahl 28 der 1, die 23 der 2 und die 33 der 3 angehören.

Wenn wir die theosophische Addition vornehmen, dann entsteht:
$\Sigma\ 23 = 276 = 15 = 6$
$\Sigma\ 28 = 406 = 10 = 1$
$\Sigma\ 33 = 561 = 12 = 3$

In diesem Falle gehört die 23 der 3 an. Nun sind wir aber ursprünglich davon ausgegangen, daß die 23 die 1 beschreibt, die 28 die 3 und die 33 die 2. Der Grund für diese Diskrepanz ist der, daß die biorhythmischen Zahlen exoterische Zahlen sind und nicht mit den esoterischen Zahlen in direkt zuordenbarer Verbindung stehen. Letztere enden ja bei 9 und beschreiben den Schöpfungsgang, sind also nicht wandelbare Prinzipien, während die ersteren lediglich eine gewisse Anzahl von Tagen ausdrücken. Wir könnten die Zyklenzeiten auch in Stunden ausdrücken und kämen dann zu folgendem Ergebnis:

Tage	Stunden	theosophische Reduktion
23	552 =	12 = 3
28	672 =	15 = 6
33	792 =	18 = 9

Tage	Tattwas	theosophische Reduktion
23	1.380 =	12 = 3
28	1.680 =	15 = 6
33	1.980 =	18 = 9

Auch hier entsteht dieselbe Zuordnung aller 3 Rhythmen zur Drei. Wenn wir die 3 als die Zahl des Bewußtseins erkennen, dann ist die Zuordnung der 3 Bewußtseinselemente hier auch deckend. Dabei fällt auch die Rangordnung auf:

23 ist das Ursprünglichere, 33 das Entwickeltste, die 28 steht in der Mitte. Die 3 als das Ergebnis der 23 zeigt sich auf der nächsthöheren Ebene (Gefühl) als die 6, auf der letzten Ebene (Erkenntnis) als die 9.

Wenn wir nochmals zur ursprünglichen Zuordnung zurückkehren, wobei 23 die 1, 28 die 3 und 33 die 2 beschreiben, müssen wir also anders vorgehen, als dies im kabbalistischen Sinne der *direkten Zuordnung* zulässig ist.

Die Methode, deren wir uns bedienen dürfen, ist die der **Relation,** da die 3 Rhythmenzahlen relative Zahlen in der Welt des Relativen darstellen. Dabei werden ihre Abstände sowie ihre Zusammensetzungen in Relation zueinander gebracht und in Hinblick auf den Sinn der enthaltenen esoterischen Zahlen *gedeutet*.

Bevor wir dazu übergehen, wollen wir uns noch weiter mit den esoterischen Zahlen, ihren wichtigsten Erweiterungen und ihrem Vorkommen im I-GING bzw. in der PDR beschäftigen.

Die zusammengesetzten Zahlen
der ersten Erweiterung und ihre Bedeutungen

Die **10** steht für Reinkarnation, Gegenwart des Geistes, Vollendung.
11 Symbolisiert okkulte Kräfte, spirituelle Macht.
12 Symbolisiert das Opfer, Selbstaufopferung.
13 Erneuerung, Transformation.
14 Symbol für das menschliche Gehirn, Spaltung, Zwietracht.
15 Magie, Sinneslust, Teufel.
16 Gesetz von Ursache und Wirkung.
17 Glaube, Hoffnung, Wahrheit.
18 Negativer Aspekt des Materialismus.

Diese kurze Aufzählung der ersten zusammengesetzten Zahlen verdeutlicht, daß diese oftmals eine negative Bedeutung gegenüber der Grundzahl aufweisen.

Die Grundzahlen kann man einteilen in:

gerade Zahlen   – negativ
ungerade Zahlen – positiv

Ungerade Grundzahlen sind dem Himmel zugeordnet, sind lichte Zahlen. Gerade Zahlen sind der Materie zugeordnet, sind dunkle Zahlen. Die erste Zusammensetzung einer ungeraden Zahl wird gerade, die einer geraden Zahl wird ungerade.

Im I-GING werden den Zahlen entsprechend der Anordnung des „Frühen Himmels" gewisse Plätze zugeordnet:

ZAHLEN IN DER ANORDNUNG DES „FRÜHEN HIMMELS" Abb. 119

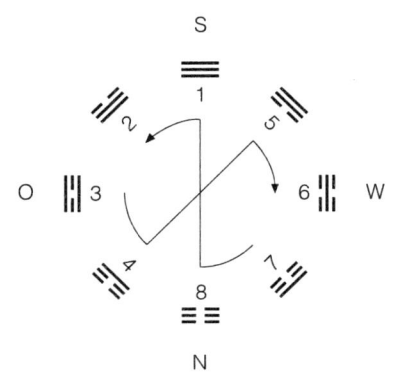

Die Summe der gegenüberliegenden Zahlen gibt immer die 9, die Vollkommenheit zweier gegenüberliegender Pole:

$1 + 8 = 9$
$2 + 7 = 9$
$3 + 6 = 9$
$4 + 5 = 9$

Das „Schildkrötendiagramm" setzt die 5 als die Zahl der Wandlung in die Mitte, während die 9 am Himmel thront:

DAS SCHILDKRÖTENDIAGRAMM Abb. 120

In dieser Anordnung zeigt sich das *magische Quadrat*, dessen Durchmessersumme stets 15 ergibt (15 = die Zahl der Magie).

Verbindet man die geraden Zahlen, die einander gegenüberliegen, miteinander, entsteht ein schräges Kreuz, das *diagonale Kreuz der Erde:*

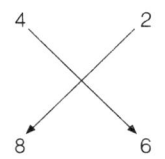

```
4       2
 \     /
  \   /
   \ /
   / \
  /   \
 /     \
8       6
```

Die Bewegung ist abwärts gerichtet. Dem Stoff fehlt die zentrale Mitte, die transformierende Kraft des Himmels (5).

Die Diagonalsumme ergibt 10, ein Symbol dafür, daß schließlich die Materie vergeistigt wird durch die Wirkung des *himmlischen Kreuzes:*

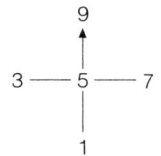

```
      9
      ↑
3 ——— 5 ——— 7
      |
      1
```

Das *Kreuz der Einweihung* (9)

Beide Kreuze zusammen ergeben den 8zackigen Stern der Freimaurer, den *Venusstern:*

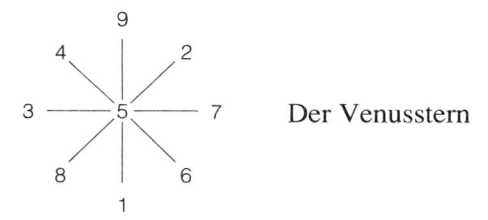

```
      9
   4  |  2
    \ | /
3 ——— 5 ——— 7
    / | \
   8  |  6
      1
```

Der Venusstern

Die Anordnung der Zahlen in der sogenannten „Lo-Karte" läßt auch noch eine Bewertung der Drehrichtung zu:

DIE „LO - KARTE"

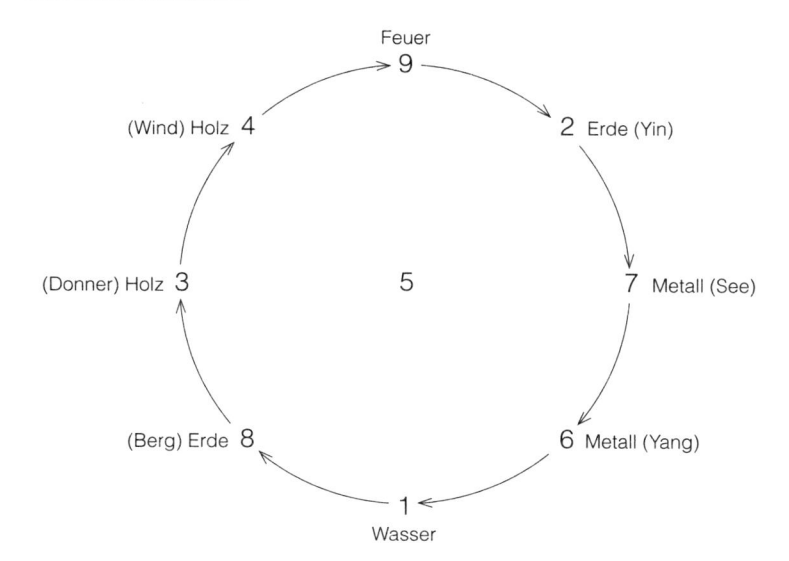

```
                    Feuer
                  → 9 →
      (Wind) Holz 4         2 Erde (Yin)
                ↗             ↘
   (Donner) Holz 3    5    7 Metall (See)
                ↑             ↓
       (Berg) Erde 8         6 Metall (Yang)
                  ← 1 ←
                   Wasser
```

Abb. 121

Die „Lo-Karte" entspricht der Anordnung des „Späten Himmels".

Im Uhrzeigersinn wirken die Kräfte schöpferisch, aufbauend:

- Wasser gebiert Holz
- Holz gebiert Feuer
- Feuer gebiert Erde
- Erde gebiert Metall
- Metall gebiert Wasser.

Gegen den Uhrzeigersinn wirken die Kräfte zerstörerisch:

- Metall zerstört Erde
- Erde löscht Feuer
- Feuer verbrennt Holz
- Holz saugt Wasser auf
- Wasser läßt Metall rosten.

(nach D. Ff. Hook, I-Ging für Fortgeschrittene, S. 61)

Die Zahlen im biorhythmischen Geschehen

Nach diesen einleitenden Grundbetrachtungen wollen wir uns das Vorkommen dieser Zahlen im biorhythmischen Geschehen näher verdeutlichen:

1 – Der Einheitskreis
   Die übergeordnete Einheit polarer Gegensätze

2 – Die Polarität
  - im Raum = W / S Ruhe/Aktivität
  - in der Zeit = F / H Beginn/Umkehr
  - in Funktion = ♂ / ♀ Über-/Unterfunktion
  - = $(\Delta r \times \Delta \varphi)/(r \times \Delta \varphi)$ Flexibilität/Leistungsfähigkeit
  - = $r\,(0{,}0 / 3{,}0)$ innen-/außenweltlich
  - = r / φ Quantität/Qualität
  - = $\Delta r / \Delta \varphi$ Veränderung in Größe/Zeit

3 – Die Aspekte der Einheit
  - Subjekt (M') – Wille Sat
  - Objekt (W') – Glück Ananda
  - Betrachtung (I') – Weisheit Chit

- Die Elemente des Bewußtseins: Wollen – Fühlen – Erkennen
- Die biorhythmischen Kategorien: Elemente – Funktionen – Prozeß
- Die biorhythmischen Funktionen: $\widehat{MW} - \widehat{MI} - \widehat{WI}$

4
- Die 4 Pole des Einheitskreises – das Kreuz
- Die 4 Sektoren des Vierermodells – die 4 Grundqualitäten (Jahreszeiten)
- Die 4 Spiegelungsarten >, ∨, <, ∧
- Die 4 Ebenen der psychodynamischen Betrachtung
  Der Plan (Soll) $\widehat{MWI}\,'$
  Die Anlagen M', W', I'
  Die psychologische Ebene
  Die physiologische Ebene
- Die 4 Lebensperioden
  0 bis 29 Jahre – lernen
  29 bis 58 Jahre – arbeiten
  58 bis 87 Jahre – umarbeiten
  87 bis 116 Jahre – lehren

5
- Die 5 Elektrizitäten (Tattwas) als 5 Elemente
- Die je 5 Konjunktions- und Oppositionspunkte der Funktionen $\widehat{MW}$ und $\widehat{WI}$
- Die 5 Schleifen in einem biorhythmischen Jahr à 2.125,2 Tage
- Die 5 Perioden mit max. $r = 3{,}0$ im biorhythmischen Leben

- Die 5 hierarchischen Stufen

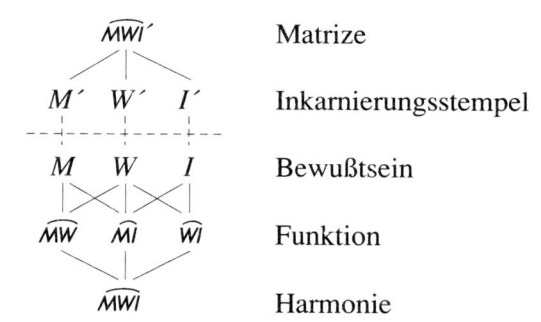

$\widehat{MWI}\,'$	Matrize
$M'\quad W'\quad I'$	Inkarnierungsstempel
$M\quad W\quad I$	Bewußtsein
$\widehat{MW}\quad \widehat{MI}\quad \widehat{WI}$	Funktion
$\widehat{MWI}$	Harmonie

6 – Kommt praktisch nur als 3. Erweiterung der Zahl 6 in der Zyklusdauer von $I = 33$ Tage vor, theoretisch als 6-Stern bei $r_{\widehat{MWI}} = 0{,}0$ („Es ist vollbracht!")

7
- Die 7 biorhythmischen Schwingungen $M \,/\, W \,/\, I \,/\, \widehat{MW} \,/\, \widehat{MI} \,/\, \widehat{WI} \,/\, \widehat{MWI}$
- Die 7 Beurteilungskriterien von $\widehat{MWI}$: $r, \triangle r, \varphi, \triangle\varphi, r \times \triangle r, r \times \triangle\varphi, \triangle r \times \triangle\varphi$
- Die Dauer von 7 Tagen für die Durchmessung eines Quartals von W

8 – Die 8 Sektoren im 8er Modell

9 – Die Quersumme der Winkelwerte aller 20 Wendepunkte ist stets 9 bzw. deren erste Erweiterung (18)

10
- Die biorhythmischen Jahre (à 2.125,2 Tage) eines biorhythmischen Lebens
- Die Wandlungspunkte der Funktionen $\widehat{MW} \,/\, \widehat{WI}$

Ein Zitat des Psychologen *Prof. Höffding* (Kopenhagen) aus seinem Werk: „Psychologie", Seite 476:

„Sowohl das Talent als auch der Charakter wird durch das Temperament [Tattwas, Anm. d. Verf.] bestimmt, ebenso wie das Gefühl der Erkenntnis und dem Willen gegenüber eine zentrale Stellung einnimmt. Das Temperament legt sich im Lebensgefühl, der Grundstimmung, die – von bestimmten äußeren Erfahrungen abgesehen – das Gemüt [$\overline{MWI}$] beherrscht, an den Tag. Dasselbe ist einer der wichtigsten Bestandteile des realen Selbst, das Gefühlsniveau des Individuums. Als ein von Anfang an gegebener Hintergrund bedingt es die Art und Weise, wie alle Erfahrungen vom Individuum aufgenommen werden [$I = W + 5$], und folglich auch die Art und Weise, wie dasselbe auf die Außenwelt zurückwirkt [$M = W - 5$]."

Somit sind wir bereits bei den *zusammengesetzten Zahlen:*

23 – *M*-Zyklus = 2 + 3 = 5   Der gerichtete Wille als Ergebnis des Wandels.
28 – *W*-Zyklus = 2 + 8 = 10   Die Entwicklung von höheren Gefühlen durch den
                    10 = 1 + 0 = 1   Lauf der Inkarnationen bis zum Einswerden.
33 – *I*-Zyklus = 3 + 3 = 6   Das Unbewußte strebt zum Licht, die Materie wird
                                    vergeistigt.

Alle Zahlen, auch die exoterischen, drücken ein inneres Gesetz aus, das sich durch die innewohnenden Prinzipien ergibt. Jede Zahl kann dahingehend untersucht werden, aus welchen anderen Zahlen und somit ihnen innewohnenden Prinzipien sie sich zusammensetzt. Die Beziehungen *(Relationen)* der Prinzipien zueinander ergeben dann das der Zahl zuzuordnende Gesetz. Somit zeigt die Untersuchung der Relationen eine etwas andere Methode, als wie sie hinsichtlich der theosophischen Addition bzw. Reduktion angewandt wird. Geht es in letzterer also um eine Rückführung auf die Grundzahl, die dann ihre Bedeutung offenlegt, so geht es in ersterer um ihre Bestandteile, die für sich und in ihrer Relation zueinander gedeutet werden. Führt also die theosophische Reduktion bzw. Addition zur Wurzel, zum Ursprung zurück, so wird in der Relation aus den einzelnen Bestandteilen eine neue Einheit gesucht und formuliert, sie mündet in eine Synthese. Somit steht sie dem westlichen Verständnis von Proligion (Vorwärtsverbindung) näher als dem östlichen Verständnis von Religion (Rückverbindung).

In dieser Hinsicht wollen wir die Frequenzen (in Tagen) der biorhythmischen Elemente etwas genauer durchleuchten. Die 28 steht in der Mitte zwischen der 23 und der 33 und ist jeweils durch die 5 von ihnen getrennt.

```
 M      W      I
(–5)   28    (+5)
  \         /
  23       33
```

Das Gefühl wird durch die Tätigkeit der 5 Tattwas, als „Elektrizität" beschrieben. Es vermittelt zwischen dem beobachtenden Subjekt und dem beobachteten Objekt als erlebbare Qualität.

Das Fühlen ist das Bindeglied zwischen Wollen und Erkennen. Nach außen gerichtet (negativ) beeinflußt es die Handlungen ($23 = 28 - 5$), nach innen gerichtet bewertet es das Erkannte (33 = 28 + 5), wobei die Einflüsse jeweils anders gefärbt sind. Die 5 steht ja für Wandel (der Tattwas, die ja bestimmten Farben entsprechen):

polarisierte Tattwas – 5 $\begin{array}{l}+ = \text{verinnerlicht, nach oben,}\\ - = \text{veräußerlicht, nach unten.}\end{array}$

Die 10 (28 = 2 + 8 = 10) zeigt hier auch die 2 Seiten der Elektrizitäten als Lust (+) und Unlust (–). Die Unlust setzt den Willen ein, um Lust zu erlangen. Die Erkenntnis wird von Lust begleitet. Die Differenz zwischen Unlust (–5) und Lust (+5) ist 10. Oder: 2 x 5 = 10.

Die 28 ist aber auch das Produkt von 4 x 7, das ist die Wirkung der 7 Strahlen, eingespannt im Kreuz von Raum und Zeit, in der Doppelpolarität der Welt, wobei durch die Tätigkeit der 5 als Wandlungszahl Willens- und Erkenntnisreife erlangt wird. Die 28 als Schwingungszahl des Liebesprinzips besteht aus der 2 (Polarität) und der 8 (Gerechtigkeit), womit wir erkennen können, daß die Liebe die Polarität durch Gerechtigkeit überwindet und so in die Einheit (2 + 8 = 10 = 1) führt.

Die Zifferndifferenz ergibt die 6 (8 – 2 = 6) als Zahl der Liebe und des Strebens des Materiellen zum Licht.

Die 28 als 1. Erweiterung der 10 und als 2. Erweiterung der 1 weist hin auf die dominierende Bedeutung der Gefühlsentwicklung als Liebe zur Vollendung (10) und zur Einheit (1).

Die 23 als Erweiterung von 5 weist auf die Bedeutung der Bewegung und Wandlung für die Willensschulung hin.

Die 23 als Schwingungszahl des energetischen Prinzips setzt sich zusammen aus der 2 und der 3, womit wir wieder bei der Tatsache angelangt sind, daß die 2 (Ananda) und die 3 (Chit) die 1 (Sat) beschreiben. Die Zifferndifferenz ergibt wiederum die 1 (3 – 2 = 1).

Die 23 ist auch die Zahl der Informationsbindung, da die 2 (Information) an die 3 (Verbindung) gebunden ist, womit Schöpfung entsteht. Wir haben in der Anzahl der 23 Chromosomen ja diese Informationsbindung in unseren Zellen manifestiert.

Die 33 als Erweiterung der 6 weist hin auf die Bedeutung der Erkenntnis in bezug auf die Entscheidung zwischen aufwärts und abwärts für den in der Materie gefangenen Geist. Sie symbolisiert den Zustand Adams und Evas nach der Vertreibung aus dem Paradies ($\overline{MWI}'$).

Die 33 als Schwingungszahl des Erkenntnisprinzips symbolisiert im Nebeneinanderstehen der 3 als Links und Rechts die Polarität, aber auch die Waagrechte 3 — 3, die für das Erkennen typisch ist. Das Bewußtsein, symbolisiert durch die 3, bedarf des Links und Rechts, um erkennen zu können, wobei aber beide Teile zusammen die 6 ergeben, die das Streben des Materiellen zum Licht (mittels der Erkenntnis) symbolisiert. Die Differenz der beiden Dreien ergibt 0, wodurch ausgedrückt wird, daß kein essentieller Unterschied zwischen Links und dem Rechts besteht, sind sie doch beide Offenbarungen des Ungeoffenbarten.

DIE 20 WANDLUNGSPUNKTE ALS AUSDRUCK DER 9

Tab. 66

	Quersumme		Quersumme
18°	1 + 8 = 9	198°	1 + 9 + 8 = 18 = 9
36°	3 + 6 = 9	216°	2 + 1 + 6 = 9
54°	5 + 4 = 9	234°	2 + 3 + 4 = 9
72°	7 + 2 = 9	252°	2 + 5 + 2 = 9
90°	9 + 0 = 9	270°	2 + 7 + 0 = 9
108°	1 + 0 + 8 = 9	288°	2 + 8 + 8 = 18 = 9
126°	1 + 2 + 6 = 9	306°	3 + 0 + 6 = 9
144°	1 + 4 + 4 = 9	324°	3 + 2 + 4 = 9
162°	1 + 6 + 2 = 9	342°	3 + 4 + 2 = 9
180°	1 + 8 + 0 = 9	360°	3 + 6 + 0 = 9

Die 20 Wandlungspunkte sind die Ansatzpunkte für die Doppelachsen der 5 Elektrizitäten. Sie beschreiben die Zusammenhänge der Zahl 5 mit der Zahl 9.

| 5 = Zahl der Wandlung | Spiel des Lebens zwischen Wandel (Schöpfung) |
| 9 = Zahl der Nichtwandlung | und Nichtwandel (Prinzip). |

Einmal ist ein Punkt ein Konjunktionspunkt (Nichtwandel von Δr), einmal ein Oppositionspunkt (Wandel von Δr).

Ein halber W-Zyklus dauert **14** Tage. 14 ist die Summe von 9 und 5. 14 ist die erste zusammengesetzte Zahl von 5. Die Zahlenkunde weist die 14 als Zahl der Vereinigung und ihrer Gegenteile: Spaltung, Zwietracht, unglückliche Verbindungen und Zusammenschlüsse aus. Dies sind lediglich andere Ausdrücke für Verbindungen (die 28 steht ja für die Verbindung), die Lust oder Unlust, die Bestandteile des Fühlens (28) enthalten.

Das I-GING beschreibt ebenfalls, wie die gegensätzlichen Einflüsse von Anziehung und Abstoßung den Umschwung von Yin und Yang, das Auseinanderhalten und erneute Zusammenkommen verursachen. Sowohl im „Schildkrötendiagramm", in der Darstellung der „Lo-Karte" als auch im magischen Quadrat wird **die 5** zur zentralen Zahl. Die 5 enthält die Zahlen 2 und 3. Zwei ist die Zahl der Erde und repräsentiert Yin. Drei ist die Zahl des Himmels und repräsentiert Yang. Die 5 entsteht aus der Verbindung von Himmel und Erde und ruft die 5 Elektrizitäten hervor, die negativ (erdwärts) und positiv (himmelwärts) schwingen.

Die 5 als Zahl der Wandlung wandelt ungerade Zahlen in gerade und umgekehrt:

ungerade   gerade
 23 + 5 = 28
 33   = 5 + 28

Die 5 symbolisiert den in der Welt stehenden gewöhnlichen Menschen, den gefallenen Engel, den Mikrokosmos und steht für Manas, das intelligente Prinzip ($33 = 4 \times 7 + 5$).

Die 5 Tattwas sind die 5 Farben der 7 Strahlen, sie entsprechen den 5 Farbströmen, die durch die Chakras strömen bzw. sie miteinander verbinden.

Hingegen formt **die 7** (die 7 Strahlen) die 3 Persönlichkeitskörper des Menschen, beeinflußt sein Denken, sein Fühlen und seine Formgestalt.

Im Rahmen der 7 Strahlen wirken die Tattwas (5) und die 3 Gunas mit ihrer Auswirkung auf die Funktionen.

In der Atomphysik kennt man 7 Elektronenhüllen (K, L, M, N, O, P, Q), die den 7 Sphären des Menschen hinsichtlich ihrer Dichte und Energiefülle entsprechen.

Die 7 enthält die 3 (Aspekte) und die 4 (Attribute). Im Durchlauf der 3 Aspekte der Gottheit durch die 4 das Ur-Atom bildenden Vorstellungen (Tiere) entsteht die 7.

Die 7 besteht aber auch aus der 2 und der 5. Die 2 als Yin wird als geteilte (polarisierte) Waagrechte ▬ ▬ dargestellt, zu der senkrecht die 5 Tattwas schwingen, wodurch sich alle Körper aufbauen. Man kann auch sagen: Die Vollkommenheit (7) wird erreicht durch Weisheit (2) und Wandlung (5).

Die Summe von 5 und 7 ergibt **die 12**. Die 12 zeigt die Qualitäten auf, die im Durchlauf der 3 Aspekte entstehen, und manifestiert sich im Tierkreis.

Eine Oktave umfaßt 7 weiße Tasten und 5 schwarze Tasten auf dem Klavier und entspricht 12 Halbtönen.

Die 12 zeigt sich auch in der 2fach polaren Situation der Triade im Einheitskreis, aber auch darin, daß die 3 Elemente der Triade das Kreuz der Materie auf sich genommen haben (3 x 4).

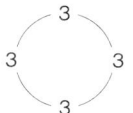

Die Funktionszahlen

$\widehat{MW}$ = 23 x 28 = 644 = 6 + 4 + 4 = 14 = Spaltung und Verbindung als wesentliches Merkmal und Aufgabe der Verdauung und des Stoffwechsels.
14 = 1 + 4 = 5 = Zahl des (Stoff-)Wechsels.

$\widehat{MI}$ = 23 x 33 = 759 = 7 + 5 + 9 = 21 = Zahl der Ekstase als höchster Ausdruck der Nerven-Sinnesfunktion,
21 = 2 + 1 = 3 = Zahl des Bewußtseins durch Vermittlung der Informationsfunktion (zweite Erweiterung der 3).

$\widehat{WI}$ = 28 x 33 = 924 = 9 + 2 + 4 = 15 = Zahl der Magie, der Wirkkraft, die im Kreislauf und Atem liegt.
15 = 1 + 5 = 6 = Zahl der Durchdringung von Geist und Materie (der Atem durchdringt die Lunge), Zahl der Harmonie zwischen unten und oben, bewirkt durch den Kreislauf und den ausgleichenden Atem.

$\widehat{MWI}$ = 23 x 28 x 33 = 21.252 = 2 + 1 + 2 + 5 + 2 = 12 = Zahl der Selbstaufopferung des Geistes im biorhythmischen Leben, wodurch Bewußtsein (12 = 1 + 2 = 3) erlangt wird.

Diese keineswegs vollständige Ausdeutung der Schwingungszahlen der biorhythmischen Elemente und Funktionen hinsichtlich ihrer Zahlenwerte gibt wesentlich mehr her als die Versuche, die Zahlen makrokosmisch zuzuordnen. Für psychische

Rhythmen gelten die Gesetze der Analogie (Ähnlichkeit) und Korrespondenz (Entsprechung) in ihren *Relationen*. Es wäre sinnlos, eine Beweiskette aufbauen zu wollen, die auf das Vorkommen der biorhythmischen Zahlen in der Natur als meßbare Größen beruht. Die Zahlen sind archetypisch in uns präsent und stehen uns in zahllosen Analogieketten zur Verfügung.

Die wichtigsten Zahlen der Biorhythmik sind die 5 und die 7. Sie basieren auf der 1, der 2 und der 3.
  Daneben erhalten die 4 und die 9 ihre Bedeutung, während die 6 und die 8 eher unterrepräsentiert sind.
  Es ist nicht weiter verwunderlich, daß die psychodynamischen Rhythmen mit Ausnahme von der 2 und deren Verdoppelung, der 4, somit auf den ungeraden Zahlen, den Zahlen des „Himmels", basieren.

Neben den esoterischen Deutungen aber wollen wir einige Zusammenhänge noch in mathematischer und astronomischer Hinsicht aufhellen:

Die biorhythmischen Schwingungszahlen, ausgedrückt in 2, 3, 5, 7

Am Anfang des Buches im Kapitel über die 3 Elemente haben wir aufgezeigt, wie alle Zahlen in 5 und 7 ausgedrückt werden können. Wir wollen diese Aufstellung jetzt erweitern:

$M = 23 = 2^2 \times 7 - 5$
$W = 28 = 2^2 \times 7$
$I = 33 = 2^2 \times 7 + 5$

$M + W = 51 = 2^3 \times 7 - 5$
$M + I = 56 = 2^3 \times 7$
$W + I = 61 = 2^3 \times 7 + 5$

$M \times W = 644 = 2^4 \times 7^2 - 2^2 \times 7 \times 5 \qquad = 2^2 \times 7(2^2 \times 7 - 5)$
$M \times I = 759 = 2^4 \times 7^2 - 5^2$
$W \times I = 924 = 2^4 \times 7^2 + 2^2 \times 7 \times 5 \qquad = 2^2 \times 7(2^2 \times 7 + 5)$

$M \times W \times I = 21.252 \quad = 2^6 \times 7^3 - 2^2 \times 5^2 \times 7 \quad = 2^2 \times 7(2^4 \times 7^2 - 5^2)$

1 Jahr $= 365 = 2 \times 5^2 \times 7 + 3 \times 5$

Ekliptik $= 23° 27' \approx \dfrac{70°}{3} = \dfrac{2 \times 5 \times 7°}{3}$

Selbstverständlich könnte man die 5 und die 7 wiederum als Erweiterungen der 1, 2 und 3 ausdrücken und so die biorhythmischen Zahlen hinsichtlich ihrer innewohnenden Verhältnisse von Kraft, Liebe und Weisheit beschreiben. Doch würde diese extreme Abstrahierung nicht mehr weiterführen, da wir wissen, daß alle Erscheinungen prinzipiell göttlichen Ursprungs sind und permanent Gott offenbaren.

Die Fließschen Naturkonstanten erfahren vermittels der in ihnen enthaltenen Zahlenprinzipien eine Abstützung, wodurch auch ihre esoterischen Zusammenhänge erkennbar werden. Die Zahlen 2, 3, 5 und 7 sind die *inneren Bestandteile* der biorhythmischen Zahlen und geben bessere Hinweise und Aufschlüsse über ihre Bedeutungen als Abstützungen durch makrokosmische Identitätsgrößen.

Der Zusammenhang zwischen makro- und mikrokosmischen Zahlen

Es gibt einen esoterischen Grundsatz, der besagt, daß alle materiellen Erscheinungen als Spiegelbild des Göttlichen aufzufassen sind und als dessen Gleichnis erkannt werden können. Dieser Satz gilt selbstverständlich auch für die Spiegelung von inneren und äußeren Zahlen. Dieser Zusammenhang soll hier aufgezeigt werden:

Makrokosmische Basis   = 1 Weltenjahr ≈ 24.400 Erdenjahre
Makrokosmische Einheit = 1 Erdenjahr
Mikrokosmische Basis   = 1 Tattwa-Schwingung = 24´
                         5 Tattwa-Schwingungen sind daher 2^h.
Mikrokosmische Einheit = 1 Erdentag = 60 Tattwa-Schwingungen.

DIE BIORHYTHMISCHEN FREQUENZEN   ausgedrückt in makrokosmischer Zeit

7 Tage ($^1/_4$ W)	=	420 Tattwas	24.400 : 420	=	58,2 Jahre
5 Tage (Wechselzahl)	=	300 T	$^1/_{300}$ Weltenjahr	=	81,3 J.
23 Tage (M)	=	1.380 T	$^1/_{1.380}$ WJ	=	17,7 J.
28 Tage (W)	=	1.680 T	$^1/_{1.680}$ WJ	=	14,5 J.
33 Tage (I)	=	1.980 T	$^1/_{1.980}$ WJ	=	12,3 J.
644 Tage ($\overline{MW}$)	=	38.640 T	$^1/_{38.640}$ WJ	=	230 Tage
759 Tage ($\overline{MI}$)	=	45.540 T	$^1/_{45.540}$ WJ	=	196 Tage
924 Tage ($\overline{WI}$)	=	55.440 T	$^1/_{55.440}$ WJ	=	161 Tage
21.252 Tage ($\overline{MWI}$)	=	1,275.120 T	$^1/_{1,275.120}$ WJ	=	7 Tage

Tab. 67

Der analoge Zusammenhang:

5 / 81,3 Jahre	=	durchschnittliches Lebensalter = $1^1/_2$ biorhythmische Leben. Hier wird durch die 5 als Zahl des Wandels der Übergang vom Diesseits ins Jenseits (Tod) symbolisiert
7 / 58,2 Jahre	≈	entspricht ziemlich genau einem biorhythmischen Leben. Hier wird durch die 7 die Vollendung (des biorhythmischen Lebens) symbolisiert
M / 17,7 Jahre	=	Willensreife, Verantwortungsfähigkeit, Handlungsfähigkeit (Volljährigkeit, Reifeprüfung, Gesellenprüfung)
W / 14,5 Jahre	=	Gefühlsreife, Liebesfähigkeit
I / 12,3 Jahre	=	Denkreife, Argumentationsfähigkeit
$\widehat{MW}$ / 230 Tage	=	10 M
$\widehat{MI}$ / 196 Tage	=	$\left(\dfrac{W}{2}\right)^2$
$\widehat{WI}$ / 161 Tage	=	7 M, $\dfrac{\widehat{MWI}}{4 \times I} = \dfrac{\widehat{MW}}{4}$
$\widehat{MWI}$ / 7 Tage	=	$\dfrac{W}{4}$
1 Weltenjahr	≈	534,726.000 Tattwas
$^1/_{534,726.000}$ Tattwa	≈	1 Atomschwingung

Der Zusammenhang kann in folgendem Verhältnis ausgedrückt werden:

> Makrokosmische Basis (24.400) dividiert durch eine mikrokosmische Zahl (Tage) ausgedrückt in Tattwa-Schwingungen entspricht einer analogen makrokosmischen Zahl (Jahre).

Der Makrokosmos mündet im unendlich Großen, der Mikrokosmos im unendlich Kleinen, somit jeder für sich im TAO, im Unendlichen. Daher entsprechen immer größer werdenden makrokosmischen Zeitläufen immer kleiner werdende mikrokosmische.

Die biorhythmischen Schwingungszahlen entsprechen in analoger Hinsicht den jeweils zugeordneten makrokosmischen Abschnitten. Dem Senkrechtdenker genügen die aufgezeigten Zusammenhänge.

ASTRONOMISCHE ZYKLEN

Tab. 68

1 Drehung der Sonne um sich selbst	=	27,0	Tage	
1 Umlauf siderischer Mond	=	27,3	Tage	
1 Umlauf (siderischer) Merkur	=	0,24	Jahre ≈	$1/240$ biorhythmische Leben
Venus	=	0,62	Jahre ≈	$1/90$ biorhythmische Leben
Erde	=	1,0	Jahre ≈	$1/60$ biorhythmische Leben
Mars	=	1,88	Jahre ≈	$1/30$ biorhythmische Leben
Jupiter	=	11,86	Jahre ≈	$1/5$ biorhythmische Leben
Saturn	=	29,46	Jahre ≈	$1/2$ biorhythmische Leben
Uranus	=	84,02	Jahre ≈	$3/2$ biorhythmische Leben
Neptun	=	164,79	Jahre ≈	3 biorhythmische Leben
Pluto	=	249,17	Jahre ≈	4 biorhythmische Leben

Die Frequenzdauer von:

$\widehat{MW}$ = 25,255 Tage ≈ siderische Umlaufzeit der Sonne

$\widehat{MI}$ = 27,107 Tage ≈ 1 Sonnenrotation

1 Platonisches Jahr ≈ 444,4 x $\widehat{MWI}$ (à 58,2 Jahre)

100 x $\widehat{MWI}$ (58,2 J.) ≈ 23 x Pluto, 1 Pluto ≈ 100 $\widehat{WI}$

≈ 23 x 3 x Uranus, 1 Uranus ≈ $^{100}/_3 \widehat{WI}$

$\sqrt[3]{\widehat{MWI}}$ ≈ 1 siderischer Mond

1 $\widehat{MWI}$ (21.252 Tage) ≈ die durchschnittliche Umlaufzeit **aller Planeten** des Sonnensystems gemeinsam.

Dane Rudhyar, der bedeutende Astrologe, zeigt den Zusammenhang des Uranus-Umlaufs (84 Jahre) mit dem Menschenleben:

3 x 28 = 84 Jahre

28 Jahre = 4 x 7 Jahre (= $1/2$ biorhythmisches Leben)

4 = Zahl des Konkreten, 7 = Zahl des Menschen

Uranus = Kraft der Selbstumwandlung:

0 – 28 Jahre = Biosphäre – Erfahrungen sammeln
28 – 56 Jahre = Neosphäre – Besinnung, retrospektive Anwendung
56 – 84 Jahre = Pneumosphäre – Vollbewußtes Handeln
116 Jahre = theoretisches biologisches Höchstalter des Menschen
– vollbewußtes Sein

Diese Einteilung entspricht voll und ganz biorhythmischen Gesichtspunkten (siehe auch Kapitel über Astrologie – Die Häuser), womit Uranus zum bestimmenden Planeten des Biorhythmus wird.

Der biorhythmische Dreiklang

Will man die Schwingungsdauer der biorhythmischen Elemente in Tonfrequenzen ausdrücken, ist nach harmonikalen Gesetzmäßigkeiten vorzugehen:

$$M = 23 \text{ Tage} = 23 \times 24 \times 60 \times 60 \text{ sec} = 1{,}987.200''$$
$$W = 28 \text{ Tage} = 28 \times 86.400 \text{ sec} = 2{,}419.200''$$
$$I = 33 \text{ Tage} = 33 \times 86.400 \text{ sec} = 2{,}851.200''$$

Urfrequenzen:

$$M = \frac{1}{1{,}987.200} = 0{,}00000050322061 \text{ Hz (Schwingungen/sec)}$$

$$W = \frac{1}{2{,}419.200} = 0{,}00000041335978 \text{ Hz}$$

$$I = \frac{1}{2{,}851.200} = 0{,}00000035072951 \text{ Hz}$$

Je Verdoppelung der Schwingungen pro Sekunde erklingt der nächste Oktavton. Nach 29maliger Verdoppelung (29. Oberoktave) ergeben sich im hörbaren Bereich folgende Töne:

M – 270,16 Hz = cis´ – entspricht in etwa dem Grundton des Erdenjahres (272,2 Hz)
W – 221,92 Hz = a – entspricht dem Venuston (221,23 Hz)
I – 188,30 Hz = fis – entspricht der Quinte der 8. Unteroktave des Sonnentones (126,22 Hz)

Die solcherart abgeleiteten Tonfrequenzen bilden einen harmonischen Dreiklang (fis-Moll).

Die biorhythmischen Proportionsgesetze

Bringt man die Schwingungsfrequenzen der biorhythmischen Elemente und Funktionen zueinander in ein Verhältnis, so ergeben sich ganz gewisse Proportionalitäten, die eine Gesetzmäßigkeit erkennen lassen:

z. B. $\sim\widehat{MW} = 25{,}255$ $\qquad \dfrac{\sim\widehat{MW}}{\sim M} = 1{,}098, \qquad \dfrac{\sim M}{\sim\widehat{MW}} = 0{,}911$
$\quad\;\;\, \sim M = 23{,}0$

($\sim$ heißt Frequenz)

DIE BIORHYTHMISCHEN PROPORTIONEN

Tab. 69

Rhythm.	M	$\widehat{MW}$	$\widehat{MI}$	⌀ $\widehat{MWI}$	W	$\widehat{WI}$	I
M	—	0,911	0,848	0,839	0,821	0,759	0,697	23,000
$\widehat{MW}$	1,098	—	0,932	0,922	0,902	0,834	0,765	25,255
$\widehat{MI}$	1,179	1,073	—	0,989	0,968	0,895	0,821	27,107
$\widehat{MWI}$	1,191	1,085	1,011	—	0,979	0,904	0,830	27,398 ⌀
W	1,217	1,109	1,033	1,022	—	0,924	0,848	28,000
$\widehat{WI}$	1,317	1,200	1,118	1,106	1,082	—	0,918	30,295
I	1,435	1,307	1,217	1,204	1,179	1,089	—	33,000
	23,000	25,255	27,107	27,398 ⌀	28,000	30,295	33,000	

Die Proportionalitäten treten um die Achse $I-I$ (unten links – oben rechts) in Erscheinung und lassen sich in 2 Kategorien aufteilen:

1. Genaue Proportionen

a) $\dfrac{\sim\widehat{MI}}{\sim M} = \dfrac{\sim I}{\sim W}$

b) $\dfrac{\sim I}{\sim\widehat{MI}} = \dfrac{\sim W}{\sim M}$

2. Ungenaue Proportionen

a) $\dfrac{\sim\widehat{WI}}{\sim M} \approx \dfrac{\sim I}{\sim\widehat{MW}}$, $\sim I \times \sim M \approx \sim\widehat{WI} \times \sim\widehat{MW}$

b) $\dfrac{\sim\widehat{MWI}}{\sim M} \approx \dfrac{\sim I}{\sim\widehat{MWI}}$, $\sim I \times \sim M \approx \sim\widehat{MWI}^{\,2}$

c) $\dfrac{\sim W}{\sim\widehat{MW}} \approx \dfrac{\sim\widehat{WI}}{\sim\widehat{MI}}$, $\sim W \times \sim\widehat{MI} \approx \sim\widehat{MW} \times \sim\widehat{WI}$

d) $\dfrac{\sim\widehat{MWI}}{\sim\widehat{MW}} \approx \dfrac{\sim\widehat{WI}}{\sim\widehat{MWI}}$, $\sim\widehat{MW} \times \sim\widehat{WI} \approx \sim\widehat{MWI}^{\,2}$

Somit läßt sich folgendes *Frequenzen-Proportionsgesetz* aufstellen:

$$\sim\widehat{MWI}^{\,2} \approx \sim I \times \sim M = \sim W \times \sim\widehat{MI} \approx \sim\widehat{WI} \times \sim\widehat{MW}$$
$$751 \approx 759 = 759 \approx 765$$

DIE FREQUENZ - PROPORTIONSPAARE

Die nebenstehende Abbildung zeigt den Zusammenhang der Frequenz-Proportionspaare mit der Chakra-Organisation des Menschen:

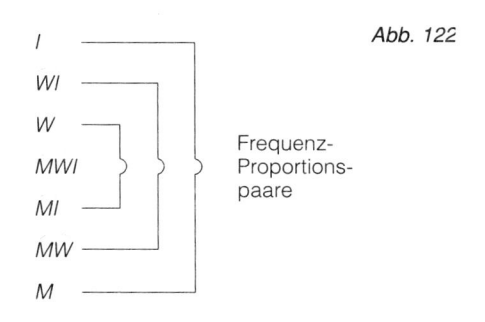

Abb. 122

I
WI
W
MWI
MI
MW
M

Frequenz-Proportionspaare

BIORHYTHMUS UND PLANETENKRÄFTE

Abb. 123

Zuordnung astrologischer und biorhythmischer Elemente

Astrologie		Wirkfeld	Biorhythm. Element, Prinzip	
☉	Sonne	geistige Einstellung, Ich, Bewußtes	Einheitskreis, Sommerpol	
☾	Mond	vegetatives System, Unbewußtes	Funktionen, Winterpol, Feld innerhalb des EK	
☿	Merkur	Sprache, Vermittlung, Intellekt	I	
♀	Venus	Gegenwartsgenuß, Glück, Harmonie	W	
♂	Mars	Energie, Streben	M	
♃	Jupiter	Vermehrung, höhere Geisteskräfte	♂, Maxima, rasantes $\Delta\varphi$	
♄	Saturn	Festhalten, Speicher, Erfahrungen	☍, Schleife, gehemmtes $\Delta\varphi$	
⛢	Uranus	kollektive Entwicklung, Neuerungen	I′	$\widehat{MWI}$-Zyklus
♆	Neptun	höhere Bindungen, soziale Liebe	W′	
♇	Pluto	kollektives Wollen	M′	

Den Tierkreis kann man sich hier als 3fach übereinandergeschichteten Einheitskreis, als Raummodell vorstellen, in welchem die Hohlspindel untergebracht ist.

Der Aszendent, welcher die Grenzen aufzeigt, innerhalb welcher der Mensch zur Entwicklung gelangen kann, entspricht der Geburtsprägung in biorhythmischer Hinsicht.

Der Geburtsgebieter entspricht dem Geburtsauslöser in der Rhythmenkonstellation der Mutter vor Geburt als Spannung zum Inkarnierungsstempel.

Zusammenfassung

Die Psychodynamische Rhythmenlehre steht als integrierende Disziplin inmitten esoterischer und exoterischer Disziplinen, die sich mit dem Phänomen des Lebens befassen. Stand die moderne Wissenschaft bisher der orthodoxen Biorhythmik skeptisch gegenüber, so sollten die Erkenntnisse der psychodynamischen Rhythmenforschung dazu beitragen, bisherige Unvereinbarkeiten auszuräumen. Wenn es eine Wahrheit gibt, was wir ja übereinstimmend bejahen, muß sie von allen Disziplinen, wenn auch aus unterschiedlicher Sicht, beschreibbar sein und prinzipiell übereinstimmen. Es liegt ja geradezu im Wesen der Prinzipien, daß sie alle ihnen zugeordneten Erscheinungen bestimmen.

DIE ZENTRALE STELLUNG DER PDR *Abb. 124*

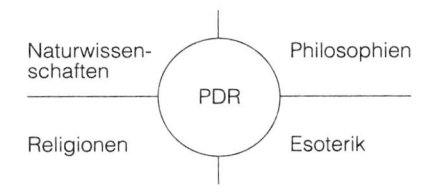

```
Naturwissen-            Philosophien
schaften
              PDR
Religionen              Esoterik
```

Die Wissenschaft von heute fußt auf den Fehlern und Irrtümern von gestern. Die Wahrheit wächst aus dem Unwahren. Die esoterischen Grundsätze:
– Die Vielfalt beschreibt die Einheit, die Einheit umschließt die Vielfalt,
– Alles steht mit allem in Verbindung und Beziehung (Analogien),
– Alles entwickelt sich in Zyklen (Evolution)
gelten für alle Disziplinen.

Die PDR zeigt das *Gesetz* der Evolution des Bewußtseins auf. In bezug auf dieses Gesetz ist sie eine *mathematische* Disziplin. In Hinblick auf ihre Auswirkungen im physischen Leben ist sie eine *naturwissenschaftliche* Disziplin. Ihre innerweltlichen und prinzipiellen Zusammenhänge verbindet sie mit der *Esoterik*. Der finale Gesichtspunkt schließlich ist der Weg aller Religionen als Rückverbindung, der hier in die *Proligion,* die Vorwärtsverbindung, mündet.

Es ist die PDR aber nach wie vor eine empirische, auf eigene subjektive Erfahrungen aufbauende und somit individuelle Disziplin, die – die richtige Einstellung vorausgesetzt – ihrer wissenschaftlichen Anerkennung sicher sein kann (wenn auch erst in der Zukunft), wenn die Instrumente des Geistes und nicht die der Materie eingesetzt werden.

Wer das Prinzipielle, wie es die PDR aufzeigt, versteht, versteht auch den Inhalt und Sinn der „Tabula Smaragdina" des Hermes Trismegistos, die wir am Anfang dieses Buches erwähnten. Sie beschreibt in symbolischen Worten das Wirken der Einheit und liefert uns den Schlüssel zur gesamten Schöpfung, zum „Stein der Weisen" der Alchemie. Wir wollen den Text hier wiedergeben:

1. Wahr ist es ohne Lügen, gewiß und aufs allerwahrhaftigste.
   (= Es gibt nur eine Wahrheit.)
2. Dasjenige, welches Unten ist, ist gleich demjenigen, welches Oben ist: Und dasjenige, welches Oben ist, ist gleich demjenigen, welches Unten ist, um zu vollbringen die Wunderwerke des einzigen Dinges.
   (= Das Polaritätsgesetz.)
3. Und gleich wie von dem einigen Gott erschaffen sind alle Dinge, in der Ausdenkung eines einigen Dinges. Also sind von diesem einigen Dinge geboren alle Dinge, in der Nachahmung.
   (= Das „Wort", OM als Ursache aller Erscheinungen, Analogiegesetz.)
4. Dieses Dinges Vater ist die Sonne, dieses Dinges Mutter ist der Mond.
   (= Polarität von Yang/Yin, Wesensachse, Bewußtes und Unbewußtes.)
5. Der Wind hat es in seinem Bauche getragen.
   (= Verstand.)
6. Dieses Dinges Säugamme ist die Erde.
   (= Mutter Natur, Materie.)
7. Allhier bei diesem einigen Dinge ist der Vater aller Vollkommenheit der Ganzen Welt.
   (= Prinzipialität, Hl. Geist.)
8. Desselben Dinges Kraft ist ganz beisammen, wenn es in die Erde verkehret worden.
   (= Potenz, Wirkkraft, Willenskraft, $M´$.)
9. Die Erde mußt du scheiden vom Feuer, das Subtile vom Dicken, lieblicherweise, mit einem großen Verstand.
   (= Bedeutung vom Fühlen und Unterscheiden [$W´$ und $I´$] für die Bewußtwerdung.)
10. Es steiget von der Erden gen Himmel, und wiederum herunter zur Erden, und empfänget die Kraft der Oberen – und der Unteren – Dinge.
    (= Vervollkommnung durch wiederholte Leben.)
11. Also wirst du haben die Herrlichkeit der ganzen Welt. Derohalben wird von dir weichen aller Unverstand. Dieses einige Ding ist von aller Stärke die stärkste Stärke, weil es alle Subtilitäten überwinden und alle Festigkeiten durchdringen wird.
    (= Durchblickbewußtsein als Resultat der Heimholungskraft.)

12. Auf diese Weise ist die Welt erschaffen.
    (= Aus Vorstellungen bzw. Prinzipien und Rhythmen.)
13. Daher werden wunderliche Nachahmungen sein, die Art und Weise derselben ist hierin beschrieben.
    (= Wirken der Prinzipien in allen Erscheinungen.)
14. Und also bin ich genannt Hermes Trismegistos, der ich besitze die drei Teile der Weisheit der ganzen Welt.
    (= Sat – Chit – Ananda.)
15. Was ich gesagt habe von dem Werk der Sonnen, darin fehlt nichts, es ist ganz vollkommen.
    (Alles in allem, ohne Ausnahme.)

Die Entwicklung des Menschen aus der kollektiven unbewußten Einheit führt über die Bewußtwerdung zur Bildung eines individuellen Welt-Ich. Im Loslassen von allen Fixierungen kehrt der Mensch um, zentriert sich und reift zum vollen, ganzen und schließlich göttlichen Menschen heran.

DER AUFBAU DER PDR

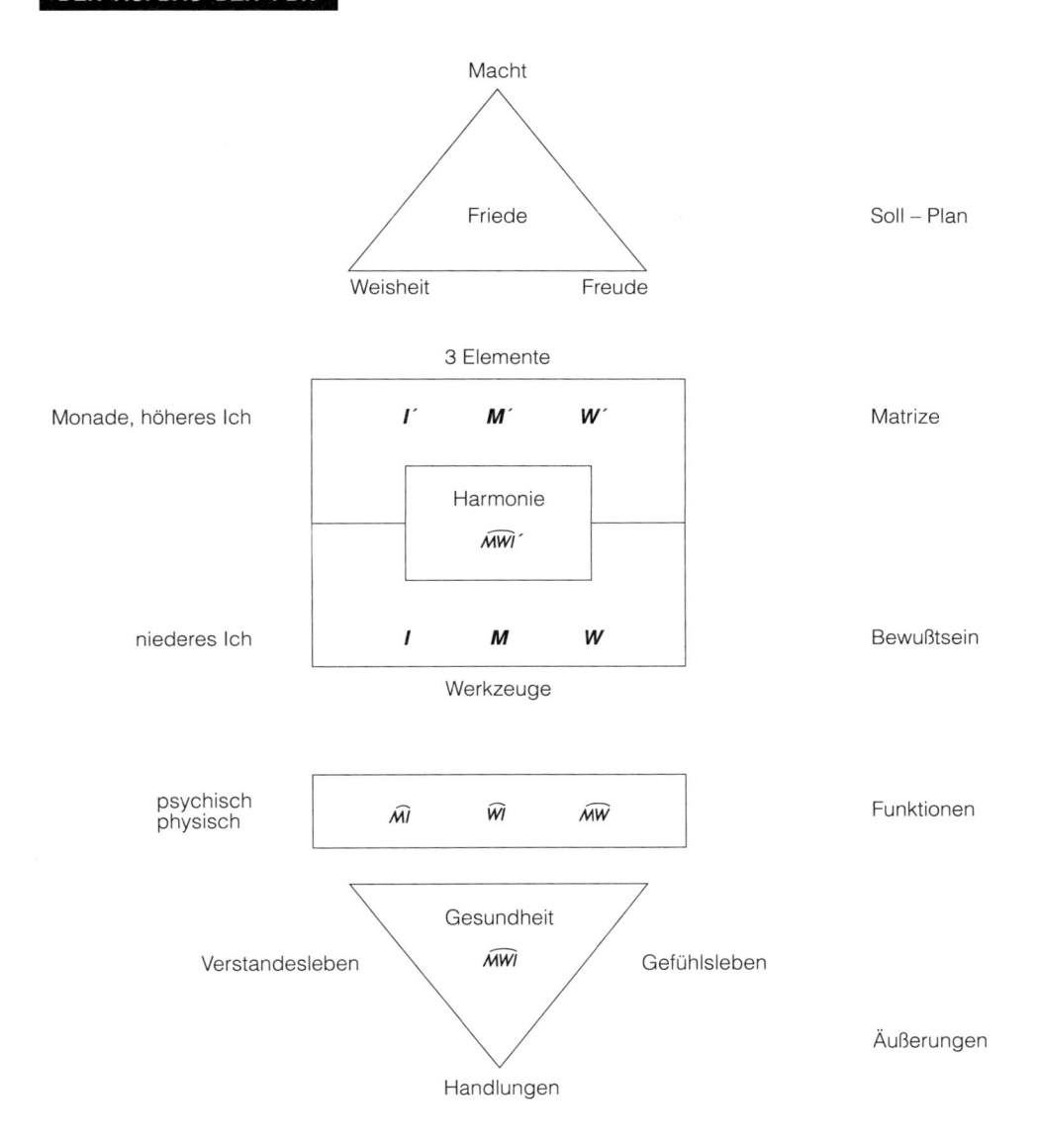

```
                        Macht
                         /\
                        /  \
                       / Friede\                        Soll – Plan
                      /_____\
                  Weisheit    Freude

                      3 Elemente
    ┌─────────────────────────────────────┐
    │   I'        M'        W'            │           Matrize
Monade, höheres Ich                        
    │        ┌──────────────┐             │
    │        │   Harmonie   │             │
    │        │     M̂Ŵ Î'    │             │
    │        └──────────────┘             │
niederes Ich                               
    │   I         M         W             │           Bewußtsein
    └─────────────────────────────────────┘
                      Werkzeuge

psychisch    ┌─────────────────────────┐
physisch     │   M̂I      Ŵ I     M̂Ŵ    │              Funktionen
             └─────────────────────────┘

                      Gesundheit
                        \    /
                         \M̂Ŵ Î/
          Verstandesleben \  / Gefühlsleben
                           \/
                                                       Äußerungen
                        Handlungen
```

Abb. 125

DIE ARTEN DER GLIEDERUNG DER VERSCHIEDENEN ELEMENTE DER PDR

1. **Funktionale Gliederung**   **räumliche Gliederung**

   $\widehat{MI}$ – Informationsfunktion   – Kopf
   $\widehat{WI}$ – Transportfunktion   – Brust
   $\widehat{MW}$ – Produktionsfunktion   – Bauch

2. **Gliederung nach den Einflußsphären** der 3 Prinzipien

   I' – Weisheit
   I – mentaler Bereich
   _____
   W' – Liebe
   W – emotionaler Bereich
   _____
   M' – Energie
   M – ätherischer Bereich

3. **Prinzipielle Entsprechungsgliederung**

   I'
   W' } höheres Selbst
   M'
   _____
   I
   W } niederes Selbst
   M

4. **Hierarchische Gliederung**

   $\widehat{MWI}\,'$ – Einheit
   M', W', I' – Prinzipien
   $\widehat{MW}', \widehat{MI}', \widehat{WI}'$ – archetypische (Seelen-)Funktionen
   $\widehat{MWI}$ – Bewußtsein
   M, W, I – Seelenelemente
   $\widehat{MW}, \widehat{MI}, \widehat{WI},$ – Körperfunktionen

5. **Zeitlich-räumliches Entwicklungsschema**

   I
   $\widehat{WI}$
   W
   $\widehat{MI}$ } Frequenzordnung der Hohlspindel
   $\widehat{MW}$
   M

Tab. 70

Der Raster der Vergleichsmöglichkeiten

Die 3 Konstellationen:

- **Matrize,** reduziert auf den Einheitskreis als *Inkarnierungsstempel* (fix),
- **Geburtskonstellation** der Mutter als individueller *Filter* (fix),
- **Tageskonstellation** (variabel).

1. Wenn man die Anlagen eines Menschen untersucht, vergleicht man die Matrize mit der Empfängniskonstellation der Mutter (Förderungsbeziehung) sowie den Inkarnierungsstempel mit der Gebärkonstellation der Mutter (1 Tag vorher – Ausfilterung oder Verstärkung von Anlagen).

Bei bestimmten Ereignissen (Belastungen, Störungen) vergleicht man den Geburtsfilter mit der Tageskonstellation. Bei Prognosen hinsichtlich der energetischen Möglichkeiten an einem bestimmten Tag und bei Harmonisierungsbestrebungen zieht man zusätzlich die Matrize wegen der Beurteilung in bezug auf die vorhandenen Anlagen heran.

2. Wenn man die Beziehungen zwischen 2 oder mehreren Menschen untersucht, sind in erster Linie die Matrizen miteinander zu vergleichen. Sie geben Aufschluß über die unveränderlichen Aspekte.

Für die Auswertung bestimmter Situationen (Störungen) gibt der Vergleich zwischen der Tageskonstellation des einen mit der Matrize des anderen Aufschlüsse über die Kongruenz, während der Vergleich der Tageskonstellationen Aufschlüsse über den zeitlichen Verlauf und die Möglichkeiten der Änderung der Situation ergeben.

Bei allen Vergleichen von Matrize und Tageskonstellation ist zu beachten, daß die Rhythmen einer von Generation zu Generation immer wieder durchgeführten Reduktion von der Individualität zur kollektiven Einheit unterzogen wurden und kausale Zusammenhänge somit nicht aufscheinen können. Wohl aber geben die Stellung und der Aufbau beider Vergleichsebenen in der meditativen Betrachtung Aufschlüsse über Spannungen oder Harmonie. Dabei werden die zu vergleichenden Bilder zum individuellen Interpretationsmedium. Diese (unwissenschaftliche) Methode entbehrt daher einer generalisierenden Anweisung bzw. einer allgemeingültigen Reglementierung.

Somit stehen der PDR auch beide Methoden der Wirklichkeitserfassung offen:
- die der methodischen Analyse, basierend auf mathematischen Grundlagen, und
- die der Synthese und Transzendenz, wie sie der esoterischen Vorgangsweise entsprechen.

DIE ELEMENTE DER PDR

Aspekt Prinzip	I	W	M	MWI	MI	WI	MW	Prinzip Bereich
Element	CHIT/LOGOS Weisheit	ANANDA/EROS Liebe	SHAKTI Macht	SAT Friede	Organisation Elektronik	Bewegung Physik	Wärme Chemie	**System**
höher	Erkennen	Fühlen	Wollen	Harmonie	Information	Transport	Produktion	**psychologische Zuordnung**
	Vernunft, Logik	Gefühle	gerichteter Wille	alle höheren Seelentätigkeiten sind zusammengesetzt	Verfügbarkeit der Bewußtseinsinhalte	Einsatz und Weiterleiten der Bewußtseinsinhalte	Verarbeitung und Umwandlung der Bewußtseinsinhalte	
niederer	Wahrnehmungen, Sinnesempfindungen	Lust/Unlust, Stimmungen	Wünsche, Begierden					
Wirkungsbereich	Verstand, Gedächtnis, Rhetorik, Logik, Kombinationsgabe, Auffassungsgabe, Unterscheidungsvermögen, Geistesgegenwart, Reaktionsvermögen, Wiedergabefähigkeit, Schlagfertigkeit	Gemütsstimmungen, Gefühle, intuitive Fähigkeit, künstlerisches Empfinden, schöpferische Freude, Kontaktfreudigkeit	Energie, Kraft, Mut, Ausdauer, Widerstandsfähigkeit, Konzentrationsvermögen, Aggressionen, Unternehmungsgeist, Selbstvertrauen, Willensstärke, Durchsetzungsvermögen	Gesundheit, Wohlbefinden, Ausgeglichenheit, Gesamtleistungsfähigkeit, Kräftebalance, Harmonie, innerer Friede	KOPF Nerven, Atem, Sinnesorgane	KREISLAUF Durchblutung, Sauerstoffaustausch, Puls, Blutdruck	STOFFWECHSEL Ernährung, Verdauung, Blutzusammensetzung, Gefäßsystem, Muskelversorgung	**physiologische Zuordnung**
	Tugenden des "Geistes"	Tugenden des "Herzens"	Tugenden des "Willens" und der Überwindung					

Tab. 71

DIE AUSSAGEMÖGLICHKEITEN DER PDR

Tab. 72

I. **Prinzipien** M, W, I

Winkel	Lage
Sinus	Ladungssituation
Cosinus	Ladungstätigkeit
sin x cos	Wirkkraft

II. **Funktionen** $\widehat{MW}, \widehat{MI}, \widehat{WI}$

r Größe	Stärke
Δr	Änderungsgröße
$+, -$	Änderungstendenz
$\Delta r \times r$	Wirksamkeit
$\varphi°$ Qualität	Lage, Spiegelung
$\measuredangle°_1 - \measuredangle°_2$	Aspekt

III. **Lebensprozeß** $\widehat{MWI}$

r Amplitude	Maß der Zusammenarbeit, Wirktiefe
Δr	Änderungsgröße
$+, -$	Änderungstendenz
$\Delta r \times r$	Wirksamkeit
$\varphi°$ Qualität	Lage, energetische Gesamtsituation
$\Delta \varphi°$	Frequenzbeiwert, Fortschritt pro Tag
$+, -$	Entwicklungsrichtung
$r \times \Delta \varphi°$	Leistungsfähigkeit
$\Delta r \times \Delta \varphi°$	Flexibilität

IV. **Einflußkriterien**

biorhythmisches Jahr bzw. Lebensabschnitt

Leitelement/-funktion	analog ($\varphi°$-Kongruenz)
	synchron ($\Delta \varphi°$-Übereinstimmung)
Matrize	Karma
Inkarnierungsstempel	Anlagen, Stärken, Schwächen
Geburtsprägung	Filter für Störungen und Belastungen
Harmoniesituation	Maß der Übereinstimmung von Tageskonstellation und Inkarnierungsstempel

Harmonisierungsmöglichkeit

V. **Partnerschaft**

Übereinstimmungsebene	Matrizen-Kongruenz
	Inkarnierungsstempel-Aspekte
	Konstellationsaspekte
Art der Übereinstimmung	verstärkend / ergänzend

$\measuredangle°$-Aspekte der entsprechenden Elemente zueinander als Maß der Funktion

Führerschaft in bezug auf die Lage und Zeit (Alter)

DIE BANDBREITE DER BEWERTUNGSKRITERIEN

				Maximum	Minimum
I.	Prinzipien	Wirkkraft			
		sin x cos		0,5	0,0
II.	Funktionen	Änderungsbeiwert			
		$\triangle r$	$\widehat{MW}$	± 0,049	0,0
			$\widehat{MI}$	± 0,083	0,0
			$\widehat{WI}$	± 0,035	0,0
		Wirksamkeit			
		$\triangle r \times r$	$\widehat{MW}$	0,049	0,0
			$\widehat{MI}$	0,083	0,0
			$\widehat{WI}$	0,035	0,0
III.	Lebensprozeß	Änderungsbeiwert			
		$\triangle r$		± 0,083	0,0
		$\triangle \varphi$		+ 64,3°	− 75,6°
		Wirksamkeit $\triangle r \times r$		0,148	0,0
		Leistungsfähigkeit $r \times \triangle \varphi°$		+ 39,30	− 1,71
		Flexibilität $\triangle r \times \triangle \varphi°$		+ 1,82	− 2,22

Frequenzebenen:

	$\triangle \varphi°$	
M	15,7°	pro Tag
$\widehat{MW}$	14,3°	
$\widehat{MI}$	13,3°	
W	12,9°	
$\widehat{WI}$	11,9°	
I	10,9°	

Tab. 73

Schlußbetrachtung

Zusammenfassend kann gesagt werden, daß Biorhythmik im Sinne der PDR einen weiten Bogen schließt von der ursprünglichen Auffassung über die 2 polaren Substanzrhythmen (männlich und weiblich) ausgehend, weiter über die 3-Teilung des Menschen (Körper, Seele und Geist), bis hin zur differenzierteren Auffassung über die physiologische und psychologische Seite unseres Lebens mit ihrer funktionalen 3-Gliedrigkeit, um schließlich in die Auffassung über das persönliche Wirken unseres Wesens mit seiner leiblichen und geistigen Dimension, seinem Erd- und Himmelspol einzumünden. Erst die Auffassung im letzteren Sinne ermöglicht das Leben aus der Herzensmitte unter Wahrung permanenten Gleichgewichts, wodurch der Bann der Fesselung an Raum und Zeit, an Stofflichkeit und zyklisches Kreisen aufgehoben ist.

Verzeichnis der Abbildungen

Abb.		Seite
1	Sat-Chit-Ananda und das Ur-Atom	30
2	Polarisierung	31
3	Die 5 Tattwas – Die 5 Elemente	32
4	Die Körperorganisation des Menschen	33
5	Die 3 Ausgießungen (Schöpfungsgeschehen)	35
6	Chakra-Darstellung	37
7	Die Chakra-Organisation	39
8	Die Bewußtseinsschichten	42
9	Der Sephirot-Baum (Entsprechung mit den Trigrammen des I-Ging)	47
10	Entsprechungen: 7 Strahlen – Chakras	50
11	Der 7armige Leuchter	51
12	Die Pyramide als Symbol des Tierkreises	53
13	Die Häuser	59
14	Drehung der Sonne um Brahma	61
15	Gesichtsform (von vorne)	62
16 a	Kopfform (von der Seite)	63
16 b	Kinnverlauf	63
17	Das „T'ai-Chi"	64
18	Die 4 Kräfte	65
19 a	Der Frühe Himmel	65
19 b	Der Späte Himmel	65
20	Schau Yungs kreisförmige Anordnung der Hexagramme	72
21	Die Dreiheit	83
22	Die 3 räumlichen Achsen des Bewußtseins	85
23	Zahlenbeweis: die 23 und 28 im *EK*	88
24	Zahlenbeweis: Ekliptik	88
25	7armiger Leuchter und Zentrierung der biorhythmischen Elemente	97
26	Rechtsdrehung	113
27	Entwicklungsmodell nach dem 7armigen Leuchter	114
28	Stellung vom höheren und niederen Selbst	116
29	Gliederung von $\widehat{MWi}$	117
30	Das Zugfederpendel	122
31	Die Pendelschwingung	122
32	Der Einheitskreis	124
33	Gliederung der PDR nach Analogieebenen	127
34	Die Sinuskurve	132
35 a	Der $\widehat{MW}/\widehat{Wi}$-Ablauf	136
35 b	Der $\widehat{Mi}$-Ablauf	136
35 c	Das Pulsieren	137

Abb.		Seite
36	Astrologisches Modell	139
37	Das „Aktivmolekül"	140
38	Das Ur-Atom im Ätherraum	140
39	Vorstellungsmodell für bewußtes Atmen	141
40	Die geistige Atembeobachtung	142
41	Atemmeditation	143
42 a	Natürlicher Kreislauf	144
42 b	Spiritueller Kreislauf	144
42 c	Kreislauf der Macht	144
43	Die 4 Phasen	145
44	Das 4er Modell	146
45	Das 12er Modell	147
46	Das 8er Modell	148
47	Bewußtwerdung durch Lernen	150
48	Entstehung der Kreisbewegung	151
49	Lineare Darstellung der Kurven (H. Genuit)	156
50	Modellvorstellung der Psyche (C. G. Jung)	159
51	Grade der Bewußtseinsentwicklung (A. Studer)	159
52	Das Kreuz des Lebens in der Entwicklung zur Vollkommenheit	160
53 a	Das elektromagnetische Modell	164
53 b	Tattwa-Schwingung	165
54	Die Spindelachse	166
55	Funktionen – Gunas	166
56	Funktionsbereiche	167
57	Die Tellerebenen – Chakra-Organisation	167
58	Funktionsbelastungen	171
59	Spiegelungsarten	171
60	Funktionskonstruktion im EK	176
61	Möglichkeiten der Lage von r	177
62 a	r-Aufbau/Abbau bei den Funktionen	177
62 b	Die Opferschale	178
63	Verweildauer von r in Zeitanteilen (%)	178
64	Die geometrische Darstellung der r-Formel	180
65	Die Anordnung von Oppositionen/Konjunktionen im EK bei $\widehat{MW}/\widehat{WI}$	188
66	Die Anordnung von Oppositionen/Konjunktionen im EK bei $\widehat{MI}$	189
67	Das falsche Ladungsmodell	192
68	Funktionsbelastungen in der Sinuskurvendarstellung	195
69	Verlauf einer Tagesbelastung	196
70	Die Doppelfelder	203
71	Der Aspektstammbaum	213
72	Inkarnierungsschema	214
73	Geschlechtstendenzen	215

Abb.		Seite
74	Abortusgefahr	217
75	Zeugung – Schwangerschaftsverlauf – Geburt	218
76	Polare Einheit Mutter/Kind	219
77	Geburt – Abstoßung	219
78	Schwingungsablauf ab Geburt	220
79	Rhythmennormung auf F	221
80	Stoffwechselbelastungstypen	229
81	Kopfbelastungstypen	230
82	Kreislaufbelastungstypen	231
83	Legastheniekonstellationen	236
84	Die zusammengesetzte Kraft $\widehat{MWI}$	243
85	Eine „Schleife"	248
86	Zeitanteilige Verteilung der $r_{\widehat{MWI}}$-Werte in %	249
87	Minima-Lagen der Schleifen in einem biorhythmischen Leben	251
88	Die $\widehat{MWI}$-Spindelachse in der räumlichen Darstellung – der Wandlungskörper als Modell der Seele	253
89	Die Hohlspindel und die Lage der Tellerebenen	254
90	Zeitlicher Maxima/Minima-Verlauf von $r_{\widehat{MWI}}$ während der ersten 2.125,2 Tage	260
91	Die 64 Kombinationsmöglichkeiten der Stellung der 3 Elemente in den 4 Quadranten	264
92	Modell der Abfolge von Bewußtseinsprozessen	266
93	Die 4 Kräfte des I-GING als Entsprechung von Sinus und Cosinus	268
94	Anordnung der Diagramme im *EK*	269
95	Kongruenz höhere und niedere Triade	273
96	Hexagrammaufbau	274
97	Spannung Matrize – Tageskonstellation	275
98	Kongruenz Matrize – Tageskonstellation	275
99	Inkongruenz und Hexagrammentsprechung	276
100	Arten von Kongruenzdreiecken	278
101	Die Deckungsarten von höherem zu niederem Selbst	279
102	Der 6-Stern (Salomonssiegel)	279
103	Der 4blättrige Klee	287
104	Maxima/Minima-Verteilung im ersten biorhythmischen Jahr	291
105 a	Innenweltliche Anordnung der Elemente	297
105 b	Außenweltliche Anordnung der Elemente	298
105 c	Die Anordnung der Elemente als Bewußtseinsmodell	298
106	Der Wirkfeldkreis	300
107	Das Problemlösungsmodell	304
108	Harmonisierung	306
109	Überwindung eines Hemmnisses	307
110	Aufbietung aller Kräfte	308

Abb.		Seite
111	Die gesamtmenschliche Organisation	309
112	Äußere Harmonie	310
113	Biorhythmische Typologie	312
114	Der Goldene Schnitt	313
115	Die Harmonie im 5-Stern	314
116	Die Entwicklung in der Welt	319
117	Die Entwicklung in die Einheit	320
118 a	Partnerschaftliche Verstärkung	326
118 b	Partnerschaftliche Ergänzung	326
119	Zahlen in der Anordnung des „Frühen Himmels"	337
120	Das „Schildkrötendiagramm"	337
121	Die „Lo-Karte"	338
122	Die Frequenz-Proportionspaare	350
123	Biorhythmus und Planetenkräfte	351
124	Die zentrale Stellung der PDR	352
125	Der Aufbau der PDR	355

Verzeichnis der Tabellen

Tab.		Seite
1	Die 7-Gliederung des Menschen (Rosenkreuzer)	28
2	Die 7 Prinzipien (Theosophie)	29
3	Die 7 Chakras und ihre Entsprechung	36
4	Die Elemente und einige Entsprechungen, Unterschiedliche Prinzipien einiger Disziplinen	46
5	Einige Analogien zu den 5 Tattwas	46
6	Die 10 Sephirot der Kabbala und ihre Entsprechungen	48
7	Die 7 Strahlen (Urprinzipien)	50
8	Die Planeten als Kräfte (Archetypen)	51
9	Die wichtigsten Aspekte	52
10	Der Tierkreis (aufgebaut auf der Vierheit durch die Dreiheit)	53
11	Die 12 Sternzeichen als Entwicklungsstufen	54
12	Die 12 Prinzipien des Paracelsus	55
13	Entsprechung des biorhythmischen Zyklus mit dem Kalenderjahr	82
14	Hilfstabelle zum Finden eines Ausdrucks als Vielfaches von 23 und 28	90
15 a	Raummodell astrologische/biorhythmische Elemente	102
15 b	Funktionen – Gunas	102
16	Schema des Ladungsaufbaues von 0° auf 90°	129
17	Wirkung der Rhythmen in den 4 Phasen	154
18	Die Negativstatistik	157
19	Einflußbereich der einzelnen Funktionen	174
20	Der Zusammenhang der Funktionen mit den Ladungszuständen der Elementarrhythmen	175
21	Der Zusammenhang der Funktionsaspekte mit r	176
22	Lage der Konjunktionen/Oppositionen von $\widehat{MW}$	183
23	Lage der Konjunktionen/Oppositionen von $\widehat{MI}$	184
24	Lage der Konjunktionen/Oppositionen von $\widehat{WI}$	185
25	Technische Beschreibung der 7 biorhythmischen Schwingungen	186
26	Übersicht über die $\widehat{MI}$-Spiegelungen	190
27	Übersicht über die Funktionsbelastungen	191
28	Häufigkeit des Auftretens der schwächeren Aspekte	194
29	Übersicht über die Funktionszyklen	204
30	Zuordnung der 12 Tugendbereiche zu den 3 Prinzipien	208
31	Vergleich der Aussagemöglichkeiten von PDR und Astrologie	223
32	Geburtenstatistik – Österreich 1980–1986	232
33	Chancen gleichzeitiger Entbindung Gleichaltriger	233
34	Die Prägungsregel für Linksformen	237
35	Vergleich I-GING/Astrologie/PDR	239
36	Maxima/Minima-Übersicht über die ersten 2.125,2 Tage	245
37	Maxima/Minima-Übersicht der Tage in den biorhythmischen Jahren	246

Tab.		Seite
38	Maxima/Minima-Übersicht über die Lage in den biorhythmischen Jahren	247
39	Zeitliche Verteilung der $r_{\widehat{MWI}}$-Werte kumuliert in %	249
40	Die Schleifen in einem biorhythmischen Leben	250
41	Der Entwicklungskalender des Menschenlebens	257
42	Die 7 Lebensabschnitte nach der Einteilung der Antroposophen und Astrologen	258
43	Synchronität mit den Tellerebenen	261
44	Entsprechung der Hexagrammebenen mit den Tellerebenen	262
45	Zeitliche Aufteilung der verschiedenen $\triangle\varphi$-Bereiche	263
46	Entsprechung der biorhythmischen Jahrestage mit den zugehörigen Hexagrammen	265
47	Entsprechung biorhythmische Konstellation – Kraft (I-GING)	269
48	Entsprechung der 8 Zeichen des I-GING mit spezifischen Bewußtseinszuständen	271
49	Die Verhältnisse der 20 Wandlungspunkte	285
50	Die Wirksamkeit im elementaren Bereich	287
51	Die Wirksamkeitszusammenhänge bei $\widehat{MW}$	288
52	Die Wirksamkeit im $\widehat{MWI}$-Bereich	289
53	Die Maxima/Minima-Verteilung im ersten biorhythmischen Jahr	290
54	Die Maxima/Minima-Verteilung nach ihrer Lage in den 4 Quadranten	292
55	Die Verteilung der Maxima/Minima hinsichtlich ihrer Tätigkeit	293
56	Tattwas und biorhythmische Hauptwirkebenen	299
57	Die Übereinstimmungsarten	301
58	Die Aspekte als Kriterien der Harmonie	313
59	Die harmonischen Aspekte	315
60	Entsprechung der Frequenzen der 7 biorhythmischen Möglichkeiten mit den 7 Chakras	321
61	Partnerschaftliche Harmonien in %	329
62	Partnerschaftliche Aspekte	330
63	Übereinstimmungen bei Romy Schneider und Caroline v. Monaco	330
64	Die theosophische Reduktion	334
65	Aufbau aller Zahlen auf den 3 Grundzahlen	335
66	Die 20 Wandlungspunkte als Ausdruck der 9	343
67	Die biorhythmischen Frequenzen, ausgedrückt in makrokosmischer Zeit	346
68	Astronomische Zyklen	348
69	Die biorhythmischen Proportionen	350
70	Die Arten der Gliederung der verschiedenen Elemente der PDR	356
71	Die Elemente der PDR	358
72	Die Aussagemöglichkeiten der PDR	359
73	Die Bandbreite der Bewertungskriterien	360

Quellennachweis

C. W. Leadbeater: Die Chakras.
R. Pelletier: Das Buch der Aspekte.
Nicolaus Klein / Rüdiger Dahlke: Das senkrechte Weltbild.
Ralph Tegtmeier: Die heilende Kraft der Elemente.
Jnanavatar Swami Sri Yukteswar Giri: Die heilige Wissenschaft.
Rudolf Mlaker: Geistiges Pendeln.
Horst E. Miers: Lexikon des Geheimwissens.
R. Wilhelm: I-GING – Das Buch der Wandlungen.
Diana Ffarington Hook: I-GING für Fortgeschrittene.
Martin Schönberger: Verborgener Schlüssel zum Leben.
Karlfried Graf v. Dürckheim: Der Ruf nach dem Meister.
Höffding: Psychologie.
Marguerite de Surany: I-GING und Kabbala.

Empfohlene Fachliteratur

Appel, Walter A.: Das ist Ihr Tag.
Bott, Helga: Neue Erkenntnisse zum Biorhythmus.
Dietziker, A. J.: Fernkurs für Chronobiologie (CH-6300 Cham, Rainweidstr. 15 b).
Früh, H.: Triumph der Lebensrhythmen.
Genuit, Hans: Praxis der Biorhythmik.
Gross, Hugo Max: Biorhythmik.
Laerum, Dr. med. Ole Didrik: Natürlicher Zeitgeber Biorhythmus.

Für Esoterikunkundige empfehle ich als Erstliteratur:
Thorwald Dethlefsen: Schicksal als Chance.

In den genannten Werken gibt es weitere Literaturhinweise. Zur Einarbeitung in das weite Feld der Esoterik sei der Bauer-Fachkatalog für Grenzwissenschaften, Freiburg i. Br., empfohlen.